2011 청주국제공예비엔날레

Cheongju International Craft Biennale 2011

2011년 9월 21일 - 2011년 10월 30일

21 September 2011 - 30 October 2011

2011 청주국제공예비엔날레

2011년 9월 21일 - 10월 30일

인쇄일 2011년 9월 15일
발행일 2011년 9월 20일

지은이 2011 청주국제공예비엔날레 조직위원회

펴낸이 이상만
펴낸곳 마로니에북스
주소 413-756 경기도 파주시 교하읍 문발리 파주출판도시 521-2
전화 02)741-9191(대표) 031)955-4919(편집부)
전송 031)955-4921
홈페이지 www.maroniebooks.com
출판등록 2003년 4월 14일
등록번호 제 2003-71호
ISBN 978-89-6053-213-7

Cheongju International Craft Biennale 2011

21 September 2011 - 30 October 2011

©Cheongju International Craft Biennale 2011
Published Maroniebooks Co.
413-756
521-2 PajuBookCity Munbal-ri Gyoha-eup Paju-si Gyeonggi-do, Korea
Tel 02)741-9191
Fax 031)955-4921
Home Page www.maroniebooks.com

ISBN 978-89-6053-213-7

오늘을 걷는 공예

Craft is an ORGAN
Contemporary Craft, Now & Here

마로니에북스

Exhibition
전시

주최 청주시
Host Cheongju City

총감독 Director
정준모 Chung, Joonmo

총괄큐레이터 Chief Curator
박남희 Park, Namhee

큐레이터 Associate Curator
김윤애 Kim, Younae
정득순 Chung, Duksoon
이성용 Yi, Sungyong

전시디자인 Exhibition Design
이상철 Lee, Sangchul

전시장 시공 Production
휴먼_C

장 관 Jang, Gwan
백지영 Back, Jiyoung
박수현 Park, Suhyun
이재웅 Lee, Jaeung
신대철 Shin, Daecheol
김대형 Kim, Daehyoung

Acknowledgement
감사의 말씀

2011 청주국제공예비엔날레를 위하여 기꺼이 작품을 대여해 주신 국내외 미술관, 화랑, 개인 소장가 그리고 기관과 단체에 마음으로부터 고맙다는 말씀을 드립니다. 이 분들은 청주국제공예비엔날레가 세계 공예의 중심이 되도록 물심양면으로 도와주시고 조언을 아끼지 않았습니다. 아울러 기꺼이 작품을 출품해주신 작가와 그 어시스턴트 분들께도 감사의 말씀을 올립니다.

Cheongju International Craft Biennale 2011 would like to thank
museum, galleries and private collectors for generously lending their art works.
A Special thanks to the exhibiting artists and theirs assistants.

강익중
김미정
김방은/예화랑
김복기
김승민/국제갤러리
김수경
김언정
김영호
김인혜
김진영
김진하
김태철
노경조
도형태/갤러리 현대
류민자
류소영
류지연
류태희
마영범
맹완호
박경미/PKM갤러리
박경희
박동은
박명자/갤러리 현대
박영주
박필재
박혜경
소육영/서울옥션
송향선/가람화랑
서지형
성동제
신경숙
양성진
오유정
우찬규/학고재
운지원/예화랑
유재응/진화랑
유진환
윤명로
윤애영
원용기
이규현
이동준
이병혜
이상만
이상철
이성춘
이세섭

이영배
이옥경/가나아트갤러리
이 일
이지미
이지영
이호숙
이호재/가나아트갤러리
이현숙/국제갤러리
이현희/서울옥션
임일균
임용섭
준초이
정연진
정영산
정우진
정윤지/가나아트갤러리
정종효
정창수
정 현
조영하
조희경
최윤석/서울옥션
최인경/가나아트갤러리
국립국악원
고양문화재단
대지를 위한 바느질
마로니에북스
명보랑
순천제일대학
우리들 체어
이가스퀘어
이건산업
이랜드 문화재단
임옥미술관
주영 한국문화원
청주시 새마을 부녀회
코스모 양행
풀집박물관
한국공예관
한국문화재 보호재단
한국미술품 감정가협회
한국아트체인
한국주요무형문화재 기능보존협회
한국화랑협회
한향림 세라믹 뮤지엄
홍익대학교 BK21 메타디자인센터
전문인력사업단

_croft
UNICEF
ZIG
Anna Jackson
Anna Rikkinen
David Revere McFadden
Dmitry Shevchenko
Dominique Forest
Huuhtanen Riitta
Judy Kim
Jukka Savolainen
Junichi Shibata
Kaisa Leidy
Kaori Tabata
Klaus Klemp
Kozo Kumamoto
Maarten Bertheux
Madeleine Hoffmann
Pekka Wuoristo
Rebecca Kong
Ria Hawthorn
Rupert Faulkner
Sarah Davies
Satu Iivarinen-Roth
Stefan Lee
Stephan von der Schulenburg
Tohru Matsumoto
Tomoko Ogawa
Artware Edition NY
Brain Trust Inc.
Copenhagen Design Center
Design Museo, Helsinki
Embassy of Finland, Seoul
Galerie Pierre-Alain Challier
HAKONE Open-air Museum
Judd Foundation
Kauniste
LAPPONIA JEWELRY OY
Les Arts Decoratifs, Paris
Möbel Museum Wien
London Design Museum
Museum für Angewandte Kunst, Frankfurt
Museum of Arts and Design, NY
Osaka City Museum of Modern Art
Planning Office
Ornamo

Books
도록

제 1권 | Volume 1
오늘을 걷는 공예
Contemporary Craft, NOW & HERE

제 2권 | Volume 2
의자, 걷다
Chairs, Flow

제 3권 | Volume 3
전통과 미래 그 사이 ; 핀란드의 공예와 디자인
Between Tradition & Future ; Craft and Design from FINLAND

제 4권 | Volume 4
제 7회 청주국제공예비엔날레 공모전 수상 작품집
The 7th Cheongju International Craft Competition

제 5권 | Volume 5
청주국제공예&디자인페어
Cheongju International Craft & Design Fair

편집장 | Chief Editor
정준모 Chung, Joonmo

편집 | Editing
박남희 Park, Namhee
김윤애 Kim, Younae
정득순 Chung, Duksoon
이성용 Yi, Sungyong

디자인 | Design
한미경 Han, Mikyoung
이정민 Lee, Jungmin
한선경 Han, Sunkyoung
김세희 Kim, Sehee
이종훈 Lee, Jonghoon

사진촬영 | Photography
포토룩 www.photoLook.kr

번역 | Translation
김애림 Kim, Aelim
김정혜 Kim, Junghae
이경애 Lee, Kyoungaea
이기은 Rhee, Kieun
이현경 Lee, Hyunkyung
장 원 Chang, Won

제작 | Publisher
마로니에북스
이상만 Lee, Sangman

Contents 목차

A Journey seeking for Craft's New Values…

The Cheongju International Craft Biennale, a great festival of world craft culture, is celebrating its seventh hosting this year.

The Cheongju International Craft Biennale in 2011 launches its journey seeking new values of craft with the subject heading, "Yuyongjimul: not the new, just the necessary" in succession of past Biennale since its commencement in 1999. Previous subject titles include: "Hands of Harmony" in 1999: "The Breath of Nature" in 2001, "Use" in 2003, "Temptation" in 2005, "Creative Evolution, deeply and slowly" in 2007, and "Outside the box" in 2009.

The 2011 Craft Biennale distinguishes itself from its predecessors which used to focus its exhibits around the Cheongju Art Center, and is opening a new field of "art-factory style Biennale" for the first time in Korea, by hosting the exhibition in the old but renovated buildings of Cheongju Tobacco Processing Plant which boasts 65 years of history. It now opens a new chapter in history with delicate and elegant craft work which harmonizes itself with the rough and wild concrete walls, finding a way to breathe with the public.

You can say that craft is a mirror and a self-portrait which contains time. Mankind has pursued beauty from the beginning of time, since the Pre-historic Ages. Irrelevant of time period, craft has been circling around the time track, throughout history. In affluent times, craft works shine with conspicuous fondness for beauty in their splendid colors and patterns in accordance with delicate and elaborate techniques, whereas dark days have produced works focused on their functional significance in daily life rather than ornamental effects.

The 2011 Biennale has been planned with the subject of "Yuyongjimul: not the new, just the necessary" in order to look into human life and culture through craft as a code. It was built as a place where one can feel synergies radiated by the combinations of observing the differences of disparate and diverse elements like tradition vs. contemporary, nature vs. civilization, science vs. design, or manufacturer vs. customer. This Biennale proposes that craft takes on the role of an indicator that can elevate the value of lifestyle and pleasantly lead the future through the correspondences and blending of other related genres such as design, industry, fashion, and so on. By doing this, the Biennale aims to suggest which direction craft should move toward and how it should take its position within our lives and future.

Now I state my deference here to all artists, designers, and craft masters who have sent their priceless pieces for this Biennale, as well as to the Director, Chung, Joonmo who has strived in the planning and production of exhibition. I would also like to give my thanks to the Chairman of Operating Committee, Kwak, Taeyoung and all other committee members who worked hard and shared their precious time for the past year or so for the successful opening of the Biennale.

I am hopeful that the 2011 Cheongju International Craft Biennale will provide precious and significant opportunities to open a new prospect of the world's craft culture.

September 2011
Chairman of Cheongju International Craft Biennale Organizing Committee,
Mayor of Cheongju **Han, Beumdeuk**

새로운 공예 가치를 찾아 떠나는 여행

세계 공예문화의 대향연인 청주국제공예비인날레가 올해로 7회째를 맞이하였습니다.

1999년 <조화의 손>이라는 주제로 시작한 청주국제공예비엔날레는 2001년 <자연의 숨결>, 2003년 <쓰임>, 2005년 <유혹>, 2007년 <창조적 진화, 깊고 느리게>, 2009년 <만남을 찾아서>에 이어 올해는 <유용지물有用之物>을 주제로 새로운 공예가치를 찾아 떠나는 여행을 하게 되었습니다.

특히 2011청주국제공예비엔날레는 예술의 전당 일원에서 개최했던 기존의 행사와는 달리 65년의 역사를 간직한 옛 청주연초제조창에서 개최함으로써 국내 최초의 아트팩토리형 비엔날레라는 새로운 장을 열게 되었습니다. 거칠고 야성적인 콘크리트 건물에 섬세하고 미려한 공예작품이 함께 조화를 이루고 관람객과 호흡하며 새로운 미래를 열게 된 것입니다.

공예는 시대를 담는 거울이자 자화상입니다. 아주 오랜 옛날, 문자도 활자도 없던 선사시대 때부터 인간은 아름다움을 추구해 왔습니다. 어느 시대든 공예는 역사라는 시간의 궤도를 돌았는데 풍요로운 시대에는 눈이 부시게 화려한 색채와 문양이 눈에 띄는 탐미관이 돋보이는 공예, 아주 세밀하고 정교한 작업을 필요로 하는 공예가 그 빛을 발했고, 보다 암울한 시대에는 장식적인 의미보다는 기능적인 의미를 그대로 살린 공예가 생활속에 스며들었던 것입니다.

이번 전시는 <유용지물>이라는 주제 속에 인간의 삶과 문화를 공예라는 코드를 통해 엿볼 수 있도록 기획하였습니다. 전통과 현대, 자연과 문명, 과학과 디자인, 생산자와 소비자 등 이질적이고 다양한 요소들 사이의 차이가 어떤 것이며, 이들이 만나 발산하는 에너지들이 어떤 것인지 느낄 수 있는 공간으로 꾸며진 것입니다. 특히 공예라는 장르가 디자인, 산업, 패션 등 여타 주변 장르와 통섭 및 융합을 통해 삶의 가치를 드높이고 미래세계를 유쾌하게 이끌 수 있는 나침반 역할을 하고자 합니다. 공예가 나아가야 할 방향은 무엇인지, 우리의 삶과 미래에 공예가 어떻게 자리 잡아야 하는지를 보여주고자 하는 것입니다.

이 전시를 위해 소중한 작품을 보내 주신 작가 여러분과 전시기획 및 연출을 위해 힘써주신 정준모 감독께 경의를 표하는 바입니다. 아울러 지난 1년 동안 행사의 성공을 위해 소중한 시간을 배려해 주시고, 애써주신 곽태영 운영위원장을 비롯한 운영위원 여러분께도 감사를 드립니다.

2011청주국제공예비엔날레가 세계 공예문화의 새로운 지평을 여는 소중하고 의미 있는 시간이 되기를 기원합니다.

2011년 9월
청주국제공예비엔날레조직위원장·청주시장 **한 범 덕**

Everyday Life Became Art

Rethinking Craft

Humans can make and use tools. Of course the term 'Homo Faber' (Man the Maker) attaches importance to impulsive instinct rather than human rationality or mind. However, it may not exclude humans attribute as an existence of the speculation. Everything in the world, including mankind, has complicated structures that cannot be separated into black and white, thus defining human being in a word is really difficult not with standing linguistic expressional diversity. Or impossible.

To define human being in a word is impossible even if it fully mobilizes various languages and terms that characterize humans. Eventually, when you try to define humans, any languages signify only emphasized and selective part of human being.

Therefore, the definition 'Homo Faber' is only a part of human attributes emphasized naturalistic, positivistic, pragmatic sides. One of significant attributes of humans is thinking. The term 'Homo Faber' cannot be free from the point that it overlooks the importance of spirit;another axis of human endeavour.

However, to define human being, the most important thing is the employment of hands, whether it is instinctive or rational. The definition 'Homo Habilis' (Handy-man), in a sense, is the most appropriate definition. Humans have controlled the environment and have pioneered their life through using hands. With the passing of the time, humans made tools by utilizing hands; their inherent primitive means. 'Tools' and 'hands', therefore, is a concrete expression of our intelligence and freedom as well as 'labour', the most humane behaviour.

If the premise that the combination of hands, tools and labour makes new object or environment subsists, it may not be difficult to establish the raison d'être and the value of today's craft. It is also enough that social environment obscures the identity of craft.

Things that we could not even imagine before became now a part of our daily life. Nothing in everyday life maintains its conventional form and meaning. The term and the genre of 'craft' are the same; conventional techniques and materials could not properly explain it. Today, craft is generally considered as an offshoot of plastic art, takes its position between Fine Art and Design, but it is controversial. For that reason, some define it as one of applied art or contemporary art which put emphasis on aesthetic value as well as its practicality in the extended concept of traditional craft.

However, it is not a common idea. Some traditionalists advocate handcraft as a customization of handmade generally excluding any usage of machine, the other takes extended stand which places mass-produced craftworks under the category of craft at the wide range of viewpoint considering the tool as an extension and evolved form of hand.

Phenomena of Controversial Issues of Contemporary Craft

To recast the notion 'craft', which is every object serving human life that cannot be clearly established these days, it is necessary to examine fundamental concepts of craft: hand, tool, labour and beauty.

일상, 예술이 되다.

다시 생각해보는 공예

인간은 도구를 사용하는 그리고 만들 줄 아는 동물이다. 물론 도구를 사용하는 인간(Homo Faber, 工作人)은 인간의 이성능력 즉 정신보다는 충동적인 본능에 비중을 두고 하는 말이지만 그렇다고 사유하는 존재로서의 인간을 전혀 배제한 것은 아닐 것이다. 왜냐하면 인간을 비롯한 세상에 존재하는 모든 것들은 이분법적으로 구분할 수 없는 복잡한 구조를 지니고 있기 때문이다. 따라서 인간을 한마디로 규정한다는 것은 언어의 표현의 다양성에도 불구하고 매우 어려운 일이다. 아니 불가능한 일일지도 모른다.

인간을 규정하는 다양한 언어들 모두를 동원한다해도 한마디로 인간을 규정한다는 것은 불가능하다. 결국 어떤 언어도 인간을 규정하려는 순간 어느 특정한 일면이 강조된 인간의 한 부분을 지칭하고 의미할 뿐이다.

따라서 도구적 인간(Homo Faber)이라는 인간에 대한 정의도 자연주의적· 실증주의적· 실용주의적인 측면이 강조된 인간의 단면 일 뿐이다. 인간에게 중요한 것 중 하나는 사유하는 것이다. 따라서 도구적 인간이라는 정의도 인간의 홀·동을 결정짓는 또 다른 축인 '정신'의 무게를 간과한 것이라는 지적으로부터 자유스러울 수 없다.

하지만 인간을 규정함에 있어서 가장 중요한 것은 본능적이건 이성적이건 간에 손을 사용한다는 것이다. 즉 '손을 쓰는 사람'(Homo habilis)이라는 인간에 대한 정의는 어떤 의미에서 가장 적절한 정의이다. 물론 인간은 선사시대부터 손을 이용해서 자연과 환경을 이용하거나 극복하면서 자신의 삶의 영역을 개척해왔다. 그리고 시간이 경과하면서 인간은 손이라는 일차적인 수단을 가지고 또 다른 도구를 만들었다. 따라서 '도구'와 '손'은 가장 인간적인 행동인 '노동'을 의미하는 동시에 우리들의 지성과 자유의 구체적 표현이기도하다. 손과 도구와 노동이 결합해서 인간이 새로운 사물 즉 자연을 만들어 낸다는 전제가 유효하다면 오늘날의 공예가 당면한 가치와 존재의 의미를 규명하는 것도 그리 어려운 일은 아닐 것이다. 여기에 변화한 사회환경 역시 공예의 정체를 모호하게 하기에 충분하다.

적어도 20세기 초에는 상상 조차 할 수 없었던 일들이 이제는 일상이 되었다. 그리고 그 일상 속에서 존재하는 그 어떤 것들도 자신의 종래의 모습이나 정의를 유지하는 경우가 거의 없다. 공예라는 단어도 공예라는 장르도 마찬가지여서 종래의 공예를 설명하던 기법이나 재료로는 제대로 구분해서 이야기 할 수 없을 정도이다. 공예란 오늘날 조형 예술(Plastic Art, 造形藝術)의 한 갈래로 순수 미술(Fine Art)과 디자인(Design)사이에 위치한다고 보는 것이 일반적이지만 모두 다 동의하는 대전제는 아니다. 그래서 전통적인 공예의 개념을 조금 확대시켜 생각해보면 실용성이 강조되기는 하지만 그것과 함께 미학적 가치 또한 중시되는 현대미술의 하나이거나 혹은 응용 미술(Applied art, 應用美術)의 하나라고 정의하기도 하다.

하지만 이 또한 일반적이지 않다. 다소 전통적인 입장에서 공예를 바라보는 이들은 일반적으로 기계를 배제한 일품공예로서의 수공예(Handcraft)를 지지하는 반면 일부는 다소 광범위하게 손의 확대된 영역으로 도구를 보아 공예품에서 일상적인 대량생산된 제품까지도 공예의 범주에 넣어 생각하는 확장된 입장을 취하고 있기 때문이다.

현대공예의 현상 또는 쟁점

오늘날 확실하게 규명하기 어려운 인간의 삶에 봉사하는 모든 물건 즉 자연외의 인공물로 까지 그 영역을 넓혀 생각할 수 있는 공예라는 개념을 제구성하기 위해서는 공예의 가장 기본적인 개념이라 할 손과 도구 그리고 이를 사용하·는 육체 즉 노동과 아름다움에 대한 성찰이 전제가

After the Industrial Revolution, rising importance of practicality, with mass-produced factory-made craftworks, William Morris (1834~1896)'s concerning is still available. In this era, it was a period of efforts for the coexistence of industry and art, and concerns about which one should hold a dominant position. At the turn of the 20th century, machinery, equipment that maximise profit of human labour with efficiency, has popularised. Its role is stretched over comprehensive plan concerning not only design and decoration, but function, structure and processing technique of products. Being conscious of mass production by machine, crafts and products that merge use and beauty have become a trend. Feeling inadequacies of use of the term 'craft' to define the trend, the term 'design' replaced of it. Design signifies total and specific plans including planning, production, consumption or marketing based on new formative spirits and aesthetic.

1. Industry or Art?

Though mass-production and craft are indivisible relation, they have history of struggle and contradiction. Scientific development, after the Industrial Revolution, brought new technologies and materials. At the same time, with acceptance of the concept of equality and socialism, the right to pursue a beautiful lifeis on the rise. If conventional notion of craft was 'art for the privileged classes, a thought that craft should be a practical art in civic life has started to spread on the society.

Therefore, functionalistic thought 'Form follows function' is material to generalisation of beauty, and the process of incorporation into industrial society. The efforts to increase the productivity, such as elimination of superfluousness, consideration of reasonable means, maximum effect at minimum cost and exclusion of emotion, have sublate manners that pursue ideal beauty, or handicraft based on craftsmanship, and premised upon beauty. However, on the other side, a movement to revitalise craft that had been impoverished by those functionalistic manners and industrialisation has happened simultaneously. It was a self-reflection on loss of its original beauty of products because of mass-production.

By this time, everything that today's craft facing already has happened. However, while this heated competition for the preoccupancy of comparative advantage between industry and art, it has grown attentive to objects with organic forms through architecture, interior design and furniture, and it has advanced to the level of abstraction, going through design. Facing contradiction and conflict, it was moving on to the new world, to beautiful, functional and mass-produced Plastic Arts, being unity into one.

2. Modernism and Craft

After the 1st Deutsche Werkbund held in Köln, Germany, in 1914, the year the design 'invented', this controversy had been expanded. The argument between Hermann Muthesius(1861~1927) and Henry van de Velde(1863~1957) is representative. Especially, Muthesius,influenced by W. Morris, who had sought art for improvement of life, not just beautiful art, argued for aesthetic standardisation of mass production to make art a way of life. He and Morris follow the same idea, but they pull in different directions of its realisation. On the contrary, Henry van de Velde gave dominant position to artist's artistry

되어야 할 것이다.

산업혁명 후 실용성이 강조되면서 공장제 공업형태로 공예품이 대량생산되면서 시작된 윌리엄 모리스(William Morris, 1834~96)의 고민은 여전히 유효하다. 모리스의 시대는 산업과 예술의 공존을 위한 그리고 어느 것을 우위에 둘 것인가를 고민했던 시기이다. 그 후 20세기에 들어오면서 기계라는 효율성을 갖춘 인간의 노동이 창출하는 이익을 극대화할 수 있는 장치가 일반화하면서 이들의 역할은 장식, 도안과 함께 제품의 기능, 구조, 가공기술 등이 고려된 종합적인 계획으로 확대되고, 기계에 의한 대량 상산을 의식하면서 단순 명쾌하게 쓰임새와 아름다움이 통합된 공예 또는 제품이 전반적인 추세로 굳어지자 이것을 지금까지 사용하던 공예나 도안 또는 고안이라는 용어로 규정하기에는 부족하다고 느끼기 시작했다. 따라서 디자인이라는 용어가 공예라는 용어를 대체하기 시작했고 금세기 새로운 조형정신과 미의식을 바탕으로 한 계획과 생산 그리고 판매 즉 마케팅까지 고려한 종합적이고 구체적인 계획을 의미하기에 이르렀다.

1. 산업이냐 예술이냐?

대량생산과 공예는 불가분의 관계에 있음에도 불구하고 언제나 모순과 투쟁의 역사를 걸어왔다. 산업혁명 후 과학의 발전은 새로운 기술과 재료를 제공해 주었고 이념적으로는 사회주의와 평등의 개념이 일반화되기 시작하면서 대중들은 아름다운 삶을 영위할 권리를 갖게 되었다. 종래의 공예라는 개념이 소수를 위한 예술이었다면 시민들의 삶 속에 기능하는 예술로서의 공예가 되어야 한다는 생각이 일반화하기 시작했다.

따라서 '형태는 기능을 따른다.'는 기능주의적 사고는 산업사회로 이입되는 과정에서 그리고 아름다움의 일반화를 위해서는 필수적인 것이었다. 따라서 과도한 장식이나 불필요한 것들의 제거, 경제성과 합리적인 수단의 강구, 최소의 경비로 최대의 효과, 감정의 배제 등은 생산성을 높이기 위한 노력은 아름다움을 전제로 한 장인정신을 기반을 둔 수공예 즉 이상적 아름다움을 추구하는 태도들을 지양하기에 이르렀다. 하지만 다른 한편에서는 이런 기능주의적인 태도와 산업화로 인해 피폐해진 공예를 부흥시키고자 하는 노력이 동시에 일어났다. 대량생산으로 인해 독창적인 아름다움을 상실한 제품에 대한 반성이었던 셈이다.

이즈음 오늘의 공예가 당면한 모든 일들이 이미 벌어지고 있었다. 하지만 이러한 산업과 예술 또는 미술이 서로 비교우위를 선점하기위해 각축을 벌이는 중에도 건축과 인테리어 그리고 가구 등을 통해 자연으로부터 추출한 유기적인 형태를 지닌 물건에 대한 관심이 싹트기 시작했고 도안화를 거치면서 추상의 단계로 나아가고 있었다. 대립과 모순을 직시하면서도 실제로 서로가 하나가 되어 새로운 세계로 향하고 있었던 셈이다. 아름답고 기능적이며 대량생산이 가능한 조형예술을 향해.

2. 모더니즘과 공예

흔히 디자인이 '발명'된 해라고 말하는 1914년 독일 쾰른에서 열린 제 1회 독일공작연맹 (The Deutsche Werkbund)이후 산업과 예술에의 논쟁은 더욱 더 확대되었다. 무테시우스(Hermann Muthesius, 1861~1927)와 앙리 반 데 벨데(Henry van de Velde, 1863~19 57)의 논쟁이 대표적이다. 특히 모리스의 영향을 받아 아름다운 기술이 아니라 삶의 미화를 위한 예술을 추구했던 무테지우스는 미술의 실 생활화를 위해서 기계생산품의 미적규격화를 주장하였다. 생각은 모리스와 일치했지만 그것을 구현하고자하는 방식은 달랐던 셈이다. 이에 반해 앙리 반 데 벨데는 작가의 예술성, 개성을 우위에 두었다.

이후 바우하우스가 독일 공작연맹의 즉물론과 합리성을 계승하면서 적극적으로 기계를 도입

andpersonality.

Since then, Bauhaus succeeded Sachlichkeit(objectivity) and rationality, actively introduced and standardised machinery, thus tried to offer decent daily life for even workers. They tried to materialise beautiful mass-produced goods by taking 'standardisation' in industry and 'quality' in aesthetics, through the collaboration of art, industry and handicraft.

Their thoughts and manner produce reasonable products without superfluousness— decorations. Under the influence of Musitheus, German focused function and material itself rather than decoration. Emphasising the necessity of standardisation of product in order to adopt manufacturing facility, it was completed as German functionalism with functionality and suitability. Through encounter of art and industry, people tried to offer beautiful and functional products, which is able to be enjoyed by everyone, by accomplishment of mass production through standardisation and improvement of quality and beauty of impoverished products after the Industrial Revolution.

With universalization of the term 'Modern Design', it started to substitute for the term 'craft'. However, this does not mean the extinction of craft. Craftsmanship, base of traditional concept of craft, is still valid and craftsmen sustain the world. This is because everything in the world has its own raison d'être, it is like newspapers and paper books, which is expected to distinguish with today's development of the internet, still exist and have its influence on.

In the age of 'Modern', usually from the late 19th century to 1945, the end of 2nd World War or to the middle of 1950s, functional design based on Bauhaus Movementbecame a centre of trend. Modern design spreads as universal value over all categories—art, craft, design, furniture, architecture and articles for daily use—and over all regions including Europe, America and East Asia.

A thought that form of an object is fixed by function, an ideal of unity of function and form, and a principle that aims beutility have influenced all around as ever, and expands its realm in this era of postmodern.

On reflection of tireless productivity of machinery, adjustment and its impersonality, however, people had sought the answer in organisms that have ideal form and function. Thus, they believe borrowing curves of organic body and streamlined shape allows to surmount machine civilisation, and to realise the utopian ideals. However, they contradicted each other on the principle of identity, and their concerning about market demand creation,with confliction of aesthetic standardisation for artistry and mechanisation, are still applied these days.

3. Craft and Design as Total Art

A question about the transition fromlife space to formative space,coincide with ideology of Bauhaus, started from Morris's words 'beautifying the life'. Different from Arts and Crafts Movement of England, craft and design of Europe, especially Germany, and America, armed with the concept 'total art', never hesitated to accept new technologies and materials, tried to adopt formative elements to nay even mass-produced articles for daily use, with using the terminology 'functionalism'. This movement was concluded Bauhaus movement.

하여 규격화함으로서 노동자들에게까지도 아름다운 일상을, 삶을 구가 할 수 있도록 하고자
했다. 이들은 예술, 공업, 수공예의 협력업을 통해 미적으로는 '양질화'를, 산업적으로는
'규격화'를 취함으로서 아름다운 대량생산제품을 구현하고자 했다. 이들의 이러한 생각과
태도는 이성적이며 군더더기 없는 즉 장식이 배제된 단순한 제품들은 양산하기에 이르면서
독일은 무지테우스의 생각으로 방향을 잡아갔다. 이후 독일은 장식보다 기능, 재료 자체에
비중을 두는 한편 기계적인 생산방법을 수용할 수 있도록 제품의 규격화와 표준화의 필요성이
강조되면서 적합성과 기능성이 강조된 독일 기능주의로 완성되었다고 바우하우스를 거치면서
보다 이론적이면서 실질적인 것으로 구현되었다. 그리하여 미술과 산업의 만남을 통해 산업혁
명이후 예술적으로 피폐화한 공업 제품들의 아름다움을 고양하여 제품의 질을 높이고 규격화
를 통한 대량생산을 이룩함으로서 모두가 향유할 수 있는 아름답고 기능적인 물건, 제품을
제공하고자 했다.
이후 모던 디자인(Modern Design)이란 용어가 일상화하면서 공예라는 용어를 대체하기 시작
했다. 그렇지만 공예란 분야가 완전히 사라진 것은 아니다. 전통적인 공예의 개념의 기초라고
할 장인정신은 여전히 유효하며 장인들은 으전히 세상을 지탱하는 반석이 되고 있다. 이는
세상의 모든 것들이 스스로 존재의 이유를 지니고 있기 때문으로 오늘날 인터넷의 발달과 함께
세상에서 사라 질 것이라고 예상했던(?) 종이 신문이나 종이책이 그 세는 조금 줄었지만 여전히
영향력을 가지고 존재하는 것과 같은 이치이다.
일반적으로 19세기 후반부터 2차 세계 대전이 끝난 1945년에서 1950년대 중반까지를
지칭하는 '모던'의 시대는 바우하우스 운동이 바탕이 되어 전개되어온 기능주의적 디자인이
중심을 이루었고 모던디자인이라고 하면 대개 기능주의 디자인을 지칭할 만큼 지역적으로
유럽과 미국 그리고 동아시아 일원을 그리고 영역별로는 미술과 공예, 디자인, 가구와
건축에서 일상용품에 이르기까지 전 영역에서 보편적인 가치로 자리 잡았다.
사물의 형태는 기능에 의해 결정되어야 한다는 사고와, 형태와 기능의 합일을 이상으로 하며,
그 결과 단순하고 명쾌한 형태 즉 기능미를 나타내는 형태를 지향하는 디자인의 경향을
원칙으로 하는 이런 경향은 포스트모던이나 탈 근대를 주창하는 지금도 여전히 도처에서
영향력을 발휘하고 있고 또한 그 영역을 넓혀가고 있다.
하지만 이들의 기계의 지칠 줄 모르는 생산성과 정합성에 대한 반성과 비인간적인 면을
극복하고자 모양과 기능이 이상적으로 하나-의 유기체로 구성된 생물에서 답을 찾았다.
그리하여 유기체적인 곡선 즉 유선형의 차용을 통해 기계문명의 극복과 유토피아적인 이상을
실현시켜 줄 것이라는 믿었지만 모양과 기능을 동일시한다는 동일률의 모순에 빠지고 말았다.
그리고 당시 시작된 예술성과 기계화를 위한 미적규격화의 대립과 함께 시장의 수요를
창출해야 한다는 고민은 지금도 여전히 유효하다.

3. 총체예술로서의 공예와 디자인

생활공간의 조형적인 공간화로의 이행이라는 문제는 바우하우스의 이념에 부합하는 것으로
이미 모리스의 '생활의 미화'라는 말로부터 비롯된 것이었다. 영국의 미술공예운동이 다소 폐쇄
적이었다면 독일을 중심으로 한 유럽대륙과 미국의 공예와 디자인은 이제 토탈 아트라는 개념
으로 무장하면서 새로운 기술과 재료를 수용하는데 주저하지 않았을 뿐 만 아니라 '기능주의'
라는 용어를 사용하면서 대량생산된 일상용품에까지 조형적인 요소를 개입시키고자 했다.
이러한 움직임은 바우하우스운동으로 귀결되었다.
생활의 미학을 위한 시도는 1910년경 일어난 모더니즘의 전조인 아방가르드 운동에게도 숱한
질문을 던졌고 아방가르드 운동은 새로운 표현이라는 양식을 제시함으로서 그 해답을 제공했
다. 이들은 미술과 생활, 삶을 규정하는 건축공간에 관심을 가지면서 다양한 분야의 조형예술

An attempt at aesthetics of daily life had thrown a lot of questions to Avant-garde movement, a sign of modernism, flourished around 1910s, and Avant-garde gave solutions through the style of new expression. They took interests in architectural space, which defines life, art and living, pursued the arts serves new life, combining and experimenting in different field of plastic arts.

Whereupon, what comes on the scene is no more than the concept of Art of living, Art design and Art & Craft. These styles originated from fine artist group, neither designers nor craftsman, these concepts had actively developed among Dadaists, De Stijl of Netherland, Constructivist of Russia, Futurist of Italy and Cubist of France. W. Gropius tried to combination of art and industry, to show talents of architects, sculptors, painters and craftsmen, breaking from art for art's sake, to place handicraft in the rank of the arts. Therefore, they said, "There is no difference between artist and craftsman, and artist that is an enthusiastic craftsman." Here they tried to promote industrial profits, to develop means of production, so, ultimately to accomplish financial independence through art. This tendency settled down as an international style.

Artists in those days intended to produce artworks comprehend all field: furniture, traditional ornaments, jewellery, dishes and bowls, advertisement and articles for daily use. Their ambition did not end there; they completed modernism, tried to make a commitment to modern art, the basis of modern life, associated with creators and manufacturers.

4. Consumption creates Creation

America, who applied methodology of design to industrial plan a first, planted as design world powerbased on immense productivity and spending power, and resurrected by success of the New Deal Policy. Since then, mass production and heavy consumption is recognised as a virtue of industrialisation and economic growth, and advertisement had been vitalised. Thus, industrial design and fields of visual identity, fashion and advertisement started to cut a very conspicuous figure.

Especially, Norman M. Bel Geddes (1893~1958) brought external changes to the tradition of Bauhaus, with geometric structure and form, moved to the America. Adopting streamline, it changed appearance of objects with flexible curves, dwindled the air resistance. This tendency had spread around the world starting from America in 1930~40s. It developed to 'culture-defining design', and 'American Style' based on this tendency finally became universal. Now the occupation 'designer' in America became the central figure from an assistant of industry, is recognised its existence by public. Also, after the invention of plastics, advanced materials suchas safety glass and glass fibrechanged not only industry, but alsoeveryday life. In those days, consumption was understood as a phenomenon, this led to the advertisement and marketing. Consumption due to the development of marketing and advertisement techniques creates new demands, and completed as circulating system stimulates creation and production. Likewise, creation gives new consumption, and consumption encourages new production again.

들을 통합하고 실험하며 새로운 삶에 봉사하는 예술을 추구했다.

그 결과 등장한 것은 다름 아닌 미술과 디자인(Art design) 또는 미술과 공예(Art& Craft) 그리고 삶 속의 미술(Art of living) 개념이다. 이러한 양식은 실제로 공예가나 디자이너들이 아닌 순수미술가들의 집단에서 비롯되었는데 프랑스의 입체주의(Cubism), 이탈리아의 미래주의(Futurism), 러시아의 구성주의(Constructivis)화가들과 네덜란드의 데 스틸(De Stijl) 운동에 참여했던 미술가들과 다다이스트(Dacaist)들 사이에서 활발하게 전개되었다.

그로피우스는 예술과 산업의 통합을 꾀했으며 예술을 위한 예술에서 빠져나와 장인, 화가, 조각가, 건축가들의 재능을 한데 모아 펼쳐보이고자 했으며, 수공업을 예술의 반열에 올려놓고자 했다. 따라서 그들은 "예술가와 장인은 어떠한 차이도 없으며 예술가는 곧 열정적인 장인"이라고 말했다. 여기에 그들은 산업상의 이익을 도모하고 생산수단을 발전시켜 예술로 경제적 자립을 이룩하고자 했고 이러한 경향은 곧 국제적인 양식으로 자리 잡아갔다.

이즈음의 예술가들은 가구와 전통장식품 그리고 보석과 그릇, 광고, 일상용품을 망라한 모든 분야의 작품을 제작하자는 것이었다. 이들은 여기에 그치지 않고 형태를 창조하는 사람들과 재료를 생산하는 사람들이 연합하여 '현대 생활의 근간인 모던아트를 위해'헌신하고자 하면서 모더니즘을 완성한다.

4. 소비는 창조를 창조한다.

일찍이 세계 최초로 산업계획에 디자인의 방법론을 적용했던 미국은 방대한 생산성과 소비파워를 바탕으로 디자인의 대국으로 자리 잡으면서 뉴딜정책의 성공으로 부활하였다. 이후 대량생산과 대량소비는 산업화와 경제성장을 위한 미덕으로 인식되면서 광고가 활성화 되었다. 이에 따라 산업디자인과 이미지, 패션, 광고 분야가 특히 두각을 나타내기 시작했다. 특히 기하학적인 구조와 형식으로 딱딱한 느낌을 주었던 바우하우스의 전통은 미국에 옮겨와 서 노먼 벨 게디스(Norman Melancton Bel Gəddes, 1893~1958)을 만나면서 외형적 변화를 가져온다. 물고기의 유선형 몸체에서 영감을 받은 곡선을 도입한 일명 스트림라인(Streamline) 을 차용하여 공기의 저항을 줄이면서 유연하고도 매혹적인 곡선으로 사물의 외관을 바꾸어나 갔다. 이런 경향은 다시 1930~40년대의 미국을 시작으로 국제적인 양식으로 번져나갔다.' 문화 를 규정하는 디자인(culture-defining design)'으로까지 발전해 나갔고 이러한 이론에 기초한 '아메리칸 스타일'이 세계적으로 일반화하기에 이른다. 이제 미국에서 디자이너라는 직업은 산업의 조력자에서 중심인물로 자리 잡았으켜 대중들도 디자이너들의 존재를 인식하고 인정 하는 시대로 접어들었다. 또 플라스틱이후 안전유리, 유리섬유 등 신소재는 산업은 물론 일상 까지 바꾸어 놓았다. 이즈음 소비는 하나의 현상으로 이해되었고 이는 광고와 마케팅으로 이어졌다. 이제 마케팅과 광고기법의 발달로 인한 소비는 새로운 수요를 창출하는 동시에 다시 소비는 창조와 생산을 자극하는 순환체제로 완성되었다. 이렇게 창조는 새로운 소비를 낳고 다시 소비는 새로운 생산을 독려한다.

반성적 관점에서 본 한국공예

한국의 공예는 한성미술품제작소시대를 거쳐 이왕직 미술품제작소를 끝으로 쇠퇴일로를 걸어 왔다고 해도 과언이 아니다. 이후 광복과 6.25전쟁은 사회를 더욱 피폐화하였고 공예는 사치품 으로 인식되는 지경에 이르렀다. 따라서 한국의 근현대 공예는 일상과 유리되어 공예가들의 공방이나 상아탑 내에서만 존재하는 것이 되고 말았고 우리 삶과 공예는 특히 민초들의 삶과는 관계없는 호사가나 유한층의 전유물로 인식되기에 이르렀다. 따라서 한국의 전통공예는 정부가 지원하고 보호하지 않으면 존재 할 수 없는 지경에 이르렀고 현대공예라는 이름의

Korean Craft from a Reflective Perspective

Korean craft has been in a state of decline pass through Han-seong to Art Factory Lee Dynasty's Art Factory (renamed) at the end. After the liberation from the Japanese Empire and the Korean War increasingly impoverished the society, craft was recognised as luxury. Therefore, Korean modern and contemporary craft taxidermies in craft studios or schools, and compelled recognition of public as exclusive property of the leisure class and dilettantes, being extrinsic to commoners' life. Thus, Korean traditional craft could not be able to survive without governmental aid and protection, ivory-towered contemporary craft in Korea became more and more isolated from the outside world, because of its competition foronly size and quantity, and claim to stand for craft as artwork or contemporary art.

1. Stand Alone

However, some craftsmen do not try to acknowledge this reality, have done with the outside world. Craft is degraded to a pastime or artistic self-consolation, and remains in existence. In that sense, I believe that re-conveyance of craft into everyday life and people's life not only implies new possibilities but also will serve as a momentum to rejuvenate craft. Particularly, contemporary craft should regain its title 'craft art', not simply as 'craft'. By positioning as craft art having both practicality and decorativeness, not only functionality, it should possess its presence more than a tool. Craft during this period, however, lost its value and existence, was replaced by mass-produced mechanical products, according to the change of consumption patterns, mass produce and consumption, due to the gradual conversion from labour-intensive industry to technology-intensive industry, craft gave its place to low-priced articles for daily use. This sense of loss was enough to make the craft world lethargic. Thus the craft world should try to find its role and function by self-examination, like occidental craft changed itself and moved into a new epoch.

2. False Start

As if it is difficult to define today's world a word, definition of craft as a genre does not come easy. Moreover, defining craft in Korea is not as simple as you might suppose owing to the collision of modern concept from the West and Korean traditional craft. Its linguistic meaning became confused along withaddition of the concept 'design',which is immethodically translated in several differentterms into Korean.

Chosun Art Exhibition (CAE), begun by the Japanese Empire in the Japanese colonial period, in 1932, created department of 'gong-ye' (craft in Korean), it became an origin of the term 'craft' in Korean today.

With the foundation of the department of craft in CAE, craft was classified as artistic handicraft, industrial craft, folk craft, and others by its consumer and method of production. Actually, pre-modern craft took a role as national industry under the circumstances that art and technology was divided yet. Affiliated handicraft factories of CAE divided into various field and started its production activity. Through the introduction of aesthetics and

상아탑 내에서 이루어지던 공예의 경우 외형적 규모경쟁과 현대미술 또는 작품으로서의
공예를 표방하면서 일상과 더욱더 유리된 고립무원의 상태로 빠져 들어갔다.

1. 독야청청

하지만 일부 공예인들은 이런 현실을 인정하려들지 않았고 그 결과 세상과는 더욱 더 높은
을 쌓게 되면서 일부 공예인들의 자위적인 예술행위 또는 취미생활로 전락하여 그 명맥을
이어가는 이상 현상으로 까지 이어졌다. 그런 점에서 공예를 일상으로 사람들의 삶 속으로
되돌려 놓는다는 것은 공예의 새로운 가능성을 시사할 뿐만 아니라 공예가 활력을 되찾을 수
있는 계기가 될 것이라 믿는다.
특히 오늘날의 공예는 단순하게 공예가 아닌 자신의 원래 이름인 공예미술이라는 칭호를
우선 다시 찾아야 한다. 단순한 기능적인 면만 강조된 공예가 아니라 실용성과 장식성을 겸비
한 공예미술로서 자리매김함으로서 도구 이상의 도구로서의 존재감을 과시해야 할 것이다.
하지만 그간의 공예는 도구로서의 기능이 강조된 기계제품화한 대량생산품으로 대체되면서
그 가치와 존재를 잃어갔고 이에 따라 공예는 서서히 노동집약적 산업구조에서 기술집약적
산업사회로의 전환에 따른 대량생산·대량소비라는 소비패턴의 변화에 따라 저가의
일상용품에게 그 자리를 내주기에 이르렀고 그 상실감은 더욱 공예계를 무기력하게 만들었다.
따라서 공예계는 다시 새롭게 시대의 거울에 자신들의 모습을 비추어보면서 새로운 서구의
공예가 새로운 시대를 수용하면서 변화해나간 것처럼 자신의 모습을 찾아나가야 할 것이다.

2. 어긋난 출발

오늘날의 세계를 한마디로 정의할 수 없는 것처럼 공예라는 장르의 정의도 결코 녹록치 않다.
게다가 서구에서 들어온 근대적인 개념의 공예와 한국의 전통적인 공예 즉 전통공예와의 충돌
로 인해 한국에서 공예를 정의하는 일은 그리 간단하지 않다. 여기에 도안(圖案) 또는 의장(意匠)
이란 용어로 번역되어 사용되었던 디자인이라는 개념이 추가되면서 공예의 언어적 의미는
매우 혼란스러운 지경에 이르렀다.
사실 일제 강점기에 일제에 의해 시작된 조선미술전람회(이하 선전)에 1932년 한국의 향토미
를 전승발전 시킨다는 명목으로 공예부가 신설되었고 오늘날의 공예라는 말의 원형이 되었다.
선전에 공예부문이 신설되면서 수요층과 제작방법에 따라 그 명칭을 달리했는데 공예는 미술
공예· 산업공예· 민속공예 등으로 분화하였다. 사실 근대 이전의 공예는 미술과 기술이 분화
되지 않은 상태에서 국가의 산업으로서의 역할을 해왔다. 또 관하의 산하에 소속된 수공업
형태의 공장들은 기술에 따라 여러분야로 나뉘어 생산 활동을 전개했다. 그러나 서구의 미학
과 조형의지 등이 들어오고 생활방식과 환경이 급격하게 변화하면서 전통적인 공예의 수요층
이 와해되었고 이에 따라 전통적인 방식의 공예산업은 쇠락의 길로 접어들었다. 또 미술과
기계나 동력을 이용한 가내 공장제생산 사이에서 수공예를 주로 하는 전통공예의 개념과
영역은 크게 위축되었다. 게다가 '서구 따라 하기'의 전형인 탈 봉건· 근대화라는 명제와 함께
공예와 산업을 분리시킨 일제의 공산정책은 공예계가 새롭게 등장한 공장제 공업의 중추인
공업 디자인 분야와 융합할 기회를 놓치게 하였다. 그 결과 수공예와 공장제 공예 또는
산업사이에서 우왕좌왕하면서 시간을 허비하면서 스스로의 존재나 의미를 찾지 못 한 채
타율적으로 시간만 보내고 말았다.

representational volition from the West and chute-the-chutes of lifestyle and environment, however, traditional consumer class was collapsed, so conventional craft industries fell into decline. Also, the concept and the realm of traditional craft in the way of cottage industry were significantly daunted. Moreover, the proposition of post-feudalism and modernisation, a typical Occidentalism, and communistic policy of the Japanese Empire, which decoupled craft and industry, interrupted the opportunity to fuse industrial design, new nucleus of industry, with craft. There though running about in confusion between craft and factory-made craft or industry, people eventually wasted the time, without the introspection about meaning and existence of craft.

3. Standstill

It partially due to policies of the Japanese Empire that of separation craft from industry, confusion of today's term 'craft' and 'design' already existed in those days. In the term field of craft, conventional craft and new type of craft--modern craft--coexisted under the name of applied art. Generally 'craft' indicated conventional craft at that time. It was 1960s that the term 'design' began to replace 'applied art' and 'craft art'.
The history progresses through the thesis-antithesis-synthesis paradigm. Korean craft, however, could not experience this paradigm, have been satisfied with its laurels. Sudden changes of lifestyle brought severance and isolation of Korean traditional craft, this is reality that today's traditional craft cannot survive without central and local government aid. However, there is no efforts to breakthrough and surmount these circumstances. Those people involved just busy trying to maintain the status quo.

4. Absence of Theory and Aesthetics

One of vulnerable points of Korean craft is that there are no decent museums or professional facilities deals with craft and design here. Accordingly, we are using terms 'practical art', 'applied art', 'decorative art', 'handicraft', 'traditional craft', 'industrial design' and others without formulation of its concept. There is number of cases by no means rare that words, sentences or conversations cannot convey the meaning very well. Use of terminologies such as contemporary craft, modernism craft or design, seems like Korean craft is trying to meet the requirements of the age, there are underlying traditional view of craft, secret method of apprenticeship of olden days. It is true that practical technique and production as technical craft, rather than as artistic craft, are forming an ever-greater part than theological approach and construction of aesthetic structure. Thus it is not too late to establish the concept of craft in ambiguity and indeterminateness, and to expand its meaning for the future development of craft.
With this in mind, 2011 Cheonju International Craft Biennale (CICB) is trying to search and examine what craft is in Korea today through the topic and exhibitions somewhat provocative and controversial. The result of those endeavours would be related to the future of the biennale.

3. 제자리걸음

물론 공예와 산업의 분리라는 일제의 정책에도 기인한 것이지만 오늘날 공예와 디자인이라는
단어가 주는 혼란은 이미 이때도 존재했다. 선전과 국전에서 미술의 한 장르로 공모되었던
공예분야는 외견상 하나인 것처럼 보이지만 전통적인 공예와 새로운 공예 즉 근대적인 의미의
공예가 응용미술이라는 이름으로 공존 또는 병존했다. 일반적으로 당시 공예라는 말은 전통적
인 공예를 지칭하는 것으로 고착되었다. 디자·인이라는 용어가 응용미술과 공예미술이라는
단어를 대체하기 시작한 것은 1960년데 이르러서이다.
모든 역사는 정반합의 고정을 통해서 발전한다. 하지만 우리 공예계는 이런 정반합의 역사를
경험하지 못한 채 상아탑이나 전통이라는 온실 속에서 안온한 삶을 즐겨왔다. 물론 급작스럽게
변화한 삶의 방식은 우리의 전통공예의 단절과 소외를 불러왔지만 오늘날의 전통공예도
정부나 지방자치단체의 지원이나 보살핌이 없다면 존재가 어려운 것이 현실이다. 그런데 한
가지 더 이상한 것은 이런 상황을 극복하고 타개하려하기보다는 현상을 유지하는데
급급하다는 인상이다.

4. 이론과 미학의 부재

여기에 우리 공예계의 치명적인 약점 중 또 하나는 공예나 디자인을 다루는 전문기관 즉
미술관도 변변하게 없다는 것이다. 그런 고로 우리는 아직도 언어의 분화를 시도조차 못 한채
공예와 실용미술, 응용미술, 장식미술, 수공예, 전통공예, 전승공예, 산업디자인 등등의 용어를
개념조차 제대로 세우지 못한 채 사용하고 있다. 그러다 보니 상호간의 대화는 글이나 논문에
서도 그 뜻을 명확하게 전해지지 않는 경우가 허다하다. 이는 우리나라의 공예가 현대공예
또는 모더니즘 공예 또는 디자인이라는 용어를 사용하면서 시대에 부응하는 것처럼 보이지만
그 근간에는 전통적인 공예관 즉 장인의식 이전의 쟁이의식과 도제교육제도의 비법 또는
비기 같은 요소가 전제되어있다. 따라서 이론적인 접근이나 미학적인 체계를 구축하는
일보다는 실기 즉 제작에 중점을 둠으로서 계술로서의 공예 보다는 기술로서의 공예에 더
비중을 두고 있는 것이 현실이다. 따라서 이제부터라도 개념조차 막연한 안개 낀 상태에 있는
한국의 공예를 개념적으로 정리하는 한편 미래의 공예는 단순하게 우리가 생각하는 공예
이상의 공예가 될 수 있도록 개념을 확대해야 할 것이다.
그런 점에서 다소 도발적인 주제와 전시내용으로 논쟁이 있을 수 있겠지만 2011 청죽국제공예
비엔날레를 통해 오늘 한국에서 '공예'란 무엇인가에 대해 진지하게 고민하고 성찰하는 자리가
되었으면 한다. 그리고 그 결과는 청주공예비엔날레의 미래와도 깊은 관련을 갖게 될 것이다.

도구로서의 손과 기계

이미 20세기 초반 오늘날의 삶과는 비교가 되지 않겠지만 근본적이고 원칙적인 변화가
일었다. 세상은 변했고 또 변화하는 중이고 오늘의 새로운 생각과 물건들을 규정하기 위해서는
새로운 단어들을 찾지 않으면 안 되는 상홯·이 되었다. 그런 점에서 한국사회에서 여전한 공예
나 디자인이냐는 용어의 문제는 어쩌면 본질을 호도하고 있는지도 모를 일이다.
인간의 손은 유일한 도구였지만 손은 도구를 만들었고 그 도구를 이용해서 인간은 또 다른
도구를 그리고 결국에는 기계라는 도구를 만들기에 이르렀다. 이러한 도구의 역사는 인간의
역사이자 공예와 디자인의 역사인 동시에 산업의 역사이기도 하다. 그런 점에서 오늘날
전적으로 수공예 제품만을 공예의 영역에 놓는 다는 것도 왠지 부자연스럽다는 생각이 든다.
오늘날의 첨단의 디자인 제품도 결국 시간이 지나고 나면 오늘날 우리에게 익숙하지 않은 전통

Hand and Machine as Implement

In the early 20th century, there are some fundamental and significant changes in our life. The world has changed, and we should seek new terminologies to define today's new objects and thoughts. At this point, the problem of term about craft and design in Korean society might varnish the real issue.

The hand was only tool for humans. The hand made the tools, and humans made other tools and even machines, the most advanced one, by using the tool. This history of tools is also of humans, of craft and design, and of industry. So it would be unnatural that only handicrafts put on the area of craft. As time passes, today's cutting-edge design might be considered strange like craftworks of the past. For this reason, craft carried out in the name of art could not go against the tendency of the time. It is still important that methods and technologies that hold fast the tradition, but it is in need of something, no less than the former, adjust to the new circumstances whatever its name is.After all, getting away from the dichotomous way of thinking, it is wise to admit everything is necessary and indispensable. The same is true of these conflicted notions: craft and design, practical art and handicraft.

1. Use and Usefulness in Our Life

If CICB have focused on the immanent development of craft since its foundation in 1999, this year, it is different that we claim to stand for 'art in life' and 'craft in life' under the theme "not just new, but necessary". If the erst while CICB was a festival of craft focusing craftsmen, CICB this year is trying to become helpful to everyone through the transformation into a medium that goes between craft, craftsmen and people the culture-consumer. This biennale intends to be useful, to create the value of forward-looking and future-oriented craft that encounter and adapt the evolving society, and to adopt the changes of the times and society simultaneously through expansion of the concept of conventional handicraft.

Today, represented a word 'complex systems', there is a limitation with a dichotomy of thought of 'craft and design' to resolve present circumstance, or to blaze a trail in the field of craft. Thus, it is needed to presume today's craft as an assemblage of complex phenomena from organic cooperation among the constituent elements, and to newly realise the values of craft in the process of communion with the public through the industrialisation of craft. Think about the meaning of industrialisation again at this time. Industrialisation is possible when craft materialises above its meaning as tool in the new circumstances of 21th century, not giving up the craftsmanship and artistic value of craft. It is able to exist by being realised its value from many people.

2. Survival of the Fittest

Craft that people and market avoid is not able to live through without protection in the age of survival of the fittest. It has to replace physical and social techniques of craft by reality not concept. In other words, it is essential to redesign these techniques into the forms of

공예품을 보는 듯 한 생경함을 느끼게 될지도 모를 일이다. 그런 점에서 예술이라는 이름으로 행해지는 공예도 시대를 거스르거나 역행 할 수는 없을 것이다. 전통적인 방법을 고수하는 기법과 기술도 중요하지만 그에 못지않게 새로운 시대의 변화에 적응하는 공예도 그 이름이 무엇이건 간에 필요한 것이 아닐까. 결국 어느 것이 옳고 그르다는 이분법적인 사고에서 벗어나 모두가 필요하고 존재해야 할 이유와 근거가 있는 것이라 인정하는 편이 보다 현명할 것이다. 그것은 공예와 디자인 또는 실용미술과 수공예라는 상반된 개념의 단어에서도 마찬가지이다.

1. 삶에서의 쓸모와 쓰임새

지금까지의 청주국제공예비엔날레가 1999년 창립된 이후 사전적 의미의 공예의 내재적 발전에 중점을 두었다면 이번 비엔날레는 "유용지물(有用之物 not just new, but necessary)"이 라는 주제아래 생활 속의 예술, 삶 속의 공예를 표방한다는 점에서 다르다. 특히 청주비엔날레 가 공예가들을 중심으로 한 공예의 축제였다면 공예와 공예가와 문화소비자인 시민들을 매개 하는 장으로서의 비엔날레로의 변신을 꾀함으로서 모두에게 유용한 비엔날레가 되고자하는 의도를 함축하고 있다. 또한 이번 비엔날레는 전통적인 수공예의 개념을 확장해서 시대와 사회적 변화를 수용하는 동시에 진화하는 사회와 조우하고 적응하는 전향적이며 미래지향적인 공예의 가치를 창출하는 쓸모 있는 것이 되고자한다.
복잡계라는 말로 대변되는 오늘날, 공예와 ㄷ 자인이라는 이분법적 사고로는 현재의 상황을 타개하거나 새로운 공예의 길을 개척하는데 한계를 드러낸다. 따라서 구성성분 간의 다양하고 유기적 협동현상에서 비롯되는 복잡한 현상들의 집합체로서 오늘날의 공예를 상정하고 공예 의 산업화라는 용어를 통해 시민과 대중과 교감하고 호흡하는 과정에서 새롭게 공예적 가치를 실현한다. 그럼 점에서 산업화의 의미를 다시금 새겨볼 필요가 있다. 산업화란 공예의 장인정 신과 예술적 가치를 포기하는 것이 아니라 21세기 새로운 생존환경에서 공예가 도구로서의 의미 이상을 구현 할 때 가능하며 많은 사람들이 공예의 도구적 가치를 실감 함으로서 존재 가능 할 것이다.

2. 적자생존

시장이, 시민이 외면하거나 불편한 공예는 적자생존의 시대에서 보호를 받지 않으면 생존할 수 없는 것이 현실이다. 따라서 공예의 물리적 기술과 사회적 기술들을 개념이 아닌 현실로 바꾸어 야 할 필요가 있다. 따라서 물리적 ㄱ 술과 사회적 기술을 융합시켜 작품(제품)과 서비스 라는 형태로 리디자인(Redesign)하는 자세가 요구된다 할 것이다. 오늘날 기업도 다자인의 하나이며 전략, 조직구조, 경영과정, 문화 그리고 그 외의 수많은 내외적 요소들을 포함하면서 차별화-선택- 증식이라는 과정을 거치면서 진화해 나가야 하는 것이 현실이다.
그리고 이때 시장은 적자생존의 가장 첨예한 현장인 동시에 심판대라는 인식, 또 시장은 기업이 아닌 기업마인드를 통해 그런 디자인이 적합한지 중재자의 역할을 해 낸다. 여기서 시장의 의미는 단순하게 사고파는 것이 아니라 심정적 교환과 감성적 충족까지도 포함하는 것 으로 윈도우 쇼핑을 하더라도 행복하고 즐거운 것처럼 공예의 가치는 환경과 심정에 호소하는 현실적인 제재가 되어야 할 것이다.
따라서 이번 비엔날레는 '새로운' 가치에도 주목을 할 것이지만 오늘을 사는 인간의 삶에 '꼭 필요한' 공예를 통해 생활세계를 섬기고 감성과 감동의 무대를 만들 수 있도록 할 것이다.

artwork, product and service. Today, the company is also one of designs, evolves by passing through the process of differentiation, selection and proliferation, including strategy, structure of organisation, management process, in-company culture and other various internal and external elements.

With the recognition that the market is a warlike place of survival of the fittest and also a court of law, the market play a mediating role in the stance of company. The meaning of the market here is including not only buying and selling, but mental exchange and emotional satisfaction. Like pleasure of window shopping, the value of craft should become realistic material that appeals to emotion and environment.

Therefore, the biennale pay its attention to 'new' values, at the same time, is trying to so organise that the biennale serve the life and the world through craft which is essential to human life.

3. Craft as an Organ

Craft is like a living organism that growing up continuously with human history. Today's concerns and introspections about the identity of craft and design are the same of what William Morris concerned. The idea of Morris that expecting art merged into life in use by craft, starts from the reintroduce of handicraft, not from production by machine, but it became the foundation of contemporary design.

Craft that is changing at this moment has too many fluid attributes to define one concept or meaning. In that sense, today's craft is organic or liquid. Based on the use of craft or its value as tools, 'today's craft' is still evolving with many aspects along with the times and environment. It continues to change, going over the border of genres and materials. The biennale organised its exhibitions on five categories under the proposition "Craft is an Organ" to illuminate the fact that craft is organic and flexible.

4. Functional Art

In that respect, we are going to observe the transformation of contemporary art. To reveal the aesthetic concept, maintaining the distance with life, it has no hesitation to transform in order to adjust itself to the changing world; Art as an objet.

This is a destruction of one of conceptual restrictions that suffocate human awareness through convention that is art. The contemporary art is gradually equipped new appearance by self-awareness and practice, and has expanded its boundary. The most destructive and innovative experiments and practices are attempted under the name of contemporary art. These attempts are considered as awkward and difficult at first, it became a successful revolution as a natural after all. Contemporary artists have diligently broadened their language over materials and genres. Merging the objet, obtained by provocative behaviours of M. Duchamp, with freedom, for example, modernism and post-modernism, contemporaries with of olden days, trend into kitschy together, make it complex, and keep them apart from everyday life. However, they never give up the daily life, so that keep its distance. They offered a present to their contemporaries who confused and embarrassed by abstruseness with kindness: Functional art.

3. 움직이는 공예

공예는 인류의 역사와 함께 기인하여 끊임없이 성장하는 유기적 생명체와 같다. 오늘의
공예가 지닌 공예와 디자인의 정체성에 대한 고민과 성찰은 100년 전 미술공예운동(The
Movement of Art and Craft)을 주도했던 윌리엄 모리스(William Morris)가 고민했던 것이기도
하다. 공예를 통해 예술이 삶 속에 유용하게, 민주적으로 적용되기를 바랐던 윌리엄 모리스의
꿈은 기계에 의한 생산이 아닌 수공예 부활로부터 출발하지만 그의 정신은 곧 현대 디자인의
토대가 되었다.
지금 이 순간까지도 변화를 거듭하고 있는 공예는 하나의 의미나 성격으로 규정하기에는
생명체처럼 유동적인 특성이 많다. 그런 의미에서 오늘의 공예는 유기적 또는 유동적이라
할 수 있다. 즉 공예의 쓰임이라는 도구적 가치를 토대로 시대와 환경에 따라 변화하는 양상을
더하여 '오늘의 공예'는 여전히 진화하는 중이다. 장르나 재료의 경계를 넘나들며 변화를 지속
하는 현재 진행형으로서 공예는 "Craft is an Organ."이라는 명제 아래 유기체를 이루는 낱글자
O,R,G,A,N에 따라 5가지 의미로 구성하였다. 그리하여 공예는 움직이고 변화하는 것이라는
사실을 확인시켜보고자 한다.

4. Functional Art, 기능적 예술

그런 점에서 우리는 현대미술의 변신을 눈여겨보고자 한다. 일상과는 일정한 거리를 유지한 채
순수한 미학적 가치를 드러내고자 미술 그 자체에 몰입했던 현대미술도 새로운 시대, 변화하는
세상에 맞추어 스스로의 모습을 변화시키는데 주저함이 없다. 그것은 다름 아닌
오브제로서의 미술이다.
그간 미술이라는 형식을 통해 인간의 인식을 옥죄이고 있던 또 하나의 미술의 개념적 굴레가
파괴된 것이다. 이렇게 현대미술은 스스로의 자각과 실천을 통해 새로운 모습을 갖추어 나갔고
자신들의 영역을 확대해나갔다. 그런 점에서 본다면 가장 혁신적이며 파괴적인 실험과 실천이
현대미술이라는 이름아래 시도되었고 시도된 모든 것들이 처음에는 난해하게 때로는 거부감
을 불러 일으켰지만 종국에는 당연한 것으로 받아들여지는 성공한 혁명으로 결말지어졌다.
현대 미술가들은 여전히 부산하고 번잡스럽게 장르와 재료를 넘나들면서 자신들의 언어를
확대해 왔다. 그리고 뒤샹의 도발적인 행동을 통해 얻어낸 오브제를 자유와 결합하여 새것과
옛 것, 동시대적인 것과 구시대적인 것, 모더니즘적인 것과 포스트모더니즘적인 것, 유행하는
것과 키치적인 것. 그리고 다시 이들을 얽고 섞어 혼란스러울 정도로 복잡다단한 것으로
만들어 일상으로부터 멀리 달아나 버렸다. 하지만 그들은 일상과의 끈을 놓아버리지는 않았다.
다시 돌아올 수 있을 만큼 최대한 거리를 드었다. 그래서 그들은 당황스러워 하거나 때로는
어리둥절한 동시대를 사는 사람들에게 친절을 베풀었다. 그것이 바로 '기능적인 미술'
(Functional art)이다.
물론 이것은 형태와 기능적인 측면에서 조각과 순수미술이 만난 것으로 이해할 수 있을 것이
다. 1960년대 도널드 저드(Donald Judd, 1928~94) 의 조각이 가구가 되고 가구가 조각이
되는 변형과정은 기능적 미술로서의 가능성을 최초로 구체화하였다. 미니멀 한 가구에서
비롯된 Functional art는 순수하게 스스로 창조한 쉬운 것부터 건축에 의해 디자인된 개념미술,
바로크부터, 미니멀리즘에서 최근에는 Design Art라고 까지 불리는 현대미술의 한 가지가 그것
이다.
20세기 초 예술 또는 미술로부터 영감을 받았던 아방가르드 시대의 디자인은 20세기 말에
이르면서 전세를 역전시켜 이젠 디자인이 예술을 결정짓는 시대로 바뀌었다. 예술의 세계에도
영원한 승자는 없는 셈이다. 1990년대부터 등장한 설치미술에서 그러한 예가 등장하기 시작

It is understandable as an encounter of sculpture and fine art on the side of form and function. The process of the formation that sculptures of Donald Judd (1928~94) became furniture, and furniture in 1960s concretised the possibility of functional art. Functional art, began at minimal furniture, is an offshoot of contemporary art.

In the early 20th century, design of Avant-garde inspired by art has turned the tide of times, now design has become decisive of the arts. There are such examples in installation art in 1990s: Jorge Pardo (1963~), Tobias Rehberger (1966~) and others. Their works are famous that covers a wide range of genres: life and art, furniture and artwork, and fine art and everyday life. These are a combination of concepts, formed at the middle of 19th century that exquisitelydivide the world of art and technology, traditional culture assorted into hard concept that is scientific and quantitative and soft concept that is aesthetic and value-oriented by conventions of art such as practical use, concept and installation.

In that sense, their effort is valid as it is today. It is interesting that functional art enlighten creativity stimulation imagination through new type of art to spectators who engaged in contemporary art as artist and consumer. The point that making and exploring the meaning, and the process ofapplication of learned techniques in daily lifeis the contemporary art has great implication for craft. Especially, concerning craft art in the category of contemporary art, we could find links more than interest in the aspect that it shows the invisibles or makes it visible.

Conclusion – Dreaming Craft in Consilience and Convergence

Craft is a beautiful instrument made by human hand, a creative art and a cultural inheritance of mankind. Craft is an aesthetic of life that is premised on 'use', its practice, and a mirror reflecting the epoch as well. It also is consilience of science, art and life, and a fruit of communication. Thus craft is a symbol of the times and us as a trust we bear and pass along. Therefore, craft is 'I', 'you' and 'we' at the same time.

When we think of the meaning of craft art, it is significant the meaning of as a tool, the hand that making tools, and secondary tool that replaces the hand.

During the past century, radical changes of environment and circumstances transform humans and their life. Craft is no exception in these tides of the change that became today's inevitable precondition and an absolute of everything that is real. It is a realistic judgment that even traditional meaning and value of craft should have the consciousness of crisis or become extinct and eliminated. In this situation, it is necessary to think about the role of today's craft in geological, political and economic conditions of Korea, and the way to contribute towards human life. 2011 Cheonju International Craft Biennale aims 'craft contribute to human life'. That is to say, craft has to become active in order to provide changes in human everyday life.

Of course, there are two different ways of observing objects or the world. And it is not that simple to choose one between the ways which has huge differences. Some argues that craft should conserve its distinctive characteristics despite the spread of highly developed technologies, but others insist that it has to broaden boundaries of what is acceptable over its existing domain in order to survive and to adopt the new age. The CICB chose the latter. About the role of today's craft in geological, political and economic conditions of Korea,

하는데 이런 부류의 작가들로는 호세 파르도(Jorge Pardo, 1963~)나 토비아스 레베르거(Tobias Rehberger, 1966~)등이 있다. 이들의 작업은 생활과 예술, 가구와 작품, 미술과 일상의 범주를 넘나드는 것으로 유명하다. 이들의 작업은 예술과 기술의 세계를 정교하게 구분했던 19세기 중반부터 형성된 개념의 통합을 이룬 것으로 과학적이고 정량적인 '딱딱한'(hard)한 개념과 미학적이며 가치를 평가하는 '부드러운'(soft)한 개념으로 구분되었던 종래의 문화를 실용과 개념 그리고 설치라는 미술형식을 통해 통합을 이룬 것이다.

그런 점에서 이들의 노력은 오늘날 그대로 유효하다. '기능적 미술'은 작가와 소비자로서 현대 미술에 참여하는 일반 관객들에게 새로운 미술을 통해 상상력을 자극하여 창조성을 일깨운다는 점에서 매우 흥미로운 일이다. 특히 예술행위라는 것이 의미 있는 것을 만들고, 다른 사람이 만들어낸 의미있는 것을 탐구하며, 그 과정에서 터득한 기술을 일상의 삶에 적극 활용하는 과정이 현대미술이라는 점에서 이런 류의 미술은 공예라는 장르에 많은 것을 시사해 준다. 특히 공예미술을 현대미술의 범주에 넣어 고민한다면 오늘의 삶과 삶의 환경을 반영하며 보이지 않는 것들을 보여주거나 볼 수 있도록 해 준다는 면에서 흥미이상의 연결고리를 찾을 수도 있다.

결어-융합 또는 통섭의 공예를 꿈꾸며

공예는 인간의 손으로 만든 가장 아름다운 도구이자 창의적인 예술이며 인류의 문화적 자산이다. 여기에 공예는 '쓸모'를 전제로 하는 생활의 미학이며 그 실천인 동시에 시대를 반영하는 거울이다. 또한 공예는 삶과 예술 그리고 과학의 통섭이자 소통의 산물이다. 따라서 공예는 우리를 대신하는 시대적 표상이며 후대에 둘려줄 우리 자신이자 역사에 기록될 우리들 자신이기도 하다. 그러므로 공예는 바로 '나'이자 '당신'이며 동시에 '우리'이기도 하다.

이렇게 공예미술의 의미를 새겨보면 확연하게 다가오는 것은 '도구'로서의 의미와 도구를 만드는 손과 그 도구가 다시 손을 대신하는 2차적 도구로 정리할 수 있을 것이다.

지난 100여 년 간 물밀 듯 밀어닥친 변화의 환경과 상황은 인간과 일상을 변모시켰다. 이런 변화의 물결은 오늘날 존재하는 모든 것의 괴할 수 없는 전제조건이자 절대 조건이 되었고 공예에서도 예외가 아니었다. 공예의 전통적인 의미와 가치도 변화하지 않으면 도태되거나 멸종할 수도 있다는 위기의식을 갖지 않으면 안 되는 상황에 이르렀다는 것이 현실적인 판단이다. 이러한 상황 속에서 21세기 공예가 한국의 지정학적 조건과 정치·경제적 환경 속에서 어떤 모습을 지녀야 할 것이며, 어떻게 인간의 삶에 '유용'한 존재가 될 것인가를 고민하지 않을 수 없다. 2011청주국제공예비엔날레는 '인간의 삶에 기여하는 공예'를 지향한다. 즉, 인간의 일상적 삶에 변화를 제공할 수 있는 '능동적'이고 '적극적'인 공예가 되어야 한다는 것이다.

물론 세상이나 사물을 보는 서로 다른 두 가지 방식이 존재한다. 그리고 그 방식 사이에는 늘 큰 격차가 있기 때문에 어느 것을 선택한다는 것은 그리 간단한 일이 아니다. 멀티미디어의 세상, 스마트 폰이 세상을 스마트(?)하게 만들어 버린 요즘에도 미술의, 공예의 고유한 가치, 그 특수성을 저 버려서는 안 된다고 주장한다. 하지만 한편에서는 새로운 시대에 적응하고 살아남기 위해서는 적극적으로 고유한 범주를 넘어서서 영역을 넓혀가야 한다고 주장한다. 그런 점에서 이번 2011 청주국제공예비엔날레는 후자를 선택한 셈이다.

여기에 21세기 공예가 한국이라는 지정학적 조건과 정치적, 경제적 환경 속에서 어떤 모습을 지녀야 할 것이며, 인간의 삶에 '유용'한 존재가 될 것인가를 고민하지 않을 수 없다, 그런 점에서 2011 청주국제공예비엔날레는 인간의 삶의 조건이자 환경인 동시에 삶의 질에 기여하는 공예를 지향한다. 그리고 이러한 목적에 충실한 공예를 통해 변화는 환경에 적응하는 '수동적인 공예'가 되기보다는 인간의 일상적 삶에 변화를 제공할 수 있는 '능동적' 이고 '적극적'인 공예가 되어야 한다고 믿는다. 이제 그 믿음을 펼쳐보이고자 한다.

and the way to contribute towards human life, CICB aims craft as a condition of human condition and environment, simultaneously contributes to improve the quality of life. Through this, craft should become 'active' in order to be able to give changes everyday life rather than 'passive craft' which is adopting itself to changing circumstances. CICB is willing to realise this idea on the exhibitions.

Craft with radically changing circumstances is expected to evolve along with the progress of human life. 'Environment' and 'ecology' have come to the fore as a main issue of craft. This means that it has to cope actively with the change circumstances and requirements to live through: The law of survival of the fittest. This is one material reason why the change is inevitable.

Human being is the only existence on earth making and using tools. Human history is that the history of tools. Using or making, the main agent in common is 'hand'. In terms of craft, hand is a tool, a brain, and even human itself. 'Machine' has been recognised as tool that damages and denigrate the essence of craft in the history of craft. However, departure point and last stop of every tool are 'hand' which is a clue to define craft. In other words, whether it is tools made by human or machine that threat the existence of traditional craft, making, using, and operating of those is human, more specifically the hand. Therefore, thought and behaviour of human are inescapable in the process of making crafts. The basis of craft in history is humans.

Our concepts of craft only include the hand as primary tool until now. We have fallen into the trap of excluding the tool and the human. It is meaningful that current movement to adopt the time 'now' and the environment 'here'. However, the change can be supported and trusted by the public when the principle and the aim of the change are clear and specific. The major role in the change of 21th century craft and its aim are humans. In that sense, CICB postulates humans the main concept that define the 21th century craft.

Chung, Joonmo
Director

공예를 에워싸고 있는 환경은 인간의 삶과 더불어 진화하는 공예를 요구하면서 '환경'이라는
전에 없던 조건이 등장하고 '생태'까지 포함하는 상황이다. 이런 환경의 변화와 요구에 능동적
으로 대처해야만 살아남을 수 있는 '적자생존'을 강요하는 상황이 된 것이다. 이는 일상과 함께
하는 도구로서의 전통적인 의미의 공예가 삶으 조건과 환경이 바뀜에 따라 그에 따른 변화가
필연적인 이유이다.

인간은 도구를 만드는 지구상의 유일한 존재인 동시에 도구를 사용하는 동물이다. 인간의
역사는 도구의 역사이며 그것이 도구를 만들건 또는 사용하건 간에 공통적인 도구는 '손'이다.
따라서 공예에서 손은 도구이자 머리이며 그런 점에서 인간이다. 공예의 역사에서 발달한 도구
로서 '기계'는 공예의 본질을 훼손하거나 폄훼하는 도구로 인식되기도 했다. 하지만 모든 도구
의 출발점이자 종착지는 '손'이다. 따라서 '손'은 공예를 정의하는 매우 중요한 단초가 된다.
즉 인간이 만든 도구건, 전통적인 공예의 존재를 위협하는 도구인 '기계'건 간에 이것을 만들고
사용하며 작동시키는 것은 인간이며 이를 정확하게 말하자면 인간의 '손'이다. 따라서 인간이
만든 도구로서의 공예가 만들어지는 과정에서 도구로서의 손과 도구로서의 기계의 비중은
그것이 크건 작건 간에 그 중심에는 인간의 생각과 행동이 필연적이다. 그런 점에서 인류의
역사에서 존재해 온 공예의 근간은 '인간'이었다.

지금까지 우리가 지녀왔던 공예의 개념에는 손이라는 일차적인 도구만 의미 있는 것으로
받아들였다. 하지만 손이 만든 2차적인 도구 그리고 그 도구를 작동시키는 '인간'을 제외시키는
오류를 범해왔다. '지금'이라는 '시간'과 '여기'라는 '환경'에 적응하는 공예의 현재적 움직임은
매우 의미심장하다. 하지만 우리에게 변화는 원칙과 목적이 분명할 때 신뢰와 지지를 받을 수
있다. 그런 점에서 21세기 공예의 중심에는 도구로서의 손이건, 기계이건 또는 그 이상의 것이
건 간에 그 변화의 중심이자 목표는 '인간'이다. 그런 점에서 21세기 공예를 규정하고자 하는
중심개념으로 '인간'을 상정한다.

정 준 모
총감독

Contemporary Craft, HERE&NOW - "Craft is an ORGAN."

The evolution of mankind has been constructed by design and craft in which humans created instruments out of necessities. As a medium to make human life convenient and abundant, the art of crafts is a fruitful crystalloid of not only beauty but also the development of many techniques. The 2011 Cheongju International Craft Biennale with the subject heading, "Yuyongjimul: not just new, but necessary," is aimed at searching for the essence of craft. it tries to provoke the recollection of craft's fundamental values based on its utility in daily life, not only on its artistic aspects. This ideology is what William Morris tired to convey to the public more than a hundred years ago. Furthermore, you can also position the pragmatic spirit of Russian Constructivists who advocated "not just new, but necessary" within the same context.

Looking at everyday tools, craft has experienced diverse forms and conversions as living conditions and surroundings have evolved. In other words, craft is a substance that contains the vivid reality of life and human ambition by transforming materials, functions, and values in parallel with the momentum of environment, civilization, and techniques. Throughout history, traditional handicraft from the industrial age to the revolutionary age of information, has not only embraced the zeitgeist (the spirit of the period) and social changes but also accepted future goals to date. In this respect, becoming aware of craft's current movement is important to note as we observe the present layers of mankind, since it is craft's ability to adapt itself to 'time' as 'here' and 'surroundings' as 'here.'

The main exhibition attempts to look straight at the phenomenon of modern day international craft. Instead of rash judgments that is defined or regulated, it proposes to regard craft as a polyhedron which reflects various properties on the present phenomena and as an organic living being. "Craft is an Organ." This statement refers to the diverse tracks that it follows. Craft respects traditional skills and spirits as well as strengthens modern materials. On the contrary, it can also set itself free from any sort of materials or forms. Recently, its interests have been directed towards environment. Observing such a heterogeneous coexistence of its properties and phenomenon, the exhibition considers today's craft as an organic body that is still evolving.

While the introductory section exhibits William Morris' spirit of the craft within daily life, the main exhibition with current craft works consists of five sections: O(old) / R(royal) / G(genuine) / A(artstic) / N(natural).

Craft in Daily life: William Morris

Throughout the twentieth century and till today, William Morris is remembered as the first crafts movement activist and the founder of modern design from his practice of usefulness in daily life as the fundamental value of crafts. Looking at Morris' work, he was a poet, a thinker as well as a craftsman. His productions were design and craft which contained the aesthetic attitudes and zeitgeist (spirit of a period) of his views toward the society. Under epochal circumstances of the "Machine Ages advent," after the Industrial Revolution, William Morris advocated the Arts and Crafts Movement and strived for a more abundant

오늘을 걷는 공예-"공예는 유기체다"

인류의 진화는 필요에 의한 도구를 발명하고 디자인하는 공예와 더불어 이루어졌다. 공예는 인간의 삶을 편리하고 윤택하게 이끄는 매개물로서 아름다움 뿐 아니라 기술의 발달을 보여주는 결정체이다. 2011년 청주국제공예비엔날레의 주제 "유용지물有用之物-not just new, but necessary"은 공예의 근본을 찾는 데 있다. 즉 공예가 작품으로서 뿐 아니라 일상 생활에서 실제 쓸모로부터 기인한 그 본연의 가치를 상기하게 하는 것이다. 100년도 훨씬 전에 공예적 가치를 존중하며 일상에 기거하고 대중과의 소통을 실현하고자 했던 윌리엄 모리스(William Morris)의 유토피아적 꿈도 이것이었다. 나아가 'not just new, but necessary'를 주창했던 러시아 구성주의자들의 실사구시(實事求是) 정신 역시 한 맥락이다.

일상에서 함께하는 도구로서의 공예는 삶의 조건과 환경이 바뀜에 따라 다양한 형식과 전환을 거쳐 왔다. 즉 인간의 환경·문명·기술의 계기 들에 따라 공예는 형태, 기능, 가치의 변이를 거듭하며 생생한 삶의 현실과 인간의 욕망을 담는 실체로 존재해온 것이다. 역사적으로 전통적인 수공예로부터 산업사회를 지나 정보혁명의 시대를 관통해온 공예는 시대정신과 사회적 변화를 수용했을 뿐 아니라 미래의 지향점을 포용하며 오늘에 이르렀다. 그런 점에서 '지금'이라는 '시간'과 '여기'라는 '환경'에 적응하는 공예의 현재적 움직임을 주지하는 일은 인류의 현재적 지층을 목도하는 일로 의미심장하다.

그런 의미에서 본전시는 오늘의 세계 공예의 현상을 직시하고 음미하고자 하였다. 특히 섣부른 정의나 규정으로 재단하기 보다는 작금의 현상에 대해 다양한 속성을 지닌 다면체로, 나아가 유기적 생명체로서의 공예로 바라볼 것을 저안한다. "Craft is an Organ." 이는 공예의 다음과 같은 현상이 직시, 내포되어 있는 까닭이다. 전통적인 기술과 정신성에 대한 존경을 따르는가 하면, 근대기에 확립된 질료적 장르를 보다 강화하기도 하고, 이와 반대로 이러한 일체의 재료나 형식에서 자유롭기도 하며, 최근 환경에의 관심이 보다 직접적으로 반영되기도 한다. 이런 속성과 현상이 혼성적으로 공존하는 바, 오늘의 공예는 여전히 진화 중에 있는 유기체로 간주하고자 한 것이다.

본전시는 일상과 함께하는 공예를 주창한 윌리엄 모리스의 정신을 화두(華頭)로 한 도입 섹션과, 현재 진행형으로서 오늘의 공예를 O(olc)/R(royal)/G(genuine)/A(artsitc)/N(natural)의 다섯 섹션으로 구성하고 있다.

일상과 함께하는 공예 : 윌리엄 모리스

공예의 근본적인 가치로서 쓸모를 일상 삶 속에서 실천한 윌리엄 모리스는 20세기를 지나 오늘날까지 최초의 공예운동가이자 디자인의 정초자로 기억된다. 시인이자 사상가였으며 공예가였던 모리스의 작품들은 당대의 미적 태도와 대중을 향한 시대정신이 내포된 공예이면서 디자인이었다. 산업혁명 이후 기계 시대의 도래라는 시대적 상황에서 <미술공예운동(Art and Crafts Movement)>을 주창하며 손의 정교함과 장인정신으로 삶을 풍요롭게 하고자 했던 그의 시도는 의도대로 성공하지 않았더라도 21세기까지 일상 삶 속에서의 공예, 디자인의 가치를 환기하게 한다. 윌리엄 모리스의 절제된 세련미와 장인정신이 빛나는 스테인드 글래스, 타일, 타피스트리, 벽지, 스탠드의 총 87 점의 작품들이 지금, 여기의 공예적 가치와 디자인적 경계에 대한 깊은 사유와 이해를 전한다.

life his delicate movement and craftsmanship. Although his attempts were not successful, he has aroused the interests in the values of craft and design in our daily lives in the twenty-first century. Morris' restrained but refined aesthetics and craftsmanship convey profound thoughts and understanding of craft's values and design with boundaries in terms of "here & now" with 87 pieces of work consisting of stained glasses, tiles, tapestries, wallpapers, and table stands.

The Main Exhibition "Contemporary Craft" is divided into five sections, each with the initials of a word "organ": O,R,G,A,N.

Old - Craft within History and Tradition

Craft is the substance of mankind's longest instruments and techniques which have existed long before the classification of its concept or category. Devised out of necessity, craft was developed in a peculiar sphere of materials and utilities added with wisdom and aesthetic senses. In the "Old" section of the Main Exhibition, craft works are exhibited with historial and classical viewpoints. Both branches are seeded in tradition; one branch accompanied with natural changes according to historical conditions and environment, and another branch made of spiritual or technical inheritance. Meaning, they do not cling to an old custom, but follow wise principles and apprehend the process of grounding and embracing their epochal traditions and functions of history. This section consists of 47 works that exhibit traditional and historical viewpoints from the craftsmanship of Intangible Cultural Properties to contemporary designs with traditional grammars.

Royal - Lofty Crafts by Artists

Craft originate in the direction of instrumental property which is the closely related to daily life. When tracing back to the history of mankind, art was formed synthetically by architecture and craft, which was later separated from one another and built its own field passing through the Modern era where autonomy and professionalism grew in each independent genre. Craft today expands its boundaries by crossing over these divided areas. In addition to work created by craft masters, artists and architects or designers with marked individuality frequently adopt their own artistic motifs or characteristics to produce crafts in utility. The "Royal" section is a field where you can observe specific works on such trends. In this section, the limited numbers of special craft works by prominent artists are exhibited. They are 147 pieces in total.

Genuine - "Craft-like" Craft by Craft Masters

While craft itself was born initially from its use, the expression "craft-like" lies dependent on attitude. We use such an expression for its uncommon, emotional attitude created by hand, meaning tasting, thinking, and making figures by hands. The "Genuine" section focuses on such "craft-like" works of present day. The definition of "craft-like" bears the journey that craft has taken which is materialistic and technical, and has gained autonomy from the Middle Ages to Modern Age. The works which have accepted such a historical process are considered "craft-like" and today can be seen in genres of ceramics, glass, wood, metals,

본전시 '오늘의 공예'의 다섯 섹션은 유기체(crgan)라는 단어의 낱글자 O,R,G,A,N을 따라 5가지 의미체로 구분한 것이다.

Old-역사와 전통이 함께하는 공예

공예는 그 개념이나 범주의 구분 이전부터 존재한 인류의 가장 오래된 도구와 기술의 실체이다. 처음 필요에 의해 고안되었던 공예는 점차 지혜와 미감이 더해지면서 질료나 쓰임에 의한 독특한 영역으로 발달하였다. 본전시의 올드(old) 섹션에서는 오늘날의 공예 안에서 역사와 전통의 관점에서 만날 수 있는 작품들을 선보이고 있다. 특히 전통 안에는 정신이나 기법의 계승의 갈래와 함께 역사적 조건과 환경에 따른 자연적 변화를 수반하는 갈래 역시 포함된다. 즉 옛스러움에의 집착이 아니라 그 안에 있는 원리적 지혜를 따르며 시대와 역사의 기능과 상징을 포용하는 당대의 전통을 만드는 여정을 포착한 작품들이 이 섹션을 이루고 있다. 무형문화재의 장인정신에서부터 전통의 어법으로 현대를 디자인하는 작업에 이르기까지 전통과 역사적 관점의 작품 52점으로 이루어져 있다.

Royal-예술가들의 격조있는 공예

공예는 인간과 가장 가까운 일상의 도구적 측면으로부터 유래하였다. 인류 역사를 거슬러 올라가면 예술은 건축이나 공예와 함께 종합적으로 실현되었으나 그 자체의 자율성과 전문성이 강화되었던 근대기를 지나면서 각 영역들은 서로 분리, 독립적 장을 구축한다. 그러나 오늘날의 공예는 그렇게 분리된 각 영역들 사이의 서로의 넘나듦이 확대되고 있다. 특히 공예가의 공예 뿐 아니라 개성 넘치는 예술가, 건축가, 디자이너 등이 자신의 독자적인 예술적 모티프나 특성을 쓰임이 있는 공예로 적용하는 움직임도 상당하다. 로열 섹션은 그와 같은 구체적인 사례들을 만날 수 있는 장이다. 예술가로서 이미 재능과 활약이 두드러졌던 이들의 제한된 수량의 특별한 공예 작품 총 147점이 소개되고 있다.

Genuine-공예가들의 공예적인 공예

공예의 발단은 쓰임으로 비롯되었으나 공예적이라는 표현은 그 태도에서 기인한 것이다. 손맛을 느낄 수 있으며, 손으로 사유하고, 손으로 형상을 만들어내는 그 오묘한 정서적 태도를 보고 우리는 공예적이라는 말을 사용한다. 오늘의 공예에서 지니언(Genuine) 섹션은 그런 공예적으로 간주되는 작품들에 포커스를 두고 있다. 공예적이라는 말에는 중세로부터 근대로 이어지면서 공고해진 질료적, 기술적 관행들이 고도로 섬세하게 그 독자성을 획득해나간 여정이 담겨있다. 이러한 과정을 수용한 영역들은 현재까지도 도자, 유리, 목조, 금속, 섬유, 종이, 나전 등에서 고유한 향취를 지닌 공예적인 대상으로 간주된다. 나아가 현재 일상에서 쓰이는 매우 보편적인 도구로서의 디자인 제품 역시 그 본연의 기능으로 보면 이에 해당한다. 이 공예적인 혹은 공예다운 작품들로 구성된 이 섹션에는 총 515 점의 작품이 강렬함과 힘을 전하고 있다.

Artistic-예술로서의 공예

공예는 일상에서 쓸모를 지닌 대상으로 자리하지만, 한편으로 향유의 대상으로서의 역사도 상당히 길다. 공예적 질료나 기법의 독자성을 지니면서도 예술적 대상으로 자리하는 작품들은 전시라는 무대가 만들어지면서 더욱 강화되었다. 이는 한편으로 공예와 예술이 차이와 경계를 넘나들면서 각 영역들의 독자성을 되묻는 사유를 낳기도 한다. 그렇다면 감상 대상으로서

textiles, papers, acres and so on. Furthermore, design products as universal instruments can be included in this classification regarding their fundamental functions. This section is filled with such "craft-like" works, made up of 515 pieces by 78 artisans show their strength and power.

Artistic - Craft as Art

Craft takes its position as a useful object in daily life, but historically looking at it as an object of appreciation also holds true. Artistic works with the material property of craft or technical uniqueness acquired their position through the formation of exhibitions as their theatrical stage. On one side, this generates a contemplation on each sphere's autonomy by crossing over the disparate boundaries of craft and art. If so, is the value of craft in its usefulness contrary to its value as an object for appreciation? As a matter of fact, the two aspects coexist. Craft's aesthetic value is not ignored by its useful assets, as its usefulness is not dismissed by artistic expressions. As a significant part of today's phenomenon, artistic craft works are positioned in this section, as is made up of 113 pieces by 47 artists.

Natural - Craft melting within Nature

The origin of craft comes from nature. As human beings are a part of nature, their instrumental objects also evolve within their environment as does the name of industries over time. Although the development of industrial materials has been instrumental in providing variety and convenience, it has also presented harmful circumstances for humans and nature by producing cracks existed with the two. Now diverse acts with nature are attempted as alternatives from the reconsideration on the imposing appearance and the harm of excessive industrial materials transplanted into the field of life. The "Natural" section focuses on the works from such acts, and its primary aim is to rediscover the life of crafts in nature and humans and to share the value of restoration and circulation. In this section, 42 works by 16 designers are exhibited.

The Main Exhibition "Contemporary Craft" is made up of an introductory section called "Craft with everyday life" by William Morris and other five sections of O/R/G/A/N which show craft's identity from various angles instead of a dividing materials like wood, ceramic, metal, or fiber. By combining craft with mass production systems and by covering the whole range of masters' craft works, this exhibition is expected to show the variety of today's craft based on its inherited wisdom from tradition and ultimately to provide hopeful imagination on future crafts.

Park, Namhee
Chief Curator

공예의 가치는 쓸모의 공예적 가치와 상반도 는 것인가. 실제로 양자는 공존하되 쓸모가 있다고 아름다움의 가치를 간과하지 않는 것과 같이 예술적 표현력이 과장되었다고 쓸모없는 것이라 치부하지 않는다. 이는 분명히 오늘날의 공예가 지닌 현상의 중요한 한 섹션으로 아티스틱(Artistic), 예술적인 공예가 자리하는 이유이다. 이 섹션에는 총 113점의 작품이 선보인다.

Natural-자연과 하나되는 공예

공예의 생명은 자연으로부터 기인한다. 인간이 자연의 일부이듯 자연으로부터 시작된 인간의 도구적 대상은 시간을 관통하여 산업이라는 환경과 더불어 진화한다. 산업재의 발달은 도구적 다양성과 편리를 제공했을지라도, 인간과 자연과 함께 했던 공예의 자리에 틈을 만들고 양자에 많은 위해한 상황도 야기했다. 이에 대해 최근 삶의 터전에 이식된 지나친 산업재의 위용과 해악에 대한 반성과 대안으로 자연과 함께 하는 여러 움직임들이 나타나고 있다. 이 Natural 섹션은 그러한 움직임에 있는 작업들에 초점을 맞춘 것이다. 공예의 생명성을 자연과 인간에서 재발견하고 그 안에서 재생과 순환의 가치를 공유하고자 한다. 이 섹션에는 총 42점의 작품이 전시된다.

윌리엄 모리스의 <일상과 함께하는 공예>의 도입 섹션과 O/R/G/A/N의 다섯 5섹션으로 구성된 본전시의 '오늘을 걷는 공예'는 Wood, Ceramic, Metal, Fiber 등의 질료적 경계로서의 구분이 아닌 공예의 정체감을 다각도로 보여주는 특성을 지닌다. 일품공예에서 대량생산 시스템과의 접목 나아가 장인들의 공예를 아우름으로써 본 전시는 전통의 지혜를 토대로 오늘에 이르고 있는 다성적 태도를 확인하며 미래의 공예를 상상하게 할 것이다.

박 남 희
총괄 큐레이터

Wiliam Morris

일상과 함께하는 공예 : 윌리엄 모리스

인간의 삶 속에서 예술을 실현하고자 했던 윌리엄 모리스는 그 가장 뚜렷한 지향점을 공예에 두었다. 아름다움과 실용적 가치 모두를 삶 속에서 꿈꾸었던 그는 공예를 중심으로 미술, 건축과 상호 유기적인 예술의 세계를 개척하였다. 그의 작품들은 공예이면서 상품화를 시도하는 디자인이었던 까닭에 그는 공예가이자 디자이너였다. 또한 그러한 이유로 모리스를 20세기를 지나 오늘날까지 최초의 공예운동가이자 현대 디자인의 정초자로 기억하는 것이다.

윌리엄 모리스는 1834년 3월 4일 영국 런던 근교의 월샘스토 엘름하우스에서 부유한 사업가의 아들로 태어났다. 그가 태어나 활동할 무렵의 영국은 부르주아 계급이 전면에 등장한 빅토리아 여왕의 제위기 였으며, 1848년 마르크스와 엥겔스의 공산당 선언이 발표되었다. 또한 1871년 파리코뮌(Communist Manifest)이 성립되는 등 국내외로 변화의 소용돌이가 거셌다. 옥스퍼드 대학에서 신학을 전공하면서 중세 역사에 많은 관심을 갖고 있던 그는 20대에 이미 시를 발표한 시인이었다. 그러나 존 러스킨(John Ruskin)과 칼라일(Thomas Carlyle)의 저서들로부터 자본주의 사회와 예술의 피폐함을 깨닫고 이와 다른 예술을 실천하고자 하는 길을 걸었다. 그의 나이 50세가 되던 1883년 모리스는 예술로 사회를 변혁하는 것이 불가능하다고 판단하여 사회주의로 뛰어 들면서 본격적인 영국의 사회사상가로 자리하게 된다.[1] 말년에는 사회사상가로 활약하면서 주로 문학적 저술과 책을 디자인 했으며 1896년 삶을 마감했다.

[1] "윌리엄 모리스는 상업 자본주의 문명에 대항하는 러스킨 사상의 미학적 전통과 마르크스주의를 결합시켜 자본주의에 대한 도덕적 비판을 제시하였는데, 이러한 성격의 사회주의가 영국사회주의의 지배적인 요소가 되었다." A. W. Wright, *Socialisms : Theories and Practices*, Oxford, 1987, 11면 참조.(김경옥, 「윌리엄 모리스 연구」, 서강대학교 대학원 사학과 서양사 전공 박사 논문, 1998, 1~2면에서 재인용.)

필립 웹이 설계한 <레드 하우스> 전체 입면도
Full elevation of Red House, designed Philip Webb

Craft in Daily Life : William Morris

William Morris's attempt to achieve a union of art with life was embodied by his activities in the Arts and Crafts Movement. Simultaneously pursuing aesthetic value and use value, he pioneered a new concept of an organic unity of the arts in a broader sense, envisioning craft at the center flanked by art and architecture. As a craftsman and designer, he also traded his craft works as another way to realize the use value of craft. For this reason, Morris is still remembered as the initiator of the crafts movement and a father of modern design.

Morris was born in Walthamstow on March 24, 1834, as a son of a wealthy entrepreneur. His youth was a period of turbulent history, as Queen Victoria took to the throne and the bourgeois class came to the forefront in English society. The Communist Manifesto by Marx and Engels in 1848 and the Paris Commune in 1872 threw history into turmoil. Initially, Morris majored in theology at Oxford University, yet it was John Ruskin and Thomas Carlyle who influenced his turn to artistic practice as an alternative to the degenerate aspects of capitalism. A prolific writer of poetry and translator of medieval texts, he drew upon key practical resources from medieval art. In 1883, however, Morris began to give up on social activism through art.[1] Instead he took an active interest in

1) "William Morris combined Ruskin's socialist aesthetics that challenges capitalism with a Marxist critique of capitalism on moral grounds, which paved the way for the rise of English Socialism" A. W. Wright, *Socialism: Theories and Practices*(London: Oxford, 1987), p. 11 ; Kyeong-Ok Kim, 'A Study on William Morris,' Ph.D. dissertation in Department of History, Seogang University, 1998, p. 1~2.

필립 웹이 설계한 <레드 하우스> 정원 우물의 세부도
Detail of the garden well of Red House,
designed by Philip Weeb

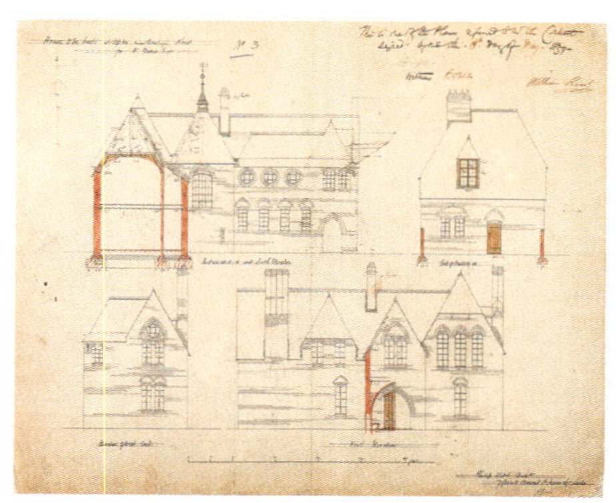

레드하우스 북쪽 파사드
North façade of Red House

<레드 하우스> 2층으로 올라가는 계단실,
고딕성당 첨탑모양의 난간
Handrail as a shape of Gothic cathedral spire
in Red House

이처럼 시인이자 사상가이기도 했던 윌리엄 모리스는 전체 삶에서 사회사상가로 활약하기 이전까지의 시기 동안에 예술, 공예로 세계를 변화시키고자 한 신념을 갖고 있었다. 그는 과거의 역사와 실험을 통해 미래를 전망하고자 하였다. 그의 이러한 의지의 기저에는 낭만적 중세주의와 러스킨의 사회주의적 미학이 토대하고 있었다.

그는 공예가 단순히 물질적 대상으로서 단편적 제시가 아니라 인간과 자연, 사회와 현실이라는 공통의 분모를 가진 노동과 기쁨의 공유라는 귀결을 가져야 한다고 여겼다. 그런 까닭에 모리스는 공예의 네러티브(narrative)를 가장 넓고도 깊게 포착한 인물 중 한명으로 평가된다. 즉 당대의 시대적, 사회적 조건에 귀속(imputation)하여 현실적인 해법을 모색했다는 점에서 공예에 대한 본질적 사유에 가장 근접했던 인물인 것이다. 이와 같은 맥락에서 백 년도 전의 모리스이지만, 그가 제안했던 공예의 실천을 살펴보는 일은 오늘날의 공예가 스스로에게 자신의 정체감을 묻는 체험적 독해의 과정으로서 의미있는 일이다.

'상식' '전통' '배려'의 덕목으로

윌리엄 모리스를 하나의 장르, 질료나 기법에 근거한 장인(匠人)으로 제한하여 파악하기엔 그의 역량이나 활약이 너무나 방대하다. 그는 존 러스킨으로부터 중세의 예술에 경도되었다. 그는 러스킨으로부터 예술이 단순히 미적 소산만이 아닌 노동의 기쁨을 표현하고 전체적 존재가 움직이는 것으로, 예술가의 '전체성'을 이해해야 한다는 것을 익혔다.[2] 실제로 그는 그 '전체성'에 따라 삶과 예술의 일체화로 나아간 것이다. 예컨대 그는 실제 자신의 신혼집 <레드 하우스(Red House)>[3] 설계를 친구 필립 웹(Philip Webb)에게 부탁하고 그와 공동으로 세상에서 가장 아름다운 집을 지었다. '상식' '전통' '배려' 라는 세가지 원칙을 토대로 모리스의 낭만과 웹의 실용주의가 만나

2) 이광주 지음, 『윌리엄 모리스, 세상의 모든 것을 디자인하다』, 한길 아트, 1998, 27면 참조.

3) 캔터베리 대성당으로 가는 길에 있는 이 집은 실제로 미술공예운동의 산실로 불리며, 붉은 벽돌과 기와 지붕으로 이루어져 있다. 1층은 대형가구들로 식당처럼 꾸며지고, 2층 거실은 가장 품위있게 다듬어졌고, 1층과 2층은 떡갈나무 계단으로 이어진다. 건물과 조화를 이루는 정원에는 사과, 체리, 복숭아 등이 심어졌고 장미꽃 울타리나 해바라기도 번갈아가며 꽃을 피웠다. 니콜라스 페브스너는 이 레드하우스 건축 이후 30년간 그 이상은 없었다고 단언하기도 했다.

politics, specifically Socialism, while writing and editing/designing his books of poetry, fiction, and essays. Morris died in 1896.

Before changing his direction toward Socialism, Morris had firmly believed that society could change through art and craft. This view was rooted in Romantic Medievalism and Ruskin's socialist aesthetics. He believed that craft was not merely an aspect of material objects but instead represented an ideal combination of labor and pleasure, uniting humanity with nature. Based on this point, Morris is regarded as having developed the most profound *narrative for craft* in modern history. He is also admired for his way of finding answers to contemporary issues in their socio-historic context. For these reasons, looking back into the ideas and practices of Morris is a fruitful process for us to question the identity of contemporary craft.

Common Sense, Tradition, and Consideration

The scope of Morris's activities was too wide to limit to a certain genre, media, or technique. He was heavily influenced by medieval art (as was Ruskin) and its artistic approach, regarding a work as a whole entity.[2] A work of art in the medieval sense is not only an aesthetic product but is also something associated with mental and emotional pleasure related to labor. Morris saw art as wholeness, consisting of a series of activities, integrating art and life as one. For example, when Philip Webb designed his *Red House*,[3] Morris suggested three concepts for the architectural design—"common sense (design

윌리엄 모리스의 침실, 켐스콧메너 소재
William Morris's bedroom of Kelmscott Manor

[2] Gwang-Ju Lee, *William Morris Designs Everything in the World* (Seoul: Hangil Art Publishing, 1998), p. 27.

[3] Built in the vicinity of Canterbury Cathedral, Red House is a major building of the Art and Crafts Movement. The exterior is built with red bricks and roofed with tile. Downstairs is the dining area, decorated with large furniture. Coming a staircase made of oak trees, the upstairs is elegantly adorned. The garden is a series of exterior rooms consisting of fruit trees such as apple, cherry and peach. Roses and sunflowers are planted alternately along the fence. Nicholas Pevsner praised the Red House as among England's finest architectural specimens.

건축적 구조부터 실내 세부 가구나 벽지까지 그들의 손으로 완성하였다.

이번 전시에서 선보이는 스테인드 글래스, 벽지와 텍스타일, 램프, 페치카의 타일 디자인, 북 디자인 등의 작품은 그러한 모리스의 예술가의 전체성에 속해있다. 이들 장식적인 디자인 패턴들은 '아름다움' '상상력' 그리고 '질서'를 수반한 전형적인 모리스의 작품들이다.[4] 더욱이 이러한 모든 그의 공예, 디자인은 인간의 노동과 자연의 조화에 바탕을 두며, 이것의 향유 역시 중요한 덕목임을 강조하였다. 즉 그가 하는 모든 것들의 가장 중심에는 인간과 자연이 있었다. 인간의 노동에 의해 자연적 질료와 동식물의 유기적 모티프가 모여 그의 예술들은 생명을 얻었다.

특히 모리스의 인간에 대한 강조는 자신처럼 부르주아지 계급이 아니라 민중 계층에의 배려와 동화라는 점에서 좀 의아해할 수 있다. 〈레드 하우스〉에서 볼 수 있는 건축, 공예와 디자인의 절제된 세련미를 누릴 수 있는 것은 극소 계층이었을 테니 말이다. 그러나 그가 이념적으로 러스킨의 사회주의 미학을 기저에 두었다는 것을 상기한다면 납득 가능할 것이다. 그의 자본주의와 개인주의에 대한 저항과 반발은 자신이 속해있는 부르주아지 계급으로서 이념과 현실에서 보자면 매우 역설적인 사실임에는 틀림없었다. 이 역설적 상황은 궁극에 모리스의 공예운동이 현실에 천착하지 않은 시대착오적이라는 평가를 내리게 되는 원인으로 분석되기도 한다.

낭만적 중세주의에의 매력

"근대의 문명이란 강자가 취사선택하는 생활을 충족시키기 위한 노력의 일단으로서 이로 인해 인류 전체는 미적 생활을 빼앗기고 있다. 그것 때문에 인간이 자연을 지배하려고 하고 자연이 주는 귀중한 선물을 파괴하며, 순박한 인간을 노예화하고 이 세상을 야수의 세계로 유인하려고 한다."[5]

산업혁명 이후 기계 시대의 도래라는 시대적 조건에서 그는 청결하지도 아름답지도 않은 생산물을 목도하며, 더욱이 기계가 돌아가는 공장의 굴뚝을 보며 통탄해 마지 않았다. 그는 근대를 이전의 시대와 비교하여 추악하다 라는 평가를 서슴지 않았다. 러스킨이 말한 것처럼 "아름다운 것을 주위에 지니고 그것을 바라볼 여유를 가진 사람들에 의해서만 아름다운 예술이 만들어진다. 따라서 장인에게 아름다운 것들에 둘러싸이도록 해주지 않는 한, 그들로부터 아름다운 것이 나온다는 것은 기대할 수 없다.[6] 이것은 아름다운 대상을 만들어내는 사람들만이 아니라 그것을 일상으로 하는 많은 대중들 역시 마찬가지다. 그는 대중들이 아름다움의 감식을 상실하는 것, 유해한 환경 안에 놓이는 것을 무척 염려하였다. 냉정히 보자면, 그는 자본주의 자체의 속성보다는 이 같은 근대 도시의 추함에 반발하고 저항해던 것이다.

19세기 중반의 이 같은 모리스의 경계적 각성이 오늘날 역시 크게 다르지 않다는 사실은 새삼 세계의 순환성과 인간 본연의 욕망이 무엇인가를 확인하게 한다. 당대 모리스의 많은 활동은 이러한 현실에 대한, 일상의 환경에 대한 인식과 타계로부터 비롯된 것이다. 이것이 그가 주창한 〈미술공예운동(Art and Crafts Movement)〉[7]의 발단이다. 대량생산 시스템에 의해 제작된 일상의 도구들은 기존 수공예방식으로 만들어진 공예에 비해 미적, 질적으로 유약했기 때문에, 모리스는 이에 대한 적극적인 대안 모색을 한 것이다. 즉 삶의 환경에 대한 관심, 사회주의자로의 진로, 수공예의 관심 등은 이와 같은 현실적 인식에서 나왔다. 그는 수공예 부흥, 즉 중세 장인들의 조합이었던 길드 체제 아래서 아름답고 쓸모 있는 것들의 제작을 떠올렸다. 이

[4] 모리스-디자인의 본질. "장식 디자인 패턴에는 세 가지의 특징이 있어야 한다. 아름다움과 상상력 그리고 질서이다. 그 중 질서는 아름답고 자연스러운 양식을 만들어낸다. 그것은 자연뿐만 아니라 그 저편에 있는 많은 것들을 상기시킨다." 이광주, 앞의 책, 41면 참조.

[5] William Morris, *Hopes and Fears for Arts*, Collected works of William Morris, Vol. XXII, (London : Routledge / Theommes Press, 1992), 4면 참조.

[6] John Ruskin, *The Two Paths, Lecture III: Modern Manufacture and Design*.

[7] 이 운동은 1880년 미술공예전시회 협회(Art and Crafts Exhibition Society)의 창립 이후 미술과 수공예의 결합의 움직임을 지칭하는 용어였고, 1888년 곱덴 센더슨(Thomas Cobden-Sanderson)에 의해 만들어졌다. 모리스의 선동이나 간섭없이 모리스 상회, 켈름스코트 출판사, 강연활동에 영향 받아 형성되었다. 이 협회가 주관하여 런던 뉴 갤러리에서 처음 전시를 가지며 미술공예운동이라는 명칭이 널리 쓰인다.

that is commonly understood)," "tradition," and "cons_deration." Red House was an incarnation of Morris's romantic ideas and Webb's practical approach to architecture, featuring structures and interior details (furniture and wallpapers) designed by Morris himself.

This exhibition showcases Morris's diverse works, including stained glass, wallpapers, textiles to lamps, pechka tile designs, and book designs. I hope that visitors will see his entire oeuvre as a whole—an integrated model of beauty, imagination, and order.[4] While concerned with harmony between human labor and the order of nature, Morris also explored "use value" (the way an object is used or appreciated) as another important virtue of objects. In short, Morris's work revolves around human beings and nature, and comes alive when human labor collaborates with natural materials.

Morris's idea stemmed from a working-class consideration rather than from his own bourgeois background (the refined aesthetics of Red House could only have been accessible to a tiny elite). This, again, was the influence of Ruskin's socialist aesthetics. Morris's stance against capitalism and individualism seems ironic, as it betrays his bourgeois social position. Some critics conclude that the discrepancy between his class identity and his ideology resulted in his abandoning the Arts and Crafts movement, thinking it anachronistic and unrealistic.

An Attraction to Romantic Medievalism

"Modern civilization is an aspect of attempts to fulfill a life in pursuit of power, by which the whole of human civilization is deprived of its aesthetic life. Human beings are to conquer nature, destroy nature's precious gifts, enslave each other, and lead the world into a wilderness."[5]

During the machine age of the nineteenth century, Morris deplored the unsanitary and ugly products coming out of the factory's smoking chimney. Ruskin said "beautiful art can only be produced by people who have beautiful things about them, and leisure to look at them; and unless you provide some elements of beauty for your workmen to be surrounded by, you will find that no elements of beauty can be invented by them."[6] What is true for the producers is true for the users, Morris maintained. For him, the dangers of living in toxic and degenerated circumstances were an additional issue. In this sense, Morris's movement was rather more of a challenge against industrialization and the ugliness of the modern city than an attack on capitalism.

The analogy between the economic shift in the nineteenth century and today's socio-economic situation suggests a cycle of human desire that continues throughout history. Morris's Arts and Crafts Movement[7] was initiated from and grounded in his awareness of his reality coupled with his will to overcome the limits of daily life—more specifically, he found in crafts an alternative possibility that might replace the low quality (both in aesthetics and function) of daily goods mass-produced by the industrial system. A concern for living environments, for craft, and for the socialist agenda share the

4) Morris claimed that decorative design has three qualities: beauty, imagination, and order. Order supports the creation of beautiful and natural qualities, which can point to nature as well as beyond reality (Ibid., p. 41).

5) William Morris, *Hopes and Fears for Arts*, Collected Works of William Morris, Vol. XXII (London: Routledge/Theommes Press, 1992), p. 4.

6) John Ruskin, *The Two Paths, Lecture III: Modern Manufacture and Design*.

7) The movement referred to a tendency to combine art and crafts after the establishment of the Arts and Crafts Exhibition Society in 1880. The term was officially coined and used by Thomas Cobden-Sanderson in 1888. Without Morris's direct initiation, the term was used by Morris & Co., Kelmscott Press, and in lectures, setting precedents. Following the first exhibition organized by the Arts and Crafts Exhibition Society and held in London's New Gallery, the term spread widely.

8) E.P. Thompson, *William Morris : Romantic to Revolutionary*(London : Merlin Press, 1977), 750면 재인용.

「초서작품집」 中 '초서의 ABC' 삽화
Chaucer's ABC illustration in The Works of Geoffrey Chaucer

9) William Morris, *The Prospects of Architecture*, 133~134면 참조.

는 그가 즐겨 읽던 중세 역사로부터 착안했을 것이다.

특히 모리스는 이 길드를 예술제작의 협조 체계로서 뿐 아니라 사회체계의 전형으로 보았다. 모리스가 중세에서 눈여겨 본 것은 도제, 직인, 장인의 노동조건, 길드의 생산방식, 길드 조직 그 자체였다. 그에 의하면 중세의 장인들은 근대의 노동자보다 더 짧은 시간 일하지만 더 많은 휴식기를 갖는다. 그들은 보다 찬찬히 신중하게 작업하며 자신들의 손재주와 재능에 의존하지만 결코 아름다움을 드러내는 데 실패하지 않았다는 것이다.[8] 중세 길드에의 모리스의 이 같은 의존적 태도는 '더 옛날의, 더 소박한 형태의 공동체에 대한 향수'를 극복하지 못한 과거 지향적 복고주의라는 평가로부터 자유로울 수 없을 것이다. 그럼에도 그의 중세주의로의 회귀와 수공에 부흥을 이끌게 되었던 상황에는 예술, 인간, 노동의 유기적 만남과 축복의 공유가 보장된다는 확신 때문이었다. 설사 부르주아지 신분으로서의 한계는 있었을지라도 그는 당대의 현실을 직시한 지식인이었고 중세주의의 프레임을 갖고 사회변혁을 꿈꾸는 낭만적 또는 이상적 계몽주의자 였던 것이다.

예술 공동체와 유토피아

"…앞으로의 예술은 민중을 위한, 민중의 것이 되지 않으면 안 된다. 예술은 민중에 의해 존재하기 때문이며 그것은 모든 사람을 이해하고 또 모든 사람들에 이해되어져야 하기 때문이다. 또한 평등은 난폭한 학대를 막아주기 때문에 만약 그렇게 되지 않는다면 예술은 죽어버릴 것이다. … 예술은 누구에게나 이해될 수 있고 사랑으로 감싸듯, 민중을 위해 민중에게 주는 선물이 될 수 있으며 만인의 생활의 일부로서 누구의 방해도 받지 않을 것이다."[9]

same root: acknowledgement of reality. The ultimate goal of Morris's craft movement was to elevate it by reviving the medieval guild system, through which artisans make beautiful and useful items.

Morris saw the guild system as not only an artistic collaboration but a model for a social system. He was particularly interested in the fact that medieval artisans worked less while enjoying more leisure time than do modern laborers, and that their craftsmanship never failed to achieve the intended beauty in their works.[8] Morris's interest in the medieval guild is not free from criticism as reactionary revivalist, bound as it was to a modest scale of a past era. Nevertheless, the revival of medieval craft illuminated a crucial relation between art, people, and labor. Though born bourgeois, Morris was, in fact, a romantic and/or idealistic enlightenmentalist who sought to reform the defects of early capitalism.

Art Community and Utopia

"…If art which is now sick is to live and not die, it must in the future be of the people for the people, and by the people; it must understand all and be understood by all: equality must be the answer to tyranny: if that be not attained, art will die … it (art) will be a gift of the people to the people, a thing which everybody can understand, and every one surround with love; it will be a part of every life, and a hindrance to none."[9]

「초서작품집」 장정
Binding of the Works of Geoffrey Chaucer

8) E.P. Thompson and William Morris, *Romantic to Revolutionary*(London: Merlin Press, 1977), p. 750.

9) William Morris, *The Prospects of Architecture*, p. 133~134.

월리엄 모리스의 가족사진
Family photo of William Morris

〈미술공예운동〉의 작품들은 형태와 모양이 단순하며 평범하고 선적이거나 유기적인 형태로 제작되었다. 자연의 식물, 새, 동물 형태들이 주요 모티프로서 쓰였고 추상적인 것보다는 자연으로부터 기인한 것들이 많았다. 즉 이 운동에서 표방한 일상성과 대중성은 인간과 자연의 조화로 시각화되며, 공동체의 생산방식을 지향하고 있었다. 결국 모리스가 1861년 설립한 회사인 모리스, 마셜, 포크너 회사는 1880년대와 1890년대 다섯 개의 길드의 설립으로 이어지기도 했다. 센츄리 길드나 아쉬비 길드 등이 이때 세워져 공동체의 가치와 생산방식을 만들어 나갔다. 즉 길드와 같은 공동체가 존 러스킨의 사회주의 사상을 흡수할 때부터 향해진 대안이었다. 이 공동체를 기반으로 하여 삶 속에서 예술이 구현되고, 그로 인한 소외가 일어나지 않는 것이, 그의 유토피아적 모태였다.[10]

모리스는 중세주의와 예술의 민주화에 대한 의지로 그의 삶을 마감 할 때까지 개인주의와 자본주의에 저항을 표했다. 예술의 전체성, 예술의 유기적 결합이 가능한 공동체적 피안을 꿈꿨던 그는 말년에 건축 다음으로 가장 중요한 예술이라 했던 책을 만들며 보냈다. 삶에서의 고독과 의지의 피안이 되어줄 책에서 그는 정신적 유토피아를 찾았던 것이다. 죽기 전에 초서 작품집을 간행하고 싶다던 그의 꿈은 1894년 시작해서 1896년 그의 작고 4개월 전에 완성함으로서 이루어졌다. 그의 예술적 동지였던 번 존스는 이를 '작은 대성당'이라 칭송했다. 그는 조금 이른 서거였으나 백년, 이백년 길이 기억될 존재가 되어 눈을 감았다. 지금 이 순간처럼, 21세기 오늘의 공예의 현장에서 공예 그 본연의 가치, 일상성과 대중성의 메시아를 울리며 모리스의 작품들은 소리 없이 빛나고 있다.

박 남 희

총괄 큐레이터

10) "나는 소수를 위한 교육이나 자유를 바라지 않는 것과 마찬가지로 소수를 위한 예술도 원하지 않는다. 예술이 몇 명 예외적인 인간들 틈에서 그 빈약한 생명을 보존할 정도라며 차라리 한 시라도 모든 예술을 버리고 마는 편이 낫다."
같은 책, 같은 면 참조.

The works of the Arts & Crafts Movement were designed with simple linear or curvilinear forms of plants, birds, or animal motifs. The artists/craftsmen preferred natural forms over geometric shapes, presenting their daily lives and public concerns in harmony with nature and human beings. The works were created in a community production system. In 1861, Morris founded Morris, Marshall, and Faulkner & Co., and it was at the forefront of a new form of art community established in the 1880s and 1890s; others, such as Century guild and Ashby guild, soon followed. These guilds tested new ways of production while creating new values of art and community. The guild was an alternative community that fit with Ruskin's socialist ideas—a utopian field in which art relates to life without being isolated from socio-economic activity.[10]

Throughout his life, Morris had challenged capitalism and individualism with the medieval spirit of art and the democracy of modern art, dreaming of an organic unity of art and community. Morris devoted most of his later years to book-making, which he believed was the second most important art next to architecture. Designing books provided him with a spiritual utopia and an escape from solitude. In 1894, Morris began to design The Works of Geoffrey Chaucer, a book described by his partner Edward Burne-Jones as a "pocket cathedral." He completed it in 1896, only four months before his untimely death. Morris's ideas of the primary value of craft, the value of daily life, and the public good still resonate in the 21st century.

Park, Namhee

Chief Curator

[10] "that art will no longer be an art of instinct, of ignorance which is hopeful to learn and strives to see; since ignorance is now no longer hopeful. In this and in many other ways it may differ from the past art, but in one thing it must needs be like it; it will not be an esoteric mystery shared by a little band of superior beings." (Ibid.)

「초서작품집」에 쓰인 테두리 장식틀
Decorative border frame used in the
Works of Geoffrey Chaucer

윌리엄 모리스의 생애

1834 3월 24일 영국 런던 근교의 월샘스토 엘름하우스에서
　　　부유한 사업가 집안의 장남으로 태어남.
1843 미세스 아룬델 학교에 입학.
1848 말버러칼리지에 입학.
1852 목사가 되기 위해 옥스퍼드 대학교 엑스터칼리지
　　　입학시험을 보던 중 옆자리에 앉은 번 존스와 인연을
　　　맺게 됨.
1853 옥스퍼드 대학교 엑스터칼리지 입학.
1854 여동생 헨리에타와 벨기에를 비롯한 북프랑스 여행 중
　　　얀 반 에이크와 멤링의 작품을 접하게 됨.
　　　아미엥, 보베, 샤르트르, 루앙 등의 중세 고딕 성당과
　　　루브르 박물관을 둘러봄.
1855 번 존스, 윌리엄 풀포드와 두번째 북프랑스 여행을 떠남.
　　　그 곳에서 라파엘 전파의 전시회를 보게 됨.
1856 북프랑스 여행 후 일상을 바칠 대상을 종교에서
　　　건축으로 전환하고, 고딕복고운동을 대표하는 건축가
　　　조지 에드먼드 스트리트의 사무실에 들어감.
　　　그곳에서 레드하우 스 설계를 맡게 될 필립 웨브를 만남.
　　　『옥스퍼드 캠브리지 잡지』 창간.
　　　단테 가브리엘 로제티 화실에서 회화수업을 받던
　　　번 존스 소개로 로제티를 알게 됨.
　　　런던의 레드라이온스퀘어에서 번 존스와 함께 생활하며
　　　회화에 열중.
1858 자비로 첫 시집 『귀네비어의 항변』을 출판하였으나,
　　　평단에서 좋은 반응을 얻지 못함.
1859 제인 버든과 옥스퍼드의 생 미셸 교회에서 결혼.
　　　필립 웨브, 레드하우스 설계에 들어감.
1861 1월 18일, 장녀 제인 앨리스 모리스 태어남.
　　　레드라이온스퀘어에 모리스-마셜-포크너사 설립.
1862 모리스-마셜-포크너사, 제3회 세계만국박람회에
　　　참여하여 스테인드글라스, 중세 고딕풍 가구와 자수로
　　　상을 받음.
　　　3월 25일, 차녀 메이 모리스 태어남.
1864 첫번째 벽지로 격자무늬와 데이지 무늬를 디자인함.
1865 런던 블룸즈베리의 퀸스퀘어로 가족과 회사 모두 이사한
　　　후 다시는 레드하우스를 찾지 않음.
　　　『지상의 낙원』 집필 시작.
1866 모리스-마셜-포크너사, 성 제임스 궁의 타피스트리 방과
　　　아머리 방, 사우스켄싱턴 박물관(현재 빅토리아앤드
　　　앨버트 박물관)의 녹색 식당 장식을 맡음.
1867 필립 웨브, 모리스-마셜-포크너사의 가구 파트를
　　　담당하게 됨.
　　　『제이슨의 삶과 죽음』 출판.
　　　제인 모리스와 로제티의 불륜이 본격화됨.
1868 『지상의 낙원』 첫 권 출판.
1870 채색필사본 『시의 서』 제작.
　　　아이슬란드의 대표적인 사가(saga)인 『뷜숭가 사가』
　　　번역본 출간.
1871 로제티와 함께 켐스콧메너를 빌림.
1872 턴햄그린의 호링턴하우스로 이사.
　　　자연 염료 실험을 시작함.

1873 J. H. 덜, 모리스-마셜-포크너사에 참여.
1874 로제티, 켐스콧메너에 대한 권리 포기 후 모리스와 결별.
　　　모리스-마셜-포크너사, 모리스 회사로 재편.
1875 『아이네이스』, 벨럼 본으로 채색필사본 제작에 들어감.
　　　『귀네비어의 항변』 재간.
1877 런던의 번화가 옥스퍼드 거리에 모리스 상점 오픈.
1878 해머스미스의 리트리트로 이사하고,
　　　그곳을 켐스콧하우스라 부름.
1882 단테 가브리엘 로제티 사망.
1883 모리스 회사, 미국 보스턴에서 열린 외국아트페어에
　　　참가.
1885 사회주의 동맹의 기관지인 『커먼웰』 편집 담당.
1886 『커먼웰』에 「존 볼의 꿈」 연재.
1890 해머스미스에 사회주의 동맹 지부 설립.
1891 해머스미스에 출판사 켐스콧프레스 설립.
　　　『빛나는 평원 이야기』 출판.
1896 『초서 작품집』 출판.
　　　J. H. 덜, 모리스 회사의 미술감독이 됨.
　　　10월 3일, 윌리엄 모리스, 켐스콧하우스에서 사망.

William Morris's life

1834 (24 March) William Morris was born at Elm House, Walthamstow.

1843 Morris went to the Misses Arundale's `Academy for Young Gentlemen' at Woodford as a day scholar.

1848 Morris went, aged thirteen, to Marlborough College.

1852 Morris sat his matriculation examination for Exeter College, Oxford. Edward Burne-Jones took his examination at the same time.

1853 Morris went to Exeter College, Oxford, to study theology.

1854 Morris, with his sister Henrietta, visited Belgium and Northern France. On this journey Morris viewed pictures by Van Eyck and Memling and visited the Gothic churches at Amiens, Beauvais, Chartres and Rouen.

1855 Morris and Burne-Jones went to see the Pre-Raphaelite paintings in the Windus Collection.

1856 The first number of the Oxford and Cambridge Magazine appeared under Morris's editorship. Morris was articled to G E Street whose office was then in Beaumont Street, Oxford.
Morris and Burne-Jones moved to Red Lion Square. Encouraged by Rossetti, Morris left Street's office and abandoned his career in architecture.

1858 Bell & Daldy published The Defence of Guenevere & Other Poems at Morris' expense. The reviewer wrote: `To our taste, the style is as bad as bad can be. Mr. Morris imitates little save faults.' This was the first of a series of unfavourable reviews which led Morris to destroy many of the early poems he omitted from the volume.

1859 Morris married Jane Burden at St Michael's Church, Ship Street, Oxford.
Webb's designs for the Red House were completed.

1861 Jane Alice (`Jenny') Morris who is the first Morris' daughter was born at the Red House.
Morris, Marshall, Faulkner & Co. opened for business.

1862 The Firm took two stands at the International Exhibition held at the South Kensington Museum. One was for the sole promotion of stained-glass (Exhibit No. 6734) the other for embroideries and painted Gothic furniture (Exhibit No. 5783). Both stands were awarded medals of commendation.
Mary(`May') Morris was born at the Red House. She was named Mary as she was born.

1864 The Trellis and Daisy wallpaper designs were registered. These were the first wallpapers produced by Morris.

1865 Morris and his family moved from the Red House to the Firm's headquarters at 26 Queen Square. Morris was never to visit the Red House again.

1866 The Firm began work on the Armoury and Tapestry Room at St James's Palace.
Morris wrote to Henry Young Darracott Scott stating that the Firm's estimate for glazing the three windows in the Refreshment Room at the South Kensington Museum.

1867 According to Buxton Forman, Morris finished writing The Life & Death of Jason. Forman claimed that Morris originally intended to publish it under the title of The Deeds of Jason.
A meeting of the Firm was held at which it was decided to offer Philip Webb to serve as its consulting manager.

1868 Volume I of The Earthly Paradise was published by F S Ellis.

1870 Morris began an illuminated book of his poems entitled A Book of Verse intended for Georgiana Burne-Jones.
His translation of the Volsunga Saga: The Story of the Volsungs and Niblungs went to the printers.

1871 Morris and Rossetti took the lease on Kelmscott Manor.

1872 Morris moved from Queen Square to Horrington House on Turnham Green Road.

1874 Rossetti wrote to the agent for Kelmscott Manor stating himself willing `to take a lease of this house for seven or fourteen years.'
A meeting was held at 26 Queen Square to discuss the future of the Firm. Morris, Marshall, Faulkner, Burne-Jones and Webb attended. It was decided that the Firm should be dissolved and three assessors appointed to evaluate the value of the company.

1875 Morris was working on his translation of the Aeneid. The Defence of Guenevere & Other Poems was reissued by Ellis and White.

1877 Morris & Co's new showrooms were opened at 264 Oxford Street (later 449), on the corner of North Audley Street.

1878 The Morris family moved into Kelmscott House.

1882 Dante Gabriel Rossetti died at Birchington-on-Sea near Margate.

1883 They took a large stand at the Foreign Fair in Boston, USA.

1885 The first issue of the monthly Commonweal was published.

1886 Morris published part seven of A Dream of John Ball in Commonweal.

1890 The first meeting of the Hammersmith Socialist Society (HSS) was held at which the Statement of Principles was approved.

1891 The first trial page of The Story of the Glittering Plain was printed at the Kelmscott Press.

1896 (3 October) Morris died peacefully at eleven-fifteen in the morning at Kelmscott House.

Textile 직물

Hammersmith Rug 대장장이의 양탄자
Around 1870
85x114cm
Hand-knotted wool on cotton warp
by William Morris
Morris & Co.

Daisy or Grass
데이지 혹은 잔디
Around 1870-75
183x84cm
Carpet
Designed by William Morris
Kidderminster carpeting made by
Heckmondwike or, Brussels and Wilton pile
made by Wilton Royal Carpet Company

Tulip and Rose 튤립과 장미
1876
80x85cm
Woven woollen triple cloth
Designed by William Morris
Heckmondwike Manufacturing Company

Bird 작은 새
1878
270x84.5cm
Hand-loom jacquard woven woollen fabric
Designed by William Morris
Morris & Co.

Peacock and Dragon 공작과 용
1878
226x138cm
Hand-loom jacquard woven woollen fabric
Designed by William Morris
Morris & Co.

Flower Garden 화원
1879
58x63cm
Hand-loom jacquard woven silk,
woven silk and wool
Designed by William Morris
Morris & Co.

Campion 동자꽃
1883
150x78cm
Hand-loom jacquard woven woollen fabric
Designed by William Morris
Morris & Co.

Diagonal Trail 사선의 흔적
Around 1893
72x112cm
Hand-loom jacquard woven woollen fabric
Designed by John Henry Dearle
Morris & Co.

Tulip 튤립
1875
85x92.5cm
Block-printed in colours, cotton
Designed by William Morris
Morris & Co.

Strawberry Thief 딸기 서리
1883
92.5x98cm
Block-printed in colours, cotton
Designed by William Morris
Morris & Co.

Cray 크레이
1884
110x88cm
Block-printed in colours, cotton
Designed by William Morris
Morris & Co.

Lea 초원
1885
124x98cm
Block-printed in colours, cotton
Designed by William Morris
Morris & Co.

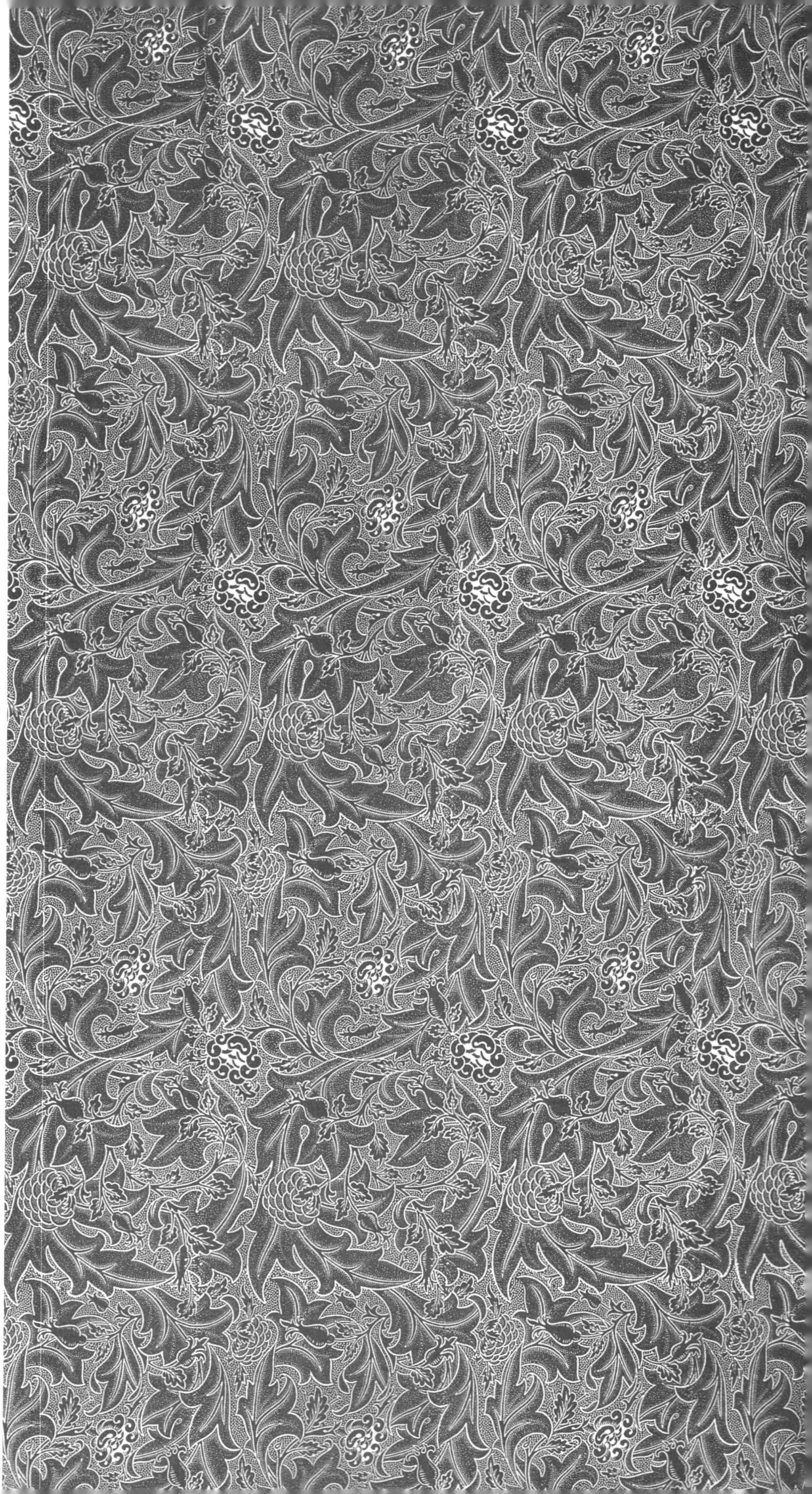

Medway 메드웨이
1885
99x99cm
Block-printed in colours, cotton
Designed by William Morris
Morris & Co.

Daffodil 수선화
1891
110x98cm
Block-printed in colours, cotton
Designed by William Morris or John Henry Dearle
Morris & Co.

Wallpaper 벽지

Daisy 데이지 무늬
Around 1862
81.5x57cm
Block-printed in colours
Designed by William Morris
Morris, Marshall, Faulkner & Co.

Trellis-white 흰색 격자 무늬
Around 1862
106x56cm
Block-printed in colours
Designed by William Morris
(birds by Philip Webb)
Morris, Marshall, Faulkner & Co.

Trellis-black 검정색 격자 무늬
Around 1862
100x57cm
Block-printed in colours
Designed by William Morris
(birds by Philip Webb)
Morris, Marshall, Faulkner & Co.

Pomegranate or Fruit 석류 혹은 과일
Around 1866
75x56.5cm
Block-printed in colours
Designed by William Morris
Morris, Marshall, Faulkner & Co.

Willow 버드나무
1874
90x56cm

Block-printed in colours
Designed by William Morris
Morris & Co.

Willow-gold 버드나무-금색
1874
91x53.5cm
Block-printed in colours
Designed by William Morris
Morris & Co.

Vine 포도나무
1874
54.5x56cm
Block-printed in colours
Designed by William Morris
Morris, Marshall, Faulkner & Co.

Marigold-pink 천수국-분홍색
1875
82.5x57.5cm
Block-printed in colours
Designed by William Morris
Morris & Co.

Marigold-dark green 천수국-짙은 녹색
1875
1055x54.5cm
Block-printed in colours
Designed by William Morris
Morris & Co.

Marigold-green 천수국-녹색
1875
53.5x53.5cm
Block-printed in colours
Designed by William Morris
Morris & Co.

Pimpernel 뚜껑별꽃
1875
84.5x55.5cm
Block-printed in colours
Designed by William Morris
Morris & Co.

Sunflower 해바라기
1879
96x55.6cm
Block-printed in colours
Designed by William Morris
Morris & Co.

Mallow 말로우
1879
81.5x54cm
Block-printed in colours
Designed by Kate Faulkner
Morris & Co.

Bird and Anemone
새와 아네모네
1882
86.2x57cm
Block-printed in colours
Designed by William Morris
Morris & Co.

Honeysuckle 인동덩굴
1883
70x54.5cm
Block-printed in colours
Designed by May Morris
Morris & Co.

Garden Tulip 가든튤립
1885
66.5x56.5cm
Block-printed in colours
Designed by William Morris
Morris & Co.

Bachelor's Button-brown 갈색 수레국화
1892
1035×55.5cm
Block-printed in colours
Designed by William Morris
Morris & Co.

Bachelor's Button-blue 파란 수레국화
1892
77×56.5cm
Block-printed in colours
Designed by William Morris
Morris & Co.

Willow Bough 버드나무 가지
1887
93.5x42.5cm
Block-printed in colours
Designed by William Morris
Morris & Co.

The Orange Tree 오렌지 나무
1886
114x53.2cm
Block-printed in colours
Designed by Walter Crane
Jeffrey & Co.

Celandine 애기똥풀
1896
78x56cm
Block-printed in colours
Designed by John Henry Dearle
Morris & Co.

Golden Lily 산나리
1899
66.4x56.5cm
Block-printed in colours
Designed by John Henry Dearle
Morris & Co.

Peacocks 공작
the 1860s
71.5x104cm
Block-printed in colours
Designed by Walter Crane

Wallpaper sample 벽지 샘플

The Owl 부엉이
Around 1899
63x44cm
Block-printed in colours
Designed by Charles Francis
Annesley
Voysey Essex & Co.

Essex Range 작은새와 수목, 에식스 No. 1
Around 1904
71x53cm
Block-printed in colours, marked "Essex No.1"
Designed by Charles Francis
Annesley Voysey
Essex & Co.

Essex Range 식물, 에식스 No. A. 13
Around 1905
76x53cm
Block-printed in colours, marked "Essex No.A.13"
Designed by Charles Francis
Annesley Voysey
Essex & Co.

Essex Range 작은새와 꽃, 에식스 No. A. 14
Around 1907
76x53cm
Block-printed in colours, marked "Essex No.A.14"
Designed by Charles Francis
Annesley Voysey
Essex & Co.

Tile 타일

Daisy 데이지
Around 1862
Tile panal on fireplace 벽난로 위 타일
Cast iron fire insert, inset with 'Daisy' tiles
Hand painted on tin glazed earthenware
Dutch blanks
Designed by William Morris
Tile: Moris, Marshall, Faulkner & Co.

Red Rose 빨간 장미
1838-97
30x15cm
Earthenware
Designed by William De Morgan
Wi liam De Morgan & Co.

Roumelian 루멜리안
Around 1890
16x31cm
Earthenware
Designed by Willian De Morgan
William De Morgan & Co.

Yellow BBB 옐로우BBB
Around 1890
16x31cm
Earthenware
Designed by Willian De Morgan
William De Morgan & Co.

Iznik inspired tile design
이즈니크 영향을 받은 타일 디자인
1872-81
15x15cm
Earthenware
Designed by William De Morgan

Raised Lion 떠오르는 사자
1888-97
15x15cm
Earthenware
Designed by William De Morgan
William De Morgan & Co.

Flower and Encircled Foliage
꽃과 덩굴풀잎
62.2x21cm
Earthenware
Designed by William De Morgan

Furniture 가구

Armchair from the Morris & Co. Sussex Range 암체어
Around 1911
85x50x44cm
Ebonized beech, rushed seat
Designed by Philip Webb(possibly)
Morris & Co.

Chair with Round Seat from the Morris & Co. Sussex Range 둥근 시트의 의자
Around 1865
83.5x44.5x42cm
Ebonized wood, rushed seat
Designed by Ford Madox Brown(possibly)
Morris & Co.

Arm Chair 암체어
Around 1890-1913
115x58.5x41cm
Ash, rushed seat
Designed by Philip Clissett

Rossetti Settee 로세티 안락의자
Around 1863
89.5x139x46cm
Ebonized beech, rushed bench
Designed by Dante Gabriel Rossetti(possibly)
Morris, Marshall, Faulkner & Co.

Wall mirror 벽면 겨울
Early 20th century
79x63x3.1cm
Embossed copper

Firescreen 난로 가리개
Around 1890
102.5x65x31cm
Surround in mahogany,
inset with an embroidered panel
Embridered by May Morris(possibly)
Morris & Co.

Lamp 램프

Lamp 램프
Around 1900
59x42cm
Copper, brass, glass
Designed by William Arthur Smith Benson
W. A. S. Benson & Co. Ltd.

Table Lamp 테이블 램프
The 1860s
41x17cm, dia 17cm
Copper, brass, vaseline glass
Designed by William Arthur Smith Benson
W. A. S. Benson & Co. Ltd.

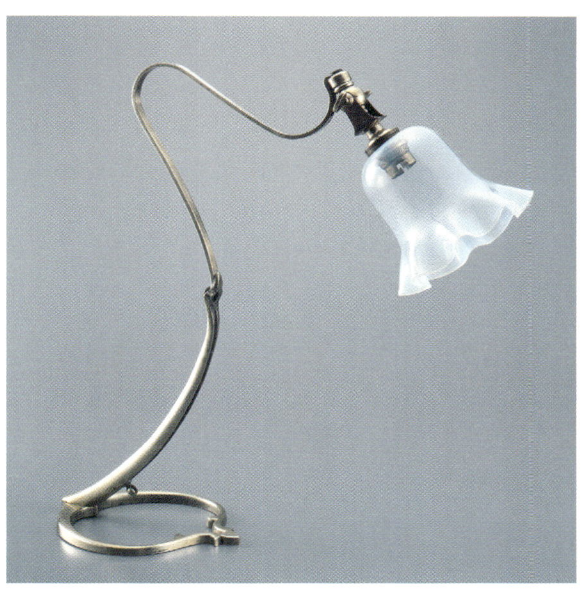

Table Lamp 테이블 램프
Dia 13cm, 38.8x39cm
Brass, vaseline grass
Designed by William Arthur Smith Benson
W. A. S. Benson & Co. Ltd.

Table Lamp 테이블 램프
Early 20th century
Dia 10cm, 42.5x28cm
Copper, brass
James Powell striped opalescent green glass
Designed by William Arthur Smith Benson
W. A. S. Benson & Co. Ltd.

Book 책

A Table of the Chapters of this Book.

I. Of those Three who came to the House of the Raven, 1. ⅭII. Evil Tidings come to hand at Cleveland, 4. ⅭIII. The Warriors of the Raven search the Seas, 9. ⅭIV. Hallblithe taketh the Sea, 12. ⅭV. They come unto the Isle of Ransom, 15. ⅭVI. Of a Dwelling of Men on the Isle of Ransom, 28. ⅭVII. A Feast in the Isle of Ransom, 37. ⅭVIII. Hallblithe taketh Ship again from the Isle of Ransom, 51. ⅭIX. They come to the Land of the Glittering Plain, 56. Ⅽ X. They hold Converse with Folk of the Glittering Plain, 66. ⅭXI. The Sea-eagle reneweth his Life, 73. ⅭXII. They look on the King of the Glittering Plain, 79. ⅭXIII. Hallblithe beholdeth the woman who loveth him, 86. ⅭXIV. Hallblithe has speech with the King again, 93. ⅭXV. Yet Hallblithe speaketh with the King, 101. ⅭXVI. Those Three go their ways to the edge of the Glittering Plain, 106. ⅭXVII. Hallblithe amongst the Mountains, 113. ⅭXVIII. Hallblithe dwelleth in the wood alone, 126. ⅭXIX. Hallblithe builds him a skiff, 134. ⅭXX. So now saileth Hallblithe away from the Glittering Plain, 143. ⅭXXI. Of the Fight of the Champions in the Hall of the Ravagers, 157. ⅭXXII. They go from the Isle of Ransom and come to Cleveland by the Sea, 178.

"Shakespeare's Poems and Sonnets"
셰익스피어 시와 소네트
1893
21.5x15cm
Kelmscott Press
William Morris

"The Story of the Glittering Plane"
눈부신 평원 이야기
1891
20x14cm
Kelmscott Press
William Morris

"Flora's Feast" 꽃의 향연
1899
25.6x19.5cm
Walter Crane
Castle & Company Ltd.

"A Floral Fantasy :
In an Old English Garden"
꽃의 환타지: 옛 영국 정원에서
1899
27x19.5cm
Walter Crane
The House of Harper and Brothers

"Printed Linens and Cottons" 염색된 린넨과 면
late 1881
28x22.5cm
Morris & Co.

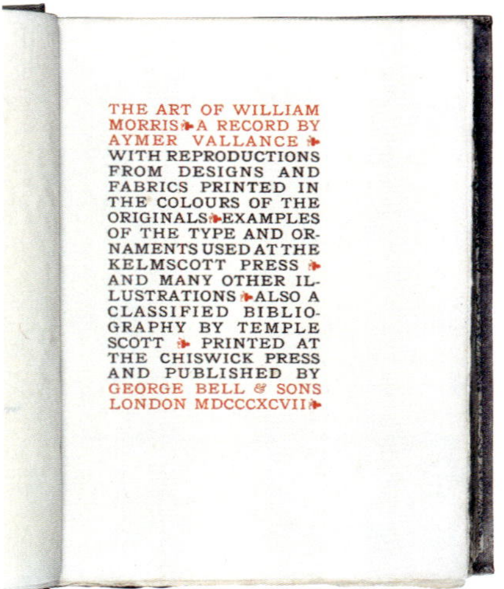

"Art of William Morris" 윌리엄 모리스의 예술
1897
39.3x31cm
by Aymer Vallance
George Bell & Sons

**"The Easter Art Annual for 1898 :
the Work of Walter Crane with Notes by the Artist"**
1898년 이스터 아트
1898
33.7x26.2cm
Walter Crane
J. S. Virtue & Co.

From "Baby's Own Æsop." Designed by Walter Crane. Reproduced by permission of Mr. Edmund Evans. Published by Messrs. George Routledge and Sons, Ltd.

In between the works mentioned many less important book designs were done in the way of frontispieces and occâsional illustrations, titles, covers, &c. Many of these I have forgotten, or have never seen since.

There were two books published by Messrs. Cassell about 1870, in which I had a hand, and which perhaps had more claims to remembrance. One was "The Merrie Heart," a collection of nursery rhymes; and the other was entitled "King Gab and his Story Bag," by William Marshall. A page illustration in the latter furnished the motive for an early picture now in the South Kensington Museum, called "The Three Paths."

The series of stories by Mrs. Molesworth was commenced about 1875, by Messrs. Macmillan, and I was invited to do the illustrations—a set of seven to each and a title-page device. The first was "Tell me a Story," and the series is now quite a large one.

In 1880, I undertook the illustration of Miss De Morgan's "The Necklace of Princess Fiorimonde and other Stories," which was also published by Messrs. Macmillan. The designs were arranged as headings with the titles of the stories, initial letters, and full-page pictures engraved upon wood. A large-paper edition (with the cuts on India paper, mounted) was published. This work, I think, led to the idea of doing an illustrated edition of "Grimm's Household Stories," by the house of Macmillan.

My sister made a translation of about half the "Hausmarchen" of the brothers Grimm, and this, with about a dozen full-page designs as well as headings, initial letters, and tail-pieces to each story, was published in 1882. The drawings were done about a third larger, and all were photographed upon wood and engraved by Messrs. Swain.

A large-paper edition was also printed of this work. The printers were Messrs. R. & R. Clark, of Edinburgh. For this firm I afterwards designed a set of twenty headings, one of which appears on the opening page of this number. These headings were used to decorate "The Claims of Decorative Art," a collection of my papers published by Messrs. Lawrence & Bullen in 1892.

The design of "The Goose Girl" (reproduced on page 9), from the "Grimm" volume, was seen at the time by my friend, the late William Morris, when I was at work in my studio one day. He called to ask me to do him a design capable of being worked in arras tapestry, which he was at that time practically engaged in reviving.

Stained Glass 스테인드 글라스

Sermon on the Mount 산상 설교
1862
124x83.8x4.2 cm
All Saints, Selsley, Gloucs.
South aisle window
Stained glass reproduction
Designed by Dante Gabriel Rossetti
Morris, Marshall, Faulkner & Co.

St Paul Preaching at Athens 사도 바울의 아테네 설교
1862
124x83.8x4.2 cm
All Saints, Selsley, Gloucs.
South aisle window
Stained glass reproduction
Designed by William Morris
Morris, Marshall, Faulkner & Co.

for in him we
live and move and have
our being

RAPHAEL
MICHAEL
GABRIEL

St Luke 성 누가
1873
129.9x95.1x4.2 cm
Jesus College Chapel, Cambridge.
South transept east wall
Stained glass reproduction
Designed by Edward Burne-Jones, Ford Madox Brown
Morris, Marshall, Faulkner & Co.

Patience, Obedience and Docility 인내, 순종, 온유
1876
129.9x95.1x4.2 cm
Jesus College Chapel, Cambridge.
North transept window
Stained glass reproduction
Designed by Edward Burne-Jones
Morris & Co.

Untitled 무제
1873-74
129.9x95.1x4.2 cm
Jesus College Chapel, Cambridge.
Nave south window
Stained glass reproduction
Designed by Edward Burne-Jones
Morris, Marshall, Faulkner & Co.

St John 성 요한
1873-75
129.9x95.1x4.2 cm
Jesus College Chapel, Cambridge.
South transept west wall
Stained glass reproduction
Designed by Edward Burne-Jones
Morris, Marshall, Faulkner & Co.

Absalom 압살롬
1872-90
129.9x95.1x4.2 cm
St John the Evangelist, Knotty Ash, Lances.
North aisle window
Stained glass reproduction
Designed by Edward Burne-Jones
Morris, Marshall, Faulkner & Co.

**Adam(left top), Enos(left below),
Noah(right top), Abraham (right below)
아담(왼쪽 위), 에노스(왼쪽 아래),
노아(오른쪽 위), 아브라함(오른쪽 아래)**
1878
124x83.8x4.2 cm
St Martin's, Brampton, Cumberland.
North aisle westmost window
Stained glass reproduction
Designed by Edward Burne-Jones
Morris & Co.

**Moses(left top), Solomon(left below),
David(right top), Elijah(right below)**
모세(왼쪽 위), 솔로몬(왼쪽 아래),
다윗(오른쪽 위), 엘리야(오른쪽 아래)
1878
124x83.8x4.2 cm
St Martin's, Brampton, Cumberland.
North aisle middle window
Stained glass reproduction
Designed by Edward Burne-Jones
Morris & Co.

Untitled 무제
1880-81
156.6x111x4.2 cm
St Martin's, Brampton, Cumberland.
Chancel east window
Stained glass reproduction
Designed by Edward Burne-Jones
Morris & Co.

Hope(left), Charity(centre), Faith(right), 소망(왼쪽), 자비(중간), 믿음(오른쪽)
1887
124x83.8x4.2cm
St Martin's, Brampton, Cumberland.
South aisle window
Stained glass reproduction
Designed by Edward Burne-Jones
Morris & Co.

Untitled 무제
1883
129.9x95.1x4.2 cm
St Stephen's, Gateacre, Lancs.
Nave west window
Stained glass reproduction
Designed by Edward Burne-Jone
Morris & Co.

Calling of St Peter 성 베드로의 부름
1902
124x83.8x4.2 cm
St Peter's, Swinton, Lancs.
South aisle window
Stained glass reproduction
Designed by John Henry Dearle
Morris & Co.

Old

Craft within History and Tradition

Craft is the substance of mankind's longest instruments and techniques which have existed long before the classification of its concept or category. Devised out of necessity, craft was developed in a peculiar sphere of materials and utilities added with wisdom and aesthetic senses. In the "Old" section of the Main Exhibition, craft works are exhibited with historial and classical viewpoints. Both branches are seeded in tradition; one branch accompanied with natural changes according to historical conditions and environment, and another branch made of spiritual or technical inheritance. Meaning, they do not cling to an old custom, but follow wise principles and apprehend the process of grounding and embracing their epochal traditions and functions of history. This section consists of 47 works that exhibit traditional and historical viewpoints from the craftsmanship of Intangible Cultural Properties to contemporary designs with traditional grammars.

역사와 전통이 함께하는 공예

공예는 그 개념이나 범주의 구분 이전부터 존재한 인류의 가장 오래된 도구와 기술의
실체이다. 처음 필요에 의해 고안되었던 공예는 점차 지혜와 미감이 더해지면서 질료나 쓰임에
의한 독특한 영역으로 발달하였다. 본전시의 올드(old) 섹션에서는 오늘날의 공예 안에서
역사와 전통의 관점에서 만날 수 있는 작품들을 선보이고 있다. 특히 전통 안에는 정신이나
기법의 계승의 갈래와 함께 역사적 조건과 환경에 따른 자연적 변화를 수반하는 갈래 역시
포함된다. 즉 옛스러움에의 집착이 아니라 그 안에 있는 원리적 지혜를 따르며 시대와 역사의
기능과 상징을 포용하는 당대의 전통을 만드는 여정을 포착한 작품들이 이 섹션을 이루고
있다. 무형문화재의 장인정신에서부터 전통의 어법으로 현대를 디자인하는 작업에 이르기까지
전통과 역사적 관점의 작품 52점으로 이루어져 있다.

Korea | 한국
Kim, Hye-jeong 김혜정
중요무형문화재 제67호 Important intangible cultural properties No. 67

탕건은 조선시대 사대부들이 신분상의 품위를 유지하고자 애용했던 일종의 모자였다. 당초 중국의 복두.사모에서 유래된 이 탕건은 조선인들의 미의식과 기술에 힘입어 독창적으로 발전하였다. 탕건의 모양을 살펴보면 앞쪽은 낮고 뒤쪽이 높아 중간은 턱이져 있어 마치 크고 작은 두 개의 둥근 산봉우리가 앞뒤로 겹쳐 있는 형상으로 일명 '감투'라고도 불렸으며 벼슬에 오르는 것을 일컫는 '감투쓴다'는 표현이 여기에서 유래했다

탕건의 재료는 말총을 사용한다. 옛부터 제주도 조랑말의 말총이 가장 가늘고 질기며 부드럽고 매끈해 최고로 꼽혀, 탕건은 제주도에서 가장 많이 만들어졌다. 탕건을 만들때에는 탕건골에다 대고 절어 나가며, 저는 방법에 따라 홑탕건, 겹탕건, 바둑탕건으로 구분된다.

정자관은 벼슬이 높고 격식을 갖춘 재상들이 망건과 탕건을 쓴 위에 덧쓰던 관으로 위는 터지고 세봉우리가 있으며 3층으로 되어있어 3층 정자관이라 불린다. 학자다운 기품이 풍기며 미적가치가 충분히 발휘되므로 조선시대 후기까지 사용이 되었다. 정자관 역시 탕건처럼 말총을 이용하여 생산되기 때문에 질겨 오래 사용할 수 있고 가느다란 말총을 한올한올 엮어서 만드므로 가볍고 매끄러워서 사대부들의 애호를 받았다.

"Tanggun" was a sort of hat which Chosun Dynasty's nobility favorably wore so as to show off the dignity of their class. Originally derived from Chineses officer's hats, "tanggun" was inventively developed by Chosun people's aesthetic senses and techniques. It consists with two parts: a low frontal part and a high rear part, which resemble two round summits of mountains. It was also called as 'Gamtoo (horsehair cap),' which bore an expression, 'wearing a gamtoo,' referring to become a governmental official.

Tanggun is made with horse hair. The pony tails in Jeju Island were valued as the best ones due to their highest quality in slenderness, firmness, tenderness, and smoothness. In this reason, tanggun was mainly produced in Jeju Island. It has three different kinds according to its manufacturing methods: single-layer hat, multi-layer hat, and cross-striped hat.

Added on tanggun's top, 'Jungjagwan' is an official hat worn by ministers in high classes. It has three layers of summits of which the top is open, and is called 'three-stairs jungjagwan.' Giving a visual sense of nobility of scholars with aesthetic effects, it was used until the late Chosun Dynasty period. Jungjagwan is also produced with horse tails like tanggun, so won Chosun gentry's patronage because it was durable, light in weight, and smooth in touch.

소반, 2010, 유리, 원목가공, 32x45x45cm
Small portable dining table, 2010,
Wood, glass, 32x45x45cm

마영범 Mah, Young-beom(나전장(螺鈿匠)
송방웅 宋芳雄 SONG BANG WOONG),
설화문 화장품 함, 2010, 금속, 자개, 원목가공,
19.7x48.5x15.3cm
Mah, Young-beom
(Najun-Jang Song, Bang-woong) Makeup box,
2010, Steel, nacre, wood, 19.7x48.5x15.3cm

Mah, Young-beom 마영범

장인, 디자이너를 만나다

대표 주자는 인테리어 디자이너 마영범. '디자인 과잉시대'의 돌파구를 전통 공예에서 찾고 있는 그는 장인들과 손잡고 디자인 프로젝트를 펼치고 있다. 지난해 진행한 '통영 12공방'과 설화문화전 '수작(手作)'은 베테랑 디자이너인 그가 고집스러운 장인들을 찾아가 하나하나 설득하고 또 설득해 만든 결과물이다.

가장 눈길 끄는 작품은 나전장(螺鈿匠) 김종량과 함께 만든 라운지 의자. 1950년대에 찰스 임스와 레이 임스 부부가 만들어 현대 디자인의 아이콘이 된 이 의자에 이순신 장군의 갑옷을 형상화한 자개를 촘촘히 입혔다. 각도에 따라 다르게 빛을 발하는 자개의 우아함이 감탄을 자아낸다. 대나무를 실처럼 가늘게 다듬어 만드는 통영대발을 평생 엮어온 염장(簾匠) 조대

용은 광섬유와 대나무를 잇는 실험을 했고, 나전장 송방웅은 자개 원목 위에 레이저 커팅한 알루미늄을 입히는 파격을 시도했다.

그는 "지나치게 대량 생산되고 빨리 소비되는 이 시대의 디자인에 불만이 있다 보니 시간이 축적되고 사람의 손맛이 남아있는 전통 공예에 닿게 됐다"며 "단지 전통 공예의 현대적 가능성을 확인하는 것을 넘어 실제 대중적 수요를 이끌어내는 것이 과제"라고 말했다.

(출처 : 허윤희, 「전통, 21세기를 입다」, 『조선일보』, 2011)

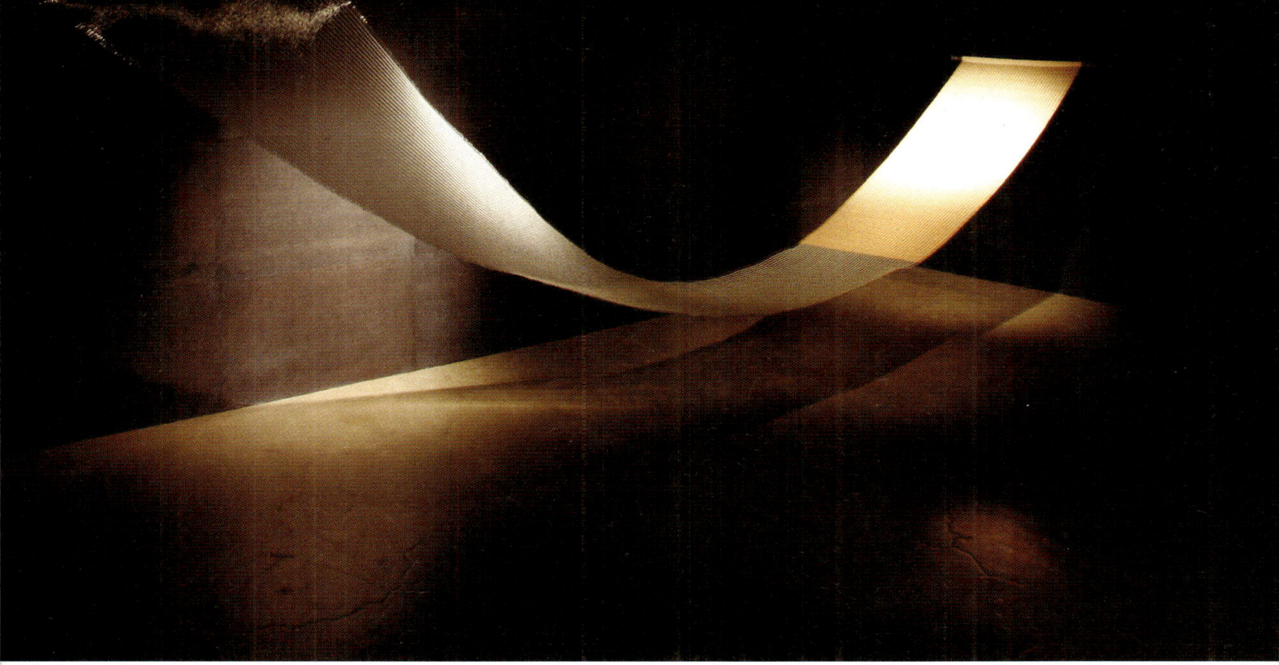

마영범 Mah, Young-beom(염장(簾匠)
조대용 趙大用 CHO DAE YONG), 대나무와 광섬유의 만남,
2010, 대나무새발, 광섬유, 70x550cm
Mah, Young-beom (Yeom-Jang Cho, Dae-yong) Bamboo with optical fiber, 2010, Bamboo, optical fiber, 70x550cm

차함, 2010, 백동, 장미목, 15.5x27x14.5cm
Tea box, 2010, Cupronickel, wood, 15.5x27x14.5cm

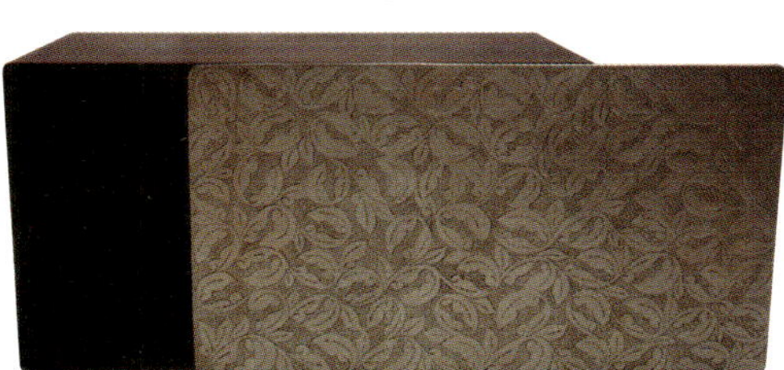

A Master meets a Designer

The main runner is an interior designer Mah Young-beom. Seeking for a breakthrough of the 'design-overflowing time' within the traditional area of crafts, he spreads his design projects by joining hands with traditional craft masters. "Tongyoung 12 workshops" and Sulwha Culture Exhibition "Sujak (Handmade)" are major fruits of the designer. As a professional designer himself, he visited and visited stubborn craft masters and finally succeeded in persuading them to work with him.

The most attracting work is the lounge chair that he made with Kim Jong-ryang, a Na Jun Jang. This chair is modeled after what Charles & Ray Eames made in the 1950's to become an icon of contemporary design. On this chair, the designer fully covered with mother-of-pearls which embodied the armor of General Lee Sun-shin. No one could be irresistible to get marveled looking at its elegance created by nacre's various lights in various angles. Cho Dae-yong, a 'bal (rattan-blind)' master who has made Tongyoung Daebal with bamboos through his entire life, experimented to link optical fiber with the thin strand of bamboo, whereas a nacre master Song Bang-woong attempted to cover nacre hardwood with aluminum cut by laser.

"Dissatisfied with excessive mass-productive and rapidly consumed design of present days, I happened to have reached traditional crafts which still keep time consuming property and human's touch," the designer states. He claims, "The utmost goal of mine is to drive public demand in real, not merely a test of traditional crafts' possibilities of modernization."

Korea | 한국

Son, Dae-hyun 손대현

그는 "남이 알아주든 말든 하나하나 과정을 정직하게 밟아가는 것이 중요합니다. 그 과정을 돌아봐서 스스로 부끄럽지 않을 때 '내가 만든 이 물건이 천년 넘게 갈 것'이라는 자신감을 얻지요"라고 당당히 말한다.

"오랜 세월을 거쳐 내려오면서 검증된 이 기법을 능가할 만한 것이 없다." 기법은 옛 것을 따르되, 디자인과 문양은 현대적인 감각으로 만들고자 노력하고 있다. 붉은색과 검정색이 선명하게 대비를 이루거나, 가구 전체에 나전으로 나비와 꽃, 당초를 수놓듯이 장식한 작품들은 섬세하면서도 화려하다. 그래서 '지금 이 시대에 맞는 명품을 만들자'라고 생각하고 '끊임없는 혁신과 창조'를 진행하고 있다.

(출처: 이선주, 『서울』, 2011. 9)

Son Dae-Hyun asserts, "No matter whether others would appreciate my work or not, what is important is the faithfulness of my working process itself. A self-confidence is earned that 'this piece will survive more than a thousand years' when I am not ashamed of myself looking back to the process."

"Nothing can beat a technique verified through a long history." While following classic techniques, the designer strives to create designs and patterns with modern sense. Red and black colors in his works are exhibited in a vivid contrast, or pieces are both delicate and fancy, embroidered in patterns of butterflies, flowers, and arabesque design with nacre all over the furniture's surface. The designer pursues 'incessant innovation and creation' with an idea that he should produce masterpieces which suit this present time.

114

귀갑문건칠화병, 2005, 옻칠, 삼베, 토분, 자개,
56x54x54cm ⓒ손대현
Lacquered Jar with Turtle Design, 2005,
Lacquer, mother-of-pearl, hemp cloth, soil particles,
56x54x54cm ⓒSon, Dae-hyun

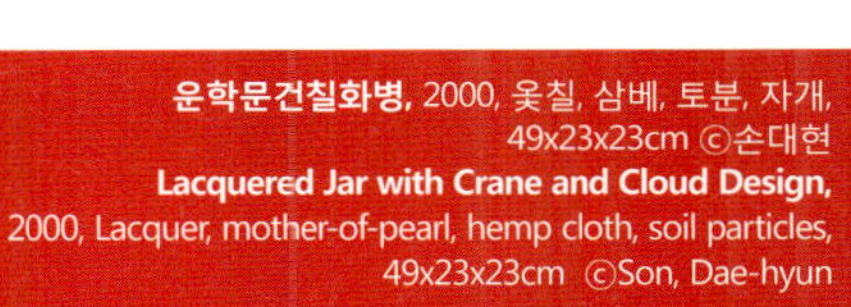

운학문건칠화병, 2000, 옻칠, 삼베, 토분, 자개,
49x23x23cm ⓒ손대현
Lacquered Jar with Crane and Cloud Design,
2000, Lacquer, mother-of-pearl, hemp cloth, soil particles,
49x23x23cm ⓒSon, Dae-hyun

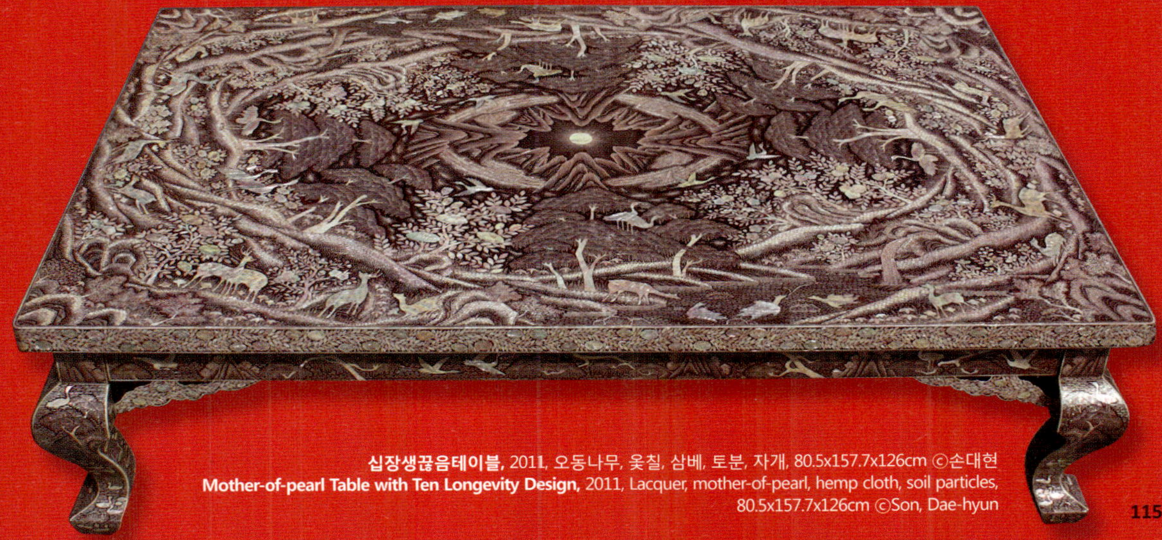

십장생끊음테이블, 2011, 오동나무, 옻칠, 삼베, 토분, 자개, 80.5x157.7x126cm ⓒ손대현
Mother-of-pearl Table with Ten Longevity Design, 2011, Lacquer, mother-of-pearl, hemp cloth, soil particles,
80.5x157.7x126cm ⓒSon, Dae-hyun

의걸이지장, 소나무, 165x81.5x44cm, YENAR space ⓒYENAR space
Wardrobe, Pear tree, traditional Korean paper, 165x81.5x44cm, YENAR space ⓒYENAR space

오동이층농, 오동나무, 105x80.3x38.5cm, YENAR space ⓒYENAR space
Wardrobe, Paulownia, 105x80.3x38.5cm, YENAR space ⓒYENAR space

Yenar 예나르

40여 년 동안 민속품, 목가구, 도자기, 민화 등을 정통적으로 수준 높게 다루어 온 고미술품 전문화랑 예나르는 오랜 동안의 경험과 안목을 살려 한국전통 공예품 제작에 힘쓰고 있다. 예나르에서는 대한민국 최고의 장인들이 제작하는 전통 가구와 모던한 현대 공간에 맞도록 재해석된 재현 가구들을 만나볼 수 있다.

YENAR which has dealt Korean traditional folkcraft, furniture, ceramic and paintings for over 40 years
is now making great efforts on producing handicraft articles based on the long experience and ability.
YENAR shows reproduction and redesign of Korean traditional furniture to fit into Modern space made by the best master artisan in Korea.

민화장, 2011, 소나무, 민화,
천연도료 전통칠, 156.5x89x39.5cm,
YENAR space ⓒYENAR space
Wardrobe, 2011, Pine, pear tree,
Korean traditional painting on paper,
156.5x89x39.5cm, YENAR space
ⓒYENAR space

먹감서안, 2011, 소나무, 먹감나무,
천연도료 전통칠, 30.5x119.5x28cm,
YENAR space ⓒYENAR space
Writing Table, 2011, Pine,
persimmon tree, 30.5x119.5x28cm,
YENAR space ⓒYENAR space

Korea | 한국

Won, Kwang-sik
원광식

중요무형문화재 제112호
Important intangible cultural properties No. 112

원광식은 소멸된 한국 전통주조기법인 밀랍주조기법을 재현한 한국의 대표적 주철장鑄鐘匠으로 2005년 화재로 소실된 낙산사 동종을 비롯, 그동안 20여구에 달하는 옛종들을 복원 및 복제하는 등 한국 범종의 보존과 발전에 힘쓰고 있다.
특히 밀랍주조기법에 현대 소재를 접목시켜 개발한 그만의 독특한 주조기법으로 제작되는 범종은 표면이 매우 깨끗하고 문양이 섬세하여 전세계 불교권 국가로 수출되고 있다.

Won Kwang-sik, a Korean major bell-foundry master, has reconstructed the defunct beeswax technique as a Korean traditional cast skill. His efforts to preserve and develop Korean Buddhist temple bells have brought to the restoration of the bronze bell in Naksansa temple lost by fire in 2005 as well as to more than twenty cases of reproduction of ancient bells. Particularly, his bells have been world-widely imported to diverse Buddhist countries due to his finest clarity of surface and elegant patterns created by his unique technique in which beeswax cast skill is combined with contemporary materials.

운수사종(신라범종), 2010, 청동,
73x44x44cm, 성종사
ⓒ성종사
Unsoosa bell, 2010, Bronze,
73x44x44cm, Sungjong Sa
ⓒSungjong Sa

금고, 2011, 청동,
74x18x74cm, 성종사 ⓒ성종사
Bronze drum, 2011, Bronze,
74x18x74cm, Sungjong Sa ⓒSungjong Sa

해인사종(조선범종), 2010, 청동, 80x55x55cm, 성종사 ⓒ성종사
Heainsa bell, 2010, Bronze, 80x55x55cm, Sungjong Sa ⓒSungjong Sa

모필(비단필, 단청필, 시문필), 2011, 촉알-양모/필관-시누대, 대나무, 비단실, 각 26~37cm
Brush(Brush decorated with silk, Dancheong, Poetry & Prose), 2011, Wool, bamboo, silk, each 26~37cm

Yoo, Phil-moo 유필무

붓쟁이 유필무는 16세의 어린나이에 붓을 만들기 시작하여 30여년이 넘게 붓과 함께 하고 있다. 기본적 모필에서 벗어나 자연에서 쉽게 구할 수 있는 재료를 가지고 서민적이면서도 현대적인 한국성을 보여주고자 하는 끊임없는 작업에 열중하고 있다.

식물성인 고필(볏짚), 갈필(칡), 초필(억새, 개나리새, 종려나무 등) 이루 헤아리기 힘든 다양한 붓을 만든다. 식물성 붓은 미지근한 물에 9번찌고 그늘에 아홉 번 말리고 만오천번이 넘게 두들겨야 한자루의 붓이 나온다. 갈필의 경우 열 개에서 하나 건지기가 힘들다. 붓한자루를 만드는데 2-3개월이 소요된다.

이러한 붓의 특징은 회화적 표현이나, 캘리이미지 구성에 적합하며 매우 강한 탄성을 갖고 있어 힘있는 글씨를 쓰는데 용이하다.

Phil-moo Yoo, nicknamed brusher, has continued the brushwork since he began his work at age of sixteen. He overcomes the conventional brushwork while attempting to express unique Korean quality, particularly the sense and sensibility of ordinary working class people. Yoo creates his own brushes using various plants such as chaff, kudzu, thatch, and palm tree – one brush is born through nine times of steaming in lukewarm water, nine times of drying, and 15,000 times of beating. Dry brush (made of kudzu, for example) is even more difficult to make. He can produce only one good dry brush out of ten, over average 2-3 month of time. Good brushes made through such long hard processes are apt to express calligraphic images because of its elasticity and power.

확산(擴散), 2009, 나무, 옻칠, 나전, 13x9.4x9.4cm ⓒ이광웅
Spread, 2009, Wood, ottchil, mother of pearl, 13x9.4x9.4cm ⓒLee, Kwang-woong

Korea | 한국

Lee, Kwang-woong 이광웅

작가의 부친은 중요무형문화재 제10호 나전장 기능보유자인 우사(又沙) 이형만님입니다. 따라서 작가의 어머니 태내에서 부터 나전칠예기법을 익혔으니 그의 재능은 타고난 것이라 할 수 있습니다. 또한 작가는 전통에 머무르지 않고 우리고유의 전통공예기법을 활용하여 현대의 감각에 어울리는 창의적인 작업에 힘쓰고 있습니다.

(글쓴이: 박종수(원주시립박물관))

Son of Wosa (又沙) Lee Hyung-man, a renowned artisan of mother-of-pearl furniture (Korea's Important Intangible Cultural Properties No. 10), Lee has inherited the ingenuity of lacquerware-making. He maintains tradition even while putting forward new techniques of his own to appeal to contemporary tastes.

테트리스, 2009, 나무, 옻칠, 나전,
7x9x9cm ⓒ이광웅
Tetris, 2009, Wood, ottchil, mother of pearl,
7x9x9cm ⓒLee, Kwang-woong

동(動), 정(靜), 2007, 나무, 옻칠, 나전,
7x25x20cm ⓒ이광웅
Move, Stand still, 2007, Wood, ottchil,
mother of pearl, 7x25x20cm ⓒLee, Kwang-woong

서랍장, 2008,
자연염료로 염색된 천, 금사,
느티나무, 생옻칠, 은, 138x100x50cm
Chests of Drawers, 2008,
Natural dye cloths, gold thread,
zelkova, varnishing with lacquer, silver,
138x100x50cm

Lee, Byung-suk 이병숙

전통의 정체성을 지키면서도 현대감각 있게, 입체감을 주며서 시원한 기법을 창의적으로 개발하여 산업체와 협력하여 생산성을 높인 작업으로써 우리나라 조선 목기의 황금비와 어우러진 작품이다. 궁중자수와 자연염료로 염색된 천의 색채와 가치를 부여한 금빛, 은빛의 금사, 은사, 색금사 자수기법으로 한국전통의 궁중자수 분위기와 현대적 감각이 절묘하게 어우러진 작업이다.

Lee Byung-suk highly raised productivity of work by both keeping traditional identity and transforming it into modern sensibility with various aspects. This was realized in corporation with an industrial company to innovate his work, which was created in harmony with the golden ratio of Chosun wooden vessel. His work exhibits the combined mood of Korean traditional royal palace with a modern sensibility, through the colors of fabric with natural dye and royal palatial embroidery, highly elevated gold color, vermeil-like spun gold, silver strand, and colorful embroidery.

이층농, 2008,
자연염료로 염색된 천, 금사,
느티나무, 생옻칠, 은, 126x90x44cm
Wardrobe cabinet, 2008,
Natural dye cloths, gold thread,
zelkova, varnishing with lacquer, silver,
126x90x44cm

Korea | 한국

Jung, Chun-mo 정춘모

중요무형문화재 제4호
Important intangible cultural properties No. 4

갓은 선조들이 고집스럽게 쓰고자 한 것으로 사람의 예의범절을 지키고자 오랜 세월 동안 지켜온 양반들의 유물이다. 갓은 남성의 모자가 아니고 의관으로써 예의를 갖출 때 쓰는 것이다.

Gat is a type of headwear worn by old aristocrats of Korea called yangban. Gat, made of bamboo and horsehair, is not a mere hat but an attire to express manner and etiquette.

통영 포립, 2011, 대나무, 말총, 15x45x45cm
Tongyong porip, 2011, Bamboo, horsechair crafts, 15x45x45cm

Han, Sang-soo 한상수

중요무형문화재 제80호
Important intangible cultural properties No. 80

활옷, 1998, 융, 자수, 150x150x15cm
Hwal-ot(traditional wedding robe), 1998,
Embroidery on cotton flannel, 150x150x15cm

Musical instruments for palatial banquet
궁중 연향 악기

조선 시대 궁중에서는 왕이나 왕비의 생일을 축하할 때, 왕의 등극을 기념할 때, 세자의 탄생이나 왕세자의 책봉을 기념할 때, 외국 사신을 영접할 때 등 크고 작은 기쁨을 함께하기 위하여 잔시가 성대하게 베풀어졌다. 이러한 궁중의 잔치를 주로 연향宴享이라 하였는데 '연향의 연宴은 음악과 무용으로 즐거움을 드리는 것이고, 향享은 마음과 정성을 다해 드린다' 라는 의미를 담고 있다. 궁중 연향의 악기편성은 행사의 목적이나 내용에 따라 약간씩 다르지만 등가 악대에는 가야금, 거문고, 해금, 비파, 아쟁 등의 현악기, 당적, 대금, 피리, 퉁소 등의 관악기, 교방고 장구, 박 등의 타악기가 기본적으로 편성되었다. 헌가 악대에는 기본적인 관현악기 외에 편종 편경, 건고, 삭고, 응고, 축, 어 등의 타악기가 편성되었다. 궁중 연향에 사용되는 악기는 기본적으로 장악원에 보관되어 있는 악기들을 사용하지만 부족한 악기는 행사 전에 만들어 사용하였고, 그 내용 역시 의궤에 자세하게 남아 있다.

(출처: 『우리 악기, 우리 음악』(국립중앙박물관•국립국악원, 2011) pp.102,103 에서 참조

In the palace during Chosun Dynasty, there were official banquets to celebrate various events to share people's joy, such as the celebration of the birthdays of the king or his wife, the commemoration of new king's coronation or the birth and the investiture of crown prince, and the reception of foreign ambassadors. It is called 'yunhyang' in Korean, of which 'yun' signifies offerings of pleasure with music and dance whereas 'hyang' heartfelt and devoted offerings. The arrangement of musical instruments varied according to the purpose and character of events, the 'deungga' orchestra for court music basically included strings, winds and brasses, and percussions; strings like gayageum, geomungo, haegum, bipa, ajaeng; winds and brass like dangjuk, daegeum, piri, toongso; percussions like gyobanggo janggu, bak, etc. In 'heonga' band for state ceremonies, far more percussions were added, such as pyeonjong, pyeongyung, geongo, sakgo, eunggo, chook, and eo. For the palatial banquet, the musical instruments were primarily provided from jangakwon, the instrument supply room. The eigwe books (official record of Chosun Dynasty's national history and events) report in detail, however, that new musical instruments were produced before events and ceremonies when players encountered the shortage of instruments.

가야금(伽倻琴) Gayageum
퉁소(洞簫) Toongso
대금(大笒) Daegeum
비파(琵琶) Bipa

Royal

Lofty Crafts by Artists

Craft originate in the direction of instrumental property which is the closely related to daily life. When tracing back to the history of mankind, art was formed synthetically by architecture and craft, which was later separated from one another and built its own field passing through the Modern era where autonomy and professionalism grew in each independent genre. Craft today expands its boundaries by crossing over these divided areas. In addition to work created by craft masters, artists and architects or designers with marked individuality frequently adopt their own artistic motifs or characteristics to produce crafts in utility. The "Royal" section is a field where you can observe specific works on such trends. In this section, the limited numbers of special craft works by prominent artists are exhibited. They are 147 pieces in total.

예술가들의 격조있는 공예

공예는 인간과 가장 가까운 일상의 도구적 측면으로부터 유래하였다. 인류 역사를 거슬러
올라가면 예술은 건축이나 공예와 함께 종합적으로 실현되었으나 그 자체의 자율성과
전문성이 강화되었던 근대기를 지나면서 각 영역들은 서로 분리, 독립적 장을 구축한다.
그러나 오늘날의 공예는 그렇게 분리된 각 영역들 사이의 서로의 넘나듦이 확대되고 있다.
특히 공예가의 공예 뿐 아니라 개성 넘치는 예술가, 건축가, 디자이너 등이 자신의 독자적인
예술적 모티프나 특성을 쓰임이 있는 공예로 적용하는 움직임도 상당하다. 로열 섹션은
그와 같은 구체적인 사례들을 만날 수 있는 장이다. 예술가로서 이미 재능과 활약이
두드러졌던 이들의 제한된 수량의 특별한 공예 작품 총 147점이 소개되고 있다.

Korea | 한국

Kang, Mi-sun 강미선

작가 강미선은 우직한 사람이다. 탐구열이 강렬한 그녀는 한 번 해보고 싶다는 호기심이 발동하면 누구도 말릴 재간이 없다. 세상에 대한 습관적인 기대에서 벗어나 새로운 시각으로 세상과 인간을 바라보고 생각할 수 있게 만드는 것이 예술의 힘이라면, 불혹을 훨씬 넘은 나이에도 불구하고 새로움을 향해 불타오르는 그녀의 못 말리는 열정도 십분 이해가 된다. 이제 작가는 20여년 간 소중한 아껴왔던 흙과의 인연을 세상에 처음 본격적으로 선보인다. '도자기소묘'로 이름 붙여진 도판 작업이 그것이다. 종이 작업으로 단련된 종이와 먹, 그리고 모필을 다루는 그녀의 솜씨가 이제 흙과 불의 예술까지 연장되었다. 먹과 물의 미세한 어울림, 이를 녹녹치 않게 받아들이는 종이의 모습은 불과 시간이 뿜어내는 자연 멋대로의 운용을 그냥 담담히 수용하고 받아들이는 흙과 별반 다르지 않다. 가마 속에 던져진 미완의 작품들을 완성시키기 위해 사람이 할 수 있는 일은 그리 많지 않다. 예측할 수 없는 불의 기운을 최상의 조건으로 맞추는 것에 온 신경을 집중시킨 후 참으로 길고 지루한 기다림의 시간을 감수해야 한다. 불과 흙, 시간 그리고 안료의 완벽한 조화는 자연이 빚어주는 아름다움이다. '도자소묘'작업을 통해 기다림과 체념이라는 덕목을 철저하게 배울 수 있었다는 작가는 인간 능력으로는 도저히 통제하고 제어할 수 없는, 하지만 '우연'이라는 이름으로 드러나는 자연이 주는 뜻 밖의 아름다움에 깊이 매료되었다. 도판 위에 오롯이 드러나는 그녀만의 그릇들은 지극히 감각적이다. 종이작업이든 도판 작업이든 최소한의 선과 색으로만 묘사되는 그녀의 사물들은 대상의 불필요한 요소들이 과감히 제거된 후 남겨진 압축적인 결과물이다. 마지막 순간 햇빛에 드러난 작품이 마음에 흡족할 때까지 끝없이 파고든 예술가적 열정은 어쩜 단순함을 선호하는 그녀의 심성때문인지도 모른다. 그래서, 그녀의 삶과 예술은 단순함으로 더욱 빛이 난다.

(출처: 김윤희(포스코미술관 큐레이터), 강미선 2005년 개인전 도록 서문에서 발췌)

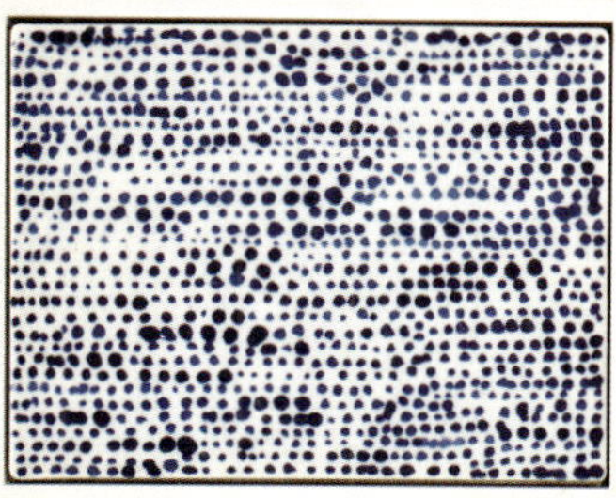
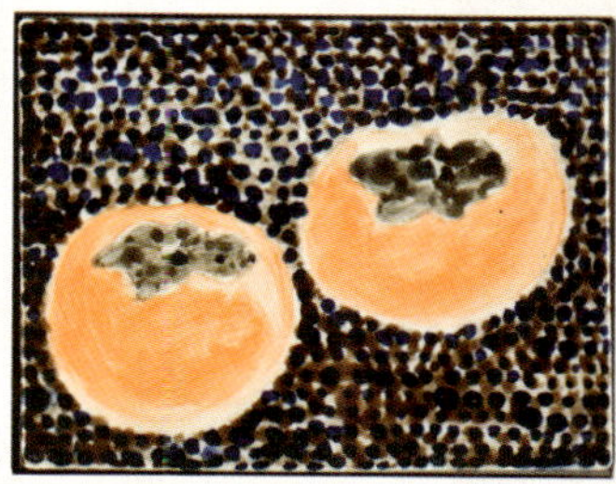
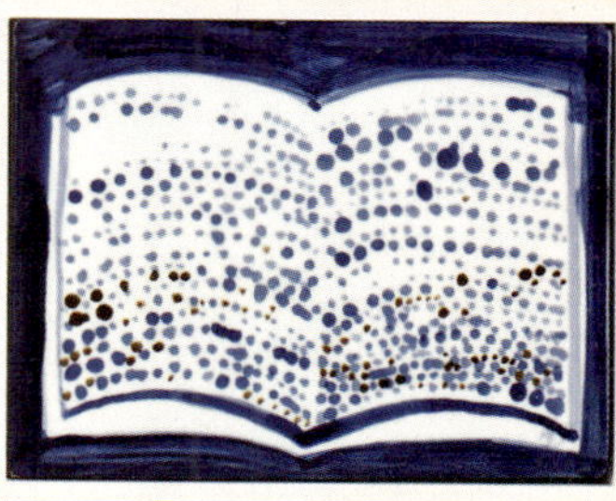

나의 방 4, 2011, 도판 위에 안료, 20x20cm, 10x20cm ©강미선
My Room 4, 2011, Pigment on a ceramic plate, 20x20cm, 10x20cm ©Kang, Mi-sun

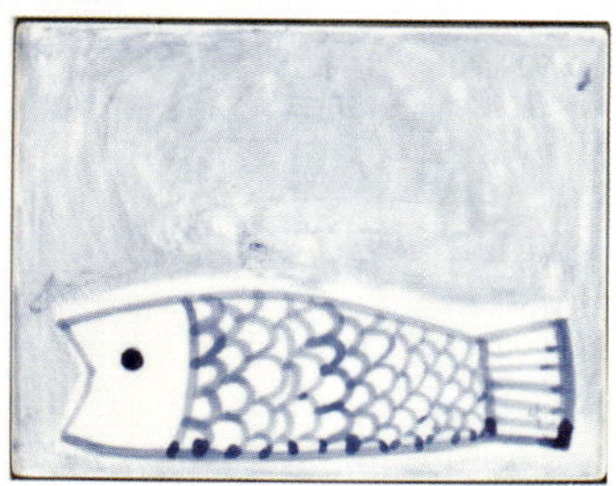
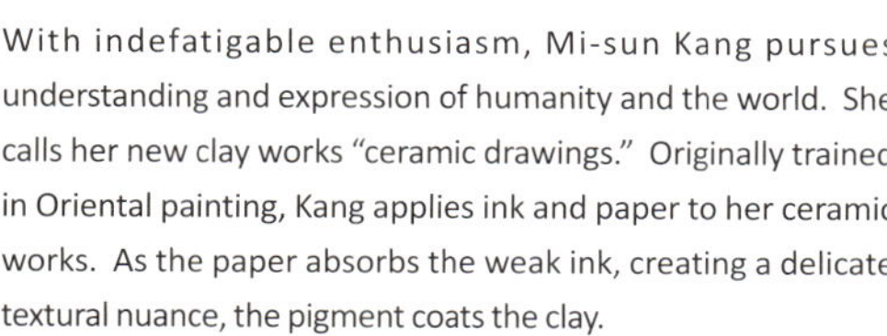

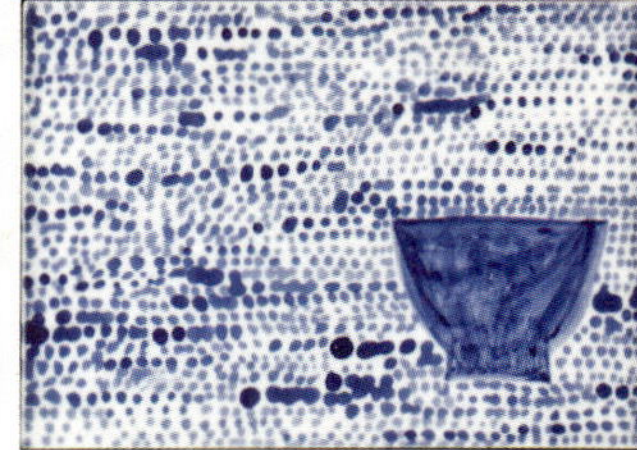

나의 방 7, 2011, 도판 위에 안료, 각 10x20cm ©강미선
My Room 7, 2011, Pigment on a ceramic plate, each 10x20cm ©Kang, Mi-sun

With indefatigable enthusiasm, Mi-sun Kang pursues understanding and expression of humanity and the world. She calls her new clay works "ceramic drawings." Originally trained in Oriental painting, Kang applies ink and paper to her ceramic works. As the paper absorbs the weak ink, creating a delicate textural nuance, the pigment coats the clay.

When firing pottery, the artist can only control the temperature, and wait. The harmony between fire, clay, and pigment is all up to nature's process. "This ceramic drawing teaches me to wait and surrender control. I am intrigued by the beauty of chance arising not from human technique, but from nature," Kang said. The simplified abstract forms are hallmarks of her painting and ceramic drawing works.

김상구 소믈리에 크리스탈 르 블랑 와인 글래스(화이트), 2011,
블랙 크리스탈 와인잔에 목판화 작품 샌딩, 22x8.5x8.5cm, PaAB, ©PaAB 신은주
Kim, Sang-ku Crystal Le BLANC Wine glasses(white), 2011,
Sanding of Black Crystal Wine Glass with Wood Cut Art, 22x8.5x8.5cm, PaAB, ©PaAB 신은주

Korea | 한국

Kim, Sang-ku 김상구

대한민국은 세계최초의 목판 인쇄술의 나라이다. 무구정광대
다라니경 (AD 705-751)이 그 증거이다. '목판화의 세계성에 관
심을 가질 필요가 있다.' 라고 일찍이 신용덕 미술 평론가는 평
하였다. 목판화가 김상구는 목판화의 세계성에 충분한 조건을
가지고 있다. 김상구의 1,000여점 작품 중에 '블랙&화이트의
작품세계를 크리스탈 와인글래스에 입혀보았다.
(글쓴이: 신은주(아트디렉터))

The Pure Light Dharani Sutra, printed in AD 705-751 using the
world's oldest existing woodblocks, establishes Korea as the
inventor of woodblock text printing. Sang-ku Kim's woodcut
prints have a universal quality that can be shared regardless
of culture. Among his myriad works, the black and white
decorative patterns on crystal wine glasses are particularly
appealing and eye-catching.

김상구 소물리에 크리스탈 블랙 와인 글래스(브르고뉴), 2011,
블랙 크리스탈 와인잔에 목판화 작품 샌딩, 23.5x10x10cm, PaAB, ©PaAB 신은주
Kim, Sang-ku Crystal Sommelier Black Wine Glasses(Bourgogne), 2011,
Sanding of Black Crystal Wine Glass with Wood Cut Art, 23.5x10x10cm, PaAB, ©PaAB 신은주

김상구 크리스탈 소물리에 블랙 와인 글래스(보르도), 2011,
블랙 크리스탈 와인잔에 목판화 작품 샌딩, 27x11x11cm, PaAB, ©PaAB 신은주
Kim, Sang-ku Crystal Sommelier Black Wine glasses(Bordeaux), 2011,
Sanding of Black Crystal Wine Glass with Wood Cut Art, 27x11x11cm, PaAB, ©PaAB 신은주

Suh, Do-ho 서도호

"소통 때문이에요. 제 작품이 결국은 저의 성찰이지만, 우선 제 스스로와 소통하기 위해서 제 생각을 쉽게 정리해야 돼요. 그걸 통해서 누구와도 쉽게 소통할 수 있기를 바래요. 물가에 갔다고 생각해보세요. 흙탕물은 바닥이 안보이니까 겁이 나서 발 담그기가 쉽지 않아요. 그런데 투명한 물은 바닥이 보이니까 불안하지 않아 발을 담그게 되죠. 그런데 말이죠, 물이 너무 맑으면 열 길인데도 모르고 발을 담글 수 있어요. 전 열 길 깊이라도 맑아서 사람들이 겁 없이 발을 담그게 하고 싶어요. 쉽게 선뜻 접근하지만 발을 담글수록 투명한 레이어가 많아서 점점 깊이 들어가게 되는 그런 작품을 하고 싶어요."

"It's for communication. My works are at last the reflection of myself, but I need to sort out my thoughts to communicate with myself. And I wish to communicate with any others through it. Imagine if you went to waterside. It won't be easy to dip your feet into that water because you will get scared at its unseen bottom through muddy water. But you can do into transparent water without anxiety.

Let me tell you what, if water is too transparent, you can dip your feet into water with ten meters deep without noticing its depth. What I want people do is letting them dip their feet into deep water with no fear like that. I wish to create art works to which people can easily approach at first but later become absorbed into the works' transparent layers as they dip their feet."

무제, 2004, 유리, Dia 22x18cm, Courtesy of Artware Editions, NY
Untitled (Glass Bowl), 2004, Hand-blown glass, Dia 22x18cm, Courtesy of Artware Editions, NY

Ham, Youn-joo 함연주

함연주는 자신의 신체 일부인 머리카락을 작품 소재로 활용해 전시장을 거미줄처럼 엮어가는 설치작업과 수만개의 크리스탈을 이용해 기하학적 형태를 구성하는 작품들로 주목받아왔다. 그는 연약하고 여성적인 물성의 일상적 소재들을 작품의 조형적 재료로 등장시켰다. 그는 재료의 특질에 주목하고 실제 재료와 부딪치는 과정속에서 사용된 자신의 신체 에너지, 재료의 반응과 우연성 변화 등을 보여준다. 작가는 작품의 요소들을 그 자체의 개념이나 은유를 담는 미술 오브제의 구성 요소로 사용하지 않는다 .미세한 재료가 가지는 긴장감과 연약함은 반복이나 그림자와 같은 요소를 통해 변화되고 존재감이 더해지며 생명의 단위이자 하나 형태가 되었다.

Ham, Youn-joo is known for her installation that displays her hair across exhibition space, whereas she uses crystals for the works of geometrical researches. She takes materials and media that are explicitly tied to fragile and feminine sensibilities, and expresses the physical energy and chance reactions, and clashes among different materials. Material, for Ham, is not a medium to express concepts, but makes its existential quality of its own through its inner tension and versatility. Repetitive shadow imaging process adds more energy to the work, formalizing the unit of vital being.

Blooming, 2011, 니켈선, 크리스탈, 손뜨개, 25x25x12cm ©함연주 Blooming, 2011, Nikel wire, crystal, crochet, 25x25x12cm ©Ham, Youn-joo

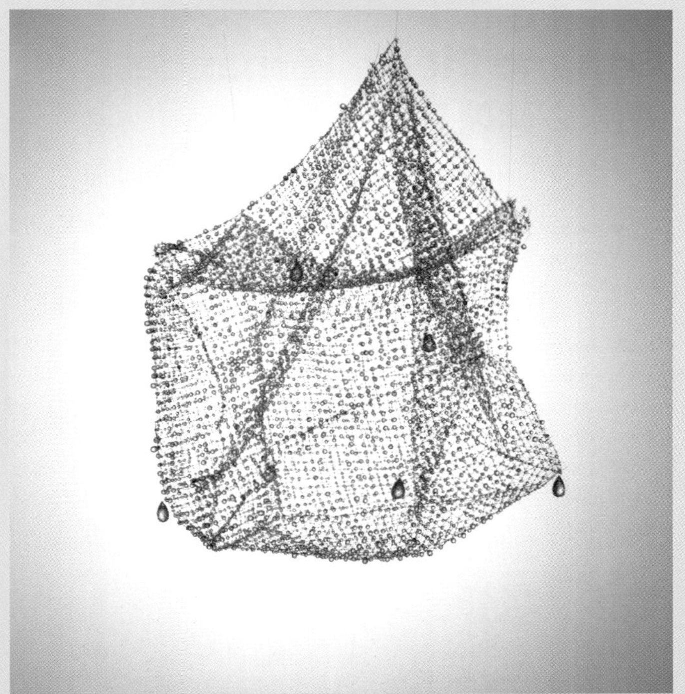

Cube, 2006, 머리카락, 에폭시 레진, 합성 지르콘, 20x20x20cm ⓒ함연주
Cube, 2006, Hairs, epoxy resin, composed zircon, 20x20x20cm ⓒHam, Youn-joo

비상, 2009, 머리카락, 에폭시 레진, 옛 기무사터 창틀, 143.7x154x3.7cm ⓒ함연주
Asending, 2009, Hairs, epoxy resin, 143.7x154x3.7cm ⓒHam, Youn-joo

Armand Pierre Fernandez
아르망 삐에르 페르난데즈

"As a witness of my society, I have always been very much involved in the cycle of production, consumption, and destruction."

"I have a very strong feeling about the object. First, on account of my environment. My father was selling antiques and things and I was concerned with the object. Secondly, my feeling of quantity. When I was a child, a quantity of objects was always interesting and I was always transforming those quantities. And, I guess I was in a sense a collector -- I have the instinct of a rat pack collector."

"내가 살고 있는 이 사회의 증인으로서, 나는 항상 생산, 소비, 그리고 파괴의 순환에 깊이 연루되어 있다."

"나는 사물에 강한 인상을 받았다. 첫번째 이유는 나를 둘러싼 환경 때문이었다. 내 아버지는 골동품과 물건들을 판매하셨는데 나는 그런 사물들에 관심이 있었다. 두 번째, 물건의 양에 대한 나의 느낌때문이다. 내가 어렸을 때, 아주 많은 물건들은 언제나 흥미로웠고, 나는 항상 그것들을 변형시켰다. 그리고 어떤 의미에서 나는 수집가였다. 나는 타고난 수집광이다."

1/2 컵, 1990, 도자,
주전자: 24x23x10cm/ 크림그릇: 18x13x6cm/ 컵: 5x10x25cm/ 접시: 2.5x23cm,
Courtesy of Artware Editions, NY and Artes Magnus
Demie Tasse, 1990, Porcelain,
Coffee pot: 24x23x10cm/ creamer: 18x13x6cm/ cup: 5x10x25cm/ plates 2.5x23cm,
Courtesy of Artware Editions, NY and Artes Magnus

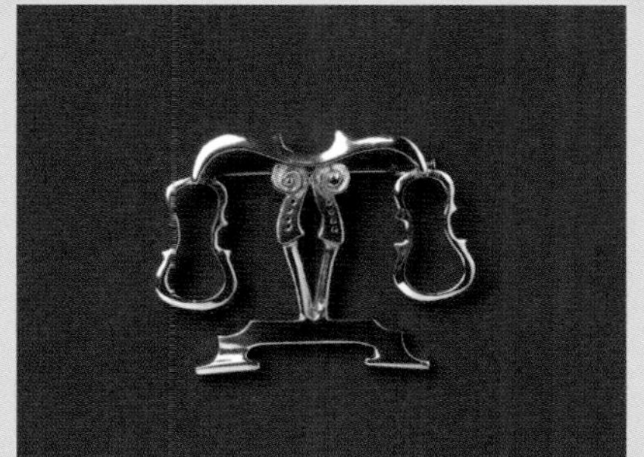

교향악 펜던트, 금, 8×5cm
Pendentif symphonique, Yellow gold, 8×5cm

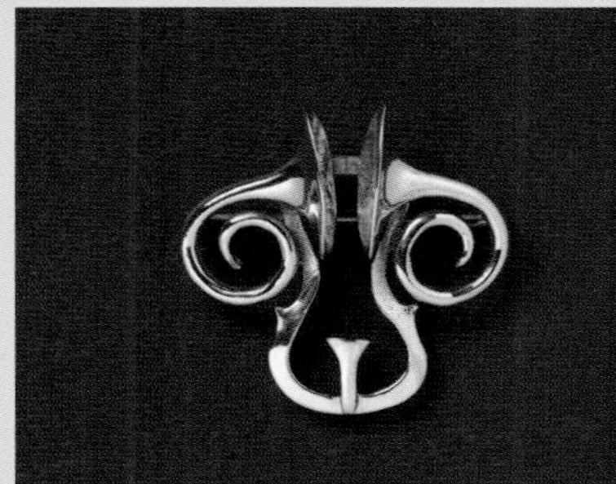

천칭좌 브로치, 동, 4.8×3.8cm
Broche balance, Bronze, 4.8×3.8cm

숫양좌 브로치, 1994, 청동, 4.5×4.3cm
Broche belier, 1994, Bronze doré, 4.5×4.3cm

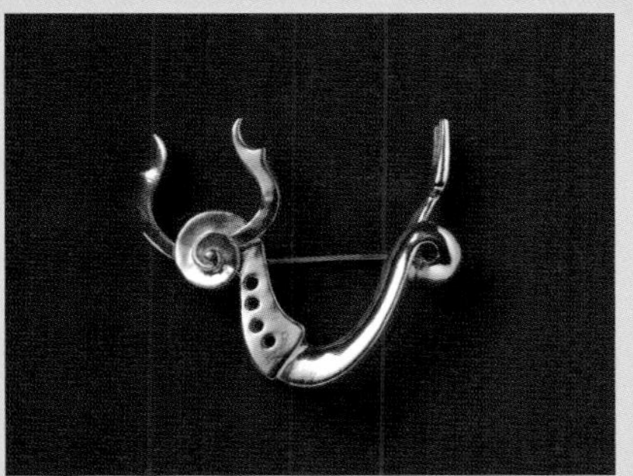

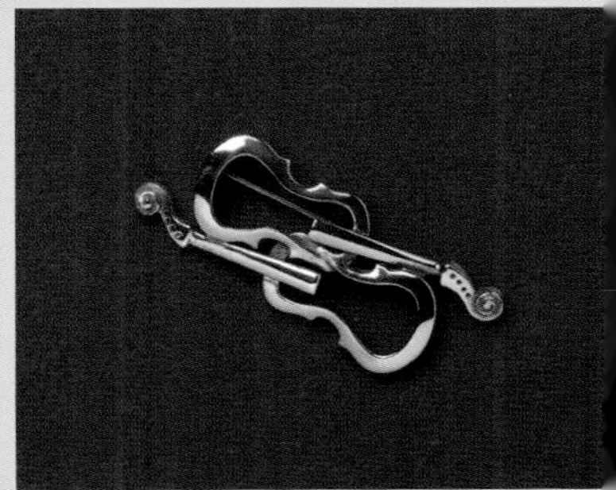

염소자리 브로치, 동, 4.4×5.2cm
Broche capricorne, Bronze, 4.4×5.2cm

게좌 브로치, 청동, 5.2×4.3cm
Broche cancer, Bronze doré, 5.2×4.3cm

쌍둥이좌 브로치, 동, 6.5×3cm
Broche gemeau, Bronze, 6.5×3cm

지문시리즈, 1991, 도자, 43x30cm, Courtesy of Artware Editions, NY and Artes Magnus
L'Empreinte Digitale, 1991, Porcelain, 43x30cm, Courtesy of Artware Editions, NY and Artes Magnus

César Baldiccini 세자르 발다치니

A sculpture is an art form. Its works have physically material, product volume and three-dimensional shape, placed in real space. The main protagonists of a sculpture are people and wildlife images. The main genres of the sculpture are the portrait, historical, mythological, personal, symbolic, allegorical images, and the figure of animals. The materials used are metal, stone, clay, wood, plaster, and other modern fabrics. The sculpture exists since the ancient times. At that period they represented people and animals. Nowadays, the sculptures are widely used to attract crowds of tourists in each city. That's why some of them are totally different from the antique sites. They are so strange. They make you to think that the sculptor is totally crazy. But certainly this makes you curious that you want to see the sculpture. There are a lot of monuments and sculptures in the world. But not all of them are worth to be visited or seen, although they represent true masterpieces. They all are made by famous people, sculptors, and painters. But not the name of their builders gives them the fame. It is hard to explain sometimes why a sculpture is the most visited, and another is not considered as the main tourist site. Tourists choose by themselves what should be seen and what should not. According to some statistics, the sculptures that seem to be very strange, gain the love and the attention of the public. Enjoy your life spending great time admiring the craziest and the strangest sculptures you have ever seen.

조각은 하나의 예술 형식이다. 그것은 물질적 재료, 생산량과 3차원의 형태를 가지고 있으며, 실제 공간에서 어떤 위치를 점유한다. 조각의 주인공은 사람들과 야생 동물의 이미지이다. 주된 장르는 초상, 역사, 신화, 개인, 상징, 알레고리적 이미지, 그리고 동물의 모습이며 재료는 금속, 돌, 찰흙, 나무, 석고, 그리고 현대적 패브릭이다. 조각은 고대시대 이래로 존재해왔다. 당시에 그들은 사람과 동물들을 재현했다. 오늘날, 조각품은 각 도시에서 관광객을 끌어들이기 위해 널리 사용된다. 이것이 바로 몇몇 조각품들이 오래된 장소와 완전히 다른 모습을 하고 있는 이유이다. 그것들은 아주 낯설고, 당신으로 하여금 그 작품을 만든 조각가가 완전히 미쳤다고 생각하게 한다. 그러나 이러한 점은 분명히 당신이 그 조각작품을 보고 싶어 하도록 호기심을 불러 일으킨다. 세상에는 수많은 기념비와 조각들이 있다. 그러나 그들 전부가 방문해서 볼 가치가 있는 것은 아니다. 진정한 명작을 재현하고 있다 할지라도 그것들 모두는 유명한 사람, 조각가, 화가들에 의해 제작되었다. 그러나 그것을 만든 사람들의 이름이 그 작품들에게 명성을 가져다 주는 것은 아니다. 왜 조각작품이 있는 곳이 인기 있는 방문지가 되고, 다른 곳은 주된 관광지가 되지 못하는가를 설명하는 일은 어렵다. 관광객들은 스스로 무엇을 보고, 무엇을 보지 말아야 할지를 결정한다. 어떤 통계에서는 매우 이상해 보이는 조각들이 대중의 사랑과 주목을 받았음을 지적했다. 이제 당신은 지금껏 보지 못했던 가장 미치광이 같고, 가장 이상한 조각작품을 감탄하면서 당신의 인생을 즐겨라.

마담 퐁파도르, 1990, 도자, 37x56x30cm, Courtesy of Artware Editions, NY and Artes Magnus
Madame de Pompadour (née Poisson), 1990, Porcelain, 37x56x30cm, Courtesy of Artware Editions, NY and Artes Magnus

Cindy Sherman 신디 셔먼

What's worse is when I'm not working when I want to be working. The worst part of it for me is when I go to functions and feel like I have nothing to say because I can't say what I'm working on. When there's no focus with the work I feel I can't communicate with people.

I thought of my work as art, but not "high" art. Which was fine, because I didn't want to make anything too precious. I didn't want to make "high" art.

더 나쁜 것은 나는 일하기를 원하지만, 일을 하고 있지 않을 때이다. 그 중에서도 가장 은 내가 하고 있는 것을 말로 표현할 수 없어서, 무언가를 하고 있지만 아무 얘기도 할 수 없을 때이다. 바로 작업에 중심이 없을 때, 나는 사람들과 의사소통할 수 없다고 느낀다.

나는 내 작업이 예술이라고 생각하지만, "고급" 예술은 아니라고 생각한다. 그래도 괜찮다. 나는 아주 귀한 것을 만들려고 한 적이 없기 때문이다. 나는 "고급" 예술을 만들고자 한 것이 아니다.

회중시계, 1993, 유리, 황동, 6x4cm,
Courtesy of Artware Editions, NY and Artes Magnus
Pocketwatch, 1993, Glass, brass, watch parts,
adjustable leather cord, leather pouch,
6x4cm (without cord), Courtesy of Artware Editions,
NY and Artes Magnus

마담 퐁파도르, 1990, 도자,
Courtesy of Artware Editions,
NY and Artes Magnus
Madame de Pompadour(née Poisson),
1990, Porcelain,
Courtesy of Artware Editions,
NY and Artes Magnus

마담 퐁파도르, 1990, 도자, Courtesy of Artware Editions, NY and Artes Magnus
Madame de Pompadour(née Poisson), 1990, Porcelain, Courtesy of Artware Editions, NY and Artes Magnus

은행나무 브로치, 동, 7.5×6.8cm
Broche ginkgo, Bronze, 7.5×6.8cm

국화 목걸이, 청동, 15×15cm
Collier en course de fleurs d'hortensias, Bronze doré, 15×15cm

은행잎 팔찌, 청동, 7.5×5.2cm
Bracelet ginkgo, Bronze doré, 7.5×5.2cm

당초무늬 팔찌, 금도금, 7.5×5cm
Bracelet entrelacs, Vermeil, 7.5×5cm

당초무늬 귀걸이, 금도금, 4.5×4cm
Boucles d'oreilles entrelacs(pair), Vermeil, 4.5×4cm

나비 팔찌, 청동, 6.7×6cm
Bracelet papillon, Bronze doré, 6.7×6cm

작은 부채 꽃병(오른쪽), 큰 부채 꽃병(왼쪽),
파티나, 황동, 15.5×7.7×3.3cm, 34×17.3×5.5cm
Vase petit éventail(right), Vase grand éventail(left),
Brass with patina, 15.5×7.7×3.3cm, 34×17.3×5.5cm

나비 귀걸이, 청동, 각 4.5×4.3cm
Boucles d'oreilles papillon(pair), Bronze doré, each 4.5×4.3cm

France | 프랑스

Claude Lalanne 클로드 랄란느

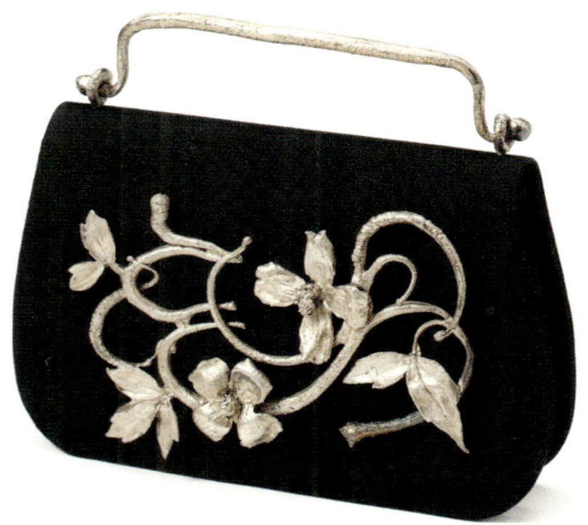

클레마티스 핸드백, 은, 17.8×14.3×3cm
Sac clematite, Argent, 17.8×14.3×3cm

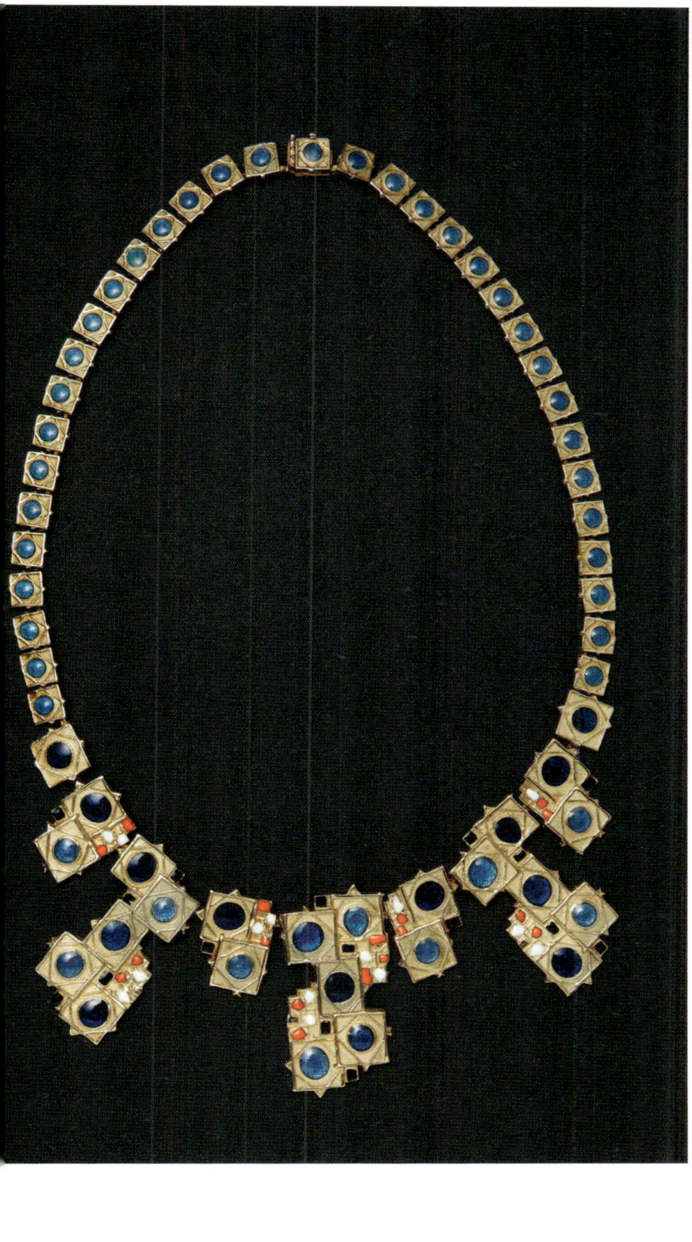

나비 목걸이, 청동, 21×4cm
Collier papillon, Bronze doré, 21×4cm

Damien Hirst
데미안 허스트

"As a human being, as you go through life, you just do collect. It was that sort of entropic collecting that I found myself interested in, just amassing stuff while you're alive."

"삶을 살아가는 인간으로서 그냥 수집하세요. 내가 흥미를 느 꼈던 것은 살아 있는 동안 단지 물건들을 모으는 것, 즉 엔트 로피적인 수집이었습니다."

휴대용 의자(파랑), 2008, Merpauh 팀버 프레임과
디지털 인쇄한 삼베 직물, 122x58x77cm,
Courtesy of Artware Editions, NY and Other Criteria
Deck chair(blue), 2008, Merpauh timber frame and
sailcloth fabric with digital print, 122x58x77cm, Courtesy
of Artware Editions, NY and Other Criteria

휴대용 의자(라임), 2008, Merpauh 팀버 프레임과
디지털 인쇄한 삼베 직물, 122x58x77cm, Courtesy
of Artware Editions, NY and Other Criteria
Deck chair(lime green), 2008, Merpauh timber
frame and sailcloth fabric with digital print,
122x58x77(Dia)cm, Courtesy of Artware Editions, NY
and Other Criteria

휴대용 의자(빨강), 2008,
Merpauh 팀버 프레임과 디지털 인쇄한 삼베 직물,
122x58x77cm, Courtesy of Artware Editions,
NY and Other Criteria
Deck chair (red), 2008,
Merpauh timber frame and sailcloth fabric with
digital print, 122x58x77cm,
Courtesy of Artware Editions,
NY and Other Criteria

Donald Judd 도널드 저드

In the middle sixties someone ask me to design a coffee table. I thought that a[n] art work of mine which was essentially a rectangular volume with the upper surface recessed could be altered. This debased the work and produced a bad table which I later threw away. The configuration and the scale of art cannot be transposed into furniture and architecture. The intent of art is different from that of the latter, which must be functional. If a chair…is not functional, if it appears to be only art, it is ridiculous. The art of a chair is not its resemblance to art, but is partly its reasonableness, usefulness, and scale as a chair… A work of art exists as itself; a chair exists as a chair itself… Due to the inability of art to become furniture, I didn't try again for several years. However I've…continued to sketch ideas.

1960년대 중반에 어떤 사람이 내게 커피 테이블을 디자인해 달라고 주문했다. 나는 기본적으로 직사각형의 형태를 띠고 윗부분의 표면이 오목한 내 작품이 변형될 수 있겠다고 생각했다. 이것은 결국 내 작품의 질을 떨어뜨리고 형편없는 테이블을 만들게 되어 나중에 내버리고 말았다. 예술의 윤곽과 규모는 가구나 건축으로 변형될 수 없다. 예술의 목적은 반드시 기능적이어야만 하는 가구나 건축과는 다르다. 만일 의자가…기능적이지 않다면, 만일 그 의자가 단지 예술로서만 존재하게 된다면, 그것은 웃기는 일이다. 의자의 예술은 예술과의 표면적 형태의 유사성이 아니고, 부분적으로 존재하는 적절함과 실용성과 의자로서의 규모에 있다. 예술 작품은 예술 그 자체로서 존재하고, 의자는 의자 그 자체로서 존재한다. 예술이 가구가 될 수 없다는 그 불가능성 때문에 그 후로 몇 년간 다시는 그와 같은 시도를 하지 않았다. 하지만 나는…또 계속해서 아이디어들을 스케치를 하고 있었다.

책상세트, 1982, 합판,
책상: 76.2x121.9x83.8cm,
의자: 76.2x38.1x38.1cm, 예화랑
Desk Set, Designed 1982,
Green fin color plywood desk,
Desk: 76.2x121.9x83.8cm,
Chair: 76.2x38.1x38.1cm,
Gallery Yeh

스툴, 1984, 알루미늄에 페인트,
48.3x48.3x48.3cm, 예화랑
Stool, Designed 1984,
Painted aluminum; in traffic yellow,
48.3x48.3x48.3cm, Gallery Yeh

의자 1991, 나무,
each 76.2x38.1x38.1cm, 예화랑
Chair, Designed 1991,
Douglas fir; style #9, #5,
each 76.2x38.1x38.1cm,
Gallery Yeh

테이블 11-1 E, 1984,
알루미늄에 페인트,
48.3x99.1x99.1cm, 예화랑
Table, Designed 1984,
Painted aluminum; in reddish black,
48.3x99.1x99.1cm, Gallery Yeh

비치/목욕 타월, 2009, 면, 152x178cm, Courtesy of Artware Editions, NY and Art Production Fund
Beach/bath towel, 2009, 100% cotton, 152x178cm, Courtesy of Artware Editions, NY and Art Production Fund

Ed Ruscha 에드 러샤

"Perhaps there would be more anxiety in my work if I lived in New York."
"내가 만약 뉴욕에 살았다면, 내 작업에는 더 많은 걱정들이 담겨있었을 거예요."

"Good art should elicit a response of "Huh? Wow!" as opposed to "Wow! Huh?"
"훌륭한 예술은 "Wow! Huh?"가 아니라 "Huh? Wow!"라는 대답을 이끌어낼 수 있어야 한다.

쿠션 의자, 2002, 폴리우레탄, 아크릭, 119.7x119.7x39.4cm, 개인소장
Les Poufs, 2002, Polyurethan, acrylic, 119.7x119.7x39.4cm, Private Collection

Egypt I 이집트

Egypt I 이집트
Ghada Amer 가다 아머

카페트, 300x300cm, COURTESY GALERIE PIERRE-ALAIN CHALLIER, PARIS
Tapis, 300x300cm, COURTESY GALERIE PIERRE-ALAIN CHALLIER, PARIS

Giacomo Balla 쟈코모 발라

Use materials (with materials Balla means here clothes, fh) with forceful MUSCULAR colours – the reddest of reds, the most purple of purples, the greenest of greens, intense yellows, orange, vermillion – as SKELETON tones of white, grey and black.

We must invent dynamic designs to go with them and express them in equally dynamic shapes: triangles, cones, spirals, ellipses, circles, etc.

흰색, 회색, 그리고 검정의 SKELETON톤으로 가장 붉고, 가장 보라색 빛의, 가장 진한 녹색 그리고 가장 강렬한 노랑, 오렌지, 버밀리언과 같은 강력한 MUSCULAR 색상을 사용하라.

우리는 삼각형, 원뿔, 나선형, 타원, 원 등과 같이 역동적인 형태 안에서 그들은 표현하고 조화시키기 위해 역동적 디자인을 발명해야 한다.

브로치, 청동, 금도금, 15.2x21.8cm,
COURTESY GALERIE
PIERRE-ALAIN CHALLIER, PARIS
Broche LUCE, Bronze doré, vermeil,
or, fibule bronze doré, 15.2x21.8cm,
COURTESY GALERIE
PIERRE-ALAIN CHALLIER, PARIS

귀걸이,
금도금, 15.2x21.8cm,
COURTESY GALERIE
PIERRE-ALAIN CHALLIER, PARIS
BOUCLES D'OREiLLE, Vermeil et laque,
15.2x21.8cm, COURTESY GALERIE
PIERRE-ALAIN CHALLIER, PARIS

Giorgio de Chirico 조르조 데 키리코

"What shall I love if not the enigma?"

"In order to become truly an immortal being, an art work must get out of human's limitation because logic or common sense would be its obstacle. Its status is close to a child's mental state. The strongest sensibility inherited since the Prehistoric Ages has been with us always as a presage, as if it were an eternal evidence of the meaningless…"

"수수께끼가 아니라면 나는 무엇을 사랑해야 하는가?"

"예술작품이 진실로 불멸의 존재가 되기 위해서는 전적으로 인간적인 한계내에서 벗어나야 하며, 논리나 상식은 이에 저해가 된다. 따라서 이는 꿈과 어린아이의 정신상태에 가깝다. 선사시대 이래 인간이 물려받은 가장 강력한 감각은 예감으로 늘 우리와 더불어 있다. 마치 우주의 무의미의 영원한 증거인 것처럼…"

뮤즈 여신의 가슴 펜던트,
은, 5.6×2.5cm
Pendentif muse buste,
Argent, 5.6×2.5cm

작은 뮤즈여신의 펜던트,
금도금, 7.5×1.3cm
Pendentif petite muse,
Bronze doré, 7.5×1.3cm

작은 뮤즈여신의 펜던트,
은도금, 7.5×1.3cm
Pendentif petite muse,
Bronze argenté, 7.5×1.3cm

헥터와 안드로마케, 약 15.2x21.8cm,
Gallerie Pierre-Alain Challier, Paris,
COURTESY GALERIE PIERRE-ALAIN
CHALLIER, PARIS
Hector et Andromaque,
About 15.2x21.8cm,
Gallerie Pierre-Alain Challier, Paris,
COURTESY GALERIE PIERRE-ALAIN
CHALLIER, PARIS

뮤즈여신, 은도금, 10.6×8.2×30cm
La muse , Bronze argenté, 10.6×8.2×30cm

Jasper Johns 제스퍼 존스

"I tend to like things that already exist."
"나는 이미 존재하는 것들을 좋아하는 경향이 있습니다."

"I feel that works of art are an opportunity for people to construct meaning, so I don't usually tell what they mean. It conveys to people that they have to participate."
"예술작품은 사람들에게 의미에 대해 생각할 수 있는 기회를 제공한다. 그래서 나는 보통 작품의 의미에 대해 이야기 하지 않는다. 바로 사람들도 그 의미를 알기 위해 참여해야만 한다.

비치/목욕 타월, 2010, 면, 152x178cm,
Courtesy of Artware Editions,
NY and Art Production Fund
Beach/bath towel, 2010, 100% cotton,
152x178cm, Courtesy of Artware Editions,
NY and Art Production Fund

Julian Schnabel 줄리앙 슈나벨

It's a great excuse and luxury, having a job and blaming it for your inability to do your own art. When you don't have to work, you are left with the horror of facing your own lack of imagination and your own emptiness. A devastating possibility when finally time is your own.

직업을 갖고 자신만의 예술을 하기 위해 당신의 무능력을 비판하는 것은 굉장한 사치이고 핑계이다. 일하지 않아도 될 때, 당신은 공허함과 상상력의 결핍을 마주하는 무서운 상황에 놓이게 된다. 그것은 마침내 당신만의 시간이 주어졌을 때 닥치는 엄청나게 파괴적인 가능성이다.

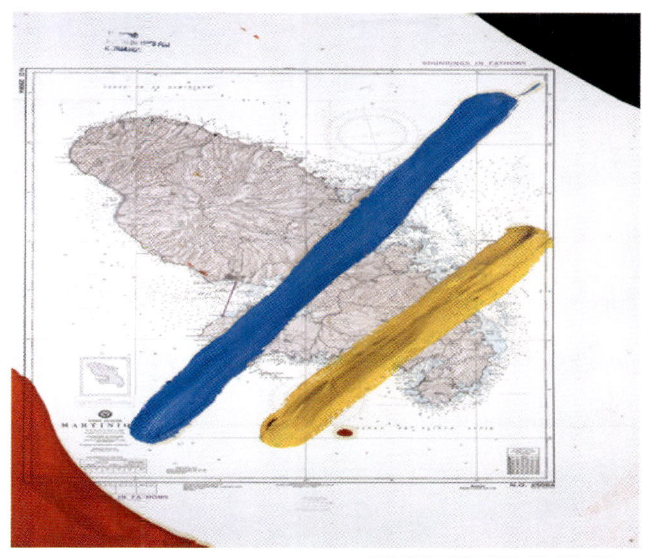

비치/목욕 타월, 2008, 면, 152x178cm,
Courtesy of Artware Editions, NY and Art Production Fund
Beach/bath towel, 2008, 100% cotton, 152x178cm,
Courtesy of Artware Editions, NY and Art Production Fund

장난꾸러기, 2010, 혼합재, 비즈,
13x11x20cm ⓒPhil Huling
Puck, 2010, Mixed media,
beads glued on vinyl figure,
13x11x20cm ⓒPhil Huling

Das munny, 2010, 혼합재, 비즈,
9x8x13cm ⓒPhil Huling
Das munny, 2010, Mixed media,
beads glued on vinyl figure,
9x8x13cm ⓒPhil Huling

아기 형제, 2010, 혼합재, 비즈,
9x8x12cm ⓒPhil Huling
Baby bro, 2010, Mixed media,
beads glued on vinyl figure,
9x8x12cm ⓒPhil Huling

Jan Huling 잔 훌링

In a recent review, the New York Times dubbed my work "oddball assemblages," and aptly so. My three-dimensional collages combine found objects with surface design, sometimes touching on narrative themes. I'm particularly drawn to religious and political icons, inspired by a continuing
fascination with indigenous and popular culture and world religions. By juxtaposing these icons with an eclectic assortment of objects, the viewer is challenged to consider common images within an altered context. In each of my constructions, surface design is the key component. Seed beads adorn objects in colorful patterns, camouflaging their original circumstance, allowing us to see them as pure form without their usual connotations. The process is slow and meticulous, zen-like, with the choice of forms motivating color schemes and iconography. Certain themes continue to resonate for me. The dolls I frequently include in my constructions explore dreams of childhood while removing them from the realm of cherished playthings. For me, musical instruments represent the lyrical joy that music imparts to our lives — and hearkens back to youthful dreams of virtuosity. Birds, in their quicksilver beauty, represent ultimate freedom. I'm also now working on two-dimensional pieces, using tiny colored paper dots to embellish found images such as postcards. My goal in covering the surfaces of 3-D objects and flat images, is to transform the mundane, allowing us to imagine the magic within the familiar.

최근 뉴욕타임즈의 리뷰에서 내 작품을 "괴짜 아상블라주"라고 표현했는데, 그것은 참 적절한 표현같다. 나의 3차원적인 콜라주는 발견된 오브제에다 표면 디자인을 결합한 것으로, 때때로 서사적인 주제를 다룬다. 나는 종교적이고 정치적인 아이콘들을 보면, 특히나 마음이 끌린다. 나는 예전부터 지속적으로 토착 문화, 대중 문화, 그리고 전 세계의 종교에 매력을 느꼈다. 그래서 그런지 이런 것들이 나에게 많은 영감을 준다. 나는 각양 각색의 오브제들을 적절히 선택하여 거기다가 이런 아이콘들을 병렬해서 배치해 놓았다. 관람자들은 이 작품을 통해 변화된 맥락 안에서 공통적인 이미지를 찾는 도전을 하게 될 것이다.

내 작품에서 표면 디자인은 핵심 요소이다. 내 작품의 표면에는 씨앗 크기의 구슬들이 다채로운 무늬를 꾸미며 오브제를 감싸고 있다. 이 구슬들이 오브제를 완벽하게 변장시켰기 때문에, 우리는 오브제가 원래 어떻게 사용되었는지 전혀 알아챌 수 없으며, 순수하게 그냥 하나의 형태로 그들을 대하게 된다. 이런 표면 디자인은 오브제의 형태를 선택하는 것에 따라 색채 배열과 도해가 연관되어 이루어지게 된다. 나의 작업 과정은 이렇게 매우 세심한 일이기 때문에 아주 느리게 진행될 수밖에 없다. 그래서 그런지 종종 작업 과정이 선(禪)적인 명상의 과정처럼 느껴진다.

내가 빈번히 내 구성물에 포함하는 인형들은 어린 시절의 꿈을 탐험해 보자는 취지로 선택된 것이다. 우리는 자라면서 소중히 간직했던 장난감 왕국에 이런 어린 시절의 꿈을 버려둔다. 그리고 악기 오브제는 나에겐 서정적인 기쁨의 표현이다. 음악은 우리에게 생명을 부여하고 그 연주로 인해 우리에게 다시 청춘의 꿈에 귀를 기울이게 한다. 또한 새는 그들의 쾌활한 아름다움을 통해, 우리에게 궁극의 자유를 보여준다.

여기에다 나는 요즘 2차원적인 작업을 하고 있다. 색깔 있는 종이에 아주 작은 점들을 만들어서, 엽서에 있는 이미지처럼 발견된 이미지들에다가 이 점들을 장식하는 것이다. 3차원적인 오브제나 이런 평면적인 이미지의 표면을 장식함으로써 내가 목표로 하는 것은 바로 우리가 사는 세상을 변형시키는 것이다. 그리고 이러한 변형은 내 작품처럼 친근한 것들 속에 마술적인 요소를 넣는 작업으로 상상해 볼 수 있을 것이다.

머니맨, 2006, 혼합재, 비즈, 12x10x17.5cm
ⓒPhil Huling
Munny man, 2006, Mixed media, beads glued on vinyl figure, 12x10x17.5cm
ⓒPhil Huling

Jean Cocteau 장 콕토

"An original artist is unable to copy. So he has only to copy in order to be original."
"진정한 예술가는 모방할 수 없다. 그래서 그는 단지 오리지날을 위한 모방을 할 뿐이다."

"Art produces ugly things which frequently become more beautiful with time. Fashion, on the other hand, produces beautiful things which always become ugly with time."
"예술은 주로 시간을 통해 더 아름다운 것이 되기도 하는 추한 것을 생산한다. 반면에 유행은 시간이 흐르면 항상 추해지는 아름다운 것을 생산한다."

키클라데스, 약 15.2x21.8cm, Gallerie Pierre-Alain Challier, Paris,
COURTESY GALERIE PIERRE-ALAIN CHALLIER, PARIS
Cyclades Bronze, About 15.2x21.8cm, Gallerie Pierre-Alain Challier, Paris,
COURTESY GALERIE PIERRE-ALAIN CHALLIER, PARIS

나르시스의 브로치, 동, 5.6×3.7cm
Broche narcisse,
Gilt bronze, 5.6×3.7cm

2인의 동맹, 약 15.2x21.8cm,
Gallerie Pierre-Alain Challier, Paris,
COURTESY GALERIE PIERRE-ALAIN
CHALLIER, PARIS
Double alliance,
About 15.2x21.8cm,
Gallerie Pierre-Alain Challier, Paris,
COURTESY GALERIE PIERRE-ALAIN
CHALLIER, PARIS

동물상, 파티나, 동, 16.3x9.7x22cm   **Le faune**, Bronze patiné, 16.3x9.7x22cm

Jeff Koons 제프 쿤스

I try to be a truthful artist and I try to show a level of courage. I enjoy that. I'm a messenger.

나는 진실한 예술가가 되기 위해 노력하며 어느 정도의 용기를 보여주려 노력한다. 나는 그것을 즐긴다. 나는 전달자이다.

비치/목욕 타월, 면, 152x178cm, Courtesy of Artware Editions, NY and Art Production Fund
Beach/bath towel, 100% cotton, 152x178cm, Courtesy of Artware Editions, NY and Art Production Fund

분리된 흔들의자, 약 15.2x21.8cm, COURTESY GALERIE PIERRE-ALAIN CHALLIER, PARIS
Split Rocker, About 15.2x21.8cm, COURTESY GALERIE PIERRE-ALAIN CHALLIER, PARIS

강아지, 1998, 백색유리화병, 26.7x44.5x44.5cm, 국제갤러리
Puppy(vase), 1998, White glazed vase, 26.7x44.5x44.5cm, Kukje Gallery

José Luis Sanchez 호세 루이스 산체스

펜던트(왼쪽), 은, 3.3×4.2cm/ **펜던트(오른쪽)**, 은, 소달라이트, 4.2×4cm
Pendentif ondina(left), Argent, 3.3×4.2cm/ **Pendentif ondina(right)**, Silver, sodalite and blue of brazil, 4.2×4cm

펜던트(왼쪽), 청동, 4×4.5cm/ **펜던트(오른쪽)**, 금도금, 4×4.5cm,
Pendentif ondina(left), Bronze doré, 4×4.5cm/ **Pendentif ondina(right)**, Vermeil, 4×4.5cm

담배케이스(왼쪽), 담배케이스(중간), 재털이(오른쪽), 파티나, 동, 12.1×8×4cm, 9.5×8.5×12.3cm, 16.3×16×3.8cm
Boite a cigarettes(left), **Pot à tabac(center)**, **Cendrier(right)**, Bronze patiné, 12.1×8×4cm, 9.5×8.5×12.3cm, 16.3×16×3.8cm

보석상자, 1984, 파티나, 동, 14.5×17.5×5.5cm   **Coffret**, 1984, Bronze patiné, 14.5×17.5×5.5cm

향수, 2010, 향수, 50ml , Courtesy of Artware Editions, NY
Kiki, 2010, Fragrance, 50ml , Courtesy of Artware Editions, NY

Kiki Smith 키키 스미스

I miss radicality—in my own work and in the art world. The art world seems very product-dominated, and I'm a product maker. But it's not as interesting an art world now. It's not as determined by artists themselves. When I first came to New York you really had to work at it. It wasn't given to you. I miss that a little bit. I would like to be more outside of things, but it's just not my personality at all.

나는 내 작업에서나 예술계에서나 급진성이 그립다. 예술계는 너무나 생산에 지배당하고 있는 것처럼 보이며 나 역시 제품의 생산자이다. 지금의 예술계는 흥미롭지 않다. 그것은 예술가들 스스로에 의해 결정되지 않기 때문이다. 내가 처음 뉴욕에 왔을 때 정말로 노력해야 했다. 그러나 그러지 않았다. 나는 그것이 좀 아쉽다. 나는 좀 더 사물의 바깥에 있고 싶었다. 그러나 그것 역시 나의 개성은 전혀 아니다.

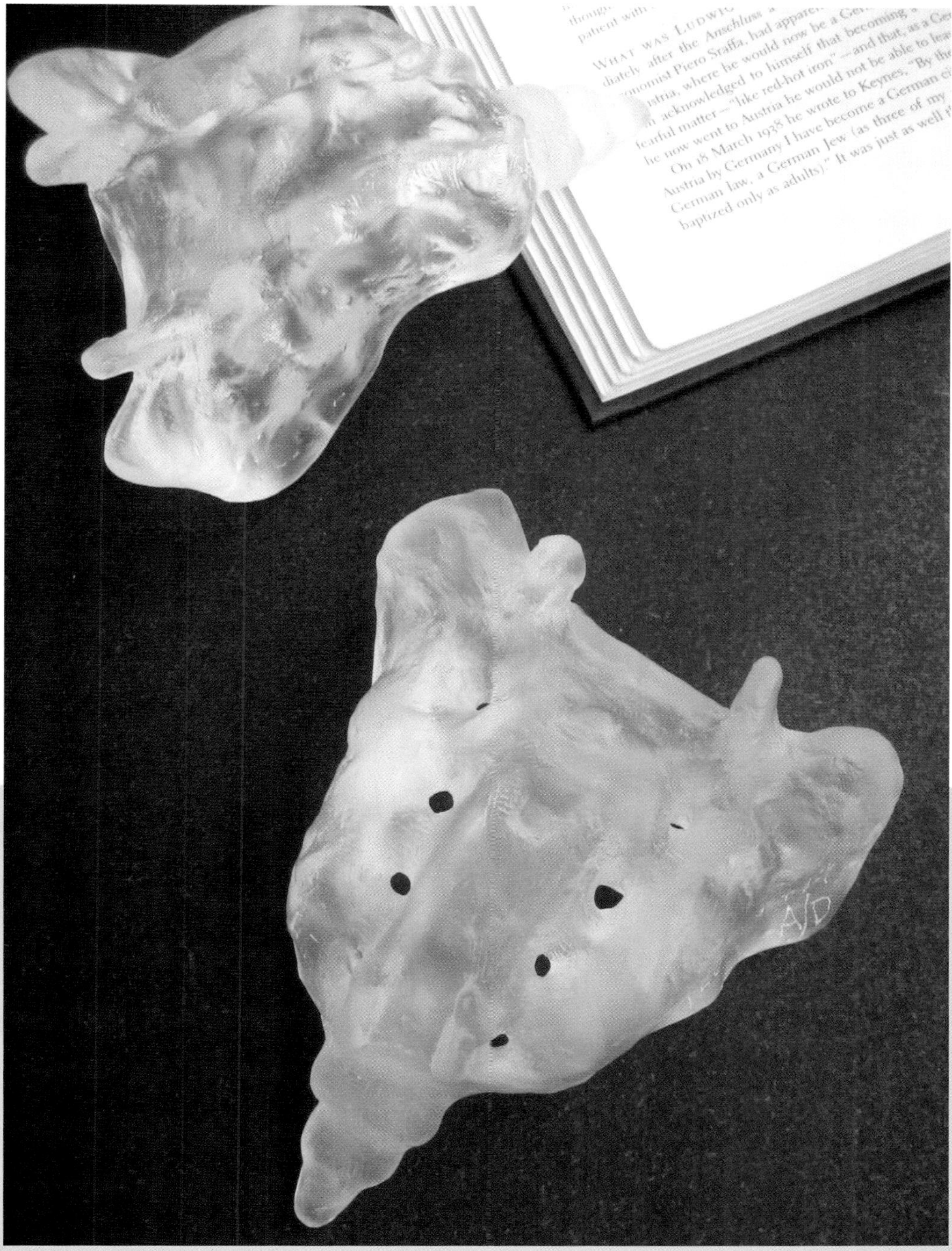

꼬리, 1997, 유리, 4x11x13cm, Courtesy of Artware Editions, NY
Tail, 1997, Kiln-cast lead crystal glass, 4x11x13cm, Courtesy of Artware Editions, NY

 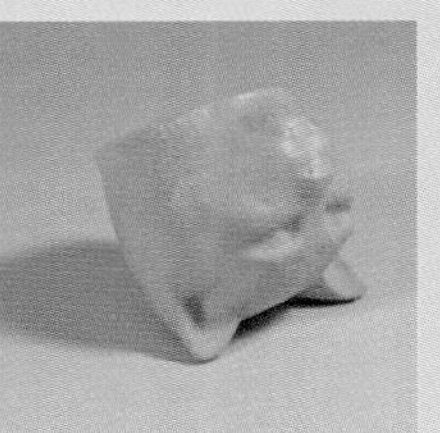

고양이, 1999, 도자, 8x8x4cm,
Courtesy of Artware Editions, NY
Cat, 1999, High-fired porcelain with glazed interior,
8x8x4cm, Courtesy of Artware Editions, NY

Lucas Samaras 루카스 사마라스

The architecture that I use as a background for my performers is just like the set. These backgrounds happen to be shots of New York building fronts. It could be a garage or some fancy building. And what you call gargoyles, that has an ancient history. But as to whether it's a distortion of a gargoyle or a graffiti or a caricature . . . You know, in the past, some of the great ones were done out of really showing something realistically. With [Giuseppe] Arcimboldo, you have a realistically depicted tomato or a cucumber or a flower or some fish, and then the position and the juxtaposition creates a caricature of a face. And then some things come from a distortion, like 20th-century distortions where someone takes a photograph of somebody and then distorts the image. Even if you paint it realistically, you distort it—make the nose a little bigger, make the mouth a little wider, the teeth, and so on. But what I'm doing is through computer materials, you know? Nothing originates from a real thing. The intertwining of these materials, these computer materials, are what creates an anthropomorphic sort of image. It's all made out of computer material. You could say, "Well, it looks a little bit like your constructions, like fabrics . . ." Only I don't use fabrics—I just use my finger and my cursor and the colors from the computer.

내 연기자들을 위한 배경으로 사용하는 건축물은 마치 세트와 같다. 이 배경들은 뉴욕에 있는 빌딩의 전면들을 우연히 사진에 담은 것이다. 그것은 차고일수도 있고, 어떤 값비싼 빌딩이 될 수도 있다. 그리고 소위 괴물석상이라 불리는 것은 고대의 역사를 담고 있다. 알다시피 과거에는 위대한 어떤 것은 사실적인 어떤 것을 실제로 보여주지 않고도 이루어졌다. 아르킴볼도처럼 당신은 사실적으로 묘사된 토마토나 오이, 혹은 꽃이나 물고기를 가지고, 그것들의 위치와 배열을 통해 얼굴의 캐리커쳐를 창조한다. 그리고 나서 마치 사진을 찍고 나서 그 이미지를 왜곡시키는 20세기의 왜곡과 같이, 어떤 것들은 왜곡으로부터 창출된다. 당신이 그것을 사실적으로 그린다 하더라도, 코는 약간 더 크게, 입과 이는 약간 더 넓게 만드는 등, 당신은 그것을 왜곡한다. 그러나 나는 컴퓨터 재료를 이용한다. 실재하는 것에서 기원되는 것은 아무것도 없다. 이러한 재료들의 뒤얽힘, 이 컴퓨터 재료들은 이미지를 의인화해서 창조하는 것이다. 그것은 모두 컴퓨터 재료로 만들어져 있다. 당신은 아마 이렇게 말할 것이다. "흠, 그건 당신의 구조와 좀 비슷해 보이는 걸요, 패브릭처럼…." 나는 패브릭을 사용하지 않는다. 나는 단지 나의 손가락과 나의 커서, 그리고 컴퓨터에서의 색상을 사용할 뿐이다.

케익 접시, 1996, 유리, 알루미늄, Dia 46x11cm, Courtesy of Artware Editions, NY and Artes Magnus
Cake platter, 1996, Laminated glass and black anodized aluminum, Dia 46x11cm, Courtesy of Artware Editions, NY and Artes Magnus

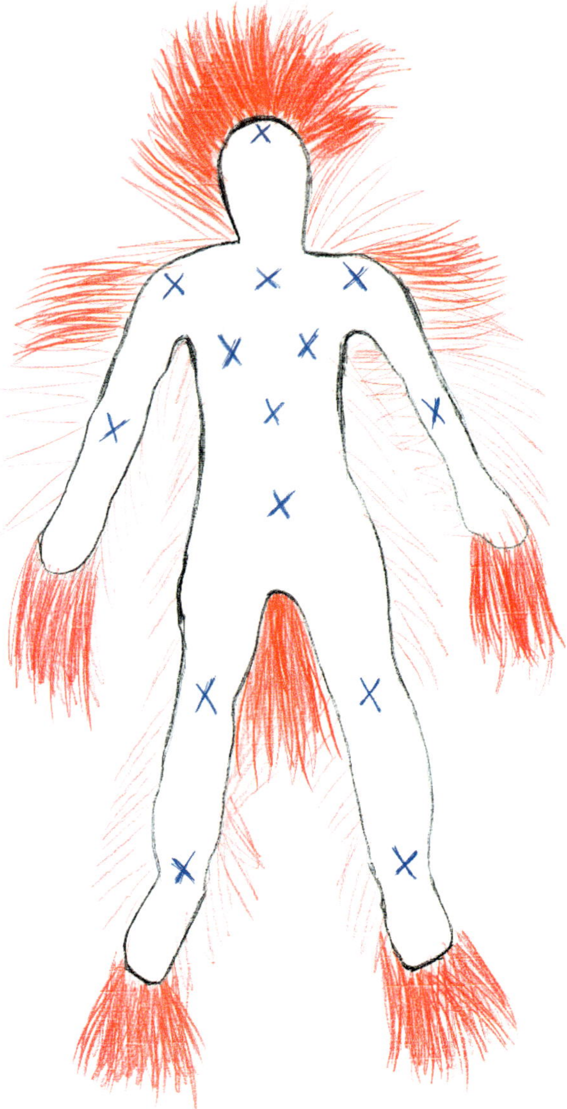

담요, 2010, 담요, 198x107cm,
Courtesy of Artware Editions, NY and More Art
Energy Blanket, 2010, Printed polyester blanket and
pouch with 16 neodymium magnets, 198x107cm,
Courtesy of Artware Editions, NY and More Art

Serbia | 세르비아

Marina Abramović
마리아 아브로빅

"I started realizing I could use any material I want, fire, water,
and the body. The moment when I started using the body, it
was such an enormous satisfaction that I had and that I can
communicate with the public that I could never do anything
else. I could never go back to the seclusion of the studio and be
protected by the space there. The only way of expression is to
perform."

"나는 물, 불, 그리고 신체 등 내가 원하는 어떤 재료든 사용할
수 있다는 것을 깨닫기 시작했다. 내가 몸을 사용하기 시작했
던 그 순간의 큰 만족감은 내가 대중과 소통하며 가졌던 만족
감 같은 것이었다. 나는 스튜디오의 호젓함으로 결코 돌아갈
수 없었고 그 공간에 의해 보호받을 수 없었다. 내 표현의 유
일한 방법은 행동을 하는 것이었다."

Nara Yositomo 나라 요시토모

"Look at them, they [the weapons] are so small, like toys. Do you think they could fight with those? I don't think so. Rather, I kind of see the children among other, bigger, bad people all around them, who are holding bigger knives"

"저들을 보세요, 그들(무기들)은 아주 작아요. 장난감처럼 말이죠. 당신은 저런 것들로 싸울 수 있다고 생각하나요? 난 그렇게 생각하지 않아요. 오히려 그들 주변에 있는, 큰 칼을 들고 있는 더 크고 나쁜 다른 사람들 사이에서 아이들을 본답니다."

비치/목욕 타월, 2009, 면, 152x178cm, Courtesy of Artware Editions, NY and Art Production Fund
Beach/bath towel, 2009, 100% cotton, 152x178cm, Courtesy of Artware Editions, NY and Art Production Fund

죽기 너무 어린 재떨이, 2009, 도자, Dia 15x3cm, Courtesy of Artware Editions, NY
Too Young to Die Ashtray, 2009, Ceramic, Dia 15x3cm, Courtesy of Artware Editions, NY

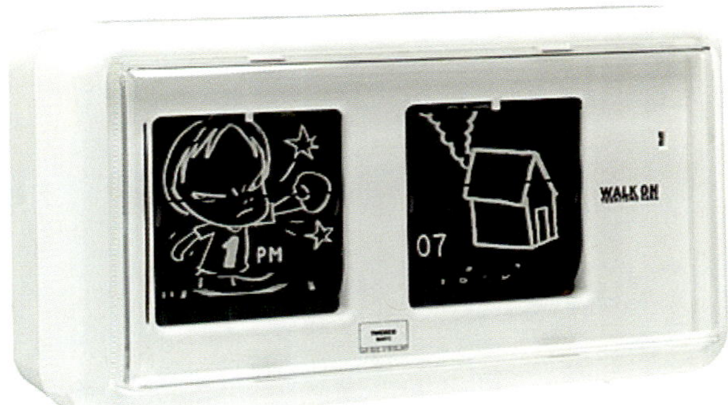

탁상시계, 플라스틱, 시계부품, 11x19x8cm, Courtesy of Artware Editions, NY
Walk On flip clock, Blue or white plastic with quartz clock mechanism, 11x19x8cm,
Courtesy of Artware Editions, NY

Nicholas Bodde 니콜라스 보데

명쾌하게 분할된 색의 변주곡

색채 화가 니콜라스 보데(1962년생)는 색에 대해 끊임없이 물음을 던지며 색채를 통한 구조물을 만드는 데 관심을 기울인다. 그는 이렇게 탄생한 구조물을 세상과 소통하는 통로로 이용한다. 세계 화단의 눈길을 끌어 온 독일 작가에 의해 선택되어진 색들은 현실화되고, 아울러 보는 이에게 매혹적인 물질성을 느끼게 한다. 회화에서 보여 지는 색채들은 화면과 결코 분리되지 않고 하나의 완전한 음색으로 엮어져 우리의 눈앞에 펼쳐진다. 빛에 반응하는 그의 작품들은 인공 혹은 자연의 빛에 노출돼 색들의 향연으로 우리들의 시선을 붙잡고 있다. 보데는 현재 세계적인 규모의 전시와 아트페어 Art Cologne, Art Fiac, Art Basel 등에 활발하게 작품이 소개되고 있는 유명 작가이다. 또 세계화단과 비평계의 주목을 받고 있고 미술시장에서도 작품이 활발히 거래되고 있는 화가이기도 하다.그동안 현대미술이 쉽게 접근할 수 없는 철학, 머리 아픈 사회학적 소재들과 밀접해지면서 형식적인 측면이 도외시될 수밖에 없었기에, 우리는 그의 작품에서 나타난 색채의 명쾌함이 던져주는 단순한 미학에 더욱 더 매료될 수밖에 없는 것이다. 그의 작품은 알루미늄 판 위에 짙은 파랑, 밝은 초록색, 연한 노랑, 짙은 빨강 등의 유화, 아크릴 물감으로 좁거나 넓은 선과 면으로 분할해서 위에서 아래로, 또는 왼쪽에서 오른쪽으로 배열해 칠한 것이 전부이다. 그러나 우리는 색과 선이 갖고 있는 의미가 한 작가의 그림 안에서 어떻게 변주 되는지를 분석할 수 있는 흥미있는 기회를 얻게 될 것이다.

(글쓴이 : 백운아 (예화랑 수석 큐레이터))

Variation of colors clearly divided

A color painter Nicholas Bodde (born in 1962) incessantly questions on colors and pays his attention to build a construction through colors. He uses this constructed object as a means to communicate with the outer world. The colors chosen by this world-attracting German artist becomes real, by making viewers feel fascinating materiality. Colors exhibited in his paintings are never separated with their canvases but woven together in a perfect musical tone to spread in front of our eyes. Reacting to lights, his works hold our gazes with color's banquet through the exposure to natural lights. Bodde is a recognized artist whose works have been introduced in various international exhibitions and art fairs like Art Cologne, Art Fiac, and Art Basel. He also earns attentions of world's art field and art critics by the active sales of his works in art markets. Since the formal aspects have been disregarded as contemporary art was getting closer with brain-torturing philosophies and painful social motifs, we are getting more and more attracted by the simple aesthetics from the color's clarity in his art pieces. His oil or acrylic paintings shows only the arrangement of colors painted in divided surfaces of aluminum plate with dark blue, bright green, tender yellow, dark red colors, from top to bottom or from left to right side of the canvases. Nevertheless, you will have an interesting opportunity to observe how the variations of colors and lines are meaningfully played.

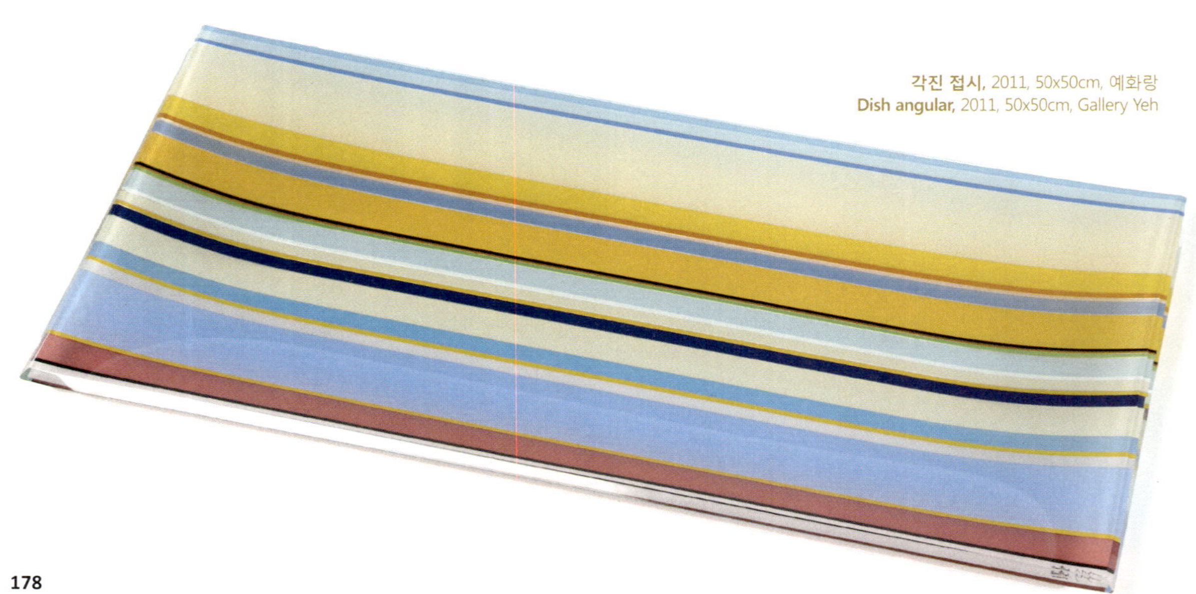

각진 접시, 2011, 50x50cm, 예화랑
Dish angular, 2011, 50x50cm, Gallery Yeh

Peter Doig 피터 도이그

I am always interested in what we miss when we try to focus on what we see. For example, when you take a photo you will always feel a bit disappointed after the exposure, because it's never representing what you perceived when you took it.

우리가 보는 것에 집중하려 노력할 때 놓치고 마는 것들에 나는 늘 관심을 가진다. 가령, 당신은 사진을 찍을 때, 노출 후 약간 실망할 것이다. 왜냐하면 그것은 사진을 찍을 때 당신이 인식했었을 것을 결코 표현할 수 없기 때문이다.

비치/목욕 타월, 2009, 면, 152x178cm, Courtesy of Artware Editions, NY and Art Production Fund
Beach/bath towel, 2009, 100% cotton, 152x178cm, Courtesy of Artware Editions, NY and Art Production Fund

France | 프랑스
Henri Matisse 앙리 마티스

카페트, 울, 216x182cm, 개인소장
Tapis, Wool tapestry, 216x182cm, Private Collection

Spain | 스페인
Pablo Picasso 파블로 피카소

균열, 도자, 40x50x30cm ⓒAnnemarijne Bax
CRACKS, Porcelain, 40x50x30cm ⓒAnnemarijne Bax

Netherlands | 네덜란드

Pepe Heykoop
페페 헤이콥

<균열>은 '깨진' 도자기 시리즈이다. 이 도자기는 가마에서 구워지는 동안에 도자기의 수축 현상으로 일어나는 아주 자연스러운 현상에 기초한다. 도자기가 수축되는 동안에는 유사한 균열들이 증가하면서 무늬가 나타난다.

이 도자기를 시작하게 된 배경은 먼저 아주 커다란 접시와 큰 그릇을 가지고 전체 시리즈를 제작하게 되면서이다. 보통 접시와 그릇이 불에 구워지고 나면 약 15% 정도의 수축률을 보인다. 이런 수축 현상이 기본적으로 이 시리즈를 창조하게 되었다: 아주 큰 그릇에서부터 컵까지, 그리고 커다란 접시에서 작은 받침 접시까지. 나는 이 시리즈가 끝날 무렵 컵과 받침 접시로도 다시 이런 작업을 해볼 수 있다는 생각을 하게 되었다. 균열이 다층적으로 있다는 것은 생산물이 쇠락하여 쓸모가 없어진다는 것을 보여준다. 하나의 컵의 미래는 결국 파편 조각으로 끝맺게 되는 것이다.

이 작품은 네덜란드 디자이너, 바우커 크놋네뤼스와 협업한 것이다.

<Cracks> is a series of 'broken' crockery.

This crockery is based upon the natural behaviour of shrinking of porcelain during the firingprocess. It shows an increasing pattern of the same cracks during the shrinking.

The starting point of this crockery is to build up the whole series starting with a huge plate and a big bowl. After firing the plate and the bowl will shrink about 15 %.

The shrinking basicly creates the series: from big bowl to cup and from plate to saucer. In the end of the series cup and saucer meet again.

The layers of cracks are applied to show the decay of products. The future of a cup will eventually end up in cullet.

In collaboration with Bauke Knottnerus.

목걸이, 금, 약 15.2x21.8cm,
COURTESY GALERIE PIERRE-ALAIN CHALLIER, PARIS
Collection plat, Gold, About 15.2x21.8cm,
COURTESY GALERIE PIERRE-ALAIN CHALLIER, PARIS

카페트, 254x195cm,
COURTESY GALERIE PIERRE-ALAIN CHALLIER, PARIS
Tapis, 254x195cm,
COURTESY GALERIE PIERRE-ALAIN CHALLIER, PARIS

브로치, 금도금, 약 15.2x21.8cm,
COURTESY GALERIE PIERRE-ALAIN CHALLIER, PARIS
Collection Angela, Plat or, plat vermeil, About 15.2x21.8cm,
COURTESY GALERIE PIERRE-ALAIN CHALLIER, PARIS

브로치, 청동, 금도금, 약 15.2x21.8cm,
COURTESY GALERIE PIERRE-ALAIN CHALLIER, PARIS
Collection Angela, Bronze doré, vermeil, or, About 15.2x21.8cm,
COURTESY GALERIE PIERRE-ALAIN CHALLIER, PARIS

Piero Dorazio 피에로 도라지오

"I would like not to reproduce but to reinvent the structure of
light in a way pertinent to painting rather than to optics."

"나는 광학보다는 적절한 방식으로 그림을 그림으로써 빛의
구조를 재조명하고자 한다."

무라노 샹들리에, 약 15.2x21.8cm,
COURTESY GALERIE PIERRE-ALAIN CHALLIER, PARIS
Chandeliers MURANO, About 15.2x21.8cm,
COURTESY GALERIE PIERRE-ALAIN CHALLIER, PARIS

도리코, 약 15.2x21.8cm,
COURTESY GALERIE PIERRE-ALAIN CHALLIER, PARIS
Dorico, About 15.2x21.8cm,
COURTESY GALERIE PIERRE-ALAIN CHALLIER, PARIS

둥근 목걸이, 도금한 백은, 5×4cm
Pendentif sphères, Vermeil blanc, 5×4cm

Pol Bury 폴 버리

둥근 목걸이, 도금한 백은,
15×14×2.5cm
Collier sphères, Vermeil blanc,
15×14×2.5cm

둥근 귀걸이,
도금한 백은, 6×6.4×2.4cm
Boucles d'oreilles sphères (pair),
Vermeil blanc, 6×6.4×2.4cm

둥근 팔찌, 도금한 백은,
6.6×6.4×2.4cm
Bracelet sphères, Vermeil blanc,
6.6×6.4×2.4cm

Robert Combas 로버트 콩바스

"Provoke, that is, to trigger a reaction in the spectator only to 'invite' him, beckoning him in and whispering in his ear 'come over and talk to me, i want to tell you about the stupidity, violence, beauty, love, hatred, seriousness and fun, the logic and senselessness that pervade our day-to-day lives'"

"'이리 와서 말해보세요, 우리의 그날그날의 삶에 스며있는 어리석음, 폭력, 아름다움, 사랑, 증오, 심각함과 장난, 그리고 논리와 무의식에 대해 당신에게 말해줄게요.'라고 속삭이면서, 관중의 반응을 유발하십시오."

기마병, 105x81x32cm, COURTESY GALERIE PIERRE-ALAIN CHALLIER, PARIS
Le Cavalier, 105x81x32cm, COURTESY GALERIE PIERRE-ALAIN CHALLIER, PARIS

Robert Indiana 로버트 인디아나

I think of my peace paintings as one long poem, with each painting being a single stanza.

Some people like to paint trees. I like to paint love. I find it more meaningful than painting trees.

–나는 내 평화의 회화를 각각의 부분이 하나의 스탠자(4행 이상의 각운이 있는 시구)를 가진 하나의 긴 시로 생각한다.

어떤 사람들은 나무 그리는 것을 좋아한다. 나는 사랑을 그리는 것을 좋아한다. 나는 나무를 그리는 것보다 그것이 더 의미 있다는 것을 깨달았다.

클래식 러브, 2007, 직물, 79.24x29.24cm, 예화랑
CLASSIC LOVE, 2007, Fabric, 79.24x29.24cm, Gallery Yeh

Roy Lichtenstein 로이 리히텐슈타인

"I'm never drawing the object itself; I'm only drawing a depiction of the object - a kind of crystallized symbol of it."
"나는 결코 사물 그 자체를 그리지 않는다. 나는 오직 그 사물의 묘사, 즉 그것의 결정화된 상징을 그릴 뿐이다."

"There are certain things that are usable, forceful, and vital about commercial art."
"상업 미술에 관한 쓸모 있고, 강력하고, 필수적인 것들이 있다."

풍경 모빌, 1990, 도자, 레진, 56x64x14cm, Courtesy of Artware Editions, NY
Landscape Mobile (Limoges), 1990, Porcelain, cast resin, 56x64x14cm, Courtesy of Artware Editions, NY

촛대, 동, 각 26x18x12cm
Castor and pollux candlesticks (pair), Bronze, each 26x18x12cm

Spain | 스페인

Salvador Dalí 살바도르 달리

Every time is very agreeable and creative. The last dreams is about the anti-matter angels. Perhaps for five months only dream about archangels, angels, kings and the most beautiful spectacular.

모든 순간은 받아들이기 수월하기도 하고 창조적이기도 하다. 내가 마지막으로 꾸었던 꿈은 반-물질의 천사에 관한 것이다. 아마 5개월 동안 천사장, 천사, 왕, 그리고 가장 아름다운 장관에 대한 꿈만 꾸었던 것 같다.

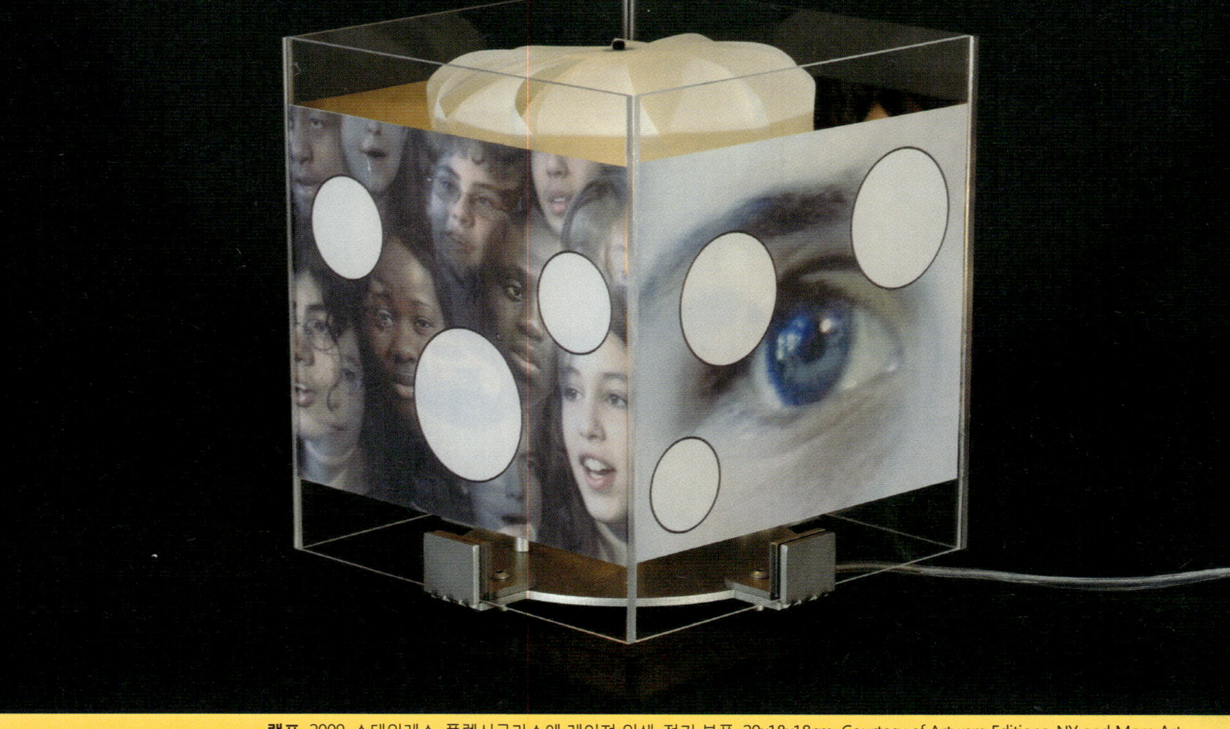

USA | 미국

Tony Oursler 토니 아우어슬러

You seem in an auric cloud yellow tonight.
당신은 오늘밤 황금빛 금 구름 속에 있는 듯 합니다.

Look at a color and close your eyes, know what you'll see? The opposite color? Now what does that tell you?
색채를 바라보고, 눈을 감으세요, 당신이 무엇을 보게 될까요? 반대 색상? 자 이제, 그것이 당신에게 무엇을 말하고 있습니까?

What color eyes do you have? The iris is like the universe around a black hole. Come have a look at black.
당신의 눈은 무슨 색인가요? 홍채는 블랙홀 주변의 우주와 비슷하답니다. 와서 검정색을 보세요.

무제 (방랑자의 재털이), 1999, 도자, 4.5x19x17cm, Courtesy of Artware Editions, NY
Untitled (Wanderer Ashtray), 1999, Porcelain with hand-painted silver trim, 4.5x19x17cm,
Courtesy of Artware Editions, NY

Brazil | 브라질
Vik Muniz 빅 뮤니즈

I usually try not to establish a definite modus operandi when it comes to managing creativity. Every source or input appears to be merely pieces of a much larger game and sometimes pieces that do not fit a particular puzzle will be saved for a future one. I sometimes start working from an image that has stayed in my mind for a while, or bump into a new technique and go after themes to apply it to. And since a lot of it has to do with recognising and remembering, either images or processes are usually chosen because of the ambiguity of their roles seen from the scope of today's media and technology.

나는 창의력을 관리하는데 있어 작업 방식을 확고히 하고자 노력한다. 모든 원천이나 투입된 시간과 지식은 훨씬 더 큰 게임의 조각으로, 그리고 때때로 미래를 위해 보관될, 특정 퍼즐에 들어맞지 않는 조각들로 나타난다. 나는 때때로 내 마음 속에 잠시 머물렀던 이미지에서, 혹은 새로운 기술에 부딪히고 그것을 적용해보기 위해 주제를 쫓는 데에서 내 작업을 시작한다. 그리고 그들 대다수가 인식되고 기억되어야 하는데, 오늘날의 미디어나 테크놀로지에서 보여지는 그들 역할의 애매모호함 때문에 이미지나 과정이 보통 선택된다.

Vassilakis Takis 바실라키스 타키스

Takis' Signals are his most renowned trademark. They are an ongoing series of tall rods springing from a base on the ground and tapering towards a finial at the top. Generally speaking, these finials are of particular symbolic significance and consist of either sculptures or found-objects. The sculptures are various elements, whose form and shape evoke primordial symbols. In response to their interpretation, Takis said; 'I am responsible only for manufacturing the symbols. Their meaning depends for interpretation on each and every one of us.'

타키스의 <시그널>은 작가의 널리 알려진 트레이드 마크이다. 그들은 바닥에서 튀어올라 꼭대기에 이르면 끝이 점점 좁아지는 긴 막대기들로 이루어져 있으며, 여전히 진행중인 시리즈이다. 말하자면, 이들 꼭대기들은 특별한 상징적인 의미를 가지고 있고 다른 조각품, 혹은 발견된 오브제들로 구성되어 있다. 조각품은 다양한 요소들로 이루어져 있으며, 그것의 형태는 태고의 상징을 환기시킨다. 이같은 해석에 대해 타카스는 다음과 같이 말했다. '나는 오직 상징을 만들었을 뿐이다. 그 상징들에 대한 해석은 우리 각자의 몫이다.'

마그네틱 원기둥, 약 15.2x21.8cm,
COURTESY GALERIE PIERRE-ALAIN CHALLIER, PARIS
Colonne magnétique,
About 15.2x21.8cm,
COURTESY GALERIE PIERRE-ALAIN CHALLIER, PARIS

마그네틱 증거, 동, 은, 18x48x3cm,
COURTESY GALERIE PIERRE-ALAIN
CHALLIER, PARIS
Magnetic evidence, Sculpture en bronze, aimant,
clous et aiguille, 18x48x3cm, COURTESY GALERIE
PIERRE-ALAIN CHALLIER, PARIS

펜던트, 1977, 금도금, 5.6×5cm
Pendentif l'oiseau d'eau, 1977, Vermeil, 5.6×5cm

Wilfredo Lam 윌프레도 램

"I wanted with all my heart to paint the drama of my country, but by thoroughly expressing the negro spirit, the beauty of the plastic art of the blacks. In this way I could act as a Trojan horse that would spew forth hallucinating figures with the power to surprise, to disturb the dreams of the exploiters."

"나는 흑인 정신의 표현을 통해서가 아니라, 흑인의 플라스틱 예술의 아름다움을 통해 내 조국의 드라마를 온 마음을 다해 그리고 싶다. 이러한 방식으로 나는 착취자의 꿈을 방해하기 위해, 깜짝 놀라게 하는 힘을 가진 환영적 형상을 분출하는 트로이의 목마와 같이 행동할 수 있었다."

펜던트, 청동, 5×3.5cm
Pendentif yemaya, Bronze doré, 5×3.5cm

Yinka Shonibare   잉카 쇼니바레

The use of excess, seduction, and pleasure in my work always remains political but without preaching politics, which is a different thing. I'm never moralistic. Instead it's a question of working through political issues as well as being seduced by the actual form, a question of provoking and seducing.

내 작업에 있어서 과잉, 유혹, 그리고 즐거움의 사용은 항상 정치적으로 남아있다. 그런데 그것은 설교하는 정치가 아니다. 그건 다른 것이다. 나는 결코 도덕주의자가 아니다. 대신 그것은 실제의 형태에 의해 유혹되는 것, 촉발하고 유혹하는 것에 대한 질문뿐만 아니라 정치적인 문제를 다루는 작업에 대한 질문이다.

무제 (인형의 집), 2002, 혼합재료, 29x20x23cm, Courtesy of Artware Editions, NY
Untitled (Dollhouse), 2002, Various materials, 29x20x23cm, Courtesy of Artware Editions, NY

Yves Klein 이브 클랭

Color is sensibility in material form, matter in its primordial state.

My monochrome pictures are not my definite works, but the preparation for my works. They are the leftovers from the creative processes, the ashes. My pictures, after all, are only the title-deeds to my property which I have to produce when I am asked to prove that I am a proprietor.

색은 재료적 형태 안에서의 감성, 그것의 태곳적 상태에서의 문제이다.

나의 모노크롬 회화는 확실한 내 작품이 아니라, 작품을 위한 준비이다. 그들은 창작 과정에서 생긴 부산물이다. 내 그림은 결국, 내가 소유주라는 것을 증명할 때 만들어야 하는 내 재산에 대한 권리증서이다.

금빛 테이블, 1961, 금박 종이, 유리, 나무, 철, 36x125x97cm, Courtesy of Artware Editions, NY and Nikolai Golovanoff
Table d'orée, 1961, 3,000 sheets of gold leaf, glass, plexiglass, wood and steel, 36x125x97cm, Courtesy of Artware Editions, NY and Nikolai Golovanoff

푸른 테이블, 1961, 클라인 블루, 나무, 철, 36x125x97cm,
Courtesy of Artware Editions, NY
Table bleue, 19€1, International Klein Blue pigment, glass, plexiglass, wood and steel,
36x125x97cm, Courtesy of Artware Editions, NY

Genuine

Genuine

"Craft-like" Craft by Craft Masters

While craft itself was born initially from its use, the expression "craft-like" lies dependent on attitude. We use such an expression for its uncommon, emotional attitude created by hand, meaning tasting, thinking, and making figures by hands. The "Genuine" section focuses on such "craft-like" works of present day. The definition of "craft-like" bears the journey that craft has taken which is materialistic and technical, and has gained autonomy from the Middle Ages to Modern Age. The works which have accepted such a historical process are considered "craft-like" and today can be seen in genres of ceramics, glass, wood, metals, textiles, papers, acres and so on. Furthermore, design products as universal instruments can be included in this classification regarding their fundamental functions. This section is filled with such "craft-like" works, made up of 515 pieces by 78 artisans show their strength and power.

공예가들의 공예적인 공예

공예의 발단은 쓰임으로 비롯되었으나 공예적이라는 표현은 그 태도에서 기인한 것이다.
손맛을 느낄 수 있으며, 손으로 사유하고, 손으로 형상을 만들어내는 그 오묘한 정서적 태도를
보고 우리는 공예적이라는 말을 사용한다. 오늘의 공예에서 지니언(Genuine) 섹션은 그런
공예적으로 간주되는 작품들에 포커스를 두고 있다. 공예적이라는 말에는 중세로부터 근대로
이어지면서 공고해진 질료적, 기술적 관행들이 고도로 섬세하게 그 독자성을 획득해나간
여정이 담겨있다. 이러한 과정을 수용한 영역들은 현재까지도 도자, 유리, 목조, 금속, 섬유,
종이, 나전 등에서 고유한 향취를 지닌 공예적인 대상으로 간주된다. 나아가 현재 일상에서
쓰이는 매우 보편적인 도구로서의 디자인 제품 역시 그 본연의 기능으로 보면 이에 해당한다.
이 공예적인 혹은 공예다운 작품들로 구성된 이 섹션에는 총 515 점의 작품이 강렬함과 힘을
전하고 있다.

균형(브로치), 2009, 정은, 나무, 각 4.2x4.7x0.6cm ⓒ고희승
Balance(Brooch), 2009, Sterling silver, wood, each 4.2x4.7x0.6cm ⓒKoh, Hee-seung

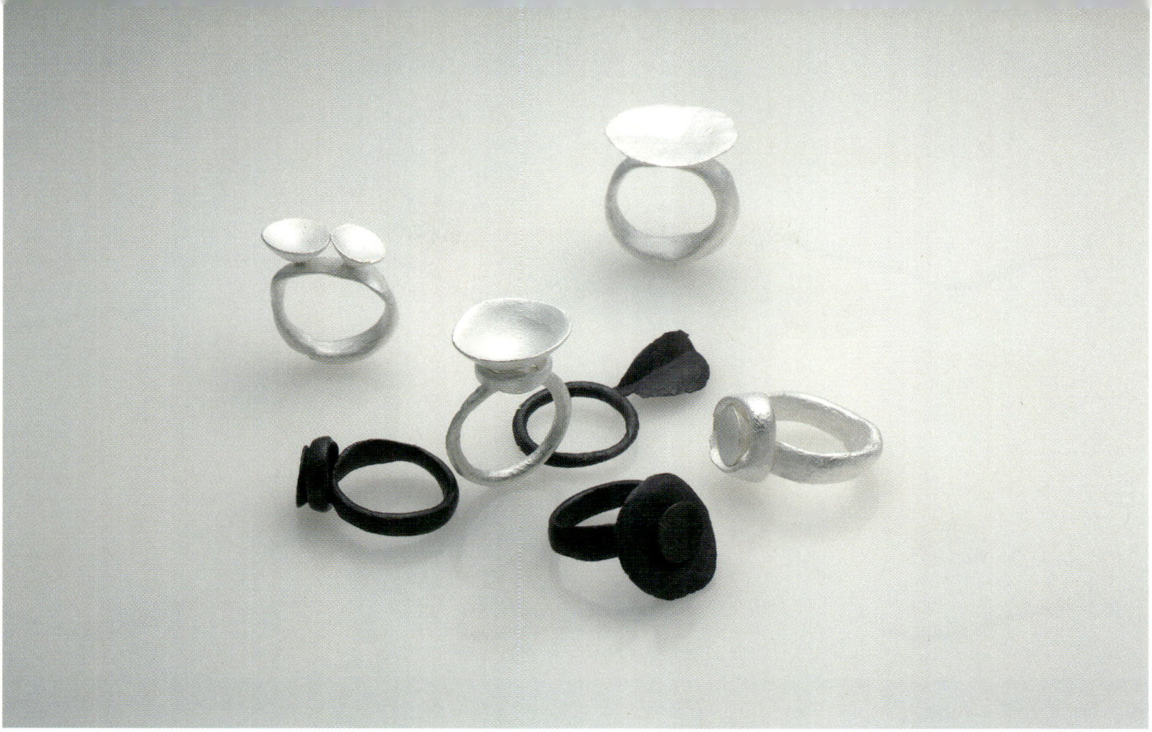

지문시리즈(반지), 2008~2009, 정은, 가변크기 ⓒ고희승
Fingerprint Series(Ring), 2008~2009, Sterling silver, Variable dimensions ⓒKoh, Hee-seung

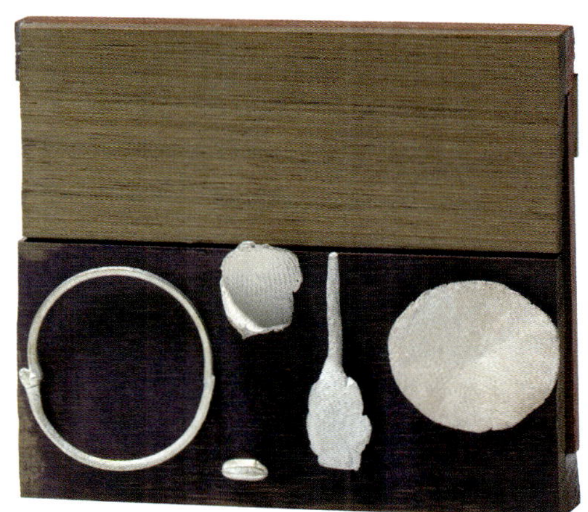

Korea | 한국

Koh, Hee-seung 고희승

삶에 있어서 가벼운 것과 무거운 것, 사소한 것과 가치있는 것이 서로 어우러져 흘러가듯, 나의 장신구 작업은 어느 한쪽으로 치우치지 않는 균형(balance)을 만들어간다.
자연스러우며 단순하고 원시적인 형태의 작은 조각들은 저울의 양팔에 올려놓아 균형을 맞추듯이 배열하고 조합한다. 추상적인 형태의 조각들은 때때로 자연물을 연상하기도 한다.
이러한 작업을 통해 예기치 않은 편안함과 따스함을 불러일으키며, 정물화 같은 이미지를 보여 주기도 한다.

Everything in the world exists in balance between heaviness and lightness, and between worth and worthlessness. I seek balance in my accessory design by composing small primitive forms as if they were placed on opposite sides of a scale. The abstract forms allude to organic figures, bringing up feelings of comfort and warmth.

균형(브로치), 2009, 정은, 나무, 6x7x1cm ⓒ고희승
Balance(Brooch), 2009, Sterling silver, wood, 6x7x1cm ⓒKoh, Hee-seung

계란 접시, 2010, 백자 흙, 2.8x26.5x27.5cm ©구세나
Egg Plate, 2010, Porcelain, 2.8x26.5x27.5cm ©Gu, Sena

Korea | 한국

Gu, Sena 구세나

구세나의 작업에서는 과장되지 않은, 그리고 곧 음미하게 되는, 작은 유머와 시각적 충격들을 발견할 수 있다. 흔히 지나쳐 버리는 일상의 사물에 시도된 위트있는 장치들은 세라믹에서만 느낄 수 있는 따뜻하고 단정한 그리고 섬세한 질감과 더해져 사람의 감성을 자극한다. 각박한 일상 생활에서 잊혀지고 죽어버린 감성을 일깨우고 사람들에게 에너지와 웃음을 전할 수 있는 역할, 힘들게 작업하다가도 전시공간에서 사람들이 작업을 보며 문화, 언어의 벽을 넘어서 미술이 전해주는 감성으로 서로 연결이 되고 행복해하는 모습을 보면 또 새로운 에너지를 얻게 된다는 구세나가 생각한 자신과 자신의 작업의 위치이다.

(출처: 김채영(디자이너), 「한인 뉴스 특별취재-디자인」, 런던, Vol. 610 (2009. 11. 13))

Subtle humor and wit in Gu's work draw the viewer in. Witty elements mixed with warm ceramic textures stimulate the senses and stir the emotions. Gu says that she feels alive when seeing people emotionally connected with each other through art and culture.

키라 볼, 2009, 백자 흙, 9x12x12cm ©구세나
Calla Bowl, 2009, Porcelain, 9x12x12cm ©Gu, Sena

컬리플라워 꽃병, 2008, 백자 흙,
24x14x11cm ©구세나
Cauliflower Vase, 2008,
Porcelain, 24x14x11cm
Small:3x9.53x6.5cm ©Gu, Sena

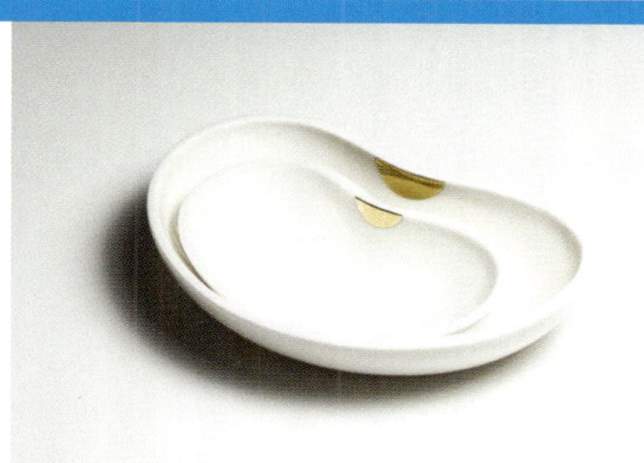

콩 그릇 세트, 2010, 백자 흙, Large: 4x11x8cm/ Small: 3x9.53x6.5cm
©구세나
Bean Bowl Set, 2010, Porcelain, Large: 4x11x8cm/
Small: 3x9.53x6.5cm ©Gu, Sena

앵무새 물병, 2009, 백자 흙, 21x8x8cm ©구세나
Cockatoo Jug, 2009, Porcelain, 21x8x8cm ©Gu, Sena

어느날 **VI,** 2010, 실크, 바느질, 염색, 200x23cm ⓒ권이화
One day VI, 2010, Silk, sewing, dyeing, 200x23cm ⓒKweon, Ewha

Kweon, Ewha 권이화

자르고 바느질하고 염색하고 수축하고 이어붙이는 등의 반복적인 여러 작업 공정은 기존의 섬유들에게 새로운 형상을 부여한다. 애벌레가 변태하여 나비가 되듯, 섬유는 내 의지가 담긴 의미체로 탈바꿈한다. 누군가 말했듯, 나비의 변태에 사람들이 열광하는 것은 우리에게 내재된 변신에 대한 근원적인 소망 때문이다. 내 소망 또한 이와 다르지 않다. 애벌레가 어느 날 나비가 되어 하늘로 날아오르는 것처럼, 나의 나비로 변태된 섬유는 착용자를 그들의 나비로 변신시킬 것이다. 아니, 그렇게 될 "어느 날"을 기대한다.

A textile obtains a completely new aspect following a series of processes from cutting to sewing, dyeing and shrinking. This is similar to a caterpillar's transformation triggered by its inherent desire for metamorphosis. I want people to wear my textiles and be transformed, like butterflies.

어느날 X, 2011, 실크, 울, 바느질, 염색, 축융, 240x20cm ©권이화
One day X, 2011, S lk, wool, sewing, dyeing, felting, 240x20cm ©Kweon, Ewha

어느날 VII, 2010, 실크, 바느질, 염색, 200x30cm ©권이화
One day VII, 2010, Silk, sewing, dyeing, 200x30cm ©Kweon, Ewha

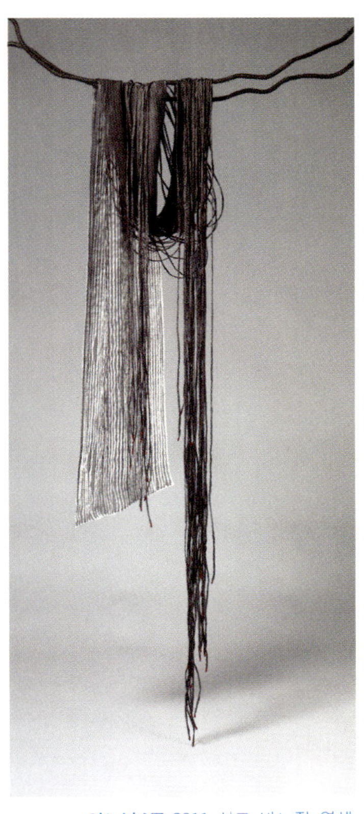

어느날 XII, 2011, 실크, 바느질, 염색, 245x22cm ©권이화
One day XII, 2011, Silk, sewing, dyeing, 245x22cm ©Kweon, Ewha

황후-Ⅰ, 2010, 정은, 자수정, 황수정, 가닛, 18K도금, 0.5x1x7cm ⓒ김미정
Her Majesty-Ⅰ, 2010, Sterling silver, amethyst, citrine, garnet, yag, 0.5x1x7cm ⓒKim, Mi-jung

Kim, Mi-jung 김미정

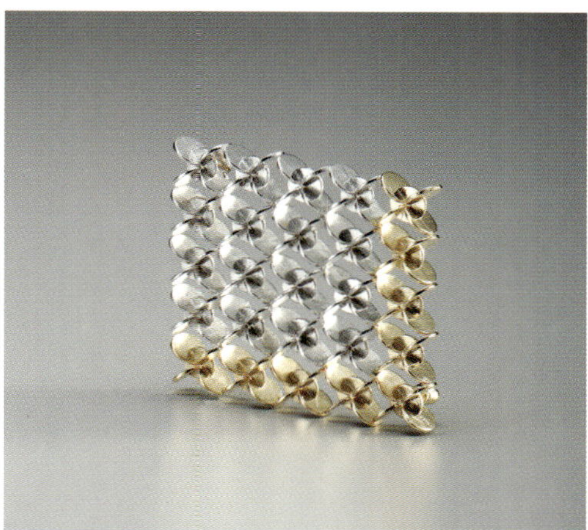

Insert-1, 2008, 정은, 18K 금, 0.5x5.5x5.5cm
ⓒ김미정
Insert-1, 2008, Sterling silver, 18K gold,
0.5x5.5x5.5cm ⓒKim, Mi-jung

Roll-2, 2008, 정은, 18K 금, 1x2x6cm
ⓒ김미정
Roll-2, 2008, Sterling silver, 18K gold, 1x2x6cm
ⓒKim, Mi-jung

Insert-2, Insert-3, 2008,
정은, 핑크 토멀린, 블루 사파이어, 18K 금, 1x3.5x3.5cm ⓒ김미정
Insert-2, Insert-3, 2008,
sterling silver, pink tourmaline, blue sapphire, 1x3.5x3.5cm
ⓒKim, Mi-jung

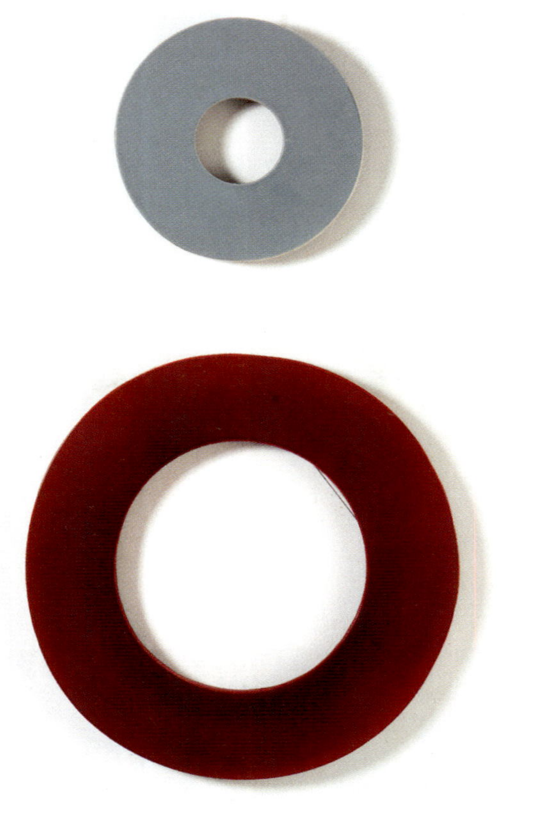

Earthen Circle Red & Gray,
2008, 점토, 유약, 각 지름30cm, 지름80cm ⓒ김연화
Earthen Circle Red & Gray,
2008, Glazed ceramic, each Dia 30cm/80cm ⓒKim, Youn-hwa

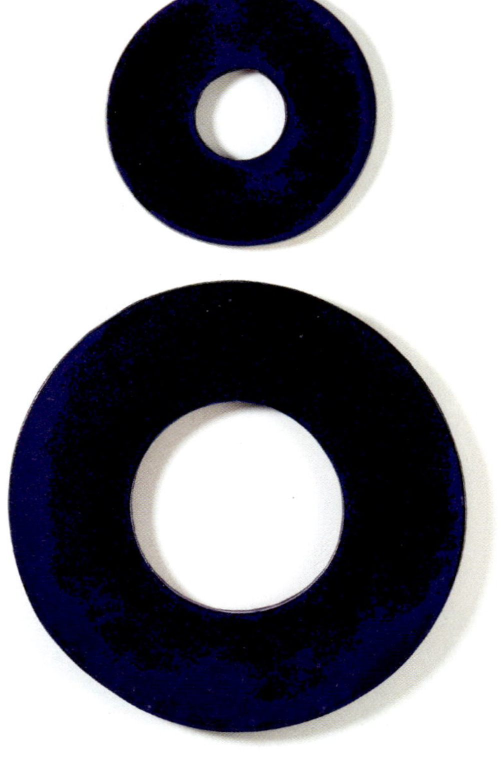

Earthen Circle Blue & Blue,
2008, 점토, 유약, 각 지름40cm, 지름80cm ⓒ김연화
Earthen Circle Blue & blue,
2008, Glazed ceramic, each Dia 40cm/80cm ⓒKim, Youn-hwa

Korea | 한국

Kim, Youn-hwa 김연화

흙의 형상인形相因과 미니멀 스트럭처

그의 접근태도는 흙을 사물의 '형상인'(causa formalis)이라는 보편형태와 구조를 빌려 모색하는 데 있다. 하나의 사물이 갖는 형상인자란 무엇인가를 중심으로 접근하되, 형상인자를 그것의 최소의 단위인 '미니멀 스트럭처'로 환원함으로써 그것들의 최소한의 일면을 다루고 이어서 결합체로서의 복합구조를 전개하는데 목적이 있다. 일찍이 「결의 미학」에서 그가 확인할 수 있었던 것은 사물의 짜임결정체인 '그레인'(grain)의 3차원 구조였다. 어떻게 자연물의 결을 3차원적으로 구조화할 것인지를 중심으로 이것들을 캐스팅한 결을 원기둥, 입방체, 다면체에 차례로 전사해서 구워낸 희고 푸른 빛의 입체기하 세라믹을 보여주었다.

(글쓴이: 김복영(비평가, 서울예술대학교 석좌교수))

Causa Formalis of Clay and Minimal Structure

The designer's approaching attitude toward her design is to seek for universal form and structure of clay by regarding it as 'causa formalis' of object. Such an approach puts its emphasis on the matter of what a formative element of a certain object is. The approach aims to investigate the minimal aspect of an object by reverting its element to a 'minimal structure,' and finally to develop it into a synthesized structure as a corporate body. What the designer could identify earlier in Aesthetics of Grain was the three-dimensional structure of grain as a crystalloid of objects. In her works, the designer made efforts to find out how she could structuralize a natural object's grain in three-dimension, and exhibited solid geometric ceramics in white and blue colors by roasting them after transcribing cast grain into pillars, cubes, and polyhedral.

Korea | 한국

Kim, Young-joo 김영주

김영주의 작품은 작업공정의 대부분이 수작업으로 이루어진 일품공예가구이다. 하지만 현대 가공기술의 발달로 인해 대량생산이 가능할 수 있도록 디자인 개발된 작품이다. 특히 기존의 대량생산하고 있는 가구들의 획일화 된 직선 사용을 자제하고 유기적 곡선을 사용했으며 그 곡선은 즉흥적인 감각에 의해 만들어지게 된다.. 마감도장 역시 친환경이면서 대량생산 공정에 적합한 Water based Acrylic Varnish와 Dead Flat Varnish 마감을 사용했다.

곡선의 근본은 점 또는 짧은 직선이다. 곡면을 가공할 때 대패를 사용한다, 대패란 면(직선)을 가공하는 수공구이다. 이러한 면들을 깍고 깍고 반복하면 내가 원하는 부드러운 곡면을 만들 수 있다. 이 것이 이 작품에서 보여주고자 하는 컨셉이다. 모든 사물에는 근본이 있다. 그 근본을 찾고 이해하고 활용하자는 의미를 이 작품에서 보여주고 있다.

Young joo Kim is originally a designer of custom hand-made furniture. Thanks to new fabrication processes, however, her designs are now being mass-produced. While much contemporary furniture is geometric and linear, Kim's designs are significant for their lyrical organic curves. The works are finished via environmentally-friendly techniques such as water-based acrylic varnish.

Kim makes the curves using a plane tool, which is normally used for linear shapes. In order to produce the organic lines, he repeats short strokes to achieve soft, smooth planes. Kim says that he seeks fundamental elements to serve as essential units throughout her work.

한밤중에, 2010, 종이, 라텍스, 정은, 3.5x9x18cm ⓒ뭉크 스튜디오
In the middle of the night, 2010,
Korean paper, latex, sterling silver, 3.5x9x18cm ⓒMunch studio

Drop my eyes II, 2010, 한지, 라텍스, 정은, 3x10x11cm ⓒ뭉크 스튜디오
Drop my eyes II, 2010, Korean paper, latex, sterling silver,
3x10x11cm ⓒMunch studio

양, 2010, 종이, 라텍스, 정은, 2x10x9cm ⓒ뭉크 스튜디오
Sheep, 2010, Korean paper, latex, sterling silver, 2x10x9cm
ⓒMunch studio

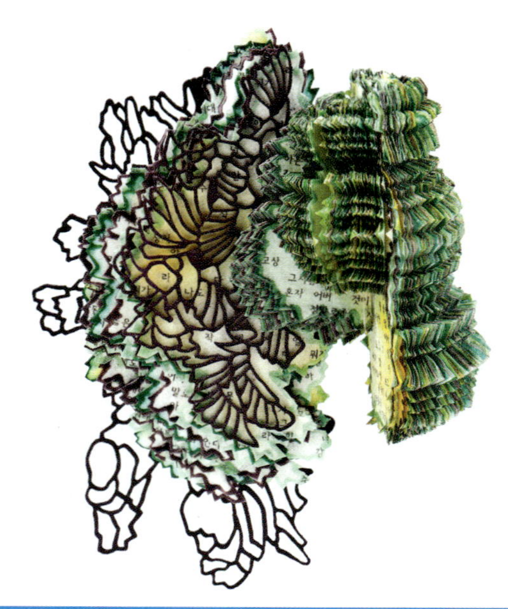

백조, 2011, 한지, 라텍스, 황동, 3x9.5x10cm ⓒ뭉크 스튜디오
Swan, 2011, Korean paper, latex, brass, 3x9.5x10cm
ⓒMunch studio

시계+나무, 2010, 종이, 라텍스, 정은, 20x32x2cm ⓒ뭉크 스튜디오
Clock+tree, 2010, Korean paper, latex, sterling silver, 20x32x2cm ⓒMunch studio

Korea | 한국

Kim, Ji-min 김지민

인간은 누구나 과거의 기억들을 가슴 한켠에 기억하고 살며, 현실의 갑갑함과 괴로움을 벗어나고 싶을 때, 혹은 기억 속에 잠재되어 있던 행복했던, 기분 좋은 기억과 유사한 상황을 접했을 때, 그와 비슷한 기억을 추억하거나 되돌아보게 된다. 잊혀지지 않고 기억된 이미지와 감정들은 '나'라는 존재와 함께 섞이며 완전히 다른, 혹은 일부만 약간 변형된 주관적인 이미지로 기억된다. 어렴풋이 머리와 가슴속에 존재하던 기억들은 작업 과정을 통하여 조형적인 형태를 가진 나만의 일기, 나만의 기록으로 재창조 되어진다.

When distressed, people may try to think of happy moments. Or, certain situations bring similar memories. Often, we project ourselves into images of past situations and transform or manipulate recollections to suit our personal self-image. Ji-min Kim attempts to illustrate and give form to fugitive images in her memory.

Kim, Tae-ywan 김태완

새로운 기술들은 새로운 시대의 필요에 맞추어 무언가를 만들고 소비하는 방식을 변화 시켰을 뿐만 아니라 그것들 모두의 개념과 가치조차 변화시켰다. 공예도 예외일 수 없다. 이러한 기술들을 활용하여 새로운 가치를 창조하는 것은 현재 그리고 앞으로의 공예의 기능과 가치를 보여주는 효과적인 방법 일 것이다. 그리고 이러한 기술을 활용하여 새로운 가치를 창조하는 작업에 나는 행복감을 느낀다.
"예술은 항상 기술과 강한 결속관계를 유지하여 왔고, 예술가들은 항상 새로운 기술들이 태동함에 그 기술들을 채택하는 최초의 사람들 사이에 있어 왔다"
(출처: Lev Manovich, "The Language of New Media"의 서문 중에서, MIT Press, 2001)

New technologies have changed the means of production and consumption as well as philosophies and value systems. The job of today's craft is to create new functions and values by using new technologies, and this is where my art begins.
"Art has always been in close relationship with technique, and the artist has been the one who chooses and initiates the technique."

물결(꽃병), 1996, 정은, 15x11x7.5cm ⓒ김태완
Wave(Vase), 1996, Sterling silver, 15x11x7.5cm ⓒKim, Tae-ywan

Twist Bowl(용기), 1997, 정은, 15x13x13cm
ⓒ김태완
Twist Bowl(Bowl), 1997, Sterling silver,
15x13x13cm ⓒKim, Tae-ywan

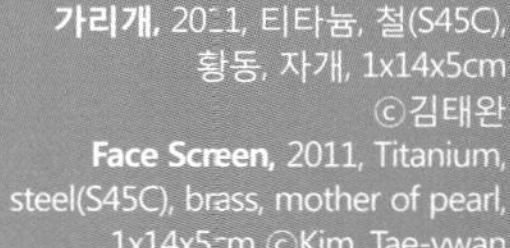

가리개, 2011, 티타늄, 철(S45C),
황동, 자개, 1x14x5cm
ⓒ김태완
Face Screen, 2011, Titanium,
steel(S45C), brass, mother of pearl,
1x14x5cm ⓒKim, Tae-ywan

미키, 2011, 황동, 7x6x0.5cm
ⓒ김태완
Micky, 2011, Brass, 7x6x0.5cm
ⓒKim, Tae-ywan

가면현상, 2010, 소다유리, 60x23x17cm ⓒ김헌철
Imposter pheoNomeNon, 2010, Soda glass, 60x23x17cm ⓒKim, Hun-chul

Kim, Hun-chul 김헌철

유리조형 작가 김헌철의 작품전에 전시되는 작품은 맑고 투명한 유리의 특성과 강하고 투명한 메스(mass)를 함께 느끼게 한다. 이러한 느낌은 작품의 크기에서도 느낄 수 있겠지만 전체적인 골격에 조각한 흔적들을 통해 다양하게 변화하는 빛에서 온다.

김헌철의 작업은 얼핏 보기에는 내부가 비어있는 용기형태를 지녔다. 물론 그의 작품들은 아름다운 빛깔과 색조, 조각된 외면의 조형성 덕분에 집안의 품격을 높여주는 장식적 기능을 할 수도 있고, 예술성이 돋보이는 용기처럼 생각 할 수도 있다. 그러나 자세히 그의 작품들을 세심하게 접근해 보면 단순한 기능적인 형상들로만 생각할 수 없게 된다. 언어로 표현할 수 없는 날카로운 그 무엇이 그의 작품 내부로부터 분출하고 있기 때문이다. 내부로부터 발산되는 빛일까? 돌조각이나 브론즈 조각과 같은 파워풀한 중량감인가? 아니면 그가 하나하나 돋을 새긴 외각의 재질감 때문일까? 그의 작품은 초가을 이른 아침에 청명하고 드높은 하늘과 그 곳에서 반짝이는 새벽빛을 연상시킨다.
(글쓴이: 이봉순(미술이론, 조형예술 박사))

The works by a glass artist Kim Hun-chul convey a mixed feeling: a feeling of clarity and transparency with strength and mass. Such a massive sense might come primarily from their size, but more precisely results from the diversely changing lights through the sculptural vestige remained on the whole body of the works. At a first look, Kim's pieces resemble a vessel of which the interior is vacant. His works, due to their beautiful colors and sculptural formativeness, can be considered as either decorative at home to upgrade dignity, or highly artistic vessels. With a more attentive observation in detail, however, you will find that the pieces are not solely functional. It is because something springs forth from the inside of his works; something sharp but inexpressible with our verbal language. Is it a light radiated from their inside? Or a powerful sense of weight as in sculptures made of stone or bronze? Otherwise, is it due to the materiality of the surface engraved? His works remind me of transparent sky high above and shining farms early in the morning in an early fall.

두가지 상상, 2010, 소다유리, 40x31x20cm
ⓒ김헌철
Two kinds Imagination,
2010, Soda glass, 40x31x20cm
ⓒKim, Hun-chul

흔적찾기, 2010, 소다유리, 57x23x10cm
ⓒ김헌철
Trace hunting, 2010, Soda glass, 57x23x10cm
ⓒKim, Hun-chul

허상, 2009, 소다유리, 흑경, 150x80x20cm
ⓒ김헌철
Virtual Image, 2009, Soda glass, black mirror,
150x80x20cm ⓒKim, Hun-chul

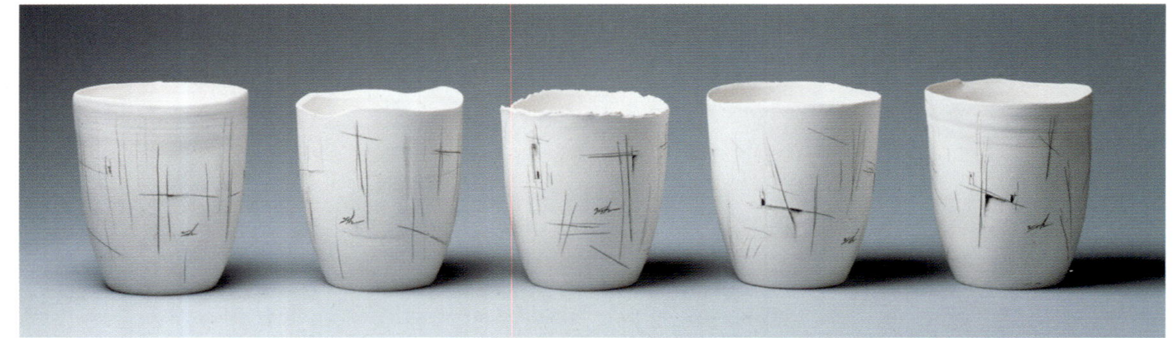

It leaves a scar II, 2007, 슬립 캐스팅, 각 30x15x15cm ©김혜림   **It leaves a scar II,** 2007, Slip cast, each 30x15x15cm ©Ruimy (Kim, Hye-rim)

Tea Pot, 2011, 슬립 캐스팅,
각 25x7x7cm ©김혜림
Tea Pot, 2011, Slip cast,
each 25x7x7cm
©Ruimy (Kim, Hye-rim)

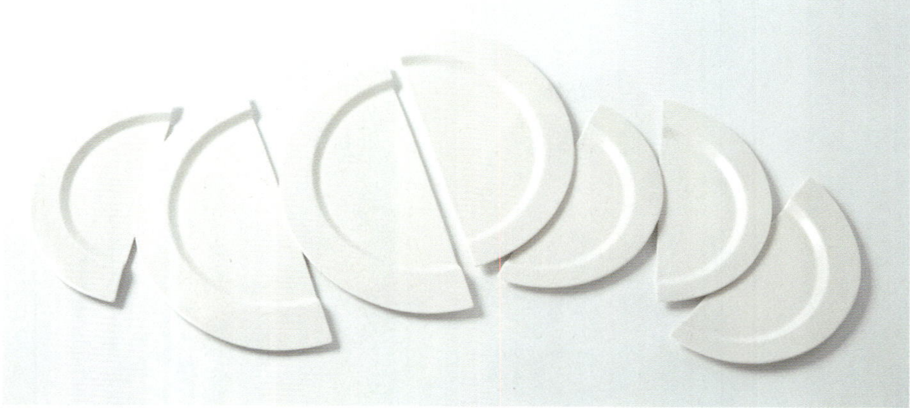

반쪽이…, 2009, 슬립 캐스팅, 각
1.5x33.5x16cm, 1.5x24x11.4cm
©김혜림
What the…, 2009, Slip cast,
each 1.5x33.5x16cm,
1.5x24x11.4cm
©Ruimy (Kim, Hye-rim)

구석이…, 2009, 슬립 캐스팅, 각 5x6x6cm ©김혜림   **Oops…,** 2009, Slip cast, each 5x6x6cm ©Ruimy (Kim, Hye-rim)

Ruimy (Kim, Hye-rim) 김혜림

인류의 시작에서부터 현재에 이르기까지 유용한 생활도구 및 예술적 표현의 수단으로서 꾸준히 사용된 도자기는 인간의 생활과 정서를 담고 있는 삶과 가장 가까운 예술품으로 단순한 실생활의 용기(容器) 그 이상의 가치를 지니고 있다. 김혜림의 작품은 이러한 도자기의 형식을 통하여 현대인의 다양한 감정의 이야기들을 상징적으로 표현하고 있다.

"시간이 흐르면서 하나 둘 새겨지는 많은 삶의 흔적들. 새하얀 도화지위에 낙서하듯 마 음속에 새겨지는 생채기들." <It leaves a scar 작가노트 중에서> / "늘 표정이 어두웠던 B씨의 마음 한 귀퉁이를 도려내보니, 그 속에는 의외로 화사한 진 달래 색이! 평소 정직했던 C씨의 마음 한 구석에는 거짓된 시뻘건 속내가 도사리고 있을 지도." <구석이 작가노트 중에서> 삶의 과정에서 겪는 경험에 따라 다양하게 나타나는 "기쁨", "슬픔", "두려움", "놀라움" 등의 감정은 한 사람의 마음속에 잠재적 형태로 남아있게 된다. 작가는 인간의 잠재적 감정의 이야기들을 도자기의 형식을 통해 드러내었는데, 이는 <It leaves a scar>연작에서 볼 수 있는 날카로운 선, 컷팅, 다양한 질감 등으로 표현되기도 하며, <구석이-Oops...>, <반쪽이-What the...>작품에서의 도자기 캐릭터로 탄생되기도 한다. <구석이>와 <반쪽이>는 정상적인(사용하기에 편리한)컵, 접시의 형태에서 벗어나 한쪽 귀퉁이가 도려내어져 있거나 잘려있는 형태로 제작되었다. 김혜림은 조형적 표현을 위해 실용성을 어느 정도 축소시키는 성향의 도자기를 annoramics라 정의 하였는데, annoramics는 "실용성을 우선시 하지 않는 불편한 도자기들" 즉, (사용시 불편하여)짜증을 유발하는 도자기들 이라는 의미의 annoy+ceramics 의 합성어로, 실용성을 바탕으로 삼고 있지만 작가의 조형적 표현과 그 안에 내포되어있는 이야기를 더욱 중요시하는 도자기들을 의미한다. 이 annoramics 작품들을 통하여 인간을 향한 예술적 메시지가 담겨있는 사용하는 예술품으로서 현대 도자기의 역할을 기대해 본다

"Remains of life, inscriptions left on a stone, or scars on our hearts." (From an artist's note "It Leaves a Scar.")

"Who know what is inside of Mr. B? He looks depressed, his heart could be stunningly colorful? On the other hand, who really know Mr. C, who appears honest, could have a dark and deceptive aspect in his heart?" (From an artist's note of Guseoggi)

"The artist puts in her ceramic works various human emotions such as delight, sadness, fear, and surprise. In a series titled "It Leaves a Scar," Kim visualizes these states of mind by sharp lines, cuttings, and textures, while in "Guseoggi – Ooops..." and "Banjjogi – What the...," she deploys cartoon characters. Guseoggi and Banjjogi are formed as a broken cup or a plate. It defines the ceramic of recued practicality as annoramics. Annoramics, a neologism combining annov and ceramics, refers to ceramics that does not take utility and practicality as prior quality, but has stronger narratives and artistic characters in the work.

And Life Goes On, 2007, 슬립 캐스팅,
각 50x11x11cm, 70x11x11cm
©김혜림
And Life Goes On, 2007, Slip cast, each 50x11x11cm, 70x11x11cm
©Ruimy (Kim, Hye-rim)

나선 01, 2010, 청자토, 청자유, 물레성형, 조각, 26.5x31x31cm ⓒ김훈철
Spiral 01, 2010, Celadon clay, celadon glaze, jiggering, sculptor, 26.5x31x31cm ⓒKim, Hoon-chul

Korea | 한국

Kim, Hoon-chul 김훈철

이 세상에 존재하는 모든 것의 형상이나 고유의 성질이 달라지는 것을 변화라고 한다. 무형의 흙을 기(器)로 만드는 과정도 변화이고, 건조 과정을 거쳐 굽을 깎고 기물 표면에 조각도로 파내어 작업을 하는 과정 역시 변화이다. 가마에 기물을 넣고 소성이라는 과정을 거치 고 나면 처음 흙의 성질과 달리 단단하고 치밀한 상태의 기물이 나오게 된다.
이 또한 변화이다. 나의 작업은 기물의 매끄러운 표면을 조각도로 파내는 작업을 동반한다. 기물 표면을 음각으로 가득 채워 넣는 과정 역시 기존의 기물이 변화 했다는 것에 틀림없다. 기물 전체를 조각도로 파내는 과정에서 자칫 단순하고 무료한 음각 크기에 변화를 주어 음각의 생성과 소멸의 과정의 변화를 기물에서 보여주고자 한다. 조각 작업은 내가 기존에 가지고 있는 그릇된 의식과 편견을 떼어내는 의미와 같다.
기물에서 떨어져 나간 수많은 편린, 이것들을 버림으로써 나의 작업은 시작되고 변화한다. 존재하는 모든 것은 변한다.

Clay's form and quality change through the process of carving, drying, and firing. Carving-out and filling-up transform the surface shape, and moist earth transforms into hardened pottery while in the kiln. Carving is another way of creation through elimination – detaching the fragments from the surface. It is also a self-disciplinary process through which I purge my wrong thoughts and prejudices. My work begins when those remainders are cleared away.

변화 01, 2009, 백자토 물레성형, 조각, 40.5x22x22cm
ⓒ김훈철
Changes 01, 2009, White porcelain clay, white porcelain glaze,
jiggering, sculptor, 40.5x22x22cm ⓒKim, Hoon-chul

변화 02, 2010, 백자토 물레성형, 조각, 32.5x25x25cm
ⓒ김훈철
Changes 02, 2010, White porcelain clay, white porcelain glaze,
jiggering, sculptor, 32.5x25x25cm ⓒKim, Hoon-chul

허상 03, 2011, 청자토, 백자유, 물레성형, 조각, 46x30x30cm
ⓒ김훈철
Illusion 03, 2011, Celadon clay, white porcelain glaze,
jiggering, sculptor, 46x30x30cm ⓒKim, Hoon-chul

허상 02, 2011, 청자토, 백자유, 물레성형, 조각, 43.0x29x29cm
ⓒ김훈철
Illusion 02, 2011, Celadon clay, white porcelain glaze, jiggering,
sculptor, 43.0x29x29cm ⓒKim, Hoon-chul

Tank car, 2011, 철, 20x14x18cm ©류연희
Tank car, 2011, Iron, 20x14x18cm, ©Ryu, Yeun-hee

Submarine, 2011, 동, 황동, 파티나, 24x36x12cm ©류연희
Submarine, 2011, Copper, brass, patina, 24x36x12cm ©Ryu, Yeun-hee

Korea | 한국

Ryu, Yeun-hee 류연희

우리는 일상 생활 주변에 있는 것에 대해 관심을 갖지 않는다. 나는 예전에 느끼지 못했던 사소하고 흔한 것들 집, 나무, 대지, 정원, 꽃, 차, 호수, 작고 좁은 길, 문, 창, 구름, 풀, 계단 등 일상적인 것을 작품 소재로 끌어들여 그것들의 소중함과 아름다움을 표현하려 한다.
이러한 구체적인 사물들과 추상적인 형태를 기본으로 하여 전혀 어울리지 않는 요소들의 우연한 만남이 투박하고 튀지 않고 담백한 재질감을 보여주려 한다.
어떤 난해한 관념이나 구체적인 메시지의 전달이 아니라 스치고 지나가 버리는 자연에 대한 소중함과 아름다움을 환기시키려는 것이다.

We usually do not pay attention to the ordinary things. I want to express the beauty of the common things such as a house, a tree, the earth, a garden, a flower, a car, a lake, a path, a door, a window, clouds, grass and stairs, things about which we didn't have any particular feelings before. Based on these concrete objects and abstract forms, I'd like to show that two totally different and seemingly incompatible elements encounter each other and create a crude, artless and simple feeling in the material. I don't deliver an abstruse idea or a specific message but hope to awake in people an appreciation for the importance and beauty of nature.

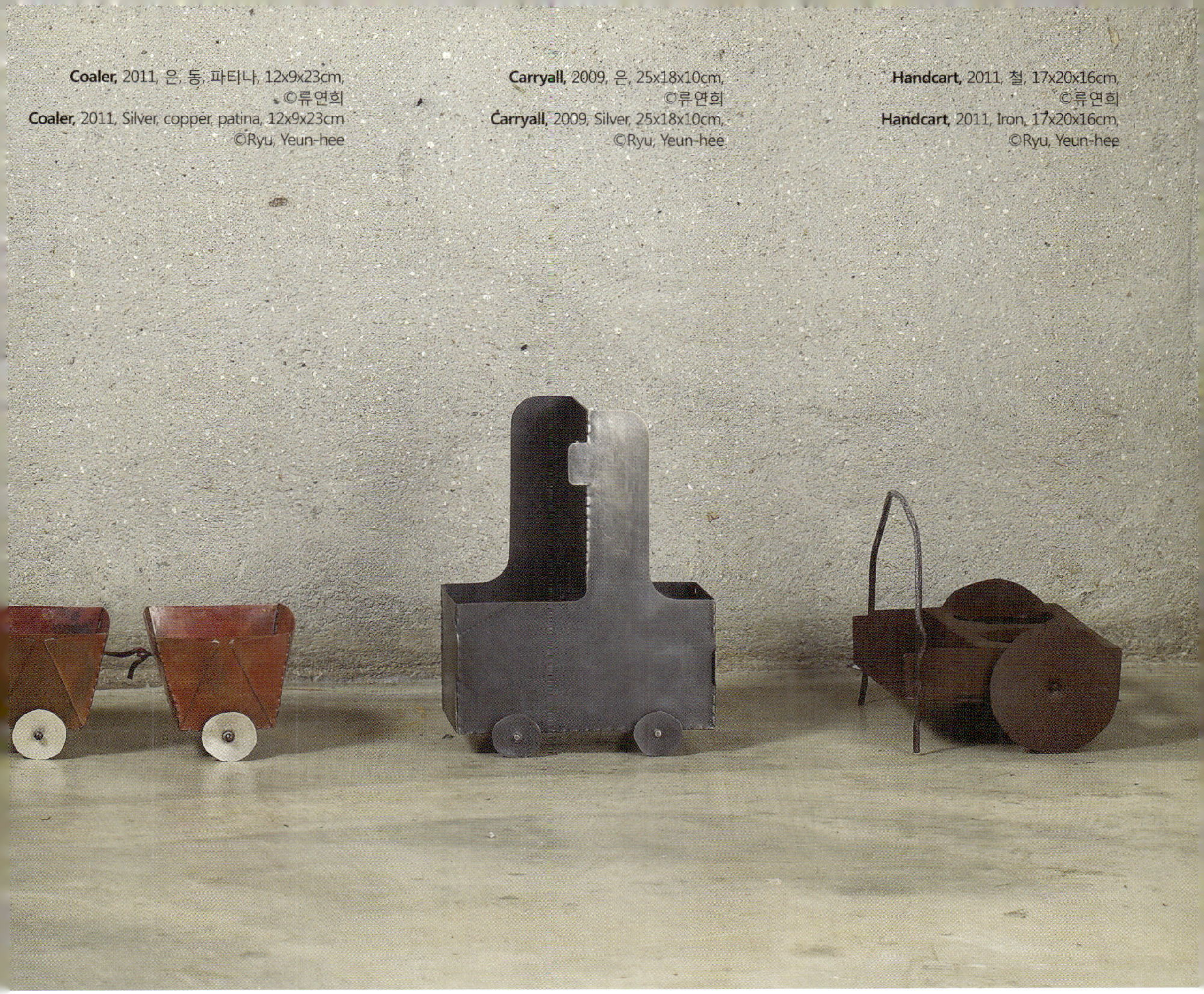

Coaler, 2011, 은, 동, 파티나, 12x9x23cm, ©류연희
Coaler, 2011, Silver, copper, patina, 12x9x23cm ©Ryu, Yeun-hee

Carryall, 2009, 은, 25x18x10cm, ©류연희
Carryall, 2009, Silver, 25x18x10cm, ©Ryu, Yeun-hee

Handcart, 2011, 철, 17x20x16cm, ©류연희
Handcart, 2011, Iron, 17x20x16cm, ©Ryu, Yeun-hee

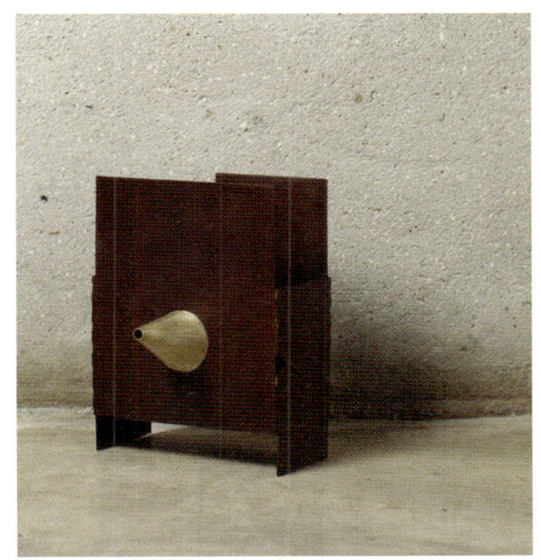

Kettle, 2011, 철, 황동, 21x16x8cm ©류연희
Kettle, 2011, Iron, brass, 21x16x8cm ©Ryu, Yeun-hee

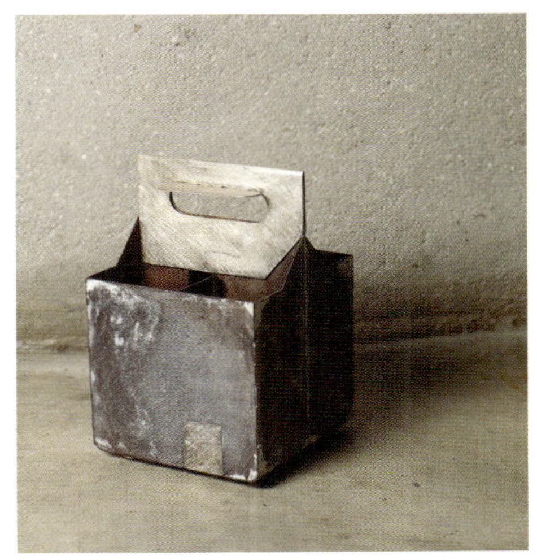

Naoshima, 2008, 은, 철, 13x20x13cm ©류연희
Naoshima, 2008, Silver, iron, 13x20x13cm ©Ryu, Yeun-hee

Moon, Choon-sun 문춘선

나의 작품에 쓰이는 재료들은 값싼 재료들이라 하더라도 조형적 가치를 가질 수 있고 그것은 순수미술로의 확장을 의미하는 중요한 조건이 되기도 한다. 작품들은 단순한 순수 조형물로 그치는 것이 아니라 사람의 신체와 결합하여 장신구로서의 기능을 한다는 점에서 작가가 세상과 소통하는 방법이라고 이해할 수 있다. 장신구의 기능을 가진 이 작은 조형물들은 재료나 기법적인 면에서의 구분이 더 이상 의미가 없어진 현대공예의 분야 넘나들기를 보여주고 있다고 하겠다. 재료의 특성과 물성에 맞는 자유로운 형태를 연구하고 각각의 단위 형태들의 반복된 조합으로 또 하나의 새로운 형태를 만들어 낼 수 있다는 것에 목적을 두었다. 시각적 유희성을 위해 이용한 골판지 단면의 질감이나 밝게 채색된 플라스틱은 장신구 본연의 장식적인 기능을 수행 할 수 있으며, 자유로운 신축성을 가진 고무줄에 의한 움직임은 전체 형태를 깨뜨리지 않으면서 착용하는 이에게는 흥미로운 경험이 될 수 있을 것이다

Every material in my accessories has its own plasticity, which I believe gives the artistic value and quality to the work. Accessory, for me, is a way to communicate with people and the world, as it is closely attached to people's bodies while creating new meanings. Meanwhile, the accessory-like small sculpted item has ambiguous identity crossing the border between art and craft. The goal of my design practice is to find new forms by repeating basic geometric shapes. The texture of corrugated paper and resplendent colors of the plastic add more decorative quality to its design. The elastic rubber-band creates soft yet solid forms and provides enhanced textural experiences.

골판지 목걸이, 2008, 골판지, 고무줄, 정은, 6.5x23.5x23.5cm
Cardboard Necklace, 2008, Cardboard, elastic, silver, 6.5x23.5x23.5cm

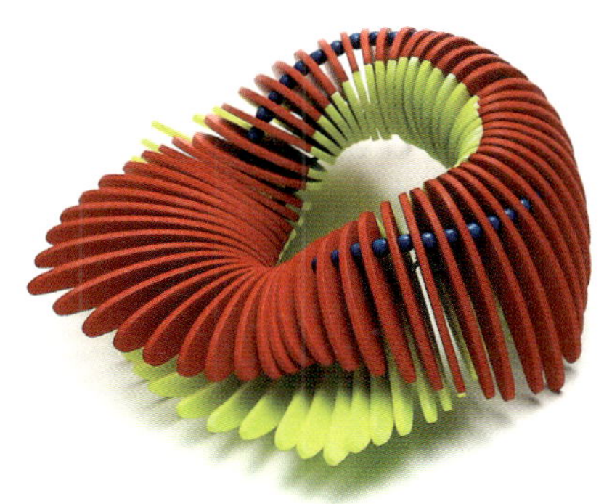

빨강, 라임팔찌, 2010,
플라스틱, 고무줄, 구슬, 6.5x15x15cm
Red & Lime bracelet, 2010,
Plastic, elastic, beads, 6.5x15x15cm

노랑, 보라 브로치, 2010,
플라스틱, 구슬, 실, 스테인레스 스틸, 12.5x2x12cm
Yellow & Purple brooch, 2010,
Plastic, beads, thread, stainless steel,
12.5x2x12cm

골판지 팔찌, 2010, 골판지, 자작나무합판, 고무줄, 4x18.5x18.5cm
Cardboard bracelet, 2010, Cardboard, wood, elastic, 4x18.5x18.5cm

Park, Kyung-sook 박경숙

작가가 작업하는 것, 무언가를 만드는 일은 곧 생각의 과정이다. 어떻게 남과 다른 창작성과 무언가 새로운 가치를 획득할 수 있는지에 대한 사고의 연속으로 작업은 진행된다. 박경숙의 작업은 일단 사각형이 하나의 모티브로 작용된다. 사각형은 원형과 삼각형과 함께 도형의 기본이기도 하지만, 가장 원초적이고 원형적인 형태로 자연에 가장 가까운 형태 이기도 하다. 인위적인 혹은 관습적인 힘이 가해지지 않은 자연의 원형에 가까운 형태라고 할 수 있다. 그래서 그의 작품에는 원초적인 강력한 힘을 내포하고 있는 것처럼 느껴지는 것인지도 모른다. 몇 개의 사각형이 겹치고, 서너 개의 길고 짧은 사각형이 누워 축적되고 누적된 것처럼 형성된 그의 작품은 태초의 생명력을 잉태하고 있는 것처럼 보이기도 한다. 그 사각형은 세월의 흔적이라고 해석될만한 변형이 곳곳에 남아있다. 그러나 박경숙의 작업하는 손이 여기 저기 사각형에 힘을 주어 형태를 변형시키지만, 결코 사각형의 형태를 완전히 벗어나지는 않는다. 사각형은 모진 바람과 눈과 비를 맞으면서도 자신의 본연의 모습을 간직하고 있는 자연과 같은 상징이며, 자연이 품고있는 원초적 생명력을 드러내는 형태와 같은 것이다. 원초적인 자연의 힘은 미미한 인간들 힘으로 깨트릴 수 없음을 그 스스로 인식했기에 결코 사각형을 완전히 벗어나지 못한 결과인지 모른다.

(글쓴이: 임창섭. (부산시립미술관학예연구실장 · 미술평론))

심상풍경-소통, 2010~2011, 조합토, 가변크기
ⓒ박경숙
Scenery of the Heart's Image-Communication,
2010~2011, Mixed clay, Variable dimensions
ⓒPark, Kyung-sook

Kyung-sook Park starts from the square shape because she believes that the square is closer to nature than any other geometric form and thus brings an amplified primitive force to her work. Several squares overlap and accumulate, as one entails the next. Park often presents the squares as strongly transformed and distorted shapes, implying time duration, yet without losing the original square, with its implication of nature's energy.

집합체 연작-사용하다 **2009-3,** 2009, 철판, 금속판금기법, 45x120x120cm ⓒ박성철
Assembly Series-Use 2009-3, 2009, Iron plate, metal smithing, hammering, 45x120x120cm ⓒPark, Soung-chuel

Park, Soung-chuel 박성철

금속공예 작품에서 쓰임이라는 의미가 최소한의 역할로서 의자와 테이블(Table), 선반 등 우리 생활 속에서 요하는(用) 작은 외적 요소만을 남기고 금속이 가지고 있는 특유의 성질과 그 가능성을 응용한 연속적인 작품제작이 본인의 작품 활동이다. 작품들은 크기와 두께가 서로 비슷한 금속판(철판, 두께 1.6mm)을 망치와 모루쇠에 의한 변형을 통해 재료와 도구, 작가와의 소통에 결과물이다.

본인의 작업은 작품제작을 시작하면서부터 작품이 없어지는 시점까지의 모든 시간과 환경이라고 생각하며 작품의 작은 조각들이 하나 둘씩 이어져 나가면 형태들이 만들어져 가는 모습과 작품의 완성 이후 착색과정, 사용자에 의해 만지고 쓰여지는 모든 과정들이 나는 작가의 작업(Object)이라고 생각한다. 작품제작에는 많은 시간, 생각, 계획, 경험, 반복 등이 필요했으며 금속판을 만지고 두드리며 공예가로서 가져야 하는 바른 마음과 자세가 어떤 것인지 알아가는 시간들이었음을 고백한다.

Working on my chair, table, and shelf, I try to express essential functions and material qualities without redundancy. For most works, I use similar size of metal plates (1.6mm thick) and formalize them with hammer and anvil. The object, as an end result, encompasses the whole process from linking small pieces together, form-making, coloring, to the state of being used. This is another way to learn how to integrate thoughts and experiences with time – the craftsmanship.

집합체-사용하다,
철판, 나무, 45x26x26cm Choeunsook Art & lifestyle Gallary
ⓒ박성철
Assembly Series-Use,
Iron plate, wood, 45x26x26cm,
Choeunsook Art & lifestyle Gallary
ⓒPark, Soung-chuel

집합체 연작-사용하다 2011-7,
2011, 철판, 금속판금기법,
28x50x28cm ⓒ박성철
Assembly Series-Use 2011-7,
2011, Iron plate, metal smithing,
hammering, 28x50x28cm
ⓒPark, Soung-chuel

Park, So-hyoung 박소형

White Kitchen을 컨셉으로 코튼, 레이스, 펠트, 다양한 종류의 실 등을 이용해 텍스타일로 표현되는 오브제와 투명한 볼, 병, 컵 등을 믹스하여 순수하고 맑은 정신적, 물질적 가치로의 시간과 공간의 개념을 확장시켜 새로운 라이프스타일의 모티브를 제안한다. 또한 표현적 요소는 물질적 소재와 자연적 모티브를 매개체로 그 것들이 서로 연결되는 스토리를 설정하였다.
커뮤니케이션의 장소이자 휴식의 공간이기도 한 키친 테이블은 화이트 컬러를 주조색으로 사용함으로써 과거, 현재, 미래의 스토리가 전개되는 추억의 장소이며 새로운 창조의 공간임을 뜻한다.
따뜻한 소재들로 자연스럽고 부드러운, 편안한 분위기를 극대화 하고자 하였으며 일반적인 사물에 대한 고찰을 통해 오브제가 갖는 인간과의 소통의 가치를 연구하였다.

So-hyoung Park suggests a new lifestyle by mixing various textiles (cotton, lace, felt) and many different threads with transparent items such as cups, bottles, and balls. Based on her concept of the "White Kitchen," she tells a story mediated and expressed by these materials. The kitchen table is a site of communication and relaxation. When painted white, it becomes a white board upon which we might write stories of the past, present, and future. For a more natural, soft, and comforting atmosphere in the kitchen, she used warm materials. The goal of her work is to find the ways in which everyday objects relate to and communicate with human beings.

White Apple, 2011, 혼합재료, 가변크기 ⓒ박소형
White Apple, 2011, Mixed media, Variable dimensions ⓒPark, So-hyoung

White Plate & Tray, 2011, 혼합재료, 가변크기 ⓒ박소형
White Plate & Tray, 2011, Mixed media, Variable dimensions ⓒPark, So-hyoung

Blue String & Bottle, 2011, 혼합재료, 가변크기 ⓒ박소형
Blue String & Bottle, 2011, Mixed media, Variable dimensions ⓒPark, So-hyoung

Korea | 한국

Park, Young-bin 박영빈

낯선 곳을 걸으며 길에게 묻는다.
어디를 향하고 있습니까, 나는 어디로 가고 있습니까-.
그리고는 이미 수 없이 많은 인생과 발자국이 거쳐가
늙을대로 늙어버린 그 길에, 나도 발자국을 하나 남긴다.
생경함이 주는 믿을 수 없이 생생한 기운-
그 길에 첫 발을 내딛는 순간,
나는 왠지 모든 것에서 초연해지고
기어코 지나온 궤적들을 돌아보고야 만다.
익숙하지 않은 순간에 더 또렷해지는 모습들은
살아지는 삶이 아닌 살아가는 삶을 갖겠노라는 행복한 나의
의지를 다시 한 번 확인시켜준다.
길 위의 순간들을 한 점, 한 점- 은판에 새긴다.
내 마음속에 또 다른 길이 생길 때까지.

I ask myself while walking on this new road
Where am I going? Where am I headed?
I, then, leave a trace of my own on this old road
where numerous traces of lives have passed and left their marks
This feeling of energy coming from a new newness
The moment of first step left me distanced apart from
everything
reminding me of every fleeting moment
Some faces become clear to my mind at this strange moment
And I become more confident about my will to lead a life,
rejecting unwilling lived life
Step by step, I inscribe the moments of life
Until it opens a new way and new direction

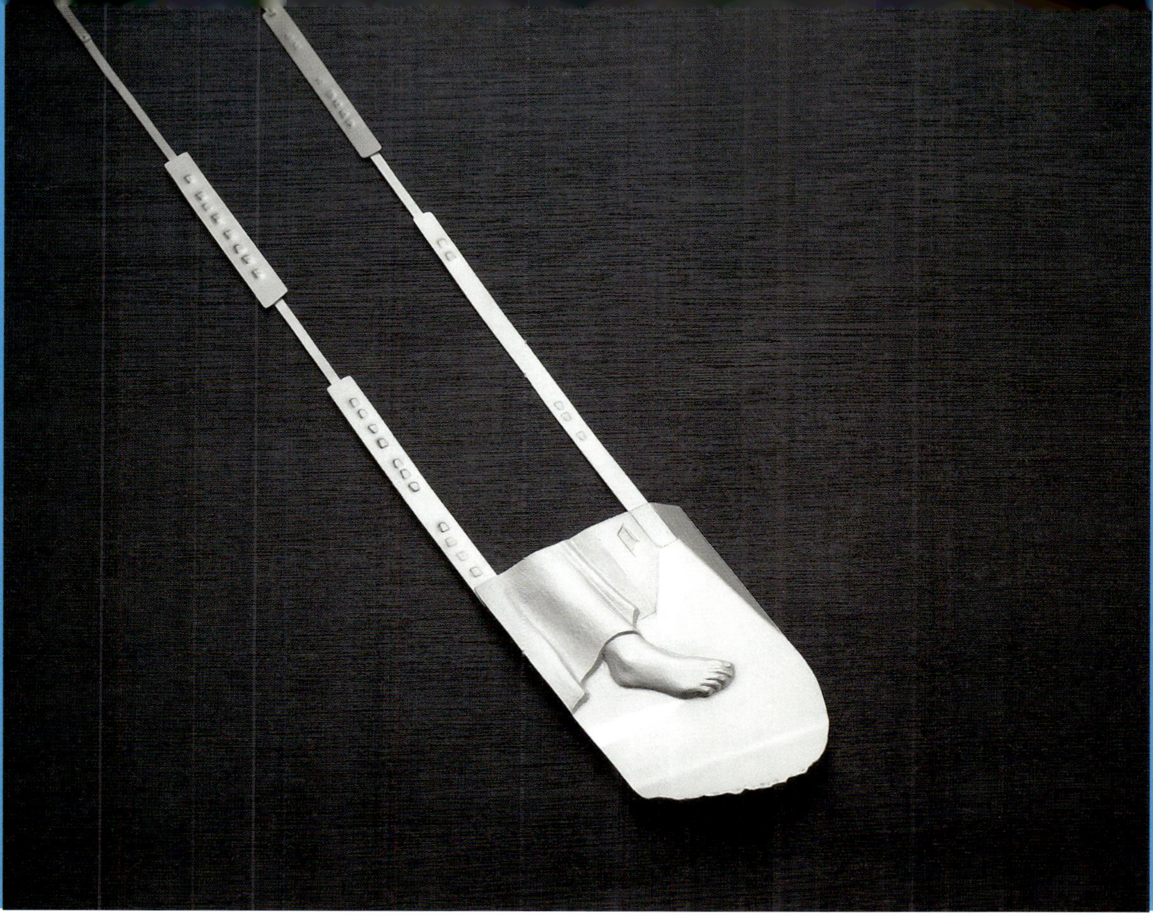

나를 찾아가기, 2011, 정은, 0.5x6x47cm, 개인소장 ©박영빈
La Terra, 2011, Sterling silver, 0.5x6x47cm,
Private collection ©Park, Young-bin

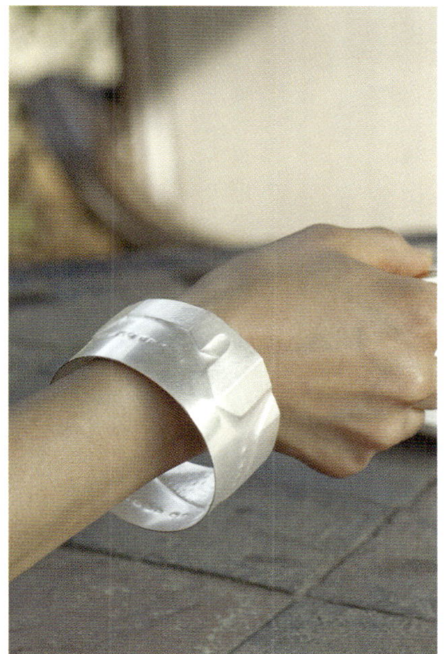

나를 찾아가기, 2011, 정은, 4.2x7.5x7.5cm ©박영빈
La Terra, 2011, Sterling silver, 4.2x7.5x7.5cm,
©Park, Young-bin

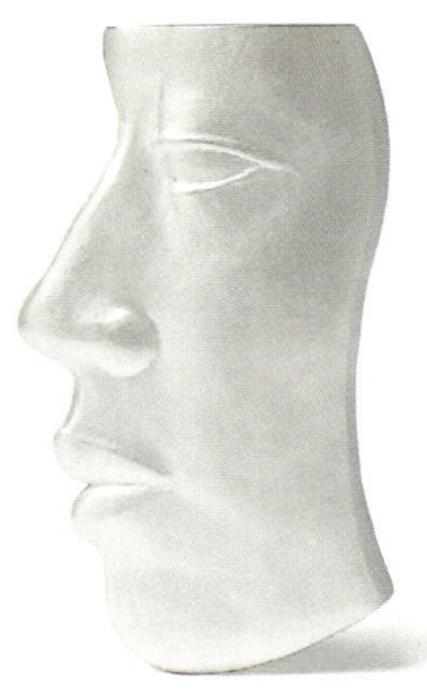

Me 路, 2007, 정은, 1x4.5×8.5cm, ©박영빈
Letter to myself, 2007, Sterling silver,
1x4.5×8.5cm, ©Park, Young-bin

Park, Jung-won 박정원

집의 얼굴이 바로 문이다. 따라서 어느 집이든지 문을 꾸밈에 누구나 눈을 돌린다. 제 집이 바로 제 얼굴이기 때문이다. 그러므로 대궐을 비롯하여 벼슬아치집, 절, 향교 나아가 일반집이나 사당, 정자들에 이르기까지 집이란 집은 모두 문을 꾸며댄다. 제 보금자리의 구실을 넘어서 나타나는 치레인 것이다.

박정원의 작품은 전통성에 대한 현대적 변용으로 서두에서도 거론한 문(우리 말로는, 문은 오래<門. gate>고 호는 지게<戶, door>, 창은 바라지<窓, window>이다)이라는 전통 소재를 재인식하여 입체 공간 속으로 끌어들인 점이 새롭다. 특히 전통 문창살 중에서도 꽃문에 나타나는 당초, 연화 등의 문양적 요소를 입체화 하여 기(器)와 합성시켜 현대적인 조형물로 재구성하므로써 새로운 이미지를 표현하였다. 표현기법 면에서는 꽃문의 화려함과 고풍스러움을 최대한 극대화시키기 위하여 테라시질레타(Terra sigillata)를 발라 털어 내어 3차 소성하였으며 컬러 역시 우리의 단청과 같은 느낌을 연상케 해 현대적인 전통스러움을 부여하고 있다. 그는 공예의 기본인 대중과 함께하는 작품을 표현하는데 중점을 두었으며 전통에 대한 작가의 애착을 다시 한 번 여실히 드러내었다. 그의 작업의 키워드라 할 수 있는-전통에 대한 현대적 변용-은 앞으로도 그의 작업에 있어 핵심이 될 것으로 믿고 좀 더 깊이 있는 작품으로 심화 발전시켜 자신의 아이덴티티를 구축하기 바란다

(출처: 오천학(숙명여자대학교 미술대학 교수), 『월간도예』, 서울, 2003. 11.)

The face of a house is its frontal door, which thus gets paid attention by every member of any house. Indeed, the doors have been ornamented in all sorts of houses: a royal palace, high-class officer's houses, Buddhist temples or Confucian temples, traditional shrines, plain people's houses, pavilions, and so on. The embellishment provides something more than a role of home.

Park, Jung-won's work stems from a traditionality transfigured in contemporary, and it is innovative that the designer put traditional materials into three-dimensional space. Particularly, the conventional patterns of door's bar like arabesque or lotus flowers were combined with vessels to create modernized objects. In terms of the technique, they were roasted three times after getting applied with terra sigillata so maximized the glamour and antiqueness of flower-patterned door. Their colors suggest modernized sense of tradition by bringing up the image of Korean 'dancheong (conventional multicolored paintwork on wooden buildings).' The designer focused on the expression of craft's fundamentality to be within public's use by clearly revealing his deep affinity with tradition. Believing that the keyword of Park's work, a modernized transfiguration of tradition, will construct the core of his craftsmanship, I expect this designer to build up his own identity by developing his future works profoundly.

꽃문 IV, 2010,
테라시질레타, 3x25x23cm ©박정원
Floral Doors IV, 2010,
Terrasigillata, 3x25x23cm ©Park, Jung-won

꽃문-기 II, 2011, 테라시질레타,
17x23x23cm ©박정원
Floral Doors - vessel II, 2011,
Terrasigillata, 17x23x23cm
©Park, Jung-won

꽃문-기 I, 2011, 테라시질레타, 3.5x20x45cm
©박정원
Floral Doors - vessel I, 2011, Terrasigillata, 3.5x20x45cm
©Park, Jung-wcn

탑, 2009, 백자소지, 42x22x22cm ⓒ박종훈
Tower, 2009, White clay, 42x22x22cm ⓒPark, Jong-hoon

청자탑, 2009, 백자소지, 33x16x16cm ⓒ박종훈
Celadon Tower, 2009, White clay, 33x16x16cm ⓒPark, Jong-hoon

옻, 도자탑, 2009, 백자소지, 옻칠 38x18x18cm ⓒ박종훈
Ceramics Tower Whit Lacquer, 2009, White clay, lacquer, 38x18x18cm ⓒPark, Jong-hoon

길상, 2009, 백자소지, 옻칠, 27.5x36x36cm ⓒ박종훈
Lucky Omen, 2009, White clay, lacque, 27.5x36x36cm ⓒPark, Jong-hoon

Park, Jong-hoon 박종훈

박종훈의 작품은 오랜기간 흙의 물성을 연구한 흔적으로 그 생명력을 느낄 수 있다. 흙과 물레를 이용한 작품은 작가와 흙의 생명력과 함께 작업의 즐김이 나타난다. 전통물레작업을 현대화하는데 몰두하여 전통을 현대적인 조형으로 재해석하는 작업을 하고있는 작가는 물리적 관점만이 아닌 본질을 꿰뚫어 생명력을 불어넣은 작품들로 흙을 더 귀하게 만들고자 하였다. 우리나라의 덕을 기리는 탑을 형상화한 작품"공든 탑이 무너지랴"는 기원과 바램을 상징하고 있으며, 동시에 작가의 작업에 있어서 탑을 쌓는 행위를 통하여 최선을 다하여 정성을 보인다는 작가의 작업에 대한 일념이다. 흙은 나에게 무엇인지에 관하여 끊임없는 의구심을 던지고 탐구하는 작가의 작품에서 작가와 흙이 하나임을 작품을 통하여 보여준다.

As he modernizes traditional wheel technique, Joon-hoon Park closely examines the essential qualities of clay. In building his work "A Tower Built With Devotion Never Collapses" (a Korean proverb meaning "hard work is never wasted"), Park devoted himself so thoroughly as to assimilate with the work, becoming one with the clay.

백자 달항아리, 2009, 백자소지, 60x60x60cm ⓒ박종훈
White porcelain Moon Jar, 2009, White clay, 60x60x60cm
ⓒPark, Jong-hoon

발, 2009, 백자소지, 32x50x50cm ⓒ박종훈
Bowl, 2009, White clay, 32x50x50cm ⓒPark, Jong-hoon

Korea | 한국

Park, Jun-bum 박준범

우리는 바쁜 일상 속에서 정신없이 살아가고 있다. 하루에도 수도 없이 다른 종류의 의자에 앉았다 일어 섰다를 반복한다. 나는 사람들이 나의 의자에 앉았을 때 아주 잠시 동안이라도 그들이 가진 아름다운 옛 추억을 회상하길 바란다.

어린 시절 다니던 학교의 추억의 나무가 운동장 증축으로 그 흔적조차 없이 사라진 모습에 큰 아쉬움이 남았다. 그 아쉬움과 또 어린 시절의 아름답던 추억을 의자로 표현했다. 머릿속에 있던 추억의 나무를 잘린 나무둥치의 형태로 표현했고, 그 위에 앉아 옛 추억을 상상하게 한다.

Every day, people sit on many different chairs and thereby experience different physical and emotional aspects of the furniture. I make chairs to share my emotional experience with the user. This chair was made in the memory of a tree at my old elementary school that was uprooted during playground construction. I hope to remind people of their own memories while they sit on this stump-shaped chair.

스툴 7, 2011, 철, 47x34x34cm ©박준범
Steel Stool 7, 2011, Steel, 47x34x34cm ©Park, Jun-bum

의자 1, 2010, 단조된 철, 99x42x42cm ©박준범
Steel Chair 1, 2010, Forged steel, 99x42x42cm ©Park, Jun-bum

조명 1, 2009, 단조된 철, 240x140x140cm ©박준범
Steel Light 1, 2009, Forged steel, 240x140x140cm ©Park, Jun-bum

반지, 2007, 적동, 매니큐어 전해주조 도금,
20x20x20cm ⓒ박지민
A ring, 2007, Copper, nail enamel colors,
electroforming, gold-plated, 20x20x20cm
ⓒPark, Ji-min

Korea | 한국

Park, Ji-min 박지민

상상은 내 작업세계를 이끌어낸다. 하루하루 일상생활을 관찰하면서 느낀 일련의 행위에대한 호기심들은 내 작업의 모태가 되어왔다. 그것들은 나의 비판적인 시각으로 인해 패러디화 되어진다. 나는 장신구에 대한 무의식 인 욕망에 대한 담론들을 오래된 주얼리 조각들이나 보석들 같은 전통적인 주얼리 재료를 가지고 놀면서 시작하고자 노력해왔다. 내 작업의 지저분한 인간의 부산물들을 연상시키는 형태들은 장신구에 대한 욕망에 대한 근본적인 질문을 한다. 각각의 오브젝트들이 오히려 진주나 비드, 보석들에 의해 치장이 되면서 장신구 소유욕에 대한 부조리함을 풀어낸다.

Imagination generates work. Based on my observations of everyday life, questions to the logic of each event nurture my work. My sarcastic approach creates a world of parody. Playing with conventional jewelry materials such as vintage jewelry parts and gems, I am striving to begin a dialogue on subconscious desire to possess precious objects. Using forms associated with repulsive human byproducts, each object questions the fundamental reason for its desire. As these objects get adorned by pearls, beads, and gemstones, the work unravels the absurdity of possessing these precious objects.

Lump brooch I, 2010, 밀랍, 적동,
플렉시글라스, 컴포지트 레진, 파운드오브젝트,
5x20x10cm, Gallery HL ⓒ박지민
Lump brooch I, 2010, Beeswax, composites,
found objects, copper, plexi glas,
5x20x10cm, Gallery HL ⓒPark, Ji-min

Nothing Whatsoever, 2007, 석고, 페인트, 황동,
10x13x10cm ⓒ박지민
Nothing Whatsoever, 2007, Plaster, paint, brass,
10x13x10cm ⓒPark, Ji-min

Pink Wraps, 2010, 백자토, 진주, 실,
30cm, Claudia Arbelaez ⓒ박지민
Pink Wraps, 2010,
Porcelain, freshwater pearls, cotton thread,
30cm, Claudia Arbelaez ⓒPark, Ji-min

Gold lumps I, 2010,
백자토, 금박, 컴포지트레진,
22cm, Gallery HL ⓒ박지민
Gold lumps I, 2010,
Porcelain, gold leaf, composites,
22cm, Gallery HL ⓒPark, Ji-min

Wonderland, 2009,
정은, 컴포지트 레진, 페인트, 진주, 점토, 5x9x5cm,
Jeweler's Werk Galerie ⓒ박지민
Wonderland, 2009,
Sterling silver, composites, paint, pearls, clay, 5x9x5cm,
Jeweler's Werk Galerie ⓒPark, Ji-min

Lump Necklace Series, 2010,
밀랍, 플렉시글라스, 금박, 실크, 파운드 오브젝트,
컴포지트, 10x5cm, Gallery HL ⓒ박지민
Lump Necklace Series, 2010,
Beeswax, plexi glas, gold leaf, silk cord composites,
found objects, 10x5cm, Gallery HL ⓒPark, Ji-min

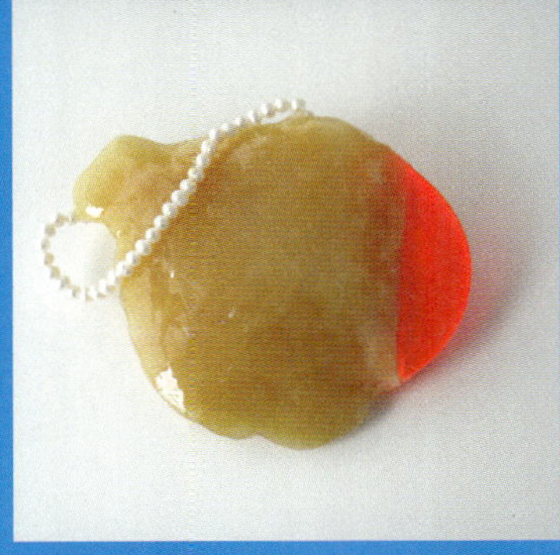

Lump brooch II, 2010,
밀랍, 정은, 플렉시글라스, 컴포지트 레진,
파운드오브젝트,
1x12x10cm, Gallery HL ⓒ박지민
Lump brooch II, 2010,
Beeswax, composites, found objects, sterling
silver, plexi glas, 1x12x10cm, Gallery HL
ⓒPark, Ji-min

연잎속에서, 2010,
백자토, 옥색유,
15.5x58x58cm ©서경석
A lotus leaf, 2010,
White porcelain, jade green glaze,
15.5x58x58cm ©Seo, Kyung-seok

연잎속에서, 2010, 백자토, 옥색유,
13.3x62.3x63.3cm ©서경석
A lotus leaf, 2010, White porcelain, jade green glaze,
13.3x62.3x63.3cm ©Seo, Kyung-seok

연잎속에서, 2010, 백자토, 옥색유,
14x53x53cm ©서경석
A lotus leaf, 2010, White porcelain, jade green glaze,
14x53x53cm ©Seo, Kyung-seok

Seo, Kyung-seok 서경석

서경석이 천착하는 연잎 작품들은 구차한 췌언들을 단칼에 베어버린 느낌이다. 광대한 우주를 맑은 연잎 하나에 담아버렸다. 막강한 세계를 둥근 연잎 속에 가두어 버렸다. 어쩌면 그는 우주가 어떻고 인생이 무엇이라는 횡설수설로 연명해온 시간들을 극복한 듯 하다. 잎 하나로 모든 말을 온 우주를 대변하고 싶어한다.

그런데 이 오만한 소망이 행운처럼 이루어지는 인상이다.

(글쓴이: 성진기. (전 전남대학교 철학과 교수. 한국철학회 회장 역임))

Like a concise expression with no superfluous words, the lotus leaf intimates profound principles of the universe. Simple and round, the lotus leaf harbors a long history, as the whole world is bound to this silent symbol. Through his work, Seo takes on the daunting challenge of revealing the hidden principles of the universe.

연잎속에서, 2010, 백자토, 옥색유, 16x65.5x65.5cm ©서경석
A lotus leaf, 2010, White porcelain, jade green glaze, 16x65.5x65.5cm ©Seo, Kyung-seok

Suh, Seung-hyun
서승현

나의 작업은 두 오브제 사이에 존재하는 공간이나 그림자 혹은 대비에 관한 관심에서 출발한다. 이것은 내가 작업 하는데 있어 언제나 두 오브제 이상의 무언가를 창조할 수 있는 기회가 되어준다. 나의 작업 안에서 의도적으로 결합되어진 두 오브제 사이의 관계는 미적 요소와 더불어 기능을 창조해 내기도 한다.

나는 또한 재료나 기능적인 면에서 새로운 것을 모색하는 것도 좋아한다. 이러한 것에 대한 관심은 때때로 예상치 못한 결과로 테이블 웨어를 만드는 데 있어서 또 다른 접근을 할 수 있는 가능성을 제공해 준다.

The work is about comparison and contrast between two contrary objects or elements such as space versus shadow. These are the ground upon which I can extend the ideas and create new aesthetic qualities and functions from in between the two. While exploring the potentials of new materials and functions, I often come up with completely new approaches to table ware designs.

잇다, 2011, 정은, 적동, 10x13.5x13.5cm ⓒ박광춘
Connect, 2011, Sterling silver, Copper, 10x13.5x13.5cm ⓒPark, Gwang-chun

안에서부터 밖으로, 2009, 정은, 10x30x40cm ⓒ박광춘
From inside to outside, 2009, Sterling silver, 10x30x40cm ⓒPark, Gwang-chun

밖을 통해, 2007, 정은, 10x29x29cm ⓒ박광춘
Through the outside, 2007, Sterling silver, 10x29x29cm ⓒPark, Gwang-chun

투 인 원, 2009, 정은, 11x29x29cm ⓒ박광춘
Two in one, 2009, Sterling silver, 11x29x29cm ⓒPark, Gwang-chun

꽃의 반란 1, 2011, 백자토, 60x56x54cm ⓒ서영기
Brilliantly splendid of the flower 1, 2011, White porcelain clay, 60x56x54cm ⓒSuh, Young-ki

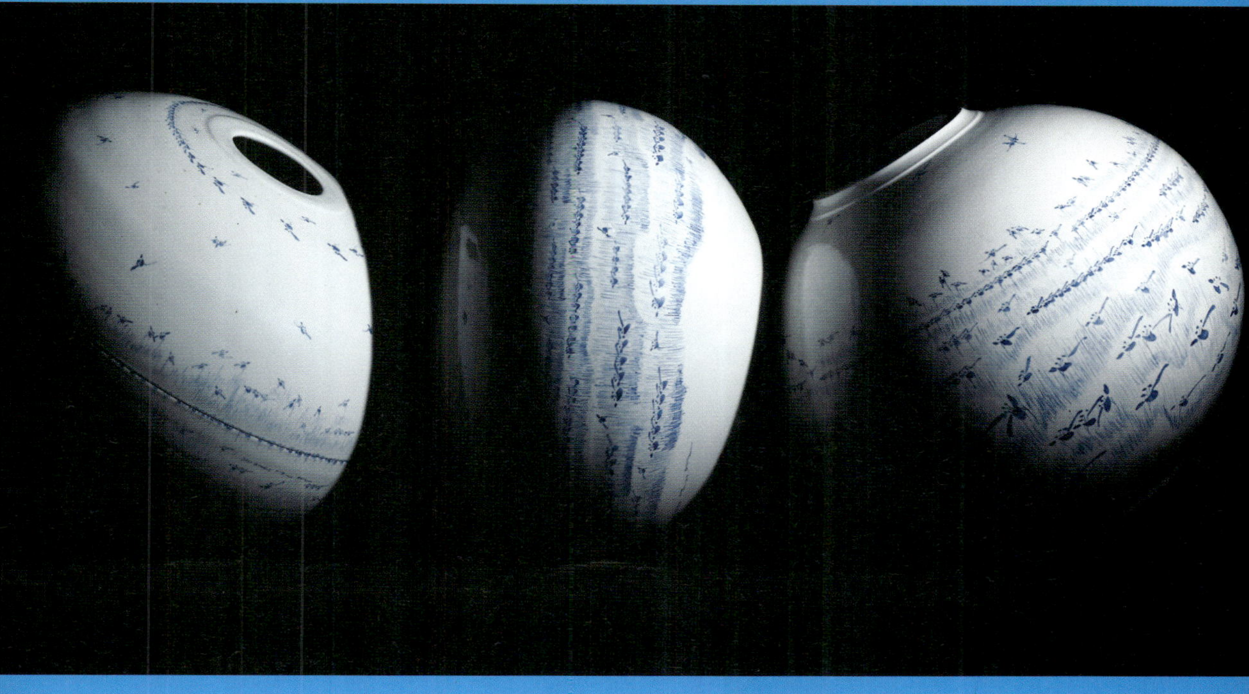

Korea | 한국

Suh, Young-ki 서영기

음악이 주는 소리의 느낌.....
어떻게 표현할까?
음악이 주는 율동의 느낌......
어떻게 표현할까?
음악을 통해 밀려오는 감동과 소리의 파장.....
어떻게 표현할까?
숨 멈추고 들어도 온전히 이해할 수 없는
소리의 페스티벌.
이러한 이미지들을 꽃의 시각에서
바라볼 수 있다면
하나의 악기가 무리 지어 웅장한 하모니를 이루듯
꽃들이 무리 지어 꽃잎의 찬란함을 눈부시게 노래하듯
작가의 시각에서 꽃의 반란을 대지로부터 백자에 옮겨 보았다.

How would I express musical sound?
How would I portray musical performance?
How would I illustrate the wave of sound and the impressions of it?
This festival of sound can never be fully understood even when it takes our breath.
Imagine that you can see these sonic images through the eyes of the flower.
Like instruments that create musical harmony, and the flowers that chant its beauty,
I project this revolt of flowers to white porcelain.

자화상 1, 2009, 조합토, 슬립, 핸드빌딩,
페인팅, 유약, 83x34x22cm ⓒ석창원
Self-portrait 1, 2009, Mixed clay, slip cast,
hand building, painting, enamel, 83x34x22cm
ⓒSeok, Chang-won

자화상 2, 2009, 조합토, 슬립, 핸드빌딩, 페인팅, 유약,
54x34x38cm ⓒ석창원
Self-portrait 2, 2009, Mixed clay, slip cast, hand building,
painting, enamel, 54x34x38cm
ⓒSeok, Chang-won

Seok, Chang-won 석창원

작가는 인간의 내면세계를 그리고 있다. 정확하게 표현하면 흙을 소재로 작가의 외형인 얼굴과 내면세계를 다양한 생명체와 연계시켜 작품으로 형상화하고 있으며, 자신이 표현하고자 하는 내면세계를 고도의 드로잉으로 절묘하게 작품에 표현하고 있다. '자화상' 시리즈는 인간의 절망과 좌절, 그리고 새로운 희망을 찾아 떠나는 긴 여행을 나비등 상징들을 통해 표현하고 있다. 또한 성적인 욕망으로 가득한 사람들과 또 다른 자아, 그리고 푸른 하늘을 닮고 싶어하는 인간의 끝없는 방황이 섬세하게 표현되고 있다.

작가는 상식과 고정관념의 틀을 깰 것을 작품을 통해 호소하고 있다. 이성과 감정, 정신과 마음, 선과 악, 자연과 인간이 이분법적으로 존재하는 것이 아니라 하나의 세계속에 존재한다는 것을 과감하게 표현하고 있다. 그리고 인간의 가치를 재발견할 수 있는 동기를 부여하고, 깊고 느리게 자아를 성찰할 수 있는 깨달음까지 있다.

(출처: 변광섭, 「한국공예관, 충북미술지도를 바꾸다」, 『충청일보』, 청주, 2008)

Seok, with his ingenious drawing skill, creates earthen-items in the form of his face and other living beings. These are a process of revealing his inner nature, state of mind, and healing mental wounds. The self-portrait series, for example, is an illustration of his frustration, and an attempt to heal his wounded heart through symbols such as butterfly. It tells about endless wanderings of human beings, swaying between strong ego full of desire and yearning for the blue sky.

Seok, in his work, appeals to escape from common sense and conventions. He negates the dualistic division between the reason and emotion, mind and heart, the good and the bad, the nature and the human being, addressing that all are integral part of the whole interlocked to each other. Soek's work provides us with a chance to rediscover human value, and to reflect ourselves deeply and slowly.

자화상, 2009, 조합토, 슬립, 핸드빌딩, 페인팅, 유약, 30x20x25cm ⓒ석창원
Self-portrait, 2009, Mixed clay, slip cast, hand building, painting, enamel, 30x20x25cm ⓒSeok, Chang-won

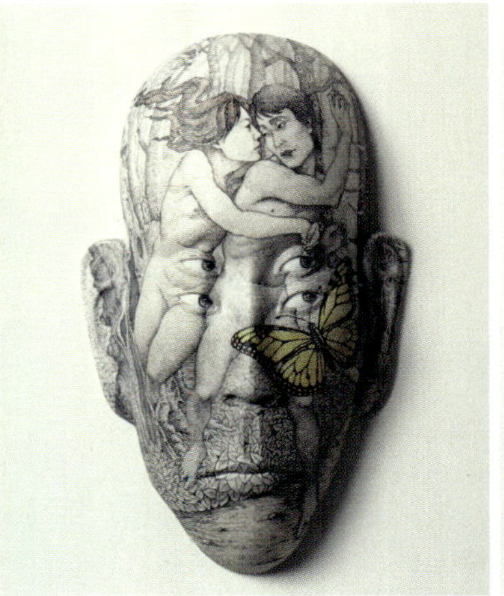

자화상, 2009, 조합토, 슬립, 핸드빌딩, 페인팅, 유약, 34x22x12cm ⓒ석창원
Self-portrait, 2009, Mixed clay, slip cast, hand building, painting, enamel, 34x22x12cm ⓒSeok, Chang-won

자화상, 2009, 조합토, 슬립, 핸드빌딩, 페인팅, 유약, 23x37x12cm ⓒ석창원
Self-portrait, 2009, Mixed clay, slip cast, hand building, painting, enamel, 23x37x12cm ⓒSeok, Chang-won

바디오나먼트 07-8, 2007, 옻칠, 삼베, 정은, 53x35x37cm ©신희경
Body ornament 07-8, 2007, Ottchil, hemp cloth, silver, 53x35x37cm ©Shin, Hee-kyung

싹, 2010, 옻칠, 한지, 정은, 진주, 4x4.3x2.7cm ©신희경
Sprout, 2010, Ottchil, Korean paper, silver, pearl, 4x4.3x2.7cm
©Shin, Hee-kyung

Korea | 한국

Shin, Hee-kyung 신희경

우리는 흔히 '기가 허하다', '기운 생동하다', '기력이 왕성하다'와 같이 기(氣)와 관련된 말들을 많이 쓴다. 이는 모든 생명이 기와 함께 공생하고 있다는 것을 방증하는데, 이 '기'는 어떤 자연현상의 일종으로 일부에선 '힘Energy'자체를 뜻하기도 하지만 힘이 나오게 되는 근원이라고도 정의된다. 때문에 동양에선 예부터 이러한 기를 중요시하였고 특히, 기를 끌어 모아 원활하게 하는 것은 '호흡'을 통해 이루어졌다. 작가 신희경은 이러한 기와 호흡의 관계에 주목하고 장신구로 형상화한다. 먼저 그 외양에서 그 근거를 찾을 수 있다. 두께감이 거의 느껴지지 않을 정도로 매끈한 곡선면이 마치 위협을 가할 것처럼 날카롭게 몸을 감싸고 있고 그 부분 부분에 탈 부착이 쉽도록 제작된, 순은 연결고리가 선의 흐름을 연장하고 있다.신체의 굴곡에 충실한 이 곡선은 외부로부터 온 그 무엇의 공격을 차단하면서도 반대로, 자유롭게 열어놓기도 하는 이중적 모습을 띈다. 재료와 기법에서 또한 그 연결성을 찾을 수 있는데 그의 작품은 마치 플라스틱과 같은 현대적 소재 같지만 기실 삼베에 옻칠을 수차례 반복하여 입체감을 얻은 것이다. 즉, 육체의 노동이 숨겨진 자연의 어법으로 동·식물(옻, 삼베), 그리고 달의 기운(은)을 한데 모아 '기를 운용하며 담아내고 생성한다. 이러한 소재와 기법, 외양을 살펴본다면 작품은 장식을 하기 위한 기능뿐 아니라 '기' 형상 그 자체로 몸에 흡수되어 하나의 보호막처럼 존재한다. 이로써 작가는 자신의 작품이 단지 부를 상징하거나 혹은 외형의 미적 변화를 주는 것이 아닌 활기를 주입하고 새로운 기운을 창조하며 영원성을 지니길 바라는 것이다.

The Korean expressions "sapping qi氣 (lacking vitality)," "qi wun saeng dong氣韻生動 (full of energy)," or "full of qi ryuk氣力 (full of vigor)" denote that all living things are related to qi or energy. Qi is defined not only as energy but as the origin of energy. In the ancient Orient, people strove to achieve a smooth circulation of qi through breathing.

Hee-kyung Shin focuses on the balance between inhaling and exhaling, and applies this relational principle to her accessory design. A thin, sleek curvilinear surface covers the body part of the object. The curved shell, in the shape of a human/animal body, protects the object. Detachable silver chains extend the flow of the curve.

Her material process implies the relational aspect, as well. Surfaces that look plastic are actually the results of layered lacquer on hemp cloth. This conflict and opposition is in fact an integration of natural sources (lacquer tree with hemp). Ultimately all these materials gather and generate qi. Qi, formalized as an accessory object, functions as a shell to protect the body, re-generating energy, and wishing for eternal life.

(출처: 서정임, 「PUBLIC ART」 Vol. 13 (2007.10))

파동-2, 2009, 정은, 순은, 1.5x6.5x6.5cm ©신희경
Wave-2, 2009, Sterling silver, 999silver, 1.5x6.5x6.5cm
©Shin, Hee-kyung

움직이다, 2009, 정은, 순은, 2.5x2.7x2.7cm ©신희경
Move, 2009, Sterling silver, 999silver 2.5x2.7x2.7cm
©Shin, Hee-kyung

파동-3, 2009, 정은, 순은, 2.5x5.5x5.5cm ©신희경
Wave-3, 2009, Sterling silver, 999silver, 2.5x5.5x5.5cm
©Shin, Hee-kyung

Sim, Hyun-seok 심현석

나는 [느리고 불편한 카메라] 를 만든다.

터무니없이 간단한 구조지만 완성하기까지 몇 달을 고생을
해야 하고 사용하기에는 적잖이 불편한 카메라.
이 카메라로 나의 일상을 담아낸다. 일기를 쓰듯 사진을 찍는다.
어느 날 시력검사 없이 맞추어 쓴 성에 낀 안경처럼
은 카메라는 오래두고 바랜 듯 몽환적 이미지들을 선물한다.
빛-어둠-바늘구멍, 그 최소의 장치가 소박하고 성실한 일상이
라면, 사진은 온전히 스스로 의도한 내 하루의 그림자이다.
묽지 않은 빛으로 만드는 판타지.
나의 카메라 프로젝트는, [잠재적인 변화] 중이다.

I am a jeweler and a camera maker.

I was trained in Korea, attaining a BFA in metal craft at Konkuk
University, followed by several years of apprenticeship, and an
MFA at the Nova Scotia College of Art and Design (NSCAD) in
Canada.

When I make my jewelry, I always think about the person who
will wear it. Subsequently, I like to think about the relationship
between the object and the wearer. Furthermore, there are
particular things that need to be taken into consideration, such
as how it is going to look on the person, how well the form of the
object fits with the physique of the person wearing it, and how
often it is going to be worn. While I work in this user-oriented
manner, I also try to ingrain my personal style into the jewelry
that I make.

I make cameras with silver. My website address (camerAg.
com) also refers to the material that I use. The suffix 'Ag' is
the elemental sign for silver. In the early days of photography,
there was a tremendous sense of awe about the technology
which produced these fixed images. I feel this awe when I use
my handmade cameras especially when I open a package of
photographs from the developer, and enjoy comparing the
experience to that of a magical surprise almost like traveling on
a one-way time machine. After making 22 cameras with my own
hands, I feel more comfortable to say that they are small boxes
containing memories, families, time, nature and joy.

1999 35mm 카메라, 1999,
정은, 20K 금, 스프링 스틸, 플라스틱,
7x5.3x6.3cm ©뭉크스튜디오
1999 35mm camera, 1999,
Sterling silver, 20K gold, spring steel, plastic,
7x5.3x6.3cm ©Munch studio

25x25 카메라, 2007,
정은, 20K 금, 스프링 스틸, 플라스틱,
4.5x4x3cm ©뭉크스튜디오
25x25 camera, 2007,
Sterling silver, 20K gold, spring steel, plastic,
4.5x4x3cm ©Munch studio

2002 35mm 카메라, 2002,
정은, 20K 금, 스프링 스틸, 플라스틱,
6.8x11.6x7cm
©뭉크스튜디오
2002 35mm camera, 2002,
Sterling silver, 20K gold, spring steel,
plastic, 6.8x11.6x7cm
©Munch studio

2000 35mm 카메라, 2000,
정은, 20K 금, 스프링 스틸, 플라스틱,
6.1x6.9x4cm
©뭉크스튜디오
2000 35mm camera, 2000,
Sterling silver, 20K gold, spring steel, plastic,
6.1x6.9x4cm ©Munch studio

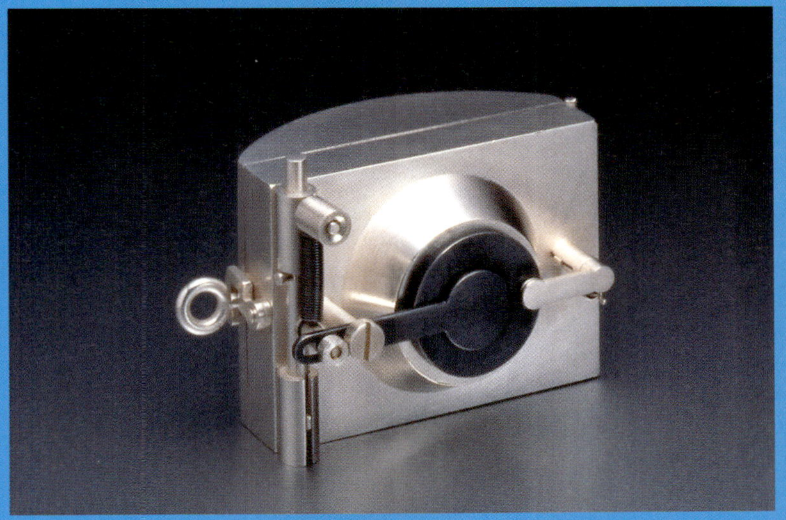

파노라마 카메라, 1999, 정은, 20K 금,
스프링 스틸, 플라스틱, 4.2x6.3x4.3cm
©뭉크스튜디오
PaNoramic camera, 1999,
Sterling silver, 20K gold, spring steel,
plastic, 4.2x6.3x4.3cm ©Munch studio

Awoo Dall 아우인형

아우인형이란?

누구나 만들 수 있는 헝겊 인형으로 어린이의 소중한 생명을 구하는 프로젝트입니다. 3만원으로 인형 하나를 입양하면 가난한 나라 어린이를 6대 질병(홍역, 소아마비, 백일해, 결핵, 파상풍, 디프테리아)으로부터 지키고 말라리아 모기로부터 보호할 수 있는 모기장 하나를 구매해줄 수 있습니다. 1992년 이탈리아에서 유니세프인형 프로젝트가 시작되었습니다. 프랑스, 체코, 핀란드 등 나라마다 각각 다른 이름으로 유니세프인형 프로젝트를 진행하고 있으며 한국에서는 '아우인형'이라 부릅니다.
아우인형은 어린이를 상징하므로 '구매한다'는 말 대신 '입양한다'고 합니다. 아우는 '동생', '아우르다', '아름다운 우리'라는 뜻이 담겨 있습니다.

UNICEF is committed to a global vaccination project dedicated to saving the children of developing countries from diphtheria, measles, whooping cough, paralysis, tuberculosis and tetanus.
Awoo dolls symbolize our precious children. Awoo dolls represent a country's tradition, culture, and ethnicity. They have the skin tone, eye color, and hair of each country's people.
Anyone can make Awoo doll whether you are a child or an adult.
Every Awoo doll has a birth certificate with its name, date of birth, nationality, height, and the color of its eyes and hair
Contact UNICEF if you would like to receive the birth certificate template and the doll-making kit. Once you are done making the Awoo doll, please send it to UNICEF.

좌, 영화배우 안성기가 만든 아우인형, 천, 오브제, 25x40cm, 유니세프한국위원회
Left, Awoo dall made by An, Sung-ki (Actor), Fabric, found object, 25x40cm, Korean committee for UNICEF
우, 탤런트 김래원이 만든 아우인형, 천, 오브제, 25x40cm, 유니세프한국위원회
Right, Awoo dall made by Kim, Rae-won (Actor), Fabric, found object, 25x40cm, Korean committee for UNICEF

전 탁구 국가대표 선수
현정화가 만든 아우인형,
천, 오브제, 25x40cm,
유니세프한국위원회
**Awoo dall made
by Hyeon, Jung-hwa(Pre-member
of Korean national pingpong team),**
Fabric, found object, 25x40cm,
Korean committee for UNICEF

한복디자이너 배영진이 만든
아우인형, 천, 오브제, 각 25x40cm,
유니세프한국위원회
**Awoo dall made by Bae Young-jin
(Hanbok Designer),**
Fabric, found object, each 25x40cm,
Korean committee for UNICEF

사각 기, 2011, 나무, 옻칠, 각 12x25x25cm ©안덕춘
A square bowl, 2011, Wood, ottchil, each 12x25x25cm
©Ahn, Duk-choon

주칠기, 2008, 나무, 옻칠, 각 27.5x10.5x35.5cm ©안덕춘
Red Ottchil Vessel, 2008, Wood, ottchil, each 27.5x10.5x35.5cm
©Ahn, Duk-choon

칠기와 쟁반, 2000, 나무, 옻칠, 칠기: 6x12x12cm, 쟁반: 1x40X29.5cm
©안덕춘
Bowl & Tray, 2000, Wood, ottchil, Bowl: 6x12x12cm,
Tray: 1x40X29.5cm ©Ahn, Duk-choon

쟁반과 젓가락, 2011, 나무, 옻칠, 쟁반: 2.5x46.5x35cm ©안덕춘
Rectangular Tray & Chopstick, 2011, Wood, ottchil,
Tray: 2.5x46.5x35cm ©Ahn, Duk-choon

카라, 2011, 삼배 천, 옻칠, 천, 난각, 56x43.5x23.5cm ©안덕춘
Calla, 2011, Hemp cloth, otchil, egg, 56x43.5x23.5cm
©Ahn, Duk-choon

Ahn, Duk-choon 안덕춘

나의 70년대 대학에서의 공예시작은 중앙대학교 은사인 작고한 백태원교수님의 영향으로 목공예작업 이었으나 은사 역시 평안북도 태천칠학교에서 칠을 배우신 분이다.

나 또한 90년대 점차 칠예의 작업으로 변모된 새로운 작품세계로 방향을 보여주고 있으며 칠과 예술, 칠과 생활에 관심을 갖고 작업하고 있다.

옻이란 물성의 신비한 천연도료인 옻칠의 세계에 매료되어 칠화, 칠장신구, 생활칠기등 작업을 하였다.

가장 원초적이며 까다롭다고 할 수 있는 옻 작업을 목심, 건칠, 프라스틱 수지 등에 자개, 난각, 금박 및 색박 등을 부착하며 교칠을 비롯한 시회등 각종 기법의 작품을 시도하였다.

옻칠의 수공예에서 산업공예화에, 전통과 현대의 조화에 관심을 갖고 옻칠의 활성화 방향에 고심을 하고 있다.

최근의 현시대 공예계의 어려운 작업여건과 현실 등 위축된 면이 전반적이나 활성화 방향으로 순수조형, 응용조형 등 옻칠의 현재상황을 깨닫고 옻 작업을 하고있다.

동양의 천연도료인 옻칠의 신비에 이끌려 작업을 해오고 있지만 빠져들면 들수록 헤쳐나오기 힘든 작업이 옻칠이 아닐까 생각한다.

My career as a craftsman began in woodworking influenced by Professor Baek Tae-Won at Chungang University. Later, in the 1990s, I slowly turned to lacquer work. I make lacquer work that can be used more widely in daily life, and I want to let people know more about its artistic value.

I experiment with various materials and invent new methods; inlaying mother-of-pearl, egg-shell, gold leaf, or colored foil on the wooden lacquer ware layered with lacquered hemp cloth or on plastic resin; combining traditional methods with glue-lacquer or plaster technique (i.e. - covering the ware with plaster, carving patterns therein, and then inlaying with gilding materials). Through these methodological and formal research efforts, I push the limits of contemporary craft.

옻칠 반지, 2009, 나무, 옻칠, 은, 백금도금, 각 3.4x1.7x1.7cm ©안덕춘
Ottchil Ring, 2009, Wood, ottchil, plate silver with white gold, each 3.4x1.7x1.7cm ©Ahn, Duk-choon

Korea | 한국

Ahn, Myung-sun 안명선

금속공예가 근본적으로 함유하는 예술성과 기능성을 주목하는 가운데 제작한 본 작품의 형상은 원(圓)에 기인한 기(器)의 형태이다. 기는 기본적인 정원(正圓)과 난형(卵形)의 형태로서 외부 뚜껑과 내부에 속 뚜껑이 있는 이중적 구조로 이루어져 있다.

이는 순환하는 세상의 모든 것을 수용하여 품어내고, 정성을 담을 수 있는 "안식을 위한 집"으로, 하늘(天), 양(陽), 부활(復活)을 의미한다.

순은은 순수와 고귀함의 상징이며, 기의 표면 위에 새겨진 수많은 망치자국은 기억 속에 한 점 한 점 남아있는 함께한 과거의 징표들이다. 표면장식으로 사용된 한국전통 문양은 현세뿐만 아니라 내세관까지 반영하는 가운데 모두 평안한 안식을 함의 한다..

순은의 자체색 위에 음양오행의 전통색채인 오방색을 사용하여 장식성과 상징체계를 부여하였고, 오색의 칠보를 사용하여 찬란한 빛의 밝음과 영원성을 표현하였다.

빛을 품다 Ⅲ, 2008, 순은, 칠보유약/
판금, 칠보, 27.5x18x18cm ⓒ안명선
Embracing Light Ⅲ, 2008, Fine silver,
enamel/raising, cloisonn'e, 27.5x18x18cm
ⓒAhn, Myung-sun

안식을 위한 집 Ⅱ, 2009, 순은, 칠보유약/
판금, 칠보, 24x18x18cm ⓒ안명선
A House for the Eternal Peace Ⅱ, 2009,
Fine silver, enamel/raising, cloisonn'e,
24x18x18cm ⓒAhn, Myung-sun

빛을 품다 Ⅴ, 2008, 순은, 칠보유약/
판금, 칠보, 20x17x17cm ⓒ안명선
Embracing Light Ⅴ, 2008, Fine silver,
enamel/raising, cloisonn'e, 20x17x17cm
ⓒAhn, Myung-sun

안식을 위한 집 Ⅰ, 2008,
순은, 칠보유약/판금, 칠보,
16x14.5>14.5cm ⓒ안명선
**A House for the Eternal
Peace Ⅰ**, 2008, Fine silver,
enamel/raising, cloisonn'e,
16x14.5>14.5cm
ⓒAhn, Myung-sun

빛을 품다 Ⅰ,
2008, 순은, 칠보유약/판금,
칠보, 19x16.5x16.5cm
ⓒ안명선
Embracing Light Ⅰ, 2008,
Fine silver, enamel/raising,
cloisonn'e, 19x16.5x16.5cm
ⓒAhn, Myung-sun

This work focused on the fundamentality that metal craft has in terms of artistic value with functional quality, and its basic shape is of a vessel based on a circle. This piece has a dual structure of interior and exterior covers with regular circle and oval shape. As a "house for solace" which admits everything of the circulating world and contains people's heart, this structure signifies heaven, yang, and resurrection.

Pure silver is a symbol of purity and nobility; numerous hammer marks on the vessel's surface are traces of past remained in memories. Korean traditional patterns decorated on the surface reflect both this world and after life. They all contain an undertone of peaceful solace.

I endowed my work an ornamental property and symbolic structure by using 'ohbangsaek (colors of five elements),' Oriental traditional colors of Yin-Yang and Five on the color of pure silver, and expressed the brightness of splendid light and eternity by using five colors of the Seven Treasures.

器, 2011, 붉은 점토, 메탈 슬립, 23x45x25cm ©여병욱
Elongated object, 2011, Red clay, coilling, metal slip, multy firing, 23x45x25cm ©Yeo, Byong-uk

器, 2011, 붉은 점토, 메탈 슬립, 50x33x43cm ⓒ여병욱
Elongated object, 2011, Red clay, coilling, metal slip, multy firing, 50x33x43cm
ⓒYeo, Byong-uk

Korea | 한국
Yeo, Byong-uk 여병욱

머릿속 이미지를 실물로 끌어내기 위하여서는 현존하는 기법 (물레차기 등)외에도 창조적인 방법들을 고안하게 됩니다. 시행착오가 필요로 되지만 그만큼 다양한 결과물을 도출할 수 있습니다. 제가 하고 있는 작업은 그러한 과정을 즐기는 것 자체도 포함된다 하겠습니다.

또한 표면질감을 구체화 시켜나갈 때는 마치 한 폭의 그림을 그리는 것과 같은 느낌을 많이 받습니다. 원하는 느낌을 얻기 위하여 반복적으로 굽고 갈아내고 하는 작업이 그렇습니다.

작품의 구상에서 완성까지의 전 과정을 컨트롤 할 수 있는 것이 중요하다고 생각합니다.

순수미술과 공예의 구분이 점점 모호 해지는 지금에 있어서 기교나 새로운 것에만 집착하지 않고 자신만의 미학을 도출하는 것을 과제로 작업하고 있습니다.

I often achieve unintended results when experimenting with new methods. To create beauty and quality, the artist must control the whole process while integrating different techniques and maintaining coherence from formulation to finishing. For me, making a work is similar to drawing or painting.

Oh, Byung-wuk 오병욱

따뜻한 나무에 담아낸 차가운 직선과 단단한 금속으로 표현한 부드러운 곡선의 대조에서 다듬어진 절제된 아름다움이 펼쳐내는 사색의 공간을 추구한다. 따뜻하고 차가운 성질, 단단함과 부드러움, 직선과 곡선, 인위적인 환경과 자연의 이미지와 같이 서로 상반되는 요소들이 충돌하면서 얻어지는 극적이지만 다분히 소모적일 수 밖에 없는 대립구도가 아닌, 마치 하나의 요소에서 다른 하나가 오랜 시간에 걸쳐 서서히 자라나 듯 서로 대조되는 요소들이 융화되어 고요하지만 여운이 긴 울림을 전해주고 싶다. 순수미술, 디자인과 공예의 교차점을 확장하는 나의 기능적 조형물들은 관조의 대상에만 머물지 않고 삶과 밀접한 거리에서 적극적인 소통의 매개체가 된다

I create moments of speculation by seeking formal qualities contrary to materials – warm wood in cool geometric lines, and cold metal in soft linearity. Coupling contrasting concepts such as warmth vs. coldness, hardness vs. softness, straight lines vs. curved lines, and artificial vs. natural lets oppositional qualities intermingle, deriving a third meaning from within. I try to find tangential aspects of art and craft/design, and to make my work function as a communication medium in close connection with life.

테이블 11-1, 2011, 호두나무, 적동, 70x120x70cm
©오병욱
Table 11-1, 2011, Walnut, copper, 70x120x70cm
©Oh, Byung-wuk

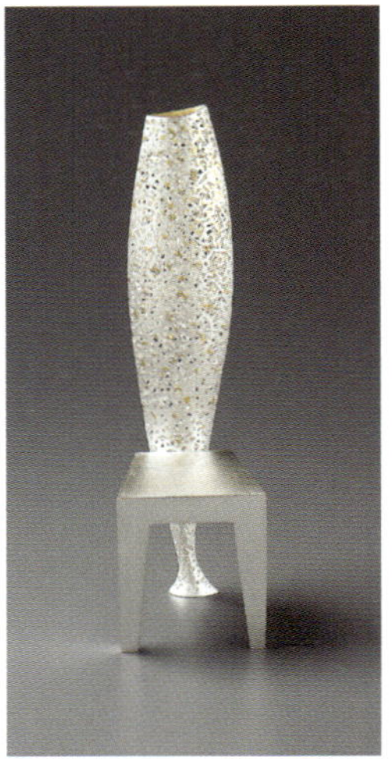

의자 11-1, 2011,
정은, 금부, 17x5x5cm
©오병욱
Chair 11-1, 2011,
Sterling silver, gumboo,
17x5x5cm
©Oh, Byung-wuk

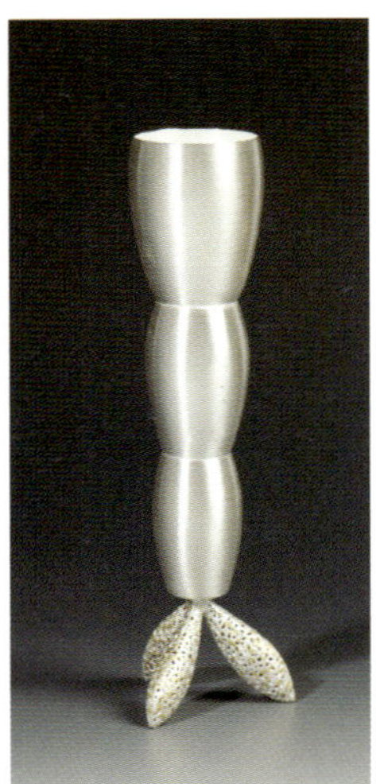

화병 00-1, 2000,
정은, 금부, 20x6x6cm
©오병욱
Flower vase 00-1, 2000,
Sterling silver, gumboo,
20x6x6cm
©Oh, Byung-wuk

벤치 10-1, 2010,
호두나무, 적동, 50x145x75cm
©오병욱
Bench 10-1, 2010,
Walnut, copper, 50x145x75cm
©Oh, Byung-wuk

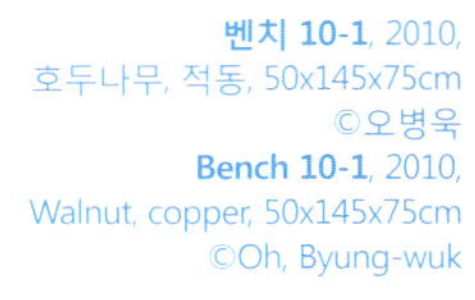

브로치 11-1, 2011, 정은, 금부, 각 1x3.5x3.5cm ©오병욱
Brooch 11-1, 2011, Sterling Silver, gumboo, each 1x3.5x3.5cm ©Oh, Byung-wuk

Wooridul Chair 우리들 의자

우리들체어는 우리들병원그룹의 척추 전문지식과 영국 탠저린의 디자인 과학으로 만들었습니다. 학생과 직장인들의 집중력을 높이고 피로감을 덜어주며 척추를 바르게 잡아주는 우리들체어 – 이제 의자가 사람을 생각합니다.

Wooridul Chair has a new concept in chair technology based on chair designs developed for outpatient physicians to ensure their optimal concentration over long periods during surgical procedures.

iPole3, PP소재, 패브릭, 천연가죽, 97.6~105.6x72.5x61.8cm,
우리들체어 ⓒ우리들체어
iPole3, Polypropylene, fabric, leather, 97.6~105.6x72.5x61.8cm,
WOORIDUL CHAIR ⓒWOORIDUL CHAIR

iPole1, 매시, 알루미늄, 103~x73.5x65.5cm, 우리들체어 ⓒ우리들체어
iPole1, Mesh, aluminum, 103~x73.5x65.5cm, WOORIDUL CHAIR
ⓒWOORIDUL CHAIR

iPole7, 패브릭, 천연가죽,
93.2x74.3x65.2cm, 우리들체어 ⓒ우리들체어
iPole7, Fabric, leather, 93.2x74.3x65.2cm,
WOORIDUL CHAIR ⓒWOORIDUL CHAIR

Won, Kyung-hwan 원경환

말 수가 적은 작가들이 있다. 이것저것 성가신 것을 싫어하고 간단히 줄여 명료하게 이야기하는 이들이다. 이런 작가의 작품 앞에 서면 나 또한 모든게 단순해 지는 느낌이다.

질질 끌고 다니던 생각, 잡다한 일거리들 모두 부질없이 느껴져 당장이라도 치워버려야 할 것 같은 작업이다. '그래도 된다'는 미적 허가라도 받은 듯, 마음마저 홀가분해진다. 작품에도 사람처럼 '카리스마'가 있는 모양이다.

원경환의 작업은 '도조', '조형도자' 혹은 '오브제 도예' 라는 탈공예적인 명칭을 갖는다. '도예'라는 좁은 범주는 그의 뿌리는 될 수 있어도 작품을 포괄하는 영역은 아니다. 뿌리에서 뻗어가는 가지치기는 조소, 설치, 그리고 근자에 회화에까지 잇닿으니 "트랜스장르(trans-genres)"의 좋은 예가 아닐 수 없다.

사실 원경환이 도예가일 필요는 없다. 그럼에도 불구하고 그의 도예는 다양한 작업에서 뿌리의 역할을 한다. 그는 전통 도예의 '흑도 소성'기법으로 가마의 불과 매연에 그을려진 흙을 만들어 내는 방식을 고수하고 있다. 장작에서 생기는 매연을 태토에 흡착시키기에 검은 빛이 나오는 것이다.도예 본연의 제작방식은 작문으로 치면 문법과 같은 것으로 그가 지어내는 다양한 산문과 시의 근간이 된다고 말할 수 있다. 이 점이 원경환 작업에서 가장 흥미로운 점이다.

(출처: 전영백, (홍익대학교 미술대학 예술학과 교수), 『art in culture』 (2007.12.)

Artists of sparseness produce clear and simple works. Their laconic visual language lets us focus on the artistic message. Won's work seduces with the aesthetics of brevity, allowing us an escape.

Won calls his work by non-craft names such as "ceramic-sculpture," "plastic-ceramic," or "object-ceramic," which implies that his work is branching out from craft into sculpture, installation, and painting. Trans-generic work can no longer be defined simply as "craft."

He is not necessarily a "ceramic artist," yet his work is deeply rooted in that medium. Especially in the case of black ware, he uses the traditional technique of blackening with smoke. Ceramic techniques are, for him, a grammar that provides frames and rules from which to produce varied forms of works.

雜記1006, 2010, 나무 위 채색, 15x22x14cm ⓒ원경환
Miscellaneous 1006, 2010, Wood, painting, 15x22x14cm
ⓒWon, Kyung-hwan

土生金0701, 2007, 점토, 철봉, 100x18x18cm ⓒ원경환
Earth Yields Metal 0701, 2007, Clay, iron bar, 100x18x18cm
ⓒWon, Kyung-hwan

雜記1007-2, 2010, 나무 위 채색, 11x17x17cm ⓒ원경환
Miscellaneous 1007-2, 2010, Wood, painting, 11x17x17cm
ⓒWon, Kyung-hwan

木刻土0713, 2007, 점토, 나무봉, 철판, 각 60~80x180x180cm,
한향림 옹기박물관 ⓒ원경환
Wood Digs Earth 0713, 2007, Clay, wood bar, iron plate
each 60~80x180x180cm, Han Hyang Lim Ceramic Museum
ⓒWon, Kyung-hwan

물방울, 2011, 백자소지, 가변크기
Waterdrops, 2011, White porcelain, Variable dimensions

Lee, Ka-jin 이가진

공예 작업에 몰두하는 것에 관하여 사회적으로 통용되는 가치관을 적용하여 가치를 매겨 보았을 때 항상 막다른 골목에서 답을 구하지 못하곤 했었다. 그러나 지금은 우리가 그동안 당연히 적용시켜 왔던 타 분야의 사회적 가치관을 공예 작업에 맹목적으로 적용시키는 일이 얼마나 해롭고 어리석은 일인지 알게 되었고, 공예작업의 성격에 맞는 자체적이고 주체적인 사고방식이 곧 삶의 방식이 될 수 있고, 그러한 공예적 가치관이 근본적으로 인간의 삶의 방식에 대한 새로운 고찰이 될 수 있으며 사회적으로도 중요한 역할을 할 것임을 믿어 의심치 않는다.

Every attempt to express world views and ideas ended up being an awkward contradiction. I realized that any attempt to project social ideas directly onto craft is procrustean. Instead, the autonomy of craft could suggest new ways of life and new directions for society.

정물-디퓨저 시리즈, 2011,
색을 넣은 백자소지, 물레성형,
각 60x50x50cm
Still Life – diffuser series, 2011,
Colored white porcelain, Wheel throwing,
each 60x50x50cm

Lee, Kwang-sun 이광선

나의 작품들 모두가 일관되게 표현하려고 한 것은 관계이다. 이 관계는 관계 자체일 수도 있고 아니면 작품과 인간의 관계나 시, 공간관계일수도 있는데, 어쨌든 어떠한 관계이든 관계의 조형 자체는 나에게는 화두였고 지금도 화두이다. 이전의 작품들이 표현한 관계를 보면, 대부분의 경우 구체적이고 친숙한 외형으로 인해서 작품의 의도가 가려지고 이해되지 못한 면이 있었다. 이 문제를 해결하기 위해 보다 추상적으로 그리고 의미있게 관계를 담아내는 형태가 필요함을 느꼈고, 형태의 이런'추상성과 의미성'에 대한 생각은 나로 하여금 관계에 대한 해석에서도 관계의 고정되어 있지 않고 늘 바뀌는 속성, 즉 '관계의 상대성'에 주목하게 만들었다. 이 관계의 상대성이 내 팔찌 작품들의 근본 주제이다.

What I intended to express in my works consistently is relationship. The embodiment of relationship has been my topic until at this moment whatever this relationship would be: a relationship itself, or a relationship between work and human, or a relationship between time and space. In my previous works, most were far from viewers' understanding due to their specific and too familiar appearances that screened their ultimate intentions. I learned that a new form is necessary so as to convey the matter of relationship in a rather abstract and meaningful way to solve this problem, and began to pay my attention to the 'relativity of relationship' as a flexible property. This sort of relativity of relationship is the fundamental subject of my bracelets.

m4(팔찌), 2009, 단동, 은도금, 6.5x9x9cm ©이광선
m4(Bracelet), 2009, Tombac, silver plated, 6.5x9x9cm ©Lee, Kwang-sun

ms1(팔찌), 2008,
단공, 실리콘,
5.5x9.5x8.7cm ©이광선
ms1(Bracelet), 2008,
Tombac, silicone,
5.5x9.5x8.7cm
©Lee, Kwang-sun

오브제 **060208**, 2006, 단조된 철, 73x45x33cm ⓒ이대원
Object 060208, 2006, Forged iron, 73x45x33cm ⓒYi, Dae-won

Yi, Dae-won 이대원

이대원은 3차원적인 그의 작품들을 집합적 디자인과 구두법을 이용한 금속 작업을 통해 개성적으로 표현하고 있다. 그의 작품들은 구도적 라인과 평면의 거친 표면의 대조가 잘 복합되어 조화를 이루고 있는 것이다. 작품들의 구성은 시간과 부식이 철의 특징에 적합하게 조화됨으로써 비롯되었다. 또한 거칠지만 조화를 이룬 작품들은, 공구의 이용에 따른 철의 텍스쳐와 그들의 응용기술을 부가해 독특하게 창조해낸 결과물들이다.

Dae-won Yi's work is significant for its three-dimensionality, created by his metal-work punctuation technique. It features visual-textual balance by contrasting strict compositional lines and rough surfaces. It is time that makes this improbable harmony possible. Through a process of corrosion, materials and forms that appear disparate at first become one entity. Varied textures created by different tools add eccentric qualities to the work.

(Author: Silversmith Richard Mawdsley (Professor of Art and Design, Southern Illinois University, Carbondale))

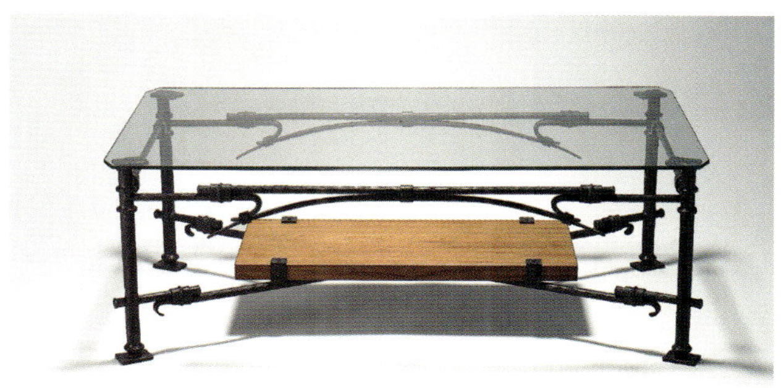

테이블 100820, 2010, 단조된 철, 강화유리, 47x127x70cm ⓒ이대원
Table 100820, 2010, Forged iron, tempered glass, 47x127x70cm ⓒYi, Dae-won

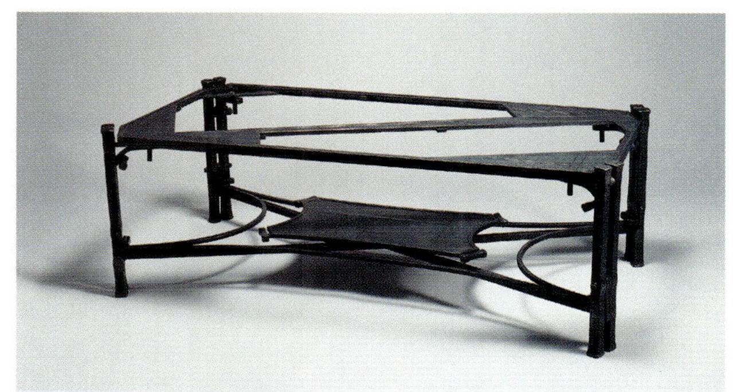

테이블 021023, 2002, 단조된 철, 유리, 44x137x70cm ⓒ이대원
Table 021023, 2002, Forged iron, glass, 44x137x70cm ⓒYi, Dae-won

콘솔 110110, 2011, 단조된 철, 고부재, 68x217x34cm ⓒ이대원
Console 110110, 2011, Forged iron, wood, 68x217x34cm ⓒYi, Dae-won

이 가방 좋아? 1, 2011, 도자, 슬립카빙, 상감, 각 40X30x30cm ⓒ이미선
Do you like this is bag? 1, 2011, Cramic, slip carving, sanggam, each 40X30x30cm ⓒLee, Mi-sun

Korea | 한국

Lee, Mi-sun 이미선

명품은 무엇이고 짝퉁은 무엇일까? 유명한 디자이너, 전통 있는 브랜드와 유명한 디자이너, 비싼 가격.

말하지 않아도 누구나 알고 있는 가방이 있다. "당신이 보시기에 명품이 될 수 있고 일명 짝퉁이 될 수 있는 그것이 여기 있다." 명품도 될 수 있고 짝퉁도 될 수 있는 그런 가방을 만들었다고 말하는 이미선 작가…

이미지를 재해석하여 도자예술로 표현하는 이미선 작가는 Bag과 shoe의 원래 형태를 Reality를 살려 표현한 작품에 초점을 맞춘 작업과 일상 사물과 더불어 재해석하여 표현한 작품을 제작하고 있었다. 2009년 영국전시를 시작으로 전통소지와 유약, 기법에 흥미를 느끼고 Bag과 shoe의 현대적인 형태에 전통적인 표현기법을 이용한 작품을 선뵈기 시작하였다. 우리나라 전통문양이 좋은 디자인이 될 수 있다는 일면을 보이며 뒤이어 오사카 갤러리에 작품을 선뵈고 미국LA에서 개인초대전을 마쳤다, 한국적 향기가 물씬 풍기는Bag과 도자기 shoe가 그 어떤 명품가방보다 멋진 도예작품보다 명품으로 보이기를 기대한다는 이미선 작가는 최근 쓰임이 있는 작품 활용을 높여 작품제작을 하기 시작했고 이번 작품도 전통기법을 응용한 분청기법과 청자유약을 이용한 작품 도자기 bag과 'Do you like this is bag?' 시리즈를 트릭아트와 더불어 발상의 전환을 꾀하는 작업을 시도하고 있다.

(출처: YongSeob kounn, (LA GAIA galley관장), 미국 한인 중앙일보 6월 22일자 보도자료에 덧붙임)

What distinguishes a luxury brand from a reproduction? The designer name, authentic brand, and high price make the difference.

Here is a luxury brand bag that everyone knows. "This is a bag that might be either an original, or a copy," the artist says. Mi-sun Lee represents luxury items in ceramic art, sometimes with extreme verisimilitude, and so metimes as her own re-interpretation of the item.

Lee showed the bag and shoe works in her 2009 UK exhibition and in subsequent solo exhibitions in Osaka and LA. By using traditional pottery-making and glazing techniques, she produces a hybrid of contemporary high fashion brand blended with tradition. Lee exquisitely renders the work so as to overcome the aesthetic quality of the original luxury object and the porcelain tradition, suggesting a new definition of "luxury." These illusionistic works in the series called "Do you like this bag?" are made in powdered and unpowdered porcelains. Recently, she has turned her focus toward the use-value of the work.

응접실, 2007, 도자, 슬립카빙, 28x20x30cm, 28x20x30cm, 소파: 15x15X15cm ⓒ이미선
Drawing room, 2007, Cramic, slip carving, 28x20x30cm, sofa: 15x15X15cm ⓒLee, Mi-sun

여행, 2007, 도자, 슬립카빙, 각 35x20x25cm ⓒ이미선　　**Travel**, 2007, Cramic, slip carving, each 35x20x25cm ⓒLee, Mi-sun

약주주전자, 2010, 순은, 옻칠, 17.2x21.5x12.5cm ©이승원
Pot for "Korean-Yack-Ju", 2010, Fine silver, ottchil, 17.2x21.5x12.5cm ©Lee, Sung-won

Korea | 한국

Lee, Sung-won 이승원

이번 출품작, 주전자 6점은 36년 간 이끌어 온, 주전자 작품들의 마지막 단계에 속하는 작품들이다. 그 내용은 형태 구성, 재료 탐구, 사용상의 관리 문제를 탐구하며 제안하는 것들을 담고 있다. 銀, 적동, 스테인리스 스틸, 철, 폴리머 등의 소재를 다양하게 사용하며 작품의 구조나 형태를 새롭게 설정하려고 추구해 본다. 옻칠의 특성을 활용하여 금속과 보완의 관계를 모색해 보기도 한다. 이러한 실험은, 주전자작품을 주전자로만 인식한다기보다 심미적 대상으로 보면서, 사용하고 싶은 유혹을 느끼면서, 주전자 사용의 체험을 통한 기쁨과 행복을 느끼도록 하는 데에 있다. 그러한 작용은 공예작품의 가치를 더욱 증폭시켜줄 것이라고 작가인 나는 희망을 가져 본다.
물론 공예품의 본질인 유용한 쓰임뿐 아니라 시각적 유희, 쓰임의 확대와 목적성 등에도 탐색은 진행 중이다.

The six kettles presented in this exhibition show the last stage of my kettle series, in which I have investigated the essence of form, composition, material, and explored a better way to use and preserve the object. I experiment with different materials such as silver, red copper, stainless steel, iron, and polymer in order to redefine the kettle's structure and form. For example, varnish combined with lacquer suggests complementary potentials when applied to metals. Through these experiments the kettle turns from a mere boiling tool to an aesthetic object that gives us pleasure through use, expanding the "craft value" of the work.

이중 주전자, 2005, 정은, 옻칠, 21x11x15cm ©이승원
Double pot, 2005, Sterling silver, ottchil, 21x11x15cm
©Lee, Sung-won

주전자, 1998, 적동, 정은, 스테인리스 스틸, 옻칠,
15.5x16.4x28cm ©이승원
Pot, 1998, Copper, sterling silver, stainless Steel, ottchil,
15.5x16.4x28cm ©Lee, Sung-won

주전자, 2010, 정은(95.0%), 옻칠, 폴리머,
14.2x17.5x26.3cm ©이승원
Pot, 2010, Sterling silver, ottchil, polymer,
14.2x17.5x26.3cm ©Lee, Sung-won

주전자, 2009, 정은(95.0%), 옻칠, 폴리머,
14.3x19x24.5cm ©이승원
Pot, 2009, Sterling silver, ottchil, polymer,
14.3x19x24.5cm ©Lee, Sung-won

Lee, In-chin 이인진

이인진 도예는 영원과 무한의 힘에 대한 집념으로 해석된다. 특히 그의 원형 항아리 형태와 표면의 색은 무한에 대한 집념으로 공감을 얻고 있다. 비대칭적 둥근 항아리의 구체는 단절되지 않는 영원성으로 시작과 끝을 알 수 없으며, 나아가 장작 가마 소성의 표면은 불에 의한 짙은 흑갈색으로 아주 오랜 과거로의 회귀성을 담으면서 시간의 축적으로 무한을 이야기한다.

이처럼 그의 도예는 자연적 요소로 의도된 우연의 색이 만들어진다. 장작 가마에서 소성된 도자 표면은 대부분 흑갈색으로 자연의 빛을 만남으로써 더욱 고유의 색채를 간직한다. 표면의 도자 색은 마치 스스로 빛을 발하는 느낌이다. 불이 닿는 부분과 이면의 부분이 대조되면서 표면의 색은 변화를 가지며 신비로움을 간직한다. 흑과 백의 선명한 대립에서 벗어난 색조는 자연적 색채가 갖는 인간적 체취와 향기를 품으며, 원시적 힘과 생명성을 발견하게 된다.

무엇보다 자연의 색으로 도자 표면은 원시성과 오랜 시간의 흔적을 담으며, 미묘한 색조를 드러내는 색채는 형태의 시녀 역할에서 벗어난다. 오히려 그의 색은 형태에 영향을 주며, 형태와 공존하려는 감성적 표현을 생각하게 한다. 새벽이나 밤의 한 가운데 빛을 발하는 도자 표면은 정신적 밀도를 더해가는 시간의 층을 만들어 나간다. 낮과 밤, 새벽과 저녁의 빛처럼 도자의 색채는 아름다움의 조형요소로 영원과 무한의 힘을 갖춘 색조로 형태를 받쳐주는 배경으로 발전한다.

(글쓴이: 유재길, (홍익대학교 교수, 미술비평))

In-Chin Lee's ceramic work is a result of his tenacious pursuit of eternity and infinity.

A round sphere signifies endless time with no beginning and no end. The burned surface takes us far back to the primitive era, implying the accumulation of time, or eternity.

In the fire, clay gains diverse natural colors. Different colors inside and outside create subtle surface nuances. The surface colors seem to evoke a primitive energy, and amplify the emotional quality of the tones. Colors are seen differently during day and night, dawn and dusk according to different layers of time, increasing the vitality of chromatic energy even more.

형태쌓기, 2007,
석기점토, 철, 장작가마,
400x120x120cm ©한국도자재단
Stacked form, 2007,
Stoneware, iron, woodfired,
400x120x120cm
©Korea Ceramic Foundation

줄무늬병, 2009, 붕규산유리, 램프워킹, 각 24~29x6~7.3x6~7.3cm ©이찬우
Striped bottles, 2009, Borosilicate glass, lampworked, each 24~29x6~7.3x6~7.3cm ©Yi, Chan-u

Korea | 한국

Yi, Chan-u 이찬우

"자연스러움 그 자체가 예술적인 영감에 의한 것임을 보여주는 아름답고 경쾌한 유리 식기류 …" - 2009년 9월 Noble Asset –

"겹겹이 쌓인 유리 오브제를 통과해 부서지는 빛은 테이블 위 또 다른 시적 공간을 만들어낸다. … 디자인은 시만큼이나 무한대로 상상력을 발휘할 수 있는 영역이다. 얼마든지 컵에 날개를 달 수 있고, …" - 2009년 9월 Maison –

"다듬어지지 않은 거칠고 입체적인 셰이프가 주는 강인함을 즐기다. … 구겨진 캔처럼 다듬어지지 않은 거친 표면이 이색적인 유리병." - 2009년 12월 Casa Living –

"투박하지만 유리의 투명함이 있어 모던한 분위기"
- 2010년 2월 Lemon Tree –

"손으로 주물러놓은 듯 찌그러진 잔에 물을 따라 마시면 마치 물로 된 조각 작품을 마시고 있는 듯 한 기분을 느낀다."
- 어떤 구매자 –

"컵들이 손에 잡히는 느낌과 입술에 닿는 느낌이 너무 좋아요. 주스가 더 맛있게 느껴져서 1.5리터의 반 정도를 혼자 다 마시고 말았습니다." - 어떤 구매자 -

"A set of glassware, revealing the quality of nature, originates from the artistic inspiration."
From Noble Asset, September 2009

"The light refraction passes through the layers of the glassware and creates a new poetic space […] the wings attached to a cup open up our poetic imagination […]"
From Maison, September 2009

"Feel the toughness of the coarse shape […] because of the rough surface, the glass bottle look like a crumpled can."
From Casa Living, December 2009

"Despite the rustic texture, it is highly modern due to the transparency of the glass."
From Lemon Tree, February 2010

"I feel as if I were drinking water in a sculpture work."
From consumer reviews

"It has a good grip and feels good to the lips. The juice tastes better in this bottle."
From consumer reviews

주병, 2011, 붕규산유리, 램프워킹,
각 13.8~20x7.8~9.8x8~9.5cm ⓒ이찬우
Bottles, 2011, Borosilicate glass, lampworked,
each 13.8~20x7.8~9.8x8~9.5cm
ⓒYi, Chan-u

빗살무늬잔, 2007, 붕규산유리, 램프워킹,
각 2.5~6.5x3.5~6x3.5~6cm ⓒ이찬우
Comb-pattern shot glasses, 2007,
Borosilicate glass, lampworked,
each 2.5~6.5x3.5~6x3.5~6cm
ⓒYi, Chan-u

옻칠청자 볼, 2010, 청자, 옻칠, 각 6x13x13cm ©임헌자
Celadon bowl of varnishing with lacquer, 2010, Celadon, ottchil, each 6x13x13cm ©Lim, Hun-ja

Lim, Hun-ja 임헌자

풍부함은 많은 것을 품는다.
모자라는 듯 하면서도 부족하지 않고
세련된 것 같으면서도 세련을 내세우지 않는다.
임헌자의 작업은 그러하다.
감상자들의 몫을 남겨 놓는 상상의 여백을 갖고 있다.
날씬하거나 볼륨 있는 몸에
날개를 달았다.
그 날개는 하늘을 향하는 이상주의가 아니라
그냥 현실을 즐겁게 추는 날개 짓이다.
그래서 우리는 그의 작업에서
편안과 즐거움을 갖는다
(글쓴이: 박종훈(단국대학교 교수)

Fullness holds many inside of it – it is not sufficient enough, yet never deficient. It is not refined enough, yet never boasts its refined-ness. Hun-Ja Lim's work is full, while leaving it empty for the viewer's imagination. If there is a wing on her work, it is not to fly to the sky, but to dance while giving the audience the feeling of ease, comfort, and delight.

By Jong-Hoon Park, Professor of Dankook University

백자 접시, 2009, 백자, 각 7x16x16cm ©임헌자
White bowl, 2009, White porcelain, each 7x16x16cm ©Lim, Hun-ja

청화백자접시, 2009, 백자, 각 5x21x21cm ©임헌자
Blue and white ware, 2009, White porcelain, each 5x21x21cm ©Lim, Hun-ja

옻칠청자접시, 2010, 청자, 옻칠, 각 3x21x21cm
©임헌자
Celadon ware of varnishing with lacquer,
2010, Celadon, ottchil, each 3x21x21cm ©Lim, Hun-ja

랩소디 5, 2008, 백자, 각 16x25x25cm ©임헌자
Rhapsody 5, 2008, White porcelain, each 16x25x25cm ©Lim, Hun-ja

Chang, Yeon-soon
장연순

천을 물들이고 다림질하고 자르고 풀먹이며 바느질하는 일이
내 작업의 주된 일이다. 이는 전통적으로 한국 여성들이 가정
살림에서 해오던 일상의 일이였으며 그 속에 녹아있는 삶의
신성한 유전자가 나에게로 이어져 오늘의 시대정신과 만난다.
나는 태고로부터 끊임없이 이어져 온 시간들과 소통하면서
근원적인 생명 생성의 에너지와 우리의 정신을 조형언어로
표현한다.

My work usually involves dyeing cloth, cutting and sewing, and
starching and ironing. These are just parts of the traditional
housekeeping chores of Korean women' s everyday routine.
The spirit of their 'sacred' labor has been incoded in our genes,
passing down through the generation, and has inspired my
own artistic labor. Through my works, that very spirit finds
resonances with the spirit of our age of the 21st Century.
As I communicate with endless time which has been continuing
ever since, I am expressing our (Korean) spiritual identity and
the fundamental energy source that gives birth to life with the
language of art.

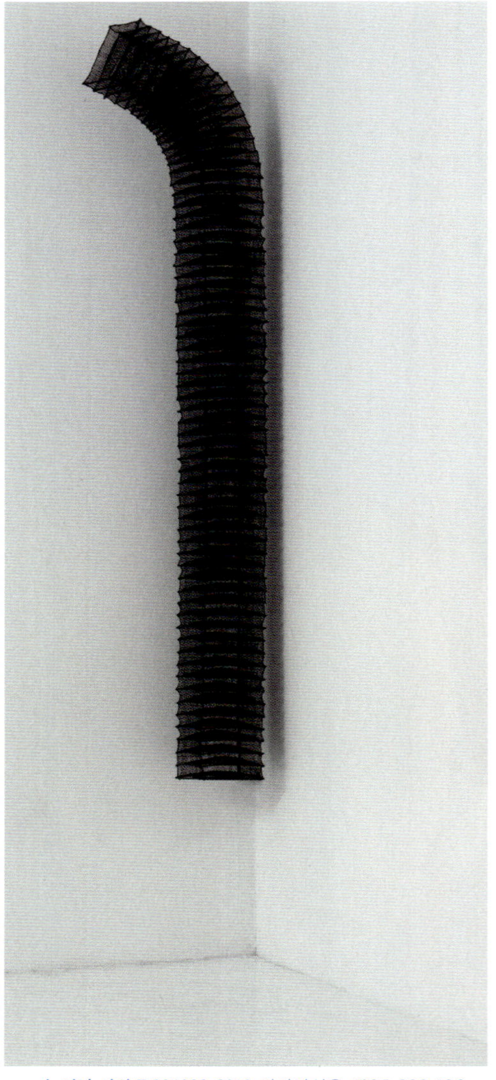

늘어난 시간 II 201020, 2010, 아바카섬유, 132.5x26.9x12.3cm
©장연순
Martrix II 201020, 2010, Abaca fiber, 132.5x26.9x12.3cm
©Chang, Yeon-soon

늘어난 시간 II 201010, 2010, 아바카섬유, 17.5x68.5x67.5cm
©장연순
Martrix II 201010, 2010, Abaca fiber, 17.5x68.5x67.5cm
©Chang, Yeon-soon

늘어난시간 II 201007, 2010, 아바카섬유, 12.5x41.5x41.5cm ©장연순
Martrix II 201007, 2010, Abaca fiber, 12.5x41.5x41.5cm ©Chang, Yeon-soon

원석 다이아몬드 팔찌, 2011, 원석 다이아몬드, MELEE 다이아, 18K 화이트 골드, 스틸 팔찌, 5x8x5cm ©장제희
Rough Ice Diamond Bracelet, 2011, Rough ice diamond, MELEE diamond, 18K white gold, steel, 5x8x5cm ©Chang, Jae-hee

Korea | 한국
Chang, Jae-hee 장제희

거칠고 다듬어 지지 않은 원석을

의미를 부여하고 따스한 기운을 넣어 어루만지니....

새로 태어났다.

Touching rough diamond tenderly

By imparting a meaning with a warm energy....

Then it was newly born.

원석 다이아몬드 반지 I , 2010, 원석 다이아몬드, 0.005ct 다이아 몬드, 18K 금, 3.2x2.5x1.5cm ©장제희
Rough Diamond Ring I , 2010, Rough diamond, 0.005ct diamond, 18K gold, 3.2x2.5x1.5cm ©Chang, Jae-hee

원석 다이아몬드 반지 II, 2011, 원석 드-이아몬드, MELEE 다이아, 18K 화이트 골드, 3x3.7x2.6cm ©장제희
Rough Diamond Ring II, 2011, Rough diamond, MELEE diamond, 18K white gold, 3x3.7x2.6cm ©Chang, Jae-hee

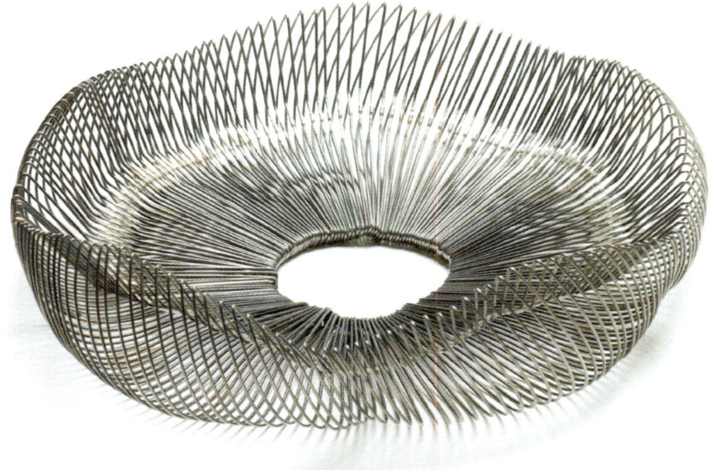

지속되는, 결합된 시간의 흐름-팔찌, 목걸이, 2009, 스테인레스스틸, 은, 8.5x25x25cm, 6x10x10cm ©장현숙
A continuous, connected stream of time-Bracelet, Necklace, 2009, Stainless steel, siver, 8.5x25x25cm, 6x10x10cm ©Chang, Hyun-sook

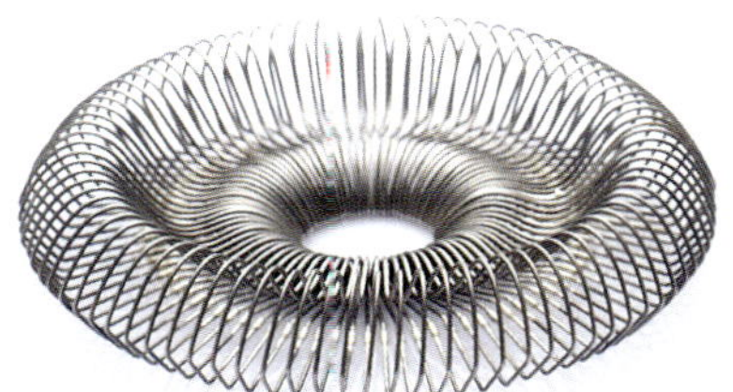

지속되는, 결합된 시간의 흐름, 2009, 스테인레스스틸, 은,
10x10x6cm, 12x12x6cm, 10x10x5.5cm, 10x10x6cm ©장현숙
A continuous, connected stream of time, 2009, Stainless steel,
silver, each 10x10x6cm, 12x12x6cm, 10x10x5.5cm, 10x10x6cm
©Chang, Hyun-sook

Korea | 한국

Chang, Hyun-sook 장현숙

1mm 금속 선이 달구어 낸 "시간의 조형미"
- Contemporary Jewellery -

나의 작품은 금속 선으로 "시간의 흐름을 이미지"로 조형화한
컨템포러리 쥬얼리이다. 시간은 우리가 의식하지 못하는 상태
에서도 멈추지 않고 흐르고 있어 보이지 않는 시간의 흐름은
마치 가느다란 실이 끊임없이 이어지는 형상처럼 느껴진다.
나의 작품의 주요한 모티브는 "시간의 흐름"을 어떻게 미적으
로 형상화할 것인가? 이다. 시간의 흐름=끝없이 이어지는 가
느다란 실의 이미지를 구체화하는 과정에서 재료는 1mm 두
께의 스텐레스 선을 사용하였고 제작 방법은 하나하나의 형
태(Part라고 칭함)를 선으로 만들고 각각의 Part를 스프링구조
로 은땜을 하면서 연결하여 신축성과 유동성이 있도록 제작
하였다. 이러한 제작 방법은 나의 작업의 테마인 "시간의 흐름
을 이미지"로 표현하는데 적합하다.
(출처: 時間に,「するイメージの造形化 (ステンレス線によるコンテンポ
ラリージュエリ」, 2010에서 발췌)

The Plasticization of the images of time: A study
on the stainless line in contemporary Jewellery

My work is a contemporary jewelry that embodied the flow
of time with metal lines. Since the time flows without ceasing
even when we do not notice, its invisible flowing gives me an
impression of a configuration as if a thin strand is ceaselessly in
succession. The main motive of my work is how to embody the
"flow of time" aesthetically. In my working process to embody
the image of "the flow of time = endlessly connected string"
in real, I used stainless strings 1mm thick. My working method
was to make every single form (I call it a part) with strings, then
soldered each part into a spring structure to contain elasticity
and mobility. I find this method suitable to express the theme of
my work, "the flow of time into visible image."

그리움을 머금고, 2003, 정은, 30x8x10cm ⓒ정영관
A Feeling of Nostalgia, 2003, Sterling silver, 30x8x10cm ⓒJung, Young-kuwan

오랜시간 만큼, 2003, 정은, 흑단, 26.8x21x12cm ⓒ정영관
For a Long Time, 2003, Sterling silver, black wood, 26.8x21x12cm
ⓒJung, Young-kuwan

Korea | 한국

Jung, Young-kuwan 정영관

나는 자연의 유기적인 곡선을 좋아한다. 나는 차갑고, 날카롭고, 단단한 느낌의 금속을 일련의 작업을 통해 따뜻하고, 부드럽고, 유연하고, 느낌으로 변화시켰을 때 더욱 이 작업에 매료되고 만족한다. 또한, 사물을 분해하고 재조립하는 과정을 통하여 사물의 새로운 기능과 조형을 부여하는 작업을 즐긴다. 망치로 두들겨 금속을 휘고 비틈으로써, 유기적인 형태의 서정적 표현을 하기 위하여 Anticlastic Raising기법을 사용하였다.

The curvilinearity of metal work intrigues me. It is magical that hard, cold material can convert to an elastic warm texture. Basically, I enjoy creating unexpected forms and functions by assembling and disassembling, but my focus is to create organic forms and emotional expressions by a forging technique whereby the object is created directly by hammering and twisting.

그릇, 2009, 단동, 19.4x16.5×16.5cm ⓒ정영관
Vase, 2009, Red brass, 19.4x16.5×16.5cm ⓒJung, Young-kuwan

신기한 기쁨, 2009, 단동, 24x8x8cm ⓒ정영관
Miraculous ecstasy, 2009, Red brass, 24x8x8cm ⓒJung, Young-kuwan

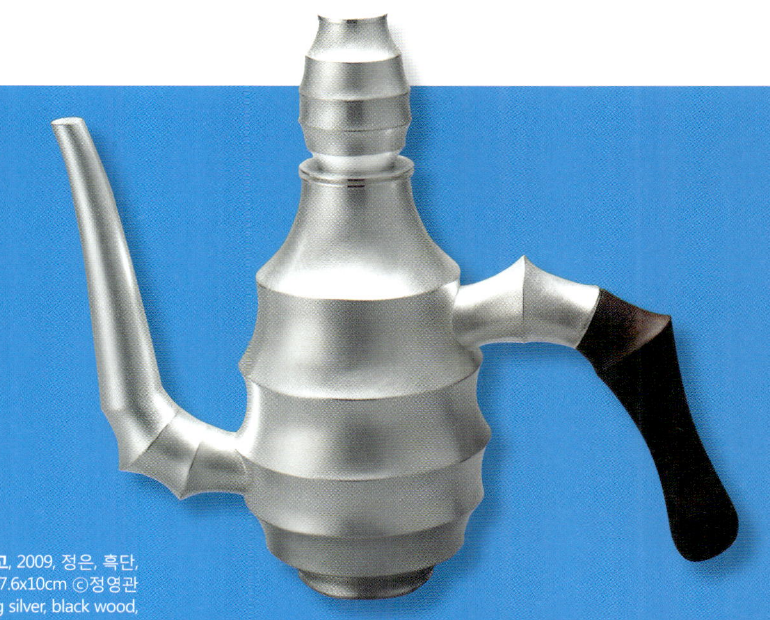

그리움을 머금고, 2009, 정은, 흑단,
23.6x27.6x10cm ⓒ정영관
A Feeling of Nostalgia, 2009, Sterling silver, black wood,
23.6x27.6x10cm ⓒJung, Young-kuwan

Chung, Yong-jin 정용진

'믿음과 신념'이라 하면 어떤 이는 신앙을, 어떤 이는 사람과의 관계를 연상한다. 각자 생각하고 느끼는 것은 다르지만 서로의 연관성을 중심으로 많은 이야기를 상상할 것이다. 이번 작품에서는 개인적인 신앙의 경험이나 인간관계에서 느꼈던 경험을 바탕으로 그 동안 삶 속에서 느껴 왔던 다양한 믿음과 신념을 장신구로 형상화하였다.

모든 형태는 프레임과 표면으로 이루어져 프레임 구조가 형태를 이룬다. 곧 프레임은 구조이자 그 자체로 표면의 형상이다. 인간의 뼈 구조가 몸의 형태를 좌우하는 것과 크게 다르지 않다. 나에게 있어 이것은 만물의 근본으로 인식된다. 작품에서 볼 수 있는 프레임작업의 음과 양의 공간적 형태는 내가 형태를 어떻게 인지하고 받아들이는지 단적으로 보여 주며, 작품 표현을 위한 생각을 정리케 한다. 즉, 선을 통해 어떤 형태의 구조뿐만이 아니라 형태의 체적도 보여줄 수 있다는 것이다.

나는 주로 작은 크기의 개념적인 장신구를 수작업하고 있다. 전통적인 한국의 문창살을 통해 들어오는 은은한 빛, 오래된 나무문, 옛날 그릇이나 매일 쓰는 용기 등 우리 주위에서 친숙하게 접하는 여러 사물들을 모티브로 한다. 이와 같은 섬세한 형태들은 내게 영감과 자극을 준다.

믿음, 2010, 정은, 2x6x6.7cm　　**Faith,** 2010, Sterling silver, 2x6x6.7cm
소망, 2010, 정은, 2x6x6.7cm　　**Hope,** 2010, Sterling silver, 2x6x6.7cm
사랑, 2010, 정은, 2x6x6.7cm　　**Love,** 2010, Sterling silver, 2x6x6.7cm

Frames bolster structures and create forms. The frame-work produces contrasting spaces of concave and convex, redefining the concept of line. Here, line is not limited to two-dimensional form; it hints at volume. My accessory design is inspired by a subdued light that passes through traditional paper doors and translucent materials of familiar daily use items.

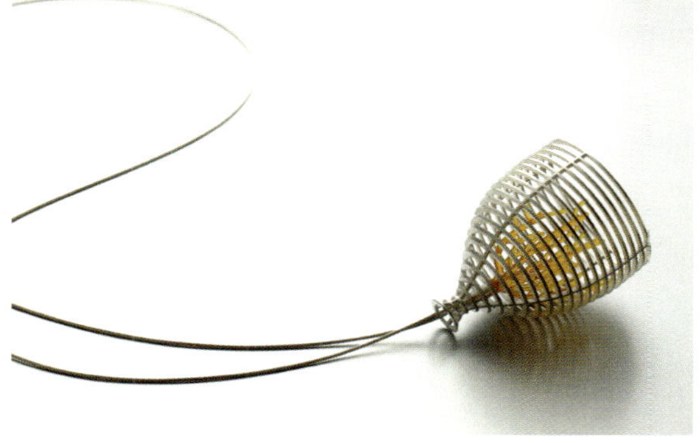

상상 속 씨앗을 담은 화병 IV, 2010, 정은, RP수지, 6x4.5x4.5cm
Vase for the Imaginary Seed IV, 2010, Sterling silver, RP resin, 6x4.5x4.5cm

정성을 담은 선물, 2010, 정은, 18K 금, 2.8x6.7x6cm
A Gift of The Wishes, 2010, Sterling silver, 18K gold, 2.8x6.7x6cm
마음속 깊은 곳, 2010, 정은, 18K 금, 2.8x6x6cm
Deep in The Heart, 2010, Sterling silver, 18K gold, 2.8x6x6cm

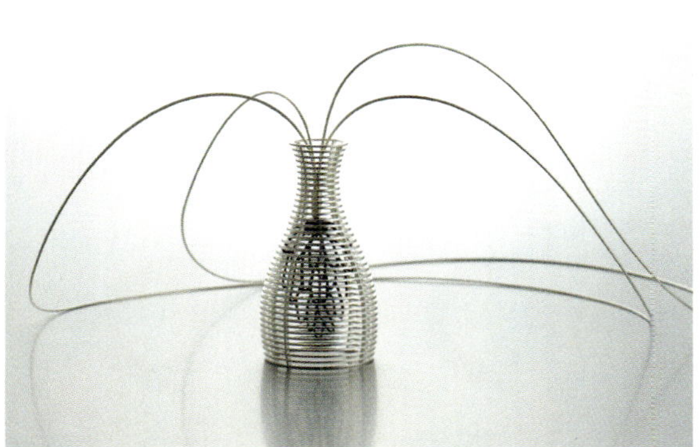

금단의 열매, 2010, 정은, 8.2x4.3x4.3cm
The Forbidden Fruit, 2010, Sterling silver, 8.2x4.3x4.3cm

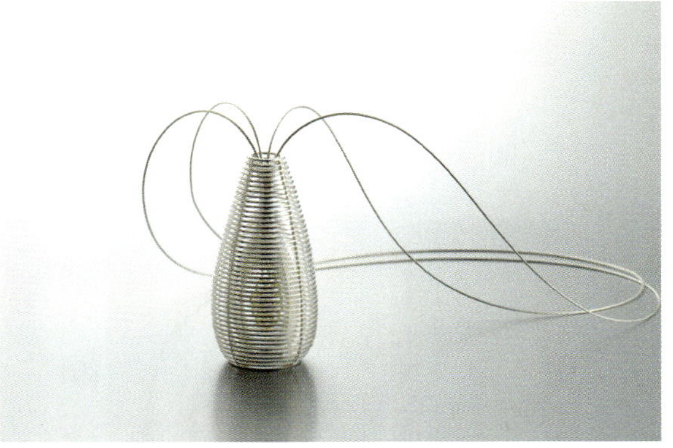

놀라움을 담은 선물, 2010, 정은, 18K 금, 9.3x4.5x4.5cm
A Gift of Surprise, 2010, Sterling silver, 18K gold, 9.3x4.5x4.5cm

Joung, Ui-sun 정의선

공예품의 재료는 너무나 다양하고 우리의 생활 속에서 함께 해 왔다. 하지만 디자인이라는 미술용어로 명명되어 만들어지는 모든 것들이 일상생필품으로 만들어지면서 공예품은 단지 전통과 기념품 등 관상용으로 전락되어 가는 것이 아닌가 하는 안타까운 시선으로부터 나의 작업이 시작되었다.

도자를 전공한 본인은 나무와 자개라는 재료를 통하여 장식적 요소와 기능적 역할을 동시에 추구하고자 하였다.

기하학 형태를 기본으로 크기의 변화와 조합, 적재, 반복을 통하여 인간 생활에 필요한 쓰임의 가치와 심미적 아름다움을 느낄 수 있는 공예품을 만들고자 한다.

The materials for crafts are so diverse that they have been easily found in our daily lives. After being titled in the term of design for all products, however, handicrafts have seemed to fall as a mere souvenir, and my work began to sprout from a regrettable attention on such a phenomenon.

Being trained in ceramic, I pursued both decorative elements and functions with tree and nacre. Based on geometrical forms, my work aims to produce craftworks that keep functional value for human life and aesthetic property at the same time through the variety of sizes, combination of adequate materials, and repetition.

오로라 자개 필통, 2010,
자개, 나무, 3.5x20x6.5cm ⓒ정의선
Aurora mother Pencil case, 2010,
Mother of pearl, wood,
3.5x20x6.5cm ⓒJoung, Ui-sun

C+W 이중기접시 세트, 2009,
백토, 나무, 전체 30x30x30cm
ⓒ정의선
C+W Double made dish set,
2009, Clay, wood,
overall 30x30x30cm
ⓒJoung, Ui-sun

나무손잡이 머그, 2009, 백토, 나무, 각 12x13x9cm ⓒ정의선
Wood handle mug, 2009, Clay, wood, each 12x13x9cm ⓒJoung, Ui-sun

C+W 디저트 도자식기 세트, 2009, 백토, 나무, 가변크기 ⓒ정의선
C+W Dessert Set, 2009, Clay, wood, Variable dimensions ⓒJoung, Ui-sun

오로라자개 후식기 세트, 2010, 자개, 백토, 나무, 가변크기 ⓒ정의선
Aurora mother Dessert Set, 2010, mother of pearl, clay, wood, Variable dimensions ⓒJoung, Ui-sun

Korea | 한국

Jung, Ee-eun 정이은

기본적인 아이디어 시발점은 장소에 따라 동일한 기성품을 바라보는 인식의 변화를 체험하게 하는 레디메이드(ready made)라는 예술 개념 에서 영감을 받아 나온다고 볼 수 있다. 그것을 바탕으로 다시 한번, 조금 다르게 사고 하려고 한다. 아이디어는 쓰레기통에 쓰레기를 버리는 순간 이나 슈퍼마켓 앞 어지러운 정경을 볼 때, 혼자 우스운 상상을 하다가 떠오르기도 한다.

이러한 아이디어를 전개시키는 과정은 해체와 합체의 반복적 시험을 통해서다. 해체라는 행위와 정반대의 합체라는 행위의 반복으로 작업을 진행해 나간다. 해체를 하려면 합체 되어진 무언가가 존재하기 마련이고, 합체를 하려면 해체되어진 무언가가 있어야 가능하다.

삶을 살아가면서 해체와 합체는 무한히 반복 되지만 그것을 우리는 특별히 인지하지 않는다. 작가는 해체와 합체의 개념을 반복하면서 주얼리에 접목시키고 있다. 해체를 하여 전혀 다른 오브젝트가 탄생되고 또한 전혀 생각지도 못한 것들의 조합으로 인해 새로운 무언가를 창조해 나가는 일을 반복한다.

[ ]프리시어스, 2009, 황동, 금도금,맥주병뚜껑, 밧줄, 체인, 고무줄 등,
0.3x11x11cm ⓒ정이은
[ ]precious, 2009, Beer cap, brass with plated 18K gold, rubber bands,
rope, chain, 0.3x11x11cm ⓒJung, Ee-eun

[ ]프리시어스, 2009, 스테인레스스틸, 황동, 맥주병 뚜껑, 밧줄, 볼트, 너트,
고무줄 등, 0.3x12x12cm ⓒ정이은
[ ]precious, 2009, Beer cap, stainless steel, bolts, nuts, rubber bands, rope,
0.3x12x12cm ⓒJung, Ee-eun

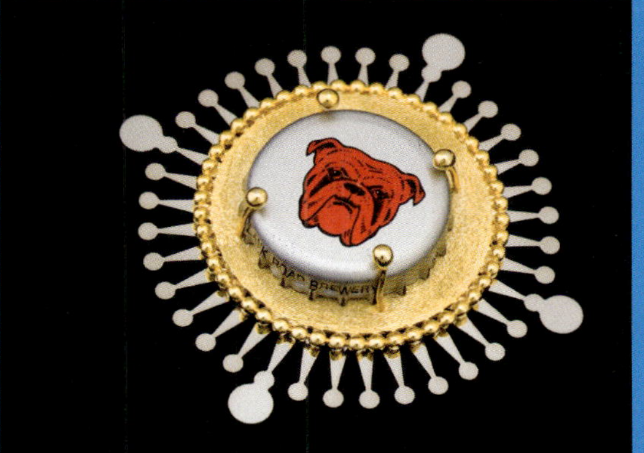

비어캡 세팅 시리즈, 2006, 황동에 금도금, 병뚜껑, 스테인레스 스틸, 자석,
1.2x6.7x6.7cm ⓒ정이은
Beer cap setting series, 2006, Brass with plated 18K gold, beer cap,
stainless steel, magnet, 1.2x6.7x6.7cm ⓒJung, Ee-eun

비어캡 세팅 시리즈, 2006, 황동에 금도금, 병뚜껑, 아크릴, 자석,
1.6x4.4x4.4cm ⓒ정이은
Beer cap setting series, 2006, Brass with plated 18K gold, beer cap, acryl,
magnet, 1.6x4.4x4.4cm ⓒJung, Ee-eun

The materials for crafts are so diverse that they have been easily
found in our daily lives. After being titled in the term of design
for all products, however, handicrafts have seemed to fall as a
mere souvenir, and my work began to sprout from a regrettable
attention on such a phenomenon.
Being trained in ceramic, I pursued both decorative elements
and functions with tree and nacre. Based on geometrical forms,
my work aims to produce craftworks that keep functional value
for human life and aesthetic property at the same time through
the variety of sizes, combination of adequate materials, and
repetition.

언제나 당신과 함께 No. 3, 2011, 정은, 사파이어, 큐빅지르코니아, 2.5x2x2cm ⓒ정진규
Always be with you No. 3, 2011, Sterling silver, sapphire, CZ, 2.5x2x2cm ⓒJeong, Jin-kyu

반(半), 2009, 정은, 루비, 큐빅지르코니아, 2.5x2x0.8cm ⓒ정진규
Half, 2009, Sterling silver, ruby, CZ, 2.5x2x0.8cm ⓒJeong, Jin-kyu

언제나 당신과 함께 No. 1, 2009, 정은, 사파이어, 큐빅지르코니아, 2.5x0.8x2cm ⓒ정진규
Always be wite you No. 1, 2009, Sterling silver, sapphire, CZ, 2.5x0.8x2cm ⓒJeong, Jin-kyu

Jeong, Jin-kyu 정진규

작가는 오늘날 결혼은 자유로운 선택의 문제가 되었지만, 남녀 간의 완전한 사랑은 아직도 결혼을 통해 이루어지고 있다고 믿고 있다. 하지만 현재 우리사회의 큰 문제로 제기되고 있는 이혼이라는 문제를, 손에서 결혼반지를 빼는 단순한 행위와 같이 너무나도 쉽게 생각하고 있는 것이 아닌가 하는 생각도 하게 되었다. 이와 같은 현 세태를 사랑의 결실을 상징하는 결혼반지를 통해서 표현하고자 한다.

남녀가 만나 결혼을 하여 하나의 완벽한 가정을 이루듯이 본 작업의 반지들은 각각 남성과 여성을 상징하는 반쪽의 반지가 만나 하나의 완벽한 반지를 이루는 형태로 제작하였다. 남성 혹은 여성을 상징하는 한쪽의 반지만으로는 착용을 할 수 없을 뿐만 아니라 착용을 하지 않을 때는 완벽한 원형을 유지하기가 어렵다. 하지만 하나의 반지로 결합하여 착용을 하였을 때는 절대로 떨어지지 않는 기능적 특징을 가지고 있다.

본 전시는 이러한 작품을 통해서 현재 우리사회에 만연하고 있는 결혼과 이혼이라는 문제들을 다시 한 번 생각할 수 있기를 바라고, 결혼반지와 함께 하는 "이 반지를 그대에게 선사함으로써...", "죽음이 우리를 갈라놓을 때까지..."라는 이 서약을 현재 그리고 미래의 모든 부부들이 다시 한 번 되새기길 바라는 의도에서 기획하였다.

Wedding ring is a symbol of perfect love. The two pieces of a half ring combine and make a whole, as two individuals become one. Half of the ring functions properly only when it meets the other half. Once combined with each other, the ring is hardly separated. This work emphasizes the conventional meaning of marriage and devotion to the partner until death do them apart.

당신은 나의 마음 No.1, 2011,
정은, 사파이어, 큐빅지르코니아, 0.8x2.2xx2.5cm ⓒ정진규
You're my heart No.1, 2011, Sterling silver, sapphire, CZ,
0.8x2.2xx2.5cm ⓒJeong, Jin-kyu

당신과 나 No.1, 2007,
18K 금, 사파이어, 큐빅지르코니아, 2.5x0.8x2cm ⓒ정진규
You & Me No.1, 2007, 18K gold, Sapphire, CZ,
2.5x0.8x2cm ⓒJeong, Jin-kyu

결혼 첫날 밤 No.1, 2009, 정은, 3.3x2.4x0.7cm ⓒ정진규
Wedding night No.1, 2009, Sterling silver, 3.3x2.4x0.7cm
ⓒJeong, Jin-kyu

Korea | 한국

Chung, Hae-cho 정해조

정해조는 천연 옻에서 채취한 생칠을 이용해 옻칠공예의 아름다움과 생의 고락을 함께 해왔다. 삼베를 여러 번 올려 칠을 입히는 협저태칠기법을 접목시킨 작품은 천연재료의 질감은 살리고 장식은 최대한 배제하였다. 토기를 변형시킨 조형 형태는 인간의 본질적인 아름다움에 관한 의문에서 시작된 원시미술에 관한 애정에서 비롯된다. 빨강, 파랑, 노랑, 검정, 초록 등의 다양한 색상과 유연한 곡선 사이로 엿보이는 광택은 아름다운 전통미를 우리가 살아가고 있는 지금 과거로 회귀하기보다 그 느낌과 정서를 현대적인 감각으로 새롭게 담아내고 있다.

(출처: 김서현, 『미술문화』, 월간미술문화, 서울, 2008)

Hae-cho Chung uses a dry lacquer technique on several layers of hemp cloth, emphasizing natural texture and simple design. Whereas the form derived from pottery appears primitive, the basic Korean colors of red, blue, yellow, black, and green and the luster seeping from the lines makes it look highly contemporary.

적광율 0834, 2008, 옻칠, 삼베,
60x70x70cm
Rhythm of the Red luster 0834, 2008,
Ottchil, hemp cloth, 60x70x70cm

나전흑적광율 0835, 2008, 옻칠, 삼베, 자개, 각 100x38x38cm
Rhythm of the Mother-of-pearl Red, Black luster 0835, 2008, Ottchil, hemp cloth, mother-of-pearl, each 100x38x38cm

은 입사 촛대, 2004, 은, 금부, 철, 동, 12x15x15cm ©조성혜
Inlay candlestick, 2004, Silver, geumbu, iron, copper, 12x15x15cm ©Cho, Sung-hae

Cho, Sung-hae 조성혜

그동안 삶을 위한 미술을 강조해 온 작가 조성혜는 '하루의 일과를 마친 사람이 매일 자신의 집으로 돌아오듯', 온전한 작품이라면 결국 삶의 공간으로 회귀한다. 만약 작품과의 최초의 대면을 전시장이라는 한시적 면회소가 아니라 집이라는 궁극의 공간에서 실현한다면 우리는 어떻게 작품과 만날 것인가. 미술품이라는 사물을 겹겹이 둘러싼 당의糖衣를 벗겨내고 잠시라도 이들의 진면목에 다가 설수 있는 것은 아닐까.

이 시도는 공예전이기에 더욱 설득력을 갖는다. 공예는 여타의 미술처럼 '보는 미술', '읽는 미술' 만이 아닌, '쓰는 미술' 로서 가치를 품고 있기 때문이다. 쓰임의 가치와 그것의 향유는 바로 생활공간, 그리고 그 곳에서의 시간의 경과가 전제되지 않고는 거론될 수 없는 것이다. 이것이 또한 우리 시대에 공예미술의 진정한 향유가 점점 어려워지는 이유이기도 하다. 공예가 다른 미술과 구별되지 못한 채 전시장이라는 '비현실적' 각축장에서 경쟁하는 동안, 삶과의 유기성 혹은 물적 체험과 같은 공예 본연의 가치가 간과될 수밖에 없기 때문이다. 관객을 초대하는 조성혜의 집은 이와 같은 의미에서 공예미술의 의미를 상기하는 성찰의 방이 될 것이다. 실용성을 가진 가구와 기물器物들, 그리고 세공기술의 면면을 보여주는 장식품들 섬세한 텍스추어, 전통적인 착색이 어우러지면서 견고한 공예적 완성도와 회화적 정취를 함께 보여준다. 금속공예가로서의 조성혜의 특징은 일본 유학시절부터 그가 천착한 조각, 타출입사, 칠보, 착색 등의 세공細工 기술에서 특히 빛나는데, 각기 3개와 6개의 성분이 다른 비철금속이 모자이크처럼 구성된 '삼색상자', '육색상자'의 예와 같이 소품일수록 진가를 발휘하고 있다.

'생활하는 자의 시선으로 눈높이를 낮추고 삶의 공간속에서 미술품을 대면하는 일. 이를 통해 자신의 뿌리와 우리 시대의 미술 환경을 성찰하는 한 공예작가의 노력에 동참해 보는 것이다.' 라고 적고 있다. 공예작품이 바로 훌륭한 예술이면서 실용주의 장르의 생경한 의미를 되새겨주고 있다.

(글쓴이: 전용일(국민대학교 교수), 김남수(미술 평론가))

Art gains its meaning in the museum space, stripping off the socio-economic layers. Craft-art, the art of use, obtains more artistic value when it is showcased in the museum. On the contrary, craft, which can be fully appreciated only in the course of daily use over time, loses its real value in the museum. When competing with fine art in the museum space, craft loses its original quality, its ground and bond with life, and its material history.

The "house" of Sung-hae Cho provides a place to reconsider the meaning of craft. Practical furniture placed with decorative items of intricate detail and with high quality traditional crafts creates pictorial scenery.

As a metalwork artist, Cho learned in Japan detailed techniques such as sculpting, beating, inlaying, cloisonné, and tinting. In "Three-colored Box" and "Six-colored box," Cho used sets of three and six non-metal ingredients to make a mosaic. The meticulous details demonstrate the quality of the work.

Cho's works are an attempt to bring art/craft down to earth and see it in reality, and to map contemporary craft onto the border between art and design.

육색상자, 2008, 은, 오동, 시부이찌(시로,나미,구로), 적동, 8x15x15cm ⓒ조성혜
Six-colored box, 2008, Silver, copper, shaku-do, shibu-ichi(chiro,kuro,name), 8x15x15cm ⓒCho, Sung-hae

담소(은 주전자), 2008, 은, 시부이찌, 경옥, 20x15x15cm ⓒ조성혜
Chat(Sirver teapot), 2008, Silver, shibu-ichi, jadeite, 20x15x15cm ⓒCho, Sung-hae

마음의 상자, 2011, 적동, 주석, 11x15x15cm ⓒ조성혜
Heart box, 2011, Copper, pewter, 11x15x15cm ⓒCho, Sung-hae

선의 흐름, 2011, 자기토, 고화도안료, 색슬립 판성형, 각 9~19x10x10cm
Linear Flow, 2011, Porcelain clay, color pigment, sculpt or sgraffito a color slip, each 9~19x10x10cm

Korea | 한국

Cho, Sin-hyun 조신현

본 작업은 공간이나 크기에 제한이 없는 작업을 중심으로 단순한 형태를 이용하여 입체적인 조형미을 표현하고 색채와 형태의 반복이 시각적으로 주는 아름다움을 조형적으로 표현하고자 하였으며, 서로 다른 색 판들이 겹쳐 선을 이루고, 그 선들로 인한 면에 조각을 함으로써 선들이 변화하고 서서히 하나의 조형물로 진화되는 것을 표현하였다. 이러한 선들의 기본은 흙을 한겹 한겹 쌓아 작은 덩어리를 만들고 장시간의 건조와 번조를 통해 서서히 조각하여 형태를 만들어 완성도 있는 작업으로 거듭나게 된다.

특히 이러한 작업과정은 기(器)가 내포하고 있는 본질적 개념에서 다소 이질적이지만 새로운 영역을 모색하는 탐구의 길을 점토가 가지는 풍부한 표현력으로 확장시키게 된다.

The work starts from one basic form, which grows to a volume through repetition and accumulation of the resulting units. Through this evolving process, a unit of a color plate becomes a line, and a series of lines becomes a volume. It is a repetitive process of drying and re-drying, an ongoing transaction between layers of earth that creates a quality of earthen ware different from traditional modes. This offers enhanced potential for contemporary earthen ware.

선의 흐름, 2011, 자기토, 고화도안료, 색슬립 판성형, 각 19~39x13x13cm
Linear Flow, 2011, Porcelain clay, color pigment, sculpt or sgraffito a color slip, each 19~39x13x13cm

주전자, 1987, 정은, 15x17x16cm ⓒ조영선
Pot, 1987, Sterling silver, 15x17x16cm ⓒCho, Young-sun

설탕, 크림기, 2011, 순은, 6.5x15x11cm ⓒ조영선
Sugar Bowl, Creamer, 2011, Fine silver, 6.5x15x11cm ⓒCho, Young-Sun

설탕, 프림기, 1987, 정은, 나무, 8.5x7.5x6cm ⓒ조영선
Sugar Bowl, Creamer, 1987, Sterling silver, wood, 8.5x7.5x6cm ⓒCho, Young-sun

Korea | 한국

Cho, Young-sun 조영선

쓰지 않으면
글자가 아니다.

부르지 않으면
노래가 아니듯

읽지 않으면
시가 아니다.

- 김초혜 시인의 '시론' 발췌 -

공예...
쓰임 도구의 중요성을
다시 한번 생각하며
그 속에서 아름다움을 찾았다.

If not written,
It is no letter.

As if it is no song
When not be sung

If not read
It is no poem.

- An excerpt from Siron (Poetics) by Kim Chohye -

Crafts...
Reconsidering
the significance of tools for use,
I found a beauty in it.

Chun, Eun-jung 천은정

나의 작업은 우리 고유의 문양을 기초로 한 기하학적 재구성을 바탕으로 다양한 재료의 적절한 사용에 의한 실용적 예술 구현의 결과들이라 볼 수 있다. 언제나 작품의 이야기는 생활 주변의 수수한 소재에서 비롯된다. 대표적인 예가 2001년의 '공간'이라는 시리즈 작품이다. 집이라는 소재를 철학적 관찰을 통하여 재해석하고 전통 금속공예기법인 입사를 이용하여 표현하였던 작품이었다. 이를 눈으로만 보는 작품이 아닌 실용성을 바탕에 둔 생활 액세서리로 승화시켰었는데, 이번 작품 또한 실사용을 염두에 둔 립스틱, 볼펜, 클러치 백 등을 소재로 하였다.

나의 최근 작품들은 한국의 창살에서 느껴지는 이미지를 투각기법을 이용하여 제작하였다. 우리나라의 전통 창살은 멀리서는 선의 구성들이 시원스럽고 단순하게 보이지만, 가까이에서는 정교한 살 짜임새에 놀라고, 아름다운 나무 결에 감탄하고, 화려한 꽃살에 빠져든다. 밝은 햇빛에 의해 창호의 짜임새가 그림자로 내부공간에 투영되는 것을 보면 또 다른 세계에 있는 듯한 느낌을 받는다.

이러한 느낌을 현대적 의미로 재해석 하여 여성들이 가장 많이 사용하는 도구에 적용시켰다. 이는 전통에서 오는 따뜻함을 도시적 이미지에 접합하여 마치 내면은 따뜻하고 아름다우면서 외면은 시크한 커리어 우먼으로 보이는 현대 여성상을 표현하고자 한 것이다.

From the "Space" series starting in 2011, I am reforming the traditional patterns into modern geometric forms and applied them to the designs of lipsticks, ballpoint pens, and clutch bags. For the "Space" series, I took "house" as the main motif and used traditional inlaying technique.

Recently, I began to employ openwork technique that reminds of the traditional Korean muntin – it looks brash and simple when seen from afar, but a closer look reveals the intricate gorgeous beauty of the design. I took varying shadow images of the openwork and applied them to women's items, providing the user with warmth on the inside and the coolness on the outside.

코스메틱 No.2-립라이너, 2009, 은, 정은, 동, 금부, 각 8.2x1x1cm ⓒ천은정
Cosmetic No.2-Lip Liner, 2009, Fine silver, sterling silver, copper, gold foil, each 8.2x1x1cm
ⓒChun, Eun-jung

코스메틱 No.3, 2009, 은, 정은, 금부, 7x1.2x1.2cm ⓒ천은정
Cosmetic No.3, 2009, Fine silver, sterling silver, gold foil, 7x1.2x1.2cm ⓒChun, Eun-jung

펜 2010-IV, 2010, 정은, 금부, 흑단, 10x1.2x1.2cm ⓒ천은정
Pen 2010-IV, 2010, Sterling silver, gold foil, ebony, 10x1.2x1.2cm ⓒChun, Eun-jung

리듬08-12, 2008, 면사, 직조, 57x64x5.5cm ©한상혜
Rhythm 08-12, 2008, Cotton yarn, weaving, 57x64x5.5cm ©Han, Sang-hye

Korea | 한국

Han, Sang-hye 한상혜

현재 나의 관심사는 날실과 씨실이 서로 엮여 디자인이 구성되는 수직이라는 기본행위를 통하여 이미지를 창조하는데 있다. 따라서 직물 조직의 구조에 관심을 가지고 반복적인 일련의 작업을 통하여 디자인을 구체화하는데 흥미를 가진다.
이 작품들을 통하여 동일한 소재, 질감, 그리고 색상이 반복되면서 착시효과의 디자인이 주는 시각적 잔상을 나타내고자 하였다. 날실과 씨실이라는 직조의 두 가지 요소가 동일한 조건에서 서로 엮여지면서 길고 짧은 선들로 이어지거나 분할되어 선들은 패턴을 이루게 되고 패턴들은 평면성을 떠나 입체적인 형태들을 띤다.

A combination of new texture, structure, color, and pattern created by repetitive weaving gives an illusion. Different lengths of the warp and the weft produce varied unexpected patterns and textures, which add volumetric and sculptural qualities to two dimensional work.

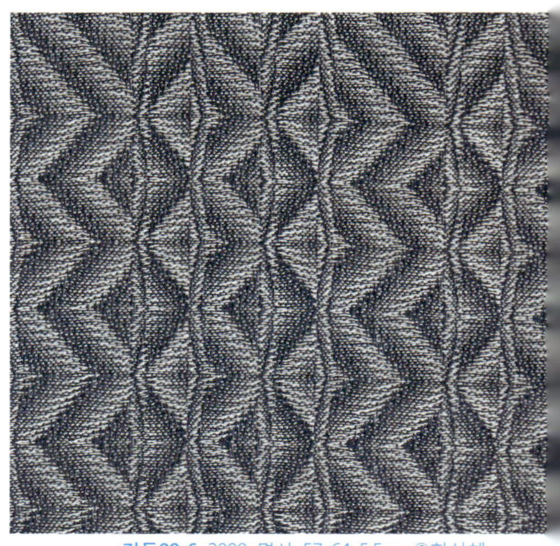

리듬09-6, 2009, 면사, 57x64x5.5cm ©한상혜
Rhythm 09-6, 2009, Cotton yarn, 57x64x5.5cm
©Han, Sang-hye

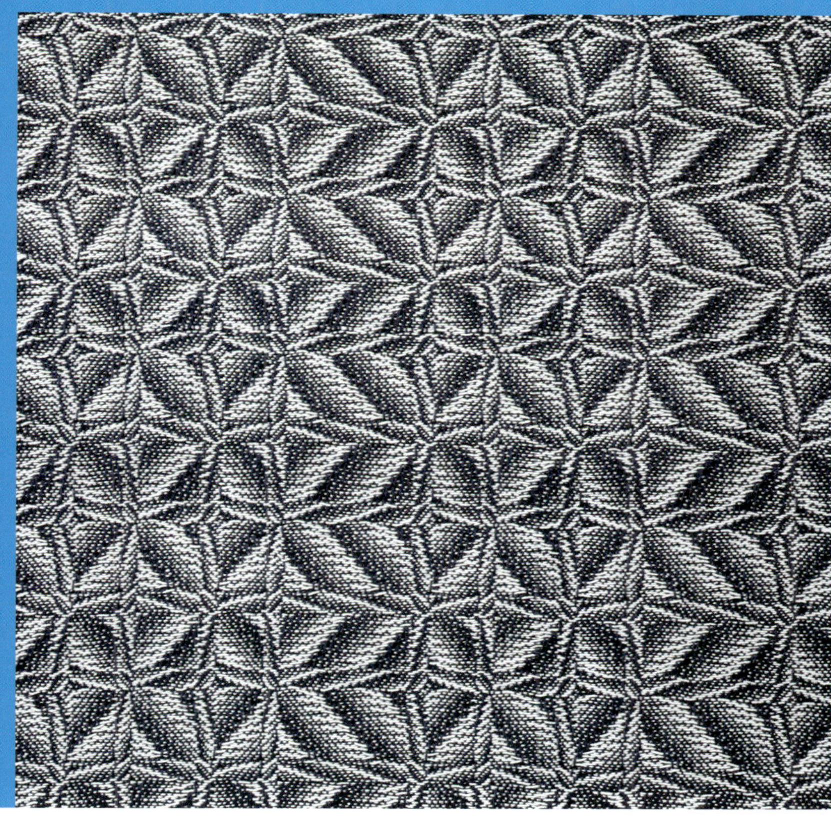

리듬09-1, 2009, 면사, 직조, 57x64x5.5cm ©한상혜
Rhythm 09-1, 2009, Cotton yarn, weaving, 57x64x5.5cm ©Han, Sang-hye

리듬09-2, 2009, 면사, 직조, 57x64x5.5cm ©한상혜
Rhythm 09-2, 2009, Cotton yarn, weaving, 57x64x5.5cm ©Han, Sang-hye

리듬09-5, 2009, 면사, 직조, 57x64x5.5cm ©한상혜
Rhythm 09-5, 2009, Cotton yarn, weaving, 57x64x5.5cm ©Han, Sang-hye

흔적 I, 2008, 정은, 칠보,
5.5x27x16.5cm
Trace I, 2008, Sterling silver, enamel,
5.5x27x16.5cm

결 II, 2010, 정은, 칠보, 5.5x32x32cm
Wave II, 2010, Sterling silver, enamel,
5.5x32x32cm

물, 2007, 정은, 칠보, 각 4x18x13cm
Water, 2007, Sterling silver, enamel,
each 4x18x13cm

Hyun, Ji-yeon 현지연

반복되는 낮과 밤, 하루, 계절의 변화 속에서 나는 시간의 흐름과 함께 변해가는 나와 주변을 느낀다. 그리고 이 변화는 지나온 수많은 관계에 대한 반영임을 깨닫는다. 나는 이러한 관계와 변화에 대한 생각들을 자연의 순환을 통해 세상의 이치를 해석하는 동양의 자연주의적 사고에 비추어 본다. 시간의 흐름과 함께 움직이고 변화하는 음과 양, 그리고 음양의 변화를 조율하는 오행 에너지의 흐름은 내가 살아가는 공간 안에서 끊임없이 관계하고 변화하며 순환한다. 관계의 변화를 일으키는 에너지는 가시적이고 실제적일 수도 있으나 자연에서 볼 수 있는 계절의 변화와 같이 눈에 보이지 않는 힘에 의한 것이기도 하다.

나는 눈에 보이지 않는 에너지의 흐름과 그 관계를 금속판을 자르고 구부리고 망치질하는 시간과 수공의 과정을 통해 생성된 기물의 형태에 담는다. 시간, 공기, 빛 등 비가시적인 것과의 관계에 의해 자신의 모습을 바꾸는 물의 모습처럼 나의 작품들은 이러한 수공의 과정을 거쳐 차갑고 무기력한 금속판으로부터 그 물성을 드러내며 활기차고 생명력 있는 물건으로 변화하며, 표면에 더해지는 칠보의 색채는 생기를 더한다.

In the course of time, I understand that my environment and I are changing together via inextricably intertwined relations. These changing relations can be better understood by the Oriental philosophy of nature that conceives of change as a part of natural phenomena. Yin and Yang, and Wu Xing ("Five Elements") energy are in endless flux and represent all the relations and the cycle of change. I am most interested in invisible energies, such as those that evoke the change of seasons, and I present energy flow in my handicraft metalwork by the processes of curving, hammering, and cloisonné. Like water that shifts in response to invisible elements of time, air, and light, my work transforms blank metal plate to a vital object.

물결, 2008, 정은, 칠보, 12x39.5x35.5cm
Water wave, 2008, Sterling silver, enamel, 12x39.5x35.5cm

사색의 흔적, 2007, 은, 백동, 철, 나전, 옻칠, 39x16x16cm ⓒ홍정실
Meditation, 2007, Silver, cupro-nickel, iron, mother of pearl, lacquer, 39x16x16cm ⓒHong, Jung-sil

사유공간(思惟空間), 2009, 철, 나전, 옻칠, 33.5x13.5x12cm ⓒ홍정실
Space of Thinking, 2009, Iron, mother of pearl, lacquer, 33.5x13.5x12cm
ⓒHong, Jung-sil

시간구성, 2005, 순금, 은, 동, 철, 옻칠, 18x39x36cm ⓒ홍정실
Time Composition, 2005, Gold, silver, copper, iron, lacquer, 18x39x36cm
ⓒHong, Jung-sil

Korea | 한국

Hong, Jung-sil 홍정실

작가 홍정실은 금, 은, 구리, 철 등 귀금속 및 비금속류, 그리고 한국 전통 옻칠을 접목하여 제작한 작품들로 잘 알려져 있다. 그녀의 작품은 입사를 이용한 한국 전통의 금속세공기법을 현대감각에 맞도록 작가의 개인적 예술성에 응용한 점이 특징이다. 그녀의 소박한 추상미를 지닌 용기형태는 옻칠의 다양한 붓칠 패턴, 응용된 금속재료, 금 은사를 이용한 심오한 상감기법의 디자인, 그리고 색감대조 등으로 보완되어 조화를 이룬다.

Hong, Jung-sil is celebrated for her work joining precious and semi-precious metals - gold, silver, copper, and steel – and Korean lacquer. Her work, especially that in the highly challenging choeum ipsa damascene technique (metal inlay in mild steel), reflects the modern blending of traditional Korean metalsmithing with a more individual sense of artistic expression. Patterns of brushwork in lacquer, applied elements of metal, complex designs of inlaid gold and silver wire, and coloristic contrast complement the elegantly simplified and sculpturally abstract shapes of the vessel and container forms she creates.

(Auther: Jennifer Saville, (USA, Honolulu Academy of Arts))

Hwang, Jin-young 황진영

시계 제작자 황진영이 내놓은 ZIG의 첫 모델 '지르코니아'는 패기 가득한 실험정신과 대량생산에서 느낄 수 없는 감성을 한데 담고 있다. 작은 부품 하나까지 세심하게 관리하고 제작하는 그의 고집은 이색적인 소재에서도 확인할 수 있다. 최근 주목 받고 있는 세라믹 소재를 이용해 도자기처럼 통으로 구워낸 시계케이스와 천연 가죽밴드의 접목이 그것. 악어, 비단구렁이, 타조, 도마뱀, 상어등의 천연가죽을 수공으로 바느질하여 만든 다양한 밴드 콜렉션은 어느 것 하나 빼놓기 아쉬울 정도. 또한 손으로 빚어낸듯 유려한 곡선이 눈에 띄는 케이스와 보석을 세공하듯 하나하나 세밀하게 커팅한 세라믹 밴드의 퀄리티는 의심할 수 없는 기술력을 증명한다.

(글쓴이: 정윤희(『디자인정글』 에디터)

Watch-maker Jin-Young Hwang presents "Zirconia, " the first of the ZIG series. He uses ceramic material for the watch case and combines it with a handworked leather band made from crocodile, python, ostrich, lizard, and shark leathers. The elegant curves of the case and the precise craftsmanship demonstrate the highest technique. The work's adventurous use of material and its exquisite details distinguish it from mass-produced items.

지르코니아 검정 세라믹/M, 2011,
지르코니아, 1x30x4.5cm, ZIG
©황진영
Zirconia black ceramic/M, 2011,
Zirconia, 1x30x4.5cm, ZIG
©Hwang, Jin-young

지르코니아 갈색 비단구렁이/M, 2011,
지르코니아, 비단구렁이, 1x30x4.5cm, ZIG
©황진영
Zirconia brown python/M, 2011,
Zirconia, python, 1x30x4.5cm, ZIG
©Hwang, Jin-young

지르코니아 검정 상어/M, 2011,
지르코니아, 상어, 1x30x4.5cm, ZIG
©황진영
Zirconia black shark/M, 2011,
Zirconia, shark, 1x30x4.5cm, ZIG
©Hwang, Jin-young

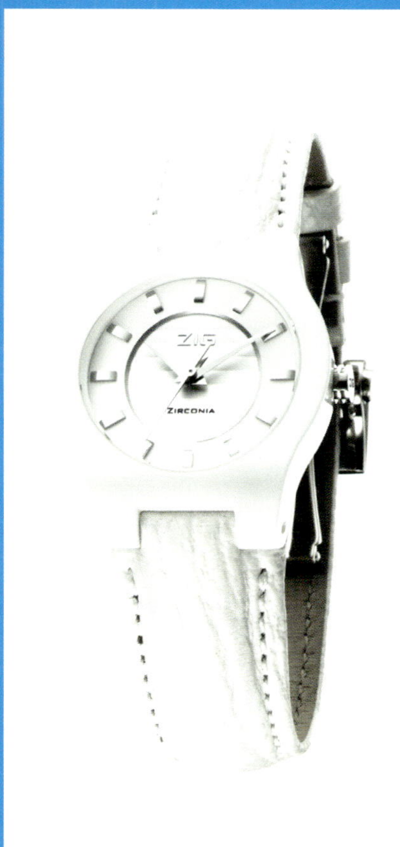

지르코니아 흰색 상어/F, 2011, 지르코니아, 상어,
1x28x3.5cm, ZIG ©황진영
Zirconia white shark/F, 2011, Zirconia, shark,
1x28x3.5cm, ZIG ©Hwang, Jin-young

지르코니아 붉은 비단구렁이/F, 2011, 지르코니아, 비단구렁이,
1x28x3.5cm, ZIG ©황진영
Zirconia red python/F, 2011, Zirconia, python,
1x28x3.5cm, ZIG ©Hwang, Jin-young

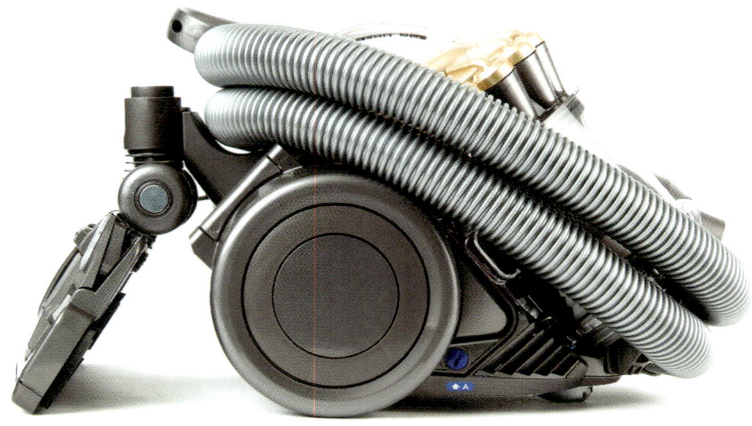

DC23 알러지, ABS, 폴리카보네이트, 35.2x46x28.9cm ⓒ다이슨
DC23 allergy, ABS, polycarbonate, 35.2x46x28.9cm ⓒDyson

다이슨 에어 멀티플라이어/블루, ABS,
46.6x30.5x15.2cm ⓒ다이슨
Dyson air multiplier/blue, ABS,
46.6x30.5x15.2cm ⓒDyson

다이슨 에어 멀티플라이어/실버, ABS,
46.6x30.5x15.2cm ⓒ다이슨
Dyson air multiplier/silver, ABS,
46.6x30.5x15.2cm ⓒDyson

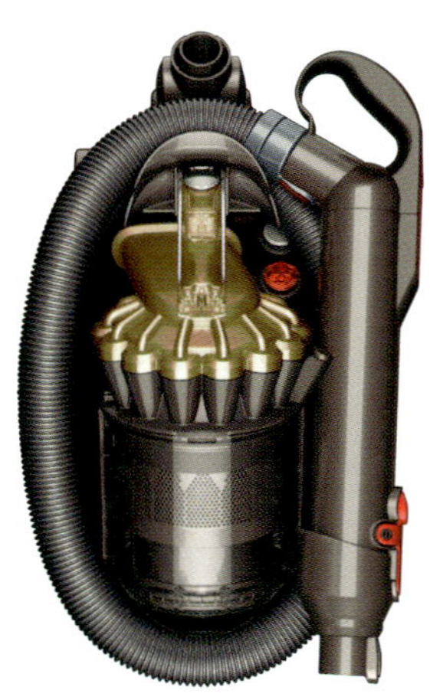

DC22 올플로어즈, ABS, 폴리카보네이트,
29.1x26.3x40.2cm ⓒ다이슨
DC22 all floors, ABS, polycarbonate,
29.1x26.3x40.2cm ⓒDyson

AB01 핸드 드라이어, 알루미늄, 64.2x30.3x24.8cm ⓒ다이슨
AB01 hand dryer, Aluminum, 64.2x30.3x24.8cm ⓒDyson

Dyson 다이슨

"성공은 99%의 실패로 이루어진다. 나는 결코 실패를 두려워하지 않는다. 매번 실패에서 무언가를 배웠고, 그것이 해법을 찾는 방법이다." - 제임스 다이슨 경

5,127개나 되는 시제품을 제작한 끝에, 제임스 다이슨은 세계 최초로 흡입력이 변치않는 싸이클론 청소기를 개발했습니다. 그 후, 다이슨은 세계 최초 및 국내 최초로 알러지 천식 협회 인증 청소기, 4,000mph의 속도로 물을 긁어내어 말려 위생적인 손 건조기, 127년간의 고정관념을 깬 날개없는 선풍기를 개발하는 등, 혁신을 거듭해 왔습니다.

"Success is made of 99% of failure. Enjoy failure and learn from it. You can never learn from success." - Sir James Dyson

After making 5,127 proto types, James Dyson succeeded in developing world's first vacuum cleaner that doesn't lose suction using cyclone technology. Since then, Dyson has been continuing its innovation with its world's first and now Korea's first Allergy and Asthma foundation endorsed vacuum cleaner for allergy care, a hand dryer that scrapes water at 4,000mph of speed, and bladeless fan which broke 127 years old stereotype.

OXO 옥소

Sam Farber는 손에 관절염이 있는 아내가 주방기구를 사용하는데 어려움을 겪자 아내를 위해 주방도구를 연구하다 일반인, 환자 모두 보다 편하게 사용할 수 있는 주방기구들을 만들기로 결심하고 소비자와 주방장, 판매상 및 저명한 노인학자 Patricia Moore 를 이사회에 영입하는 등 철저한 연구를 바탕으로 회사를 설립하게 됩니다.

1990년 드디어 OXO의 첫 제품 OXO Good Grips 라인 15개 제품이 처음 미국 시장에 전격 출시, 인체공학적으로 디자인 및 편의성과 기능에 대한 새로운 표준을 제시하면서 수많은 특허제품을 만들어내게 됩니다.

Good Grips 라인은 여러 분야의 획기적인 상품들로 국제 기구와 국가들로부터 인정 받고 있으며 오늘날 대표적인 유니버설 디자인 아이콘의 하나로 자리잡고 있습니다.

OXO International Becomes a Universal Design Icon

OXO International was established in 1989 by Sam Farber whose goal was to produce kitchenware for users who were elderly and who had disabilities. Farber chose the name because it could be read horizontally, vertically, or upside down. Well-known transgenerational designer Patricia Moore was consulted for advice resulting in OXO Good Grips ranging of comfortable, easy-to-use kitchen utensils.

Today, OXO International manufactures over 500 innovative products and has brought the principles of universal design to the global marketplace, proving that design for all can be innovative, appealing and profitable. OXO Good Grips is gaining international recognition from different international parties while also emerging as the leader in universal design.

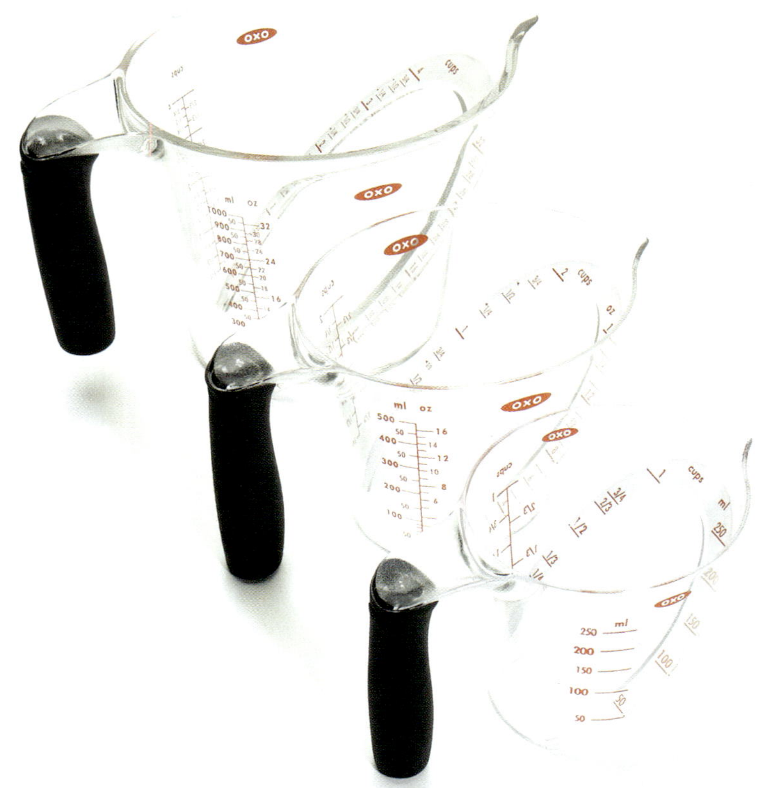

계량컵 500ml,
폴리카보네이트, 산토프렌,
9.5x11x14.3cm ⓒ옥소
OXO 2cup angled measuring cup,
Santoprene, polycarbonate,
9.5x11x14.3cm ⓒOXO

마늘다지기, 스테인리스 스틸, 폴리프로필렌, 5x17x2.5cm ⓒ옥소
OXO Garlic press, Stainless steel, polypropylene, 5x17x2.5cm
ⓒOXO

미트 텐더라이저, 실리콘, 코팅스틸, 10x14x3cm ⓒ옥소
OXO Metal kitchen ware, Silicone, coating steel, 10x14x3cm
ⓒOXO

야채탈수기, 폴리프로필렌, 17x20x20cm ⓒ옥소
OXO Salad spinner, Polypropylene, 17x20x20cm ⓒOXO

아이스크림 주걱, 알루미늄 스틸, 6.7x22x2cm ⓒ옥소
OXO Ice cream spade, Aluminum, 6.7x22x2cm ⓒOXO

Hankook Chinaware 한국도자기

박정희 대통령 식기세트, 본차이나, 가변크기, 한국공예관 ⓒ한국공예관
Table ware set of President Park, Jung- heui, Bone china, Variable dimentions, Korean Craft Museum ⓒKorean Craft Museum

전체적으로 깨끗하고 단아한 이미지를 통해 고 육영수 여사의 청초함을 대변하고 있다. 육영수 여사의 서거 후 혼자 식사하는 아버지의 모습을 안타깝게 생각한 큰딸(박근혜)의 아이디어로 완두콩 모양의 찬그릇은 다른 식기들을 감싸도록 만들어져 아버지의 식용을 돕도록 하였다.
This tableware represents the tidiness of the late first lady, Mrs. Yuk, Young-soo, with its clean and graceful image on the whole. After the assassination of the first lady, the eldest daughter, Keunhye, created an idea to design the side-dish plates in pea's shape to help her father's appetite in sympathy with him, President Park, Jung-hee, who lost his wife and had to have meals alone.

노태우 대통령 식기세트, 본차이나, 가변크기, 한국공예관 ⓒ한국공예관
Table ware set of President Roh, Tae-woo, Bone china, Variable dimentions, Korean Craft Museum ⓒKorean Craft Museum

평범함을 강조한 파란 봉황을 넣은 단순한 디자인에서 십장생 금장이 들어간 식기로 재 탄생되었다. 이후 금장 십장생 디자인은 최근까지 청와대를 상징하는 식기로 사용되고 있다.
From a simple design with blue Oriental phoenix to accentuate commonness, this tableware set was reborn with gilt 'sipjangsaeng (ten traditional symbols of longevity).' After on, the gilt sipjangsaeng design has been used to symbolize 'Chongwadae or Blue House (Korean presidential residence).'

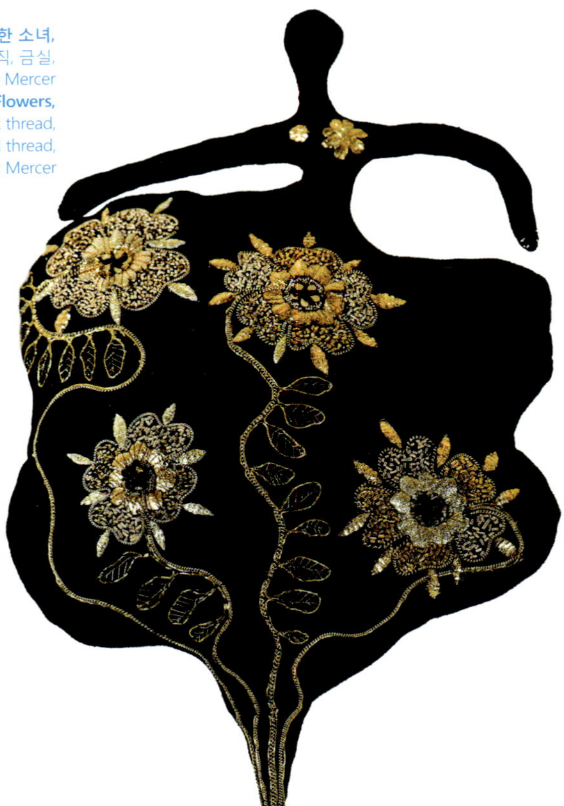

UK | 영국

Alison Mercer 엘리슨 머서

In this exhibition I share with you the embryonic progress of a new body of soft sculptures that I am developing entitled `Broody Girls and Babies` as part of the `Mercerized Mending` solo exhibition. Each Broody Girl aims to reflect my compulsion to stitch the relationship between my inner self and the outside world.

I am interested in creating figures that imbue a presence of my ancestors and the fertile shapes suggest a fecund legacy and reference pre-historic fertility goddesses. Creating each Broody Girl I am reminded of the playful philosophy I continue to explore…. " My ancestors being, within me surrounding me and taking part in all I do"…. They express the deepening relationship I am beginning to explore with my own fertility and how I stitch this idea into being. I am mindful of the creative bond that each stitch creates and the legacy of visuals I leave behind

As an artist the act of stitching communicates many personal meanings ancestral, devotional, subliminal, a connection to the world around me. I `stitch` to discover who I am and why it is so important to me. Each object I create becomes a revelation and a token of memory.

The stitched soft sculptures I create may not be the final outcomes that visualize my journey. Many stitched objects have been used in secret performances that seek to visualize very serious subject matter by means of `projective identification`.

쌍둥이가 된 우울한 소녀들, 2011,
수제 염색 옥양목, 비단, 모직, 무명실, 유리 거울, 직물,
38x15x26cm ©Alison Mercer
Broody Girls Conjoined Twin, 2011,
Hand dyed calico, silk thread, woolen thread, cotton thread, glass mirror, fabrics,
38x15x26cm ©Alison Mercer.

아기와 함께 있는 우울한 소녀, 2011,
수제 염색 옥양목, 비단, 모직, 무명실, 유리 거울, 직물,
26x15x27cm ©Alison Mercer
Broody Girl with Baby, 2011, Hand dyed calico, silk thread,
woolen thread, cotton thread, glass mirror, fabrics,
26x15x27cm ©Alison Mercer

태아를 가진 우울한 소녀, 2011, 수제 염색 옥양목, 비단, 모직, 무명실,
유리 거울, 직물, 21x15x27cm ©Alison Mercer.
Broody Girl with Embryos, 2011, Hand dyed calico, silk thread, woolen
thread, cotton thread, glass mirror, fabrics, 21x15x27cm ©Alison Mercer.

이번 전시에서 나는 소프트 조각으로 새로운 인체를 만들어, 잉태된 태아의 모습을 여러분께 선보이고 그 과정을 함께 공유하고자 한다. 여기에 출품한 작품들은 내 개인전에서 면을 광택 가공 처리하는 머서 기법으로 일부 선보였던, '아이를 몹시 갖고 싶어하는 소녀와 아기들'을 주제화하여 좀 더 발전시킨 것이다. 이 개개의 아이를 품은 소녀는 내 안의 자아와 나를 둘러싼 외부 세계의 관계를 꿰매버리려는 나의 강박 충동이 분출된 결과물이다.

나는 내 조상들의 존재감으로 가득 차있는 창조적인 형상물에 관심이 많다. 그리고 풍요를 기원하는 형태들이 다산을 보여주는 유물로 암시된다는 사실이 흥미롭고, 그렇기에 선사시대의 다산의 여신들을 상징하는 지시물에도 관심이 많다. 이번 작품 '아이를 갖고 싶은 소녀'를 하나 하나씩 만들어가면서, 나는 내가 지속적으로 관심을 갖고 탐구하던 철학적인 문제를 떠올리게 되었다. 그것은 "나의 조상들이라는 존재는, 내 안에서, 나를 둘러싸고, 내가 하는 모든 것에 개입되어 있다"는 사실이다. 그들은 이미 내가 작품을 통해 나 자신의 생식력을 탐구하기 시작할 때부터 깊이 연관되어 있었다. 그리고 내

가 이런 나의 생각을 어떻게 바느질로 꿰매서 존재화해야 할까?하고 고민할 때도 그들은 개입되어 있었다. 그래서 나는 바느질로 만든 각각의 작품과 내가 떠나온 조상의 유물이 창조적인 결속으로 묶여있다는 점을 늘 마음에 새긴다.

내가 한 사람의 작가로서 바느질을 하는 행동은 나의 많은 개인적인 의미들과 소통하는 과정이다. 나의 개인적인 의미에 해당되는 것은 조상들, 신앙심, 나의 잠재의식, 그리고 나를 둘러싼 세계와 연결된 것들이 있다. 나는 내가 누구고, 또 왜 그토록 그것이 나에게 중요한 문제인지를 알기 위해 '바늘질'을 한다. 그렇기에 내가 만든 각각의 오브제들은 일종의 나에 대한 폭로물이고 내 기억의 표시이다.

내가 바느질한 이 부드러운 조각들은 최종적인 산출물이 아니다. 이들은 단지 내 인생의 여정을 가시적으로 보여주는 것들이다. 이 많은 바느질 오브제들은 나의 투영된 정체성을 보여주고 싶다는 아주 심각한 주제를 시각적으로 나타내기 위해 애쓰다 보니, 이런 나의 비밀스러운 퍼포먼스에 사용된 것이다.

렌즈_1, 2009, 유리, 29.7x21x26cm
©Erin Dickson
Lens_1, 2009, Waterjet cut float glass,
29.7x21x26cm ©Erin Dickson

렌즈_3, 2011, 클린으로 주조한 탄환, 29.7x21x11cm ©Erin Dickson
Lens_3, 2011, Kiln cast bullseye, 29.7x21x11cm ©Erin Dickson

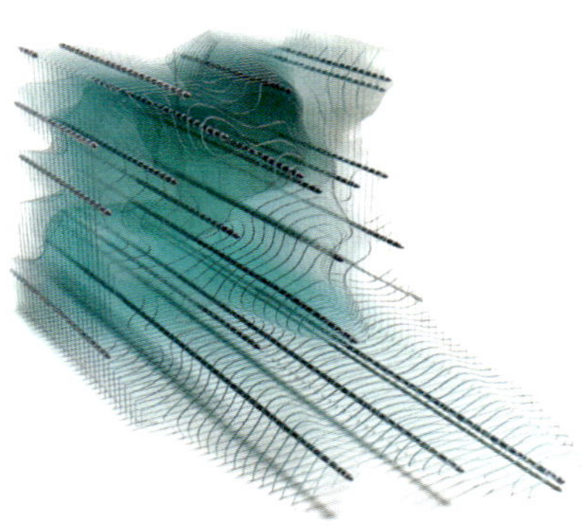

하늘은 지상에서 시작한다, 2010, 유리,
160x65x65cm ©Erin Dickson
Heaven Starts on the Ground, 2010,
Waterjet cut float glass, 160x65x65cm
©Erin Dickson

텀블러_1, 2010, 유리, 7x7x15cm ©Erin Dickson
Tumbler_1, 2010, Waterjet cut float glass,
7x7x15cm ©Erin Dickson

렌즈_2, 2009, 합판, 29.7x21x47cm ©Erin Dickson
Lens_2, 2009, Waterjet cut Plywood, 29.7x21x47cm ©Erin Dickson

Erin Dickson 에린 딕슨

As an architect by training, and more recently a glass designer, I use my own experience to evaluate how glass can be manipulated to suit both design intentions. when When glass is used in architecture, it is too often viewed as a separate component , ppassed to glass 'specialists' or artists for manipulation, it is allowed allowing it to become a dissected part of the building. My aim is to remove glass from being just a 'window' and enable it to become an architectural design element of its own. My work looks at non-e traditional methods of using space and light, using glass to how glass can manipulate a viewer's experience ofof an object or place.

Although my main body of work is realised in glass, the search for form begins in phenomena that are, actually, formless. My experiments start with a specific place, recording it in photography. Light samples are taken across the area of the image to create 3-dimensional surfaces. Using the effects of depth and distortion in layers of glass, a 'model' of the light in space is generated. The resulting abstract forms are, in fact, visual statements of light and distortion.

Working from the digital interface into the physical world, waterjet cutting and CNC milling allows me to work with glass to create unique 3-dimensional works. These new objects bear the marks of their manufacture, and the fabrication gives them new physical and optical qualities. These design works, along with my sculptural installations, are manipulations of a viewer's perception through light, form and space.

나는 숙련된 건축가로서, 그리고 최근에는 유리제품의 디자이너로서 양쪽 모두의 목적에 부합되려면 유리가 어떤 방식으로 다루어져야 하는지를 측정하기 위해 나 자신의 경험을 이용한다. 유리가 건축물에 사용될 때면 유리 '전문가'나 예술가들이 다룰 때 마다 너무도 흔히 건축과 분리된 부품 정도로만 생각되어 건물의 부속품이 되어버린다. 나의 목적은 유리를 단순한 '창문'이 아닌, 그 자체로서 건축 디자인의 한 요소가 되게 하는 것이다. 내 작업은 바라보는 사람들의 공간 경험을 연출하기 위해 유리를 이용하여 공간과 빛을 사용하는 데 있어서 비전통적인 방식들을 추구한다.

비록 내 작품의 주요 부분이 유리를 통해 현실화되긴 했지만, 형태에 대한 추구는 실질적으로 무형의 현상들로부터 출발한다. 내 경험들은 구체적인 장소를 사진으로 기록하면서 시작된다. 조명을 위한 샘플들은 3차원적 표면들을 창출해내기 위해 이미지 영역을 교차하며 수집된다. 유리의 각 층들 속에 존재하는 깊이와 왜곡현상의 효과들을 이용하여 빛의 '모델'이 공간 속에서 형성된다. 결과적으로 나타나는 추상적 형태들은 사실상 빛과 왜곡의 시각적 발언이⊏-.

디지털 접속기로부터 물리적 세계로 작업을 실행할 때 수압분사기를 이용한 절단과 컴퓨터 수치제어 작업은 유리 작업을 독특한 3차원적 작품으로 제작되게 한다. 이렇게 새로운 제작품들은 수공예의 흔적들을 지니게 되고, 이러한 제조는 새로운 물질적, 시각적 질을 부여하게 된다. 이 디자인 작업들은 내 조각적 설치 작품들과 함께 빛과 형태와 공간을 통한 관람자의 지각을 이끄는 연출이다.

텀블러_2, 2010, 유리, 7x7x15cm ©Erin Dickson
Tumbler_2, 2010, Waterjet cut float glass, 7x7x15cm ©Erin Dickson

손아귀에 남아있는 금속장식물,
2011, 유리, 100x10x10cm
©Erin Dickson
La dorure en reste aux mains,
2011, Waterjet cut float glass,
100x10x10cm ©Erin Dickson

Front & Siyazama Project
프론트 & 시야자마 프로젝트

The Story Vases tell the personal stories of five women from South Africa.

The project began with a series of conversations in Durban between Anna, Sofia and Charlotte from Front and Beauty, Thokozani, Kishwepi, Tholiwe, Lobolile of the Siyazama Project, a collective of women working with traditional beadcraft. They told about their daily lives, their husbands and children. They shared their hopes and dreams, and talked about love, life and death. Their stories also touch on such serious subjects as the effect of HIV on their society, gender, poverty and unemployment. They talked about their businesses and what beadwork meant to them.

Each of the vases tells a part of these stories, and documents the daily life of women in rural, post apartheid South Africa. Each woman formed their own story into text by threading glass beads on to metal wires. These wires were made into vase-shaped moulds, into which glass was blown.

With the Story Vases, Front used its conceptual approach to design, material and narrative to explore new ways of working with Zulu beadcraft in collaboration with the Siyazama. This long-term project aims to broaden the market for the women's craft and to let their stories, which are seldom told, be heard by more people.

(By Editions in Craft. www.editionsincraft.com)

<이야기 꽃병>은 남아프리카에서 온 다섯 명의 여성들이 꽃병에다 그들 자신의 개인적인 이야기를 담고 있는 작품이다. 프론트 앤드 시야자마 프로젝트는 우선 프론트 그룹인 안나, 소피아, 샬로트가, 전통적인 구슬공예로 작업을 하는 여성들의 집단인 시야자마 프로젝트의 구성원 뷰티, 토코자니, 키시웨피, 토리웨, 로볼릴과 남아프리카 항구도시 더반에서 만나 일련의 대화를 나누면서 시작되었다. 그들은 이 다섯 여성의 일상적인 삶과 남편, 그리고 아이들에 대하여 이야기 하였다. 그리고 그녀들의 희망과 꿈을 함께 나누고, 그녀들의 사랑, 인생, 그리고 죽음에 대해 이야기 했다. 그들의 이야기에는 또한 심각한 주제들도 있었는데, 그것은 이 다섯 여성의 사회에 만연한 에이즈의 영향과 젠더, 빈곤, 그리고 실업 문제에 대한 것이었다. 여기에 그들은 그녀들이 하는 일에 대한 대화, 즉 구슬공예가 그녀들에게 무엇을 의미하는가에 대해서도 말하였다. 이 꽃병들 하나 하나에는 이렇게 나누었던 그녀들의 이야기가 쓰여 있다. 인종 차별 정책이 폐지된 남아프리카의 시골에 살고 있는 이 다섯 명의 흑인 여성들은 꽃병에다 자신들의 매일의 삶을 기록했다. 각각의 여성들은 자신의 삶에 대한 이야기를 텍스트로 만들고, 철사 줄에 유리 구슬을 일일이 꿰서 이 텍스트의 글자들을 형상화하였다. 그녀들은 구슬로 글자를 엮은 철사 줄을 꽃병 모양의 틀과 같은 형태로 짰다. 그리고 이 철사 틀에다 유리를 녹여 부어 이 틀에 맞는 꽃병의 형상을 만들었다.

이 <이야기 꽃병>을 통해 프론트 그룹은 디자인이나 재료, 서사적인 측면에서 개념적인 접근을 시도할 수 있었다. 이런 접근은 시야자마 그룹과의 협업을 통해 남아프리카 나탈 지방의 줄루족이 작업하는 모습을 접하면서, 그들이 만드는 구슬공예의 새로운 방식을 탐험해 볼 수 있었기에 가능한 것이었다. 이 장기적인 프로젝트는 여성들이 만드는 공예 작품을 팔 수 있는 공예 시장을 넓혀 나가고, 또 좀처럼 언급되지 않았던 여성들의 이야기를 더 많은 사람들에게 들려주기 위한 목표를 갖고 있다.

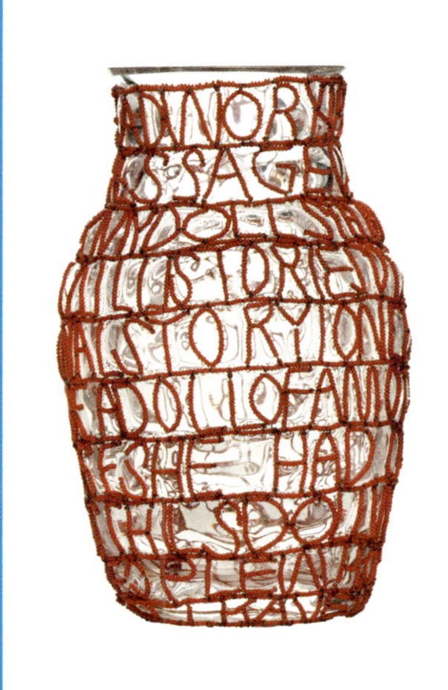
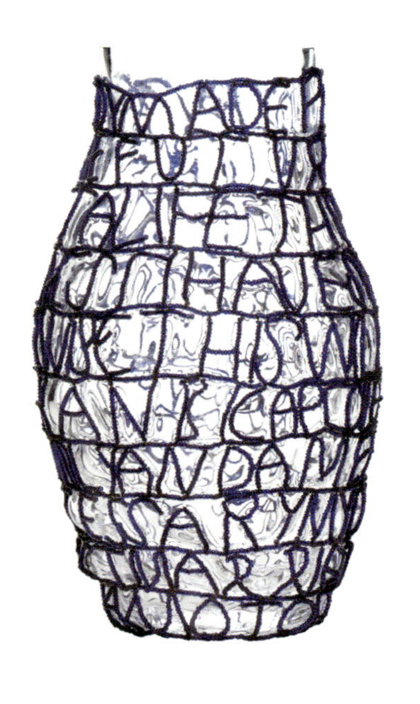

이야기 꽃병, 2011, 유리구슬, 유리, 35x23cm, Editions in Craft ©Anna Lönnestan.
Story Vase, 2011, Glass beads, glass, 35x23cm, Editions in Craft ©Anna Lönnestan

황토색 총알용기, 2011,
도자, 거머리말, 솔잎바구니,
30x17x17cm
©Hannie Goldgewicht.
Ochre bullet vessel, 2011,
Ceramic, pine needle basketry,
sea grass, 30x17x17cm
©Hannie Goldgewicht.

Hannie Goldgewicht 헤니 골드게윅트

In the Central American country of Costa Rica, the free spirits have a saying: Pura vida. Literally "pure life," it's both an everyday expression ("How's it going?" "Pura vida.") and a state of mind. "It means everything's OK, it's life, it's all good," says artist Hannie Goldgewicht, who hails from the lush tropical paradise. "That's the mentality, definitely."

Goldgewicht lives in Los Angeles now, but her earthy, nature-inspired vessels radiate pura vida. Part pot and part basket, each is a sensuous clay form woven to a supple coiled neck, or band, of pine needles. Hard and soft, vibrant and muted, smooth and textured-Goldgewicht blends it all into an elegant hybrid.

"I've always looked for ways to integrate materials, mix mediums," says the 34-year-old. "The material, the workmanship, getting your hands dirty-that's the biggest inspiration for me. Bending the metal. Working the clay. Finding a way to make things look good together."

(Source: Joyce Lovelace (American Craft's contributing editor), "Radiating Pura Vida," *American Craft Magazine*, USA, Dec./Jan. 2011)

중앙 아메리카의 코스타리카 공화국에서는 자유로운 영혼들을 다음과 같은 말로 표현한다: 푸라 비다(Pura vida). 이 말은 글자 그대로 "순수한 삶"이란 뜻이지만, 여기에는 일상 생활에서 매일 쓰는 인사말 "어떻게 지내?" "푸라 비다"라는 표현과, 마음의 상태라는 두 가지 뜻이 담겨 있다. 열대 초목이 무성한 파라다이스, 코스타리카에서 태어난 작가 해니 골드게윅트는 "푸라 비다라는 말에는 만사가 오케이, 그것이 인생이며, 모두 좋다라는 의미가 담겨져 있습니다"라고 말한다. 그리고 여기에 "분명히 그 안에는 정신성이 깃들어 있습니다"라고 덧붙였다.

지금 골드게윅트는 로스앤젤레스에 살고 있지만, 흙 냄새 나며 자연의 영감이 깃든 그녀의 그릇들을 보면 푸라 비다가 온 세상에 발산되고 있음을 감지할 수 있다. 부분적으로 항아리가 되고, 부분적으로 바구니가 되는 그녀의 작품은 항아리 위에 솔잎 같은 것으로 만든 끈을 유연하게 감아 목 부분에다 꿰맨 것이다. 그래서 이런 감각적인 그릇이 탄생하게 되었다. 이런 형태로 인해 그녀의 작품은 견고하면서도 부드럽고, 소리가 진동하는 듯하면서도 침묵으로 일관되며, 매끄럽지만 질감이 느껴진다. 즉 그것 안에 모든 것이 혼합되어 참으로 우아한 하이브리드로 창조된 것이다.

34살의 작가 골드게윅트는 "나는 언제나 재료들을 혼합하고, 여러 매개체를 섞기 위한 방법을 찾아 왔습니다"라고 말한다. 또한 "재료, 제작 기법, 고생해서 얻은 것–이것들은 나에게 아주 큰 영감을 주는 것들 입니다. 그리고 금속을 구부리는 것, 점토 작업을 하는 것, 보기 좋게 어울리도록 만들기 위한 방법을 찾는 것도 나에겐 중요한 행동입니다"라고 얘기한다.

갈색 물방울, 2011, 도자, 라피야 야자 섬유, 솔잎바구니, 19x22x23cm ©Hannie Goldgewicht
Brown Drop, 2011, Ceramic, pine needle basketry, raffia, 19x22x23cm ©Hannie Goldgewicht

붉은 배, 2011, 도자, 거머리말, 솔잎바구니, 19x28x21cm ©Hannie Goldgewicht
Red Boat, 2011, Ceramic, pine needle basketry, sea grass, 19x28x21cm ©Hannie Goldgewicht

산들바람의 미인들, 2007, 은, 동, 15x15x29cm ⓒHeather Bayless
Breeze's Belles, 2007, Sterling silver, copper, 15x15x29cm ⓒHeather Bayless

338

Heather Bayless 헤더 베이리스

During my lifetime my favorite place to be has been outdoors. Growing up in the countryside with a house surrounded by forest, having a gardener mother and a scientist father and a curiosity about all things tiny have blended to form the interest that I have in plants and living things. An artistic grandmother, aunt and brother influenced me while growing up, and as a high school student I became interested in metalwork.

I combine these two passions—nature and art—into a body of work that moves between idea, tradition and image. I have investigated the scientific structures and functions of botanical fertility, including seeds, bulbs and spores, and express these through tableware and jewelry. Through exploring these fertility structures I learned that there are three main functions including containment of the embryo, storage of energy, and dispersal from the mother plant into nature. Art, design and craft elements from metalwork merged with inspiration, information and image from science have allowed this colle ction of work to develop and evolve.

내가 살아온 시간을 통틀어 가장 즐거웠던 때는 바로 전원에서 보냈던 시간들이었다. 주변이 온통 숲으로 둘러싸인 시골에서 자라났던 나는, 정원사였던 어머니와 과학자였던 아버지 사이에서 태어났다. 그래서 그런지 몰라도 어린 시절부터 나는 식물들과 살아있는 것들에 대해 관심이 많았고, 이런 나의 흥미에 적합한 형태를 가진 미세한 모든 것들에 대해 호기심을 갖고 있었다. 내가 자라는 동안 예술가였던 할머니와 숙모 그리고 오빠는 나에게 많은 영향을 주었다. 그리고 이런 영향 때문인지 고등학생이 되자 나는 금속공예에 흥미를 느끼게 되었다.

나는 나에게 열정을 불러일으키는 두 대상인 '자연과 예술'을 작품이라는 한 형체에 결합한다. 여기서 작품은 나의 아이디어나 전통 그리고 이미지와 연관하여 유동적으로 바뀔 수 있다. 나는 씨앗과 알뿌리 그리고 포자 같은 식물의 생산성에 대한 과학적인 구조와 기능들을 조사해 왔다. 그리고 그렇게 조사한 대상을 주방용 기구나 장신구로 표현해 보았다. 식물의 생식 구조를 탐구해 보면서 나는 그것에는 세 가지의 주요 기능들이 있다는 것을 알게 되었다. 그것은 배아가 억제되고, 에너지가 저장되고, 또 모(母)식물로부터 자연으로 산포되는 기능이었다. 이번 나의 컬렉션이 도출되고 발전할 수 있었던 것은 이런 과학이 이룩해 놓은 정보를 가지고 아이디어 착상이나 정보, 그리고 이미지를, 예술과 디자인, 공예적 요소가 모두 있는 금속 작업 속에 녹아 들게 했기에 가능한 일이었다.

길즈의 포맨더, 2008, 은, 6x6x1.5cm
ⓒHeather Bayless
Pomander of Gills, 2008, Sterling silver, 6x6x1.5cm ⓒHeather Bayless

양파, 2007, 은, 동, 9x9x13cm
ⓒHeather Bayless
Onion, 2007, Sterling silver, fine silver/ copper mokumegane, 9x9x13cm ⓒHeather Bayless

보기 VII, 2009, 은, 6x6x2cm
ⓒHeather Bayless
Look and See VII, 2009, Sterling silver, 6x6x2cm ⓒHeather Bayless

4846, 2009, 은, 사파이어, 2.5x3x5cm
4846, 2009, Silver, saphires, 2.5x3x5cm

4806, 2008, 18K 팔라듐 백금, 은, 2x2.5x3cm
4806, 2008, 18 karat-palladium white gold,
silver, 2x2.5x3cm

Germany | 독일

Karl Fritsch 칼 프리취

I want to carve a ring out of 3 kg of finegold.

나는 순금 3 kg을 가지고 반지 하나를 만들어보고 싶었다.

4825, 2009, 은, 1x2.5x4cm
4825, 2009, Silver, 1x2.5x4cm

4828, 2009, 18K 팔라듐 백금, 은, 2x2.5x3cm
4828, 2009, 18 karat-palladium white gold,
silver, 2x2.5x3cm

4800, 2008, 18K 금, 1x2.5x2.5cm
4800, 2008, 18 karat-gold, 1x2.5x2.5cm

4813, 2008, 18K 팔라듐 백금, 은, 2x2.5x3cm
4813, 2008, 18 karat-palladium white gold, silver, 2x2.5x3cm

Lindsey Adelman 린지 아델만

Catch: Solid brass forms are water-jet cut to resemble oversized hooks and links. The glass is blown directly into the form fusing the two materials and creating visual tension. The collection includes forms both illuminated and not which can be hooked together to make chandeliers, sconces, screens, ceiling fixtures, or single pendants.

Branching Bubble Chandelier: Each Bubble Series fixture is built to order in our Manhattan studio, working with local suppliers and artisans to machine each fitting and hand-blow each globe.

<붙잡음>: 고체의 놋쇠를 물 분사식으로 커팅하여 특대형의 갈고리와 연결고리처럼 비슷하게 형태를 만든다. 그리고 유리는 직접 불어서 그 형태 속으로 집어 넣는다. 이 작품은 두 재료를 섞었기 때문에 보는 이에게 시각적인 긴장감을 주게 된다. 이 컬렉션은 두 가지 형상을 포함하고 있는데, 하나는 이것이 밝게 비추는 형상이라는 점이고 다른 하나는 샹들리에, 벽에 달린 촛대, 가리개, 천장의 고정물, 또는 단순한 펜던트 같은 것들을 만들어서 함께 걸 수 없는 형상이라는 점이다.

<5개 가지를 뻗은 방울 샹들리에>: 이 각각의 버블 시리즈 고정물은 우리의 맨하탄 스튜디오에 질서를 잡아준다. 우리의 스튜디오에서는 지역의 공급자들과 공예가들이 함께 일을 하는데, 이 고정물로 인해 각자의 역할이 분담되는 것이다. 이 중 공예가들은 작품을 매만지기 위해 기계를 조작하고, 또 구형을 하나하나 불어 만든다.

5개 가지를 뻗은 방울 샹들리에, 2011, 황동, 유리, 35.56x83.5x129cm
ⓒJoseph De Leo
5-globe Branching Bubble Chandelier, 2011, Brass, Hand-blown glass, 35.56x83.5x129cm
ⓒJoseph De Leo

붙잡음, 2011, 황동, 유리,
25.4x20.32x35.56cm ⓒJoseph De Leo
Catch, 2011, Brass, Hand-blown glass,
25.4x20.32x35.56cm ⓒJoseph De Leo

밍 베이스, 1997, 도자, Dia 17x13cm ⓒMarcle Wanders
Moooi, Ming vase, 1997, Porcelain, Dia 17x13cm
ⓒMarcle Wanders

델프트 청색 - 살아있는 꽃병, 2006, 도자, 27x16x16cm
ⓒMarcle Wanders
Delft Blue - Vase on Foot, 2006, Porcelain, 27x16x16cm
ⓒMarcle Wanders

스폰지 베이스, 1997, 도자, 7x10cm ⓒMarcle Wanders
Moooi, Sponge vase, 1997, Porcelain, 7x10cm
ⓒMarcle Wanders

에그 베이스, 1997, 도자, Medium: 9x10x9xm /
Large: 12.5x14.5x12.5cm ⓒMarcle Wanders
Egg Vase, 1997, Porcelain, Medium: 9x10x9xm /
Large: 12.5x14.5x12.5cm ⓒMarcle Wanders

Marcel Wanders 마르셀 반더스

Sponge vase

The quality of porcelain is best reflected through its fine and thin character. By using moulds you hardly get this quality out of porcelain. Marcel Wanders developed a technique to produce porcelain objects without the use of plaster moulds. A natural sponge is taken and dipped under fluid porcelain clay, the clay impregnates the sponge and after drying the porcelain impregnated dry sponge is burned in a regular ceramic oven. The sponge totally disappears and the porcelain perfectly copies the fine shapes of the sponge. In this way we create a product which is industrially reproducible but different every time and which has the ability to show the best porcelain has in it. The same process is developed further on to make products by using pre-shaped artificial foam and make porcelain objects out of these, the foam bowl is a first example of the great possibilities with this technique. This vase is developed in a project for Droog Design and Rosenthal.

Ming Vase

This vase is a modern copy of a 3100 year-old handmade Chinese vase. It was found on the bottom of the sea in the wreck of anold Chinese jonk. The vase was used as a jelly-jar for more than 300 years. the history of the product now makes a new turn. Marcel Wanders copied the shape and produced it in white porxelain.

One Minute Delft Blue
Moment captured in blue skin

A collection of Delfts Blue Pieces (Delfts Blauw) painted by Marcel at The Porcelain Fles (Porceleyne Fles) in Delft Objects ranging from clocks and statuettes to vases and urns, fired in white porcelain and handpainted by Wanders at the Porceleyne Fles in Delft, the Netherlands. Although each object is finished in a pre-determined period of time, the designer considers its creation an exercise and a challenge instead of a doodle. This is Wanders' way to add artistry and handmaking to industry and to create massproduced objects that are nonetheless unique.

Egg vases

This is a collection of three different playful porcelain vases. Stuffing latex rubber condoms with hard-boiled eggs makes the shape of the vases. This vase is developed in a project for Droog Design and Rosenthal.

스폰지 베이스

이 도자기의 재질은 곱고 얇은 특성을 가장 잘 반영하고 있다. 거푸집을 사용할 때는 도자기에서 이런 재질을 얻을 수 없다. 마르셀 반더스는 석고틀을 사용하지 않고 도자기 제품들을 제작할 수 있는 테크닉을 개발했다. 이 기법은 액화 상태의 도자 점토에 천연 스폰지를 푹 담가서 점토가 스폰지에 스며들게 하고, 이 스폰지가 마르고 나면 점토가 스며든 채로 일반 가마에서 구워내는 것이다. 이렇게 하면 스폰지는 완전히 타서 없어지고 도자기는 스폰지의 곱고 미세한 형태를 완벽하게 복제해낸다. 이런 방식을 통해 산업적으로 재생산할 수 있을 뿐만 아니라 매번 다른 형태를 지닌 최상의 도자기를 표현해내는 제품을 만들어낸다.
이미 형태를 갖추고 있는 인공 폼을 사용하여 제품과 도자기를 제작하기 위해 동일한 진행과정이 발전 중인데, 폼 용기는 이러한 기술의 위대한 가능성들을 보여주는 첫 번째 예이다. 이 화병은 드룩 디자인과 로젠탈을 위한 프로젝트에서 발전된 것이다.

밍 베이스

이 화병은 3,100년의 역사를 지닌 중국 수제 화병의 현대식 복원작품이다. 이 화병은 난파되어 바닷속 깊이 가라앉아 있던 중국 고대 범선 안에서 발견되었다. 이 화병은 300년이 넘도록 꿀을 담는 용기로 사용되었다. 이 작품의 역사는 이제 새로운 전환을 맞이한다. 마르셀 반더스는 이 화병을 모방하여 백자를 만들었다.

1분의 델프트 청색
푸른 표면에 포착된 순간

플레 도자기 (Porceleyne Fles) 회사에서 마르셀 반더스가 채색한 <델프트 청색 작품들 (Delfts Blauw)> 컬렉션은 시계와 소형 조각품부터 화병과 항아리에 이르는 델프트 제품들이다. 이 작품들은 네덜란드 델프트에 있는 플레 도자기 회사에서 백색 도자기를 구워내고 디자이너 반더스가 직접 채색했다. 각 제품들은 미리 정해진 때에 완성되었지만, 이 디자이너는 그 제품들의 제작을 낙서 따위의 무의미한 것이 아닌 하나의 수행과 도전으로 여긴다. 이렇게 제조업에 예술적 기교와 수제작업을 덧입히는 반더스의 방식은 대량생산되는 제품들을 고유하고 독창적인 것으로 재창조시킨다.

에그 베이스

이 제품은 재미난 세 가지 도자 화병들의 컬렉션이다. 이 화병들은 완숙시킨 달걀들 위에 라텍스 고무 재질의 콘돔을 씌워서 형태를 만들어냈다. 이 화병은 드룩 디자인과 로젠탈 프로젝트에서 발전되었다.

Mia Hebib 미아 헤비브

In the most recent collection of work called "Ripple", Mia's design language continues to concern itself with the journey of the line. It is simply interested in seeing the line move, create form, become a shape. It watches the line repeat itself numerous times to test the creator's patience. The line mimics what happens in nature alas not intentionally rather intuitively. Each piece, within each of the collections, is handcrafted and limited to an edition of 13. This number is of personal significance in Mia's life.

The jewelry collections bring the handcrafted and fashion forward aspects along side each other, keeping the tradition alive while moving with the ever-changing trends of fashion.

"물결"이라는 제목의 최근 작품 컬렉션에서 미아 헤비브의 디자인 언어는 선의 순례에 지속적인 중점을 보이고 있는데, 선이 움직이고 형태를 창조하고 형상이 되어가는 것들을 지켜보는 데에만 관심을 두고 있다. 이 디자인은 마치 작가의 인내심을 시험하기라도 하듯이, 선의 무한한 반복을 실행한다. 이 선은 의도적이라기 보다는 직관적으로 자연에서 발견되는 선들을 모방하고 있다. 각 컬렉션의 모든 작품들은 수제로 만들어졌으며 13번째 에디션까지로만 제한되었는데, 이 숫자는 디자이너의 개인적 삶에서 중요한 의미를 가지고 있기 때문이다.

보석 컬렉션은 패션의 변화무쌍한 트렌드 속에서도 전통을 고수하며, 수공예와 패션의 양상들을 나란히 제기하고 있다.

초승달, 2011, 정은, 5x2.7cm chain:30cm ⓒMia Hebib
Crescent, 2011, Sterling silver, 5x2.7cm chain:30cm ⓒMia Hebib

몰랐던 즐거움처럼 보인다, 2010, Sterling silver, 7.6x5x1.27cm chain:43cm ⓒMia Hebib
It Looks Like Unknown Pleasures, 2010, Sterling silver, 7.6x5x1.27cm chain:43cm ⓒMia Hebib

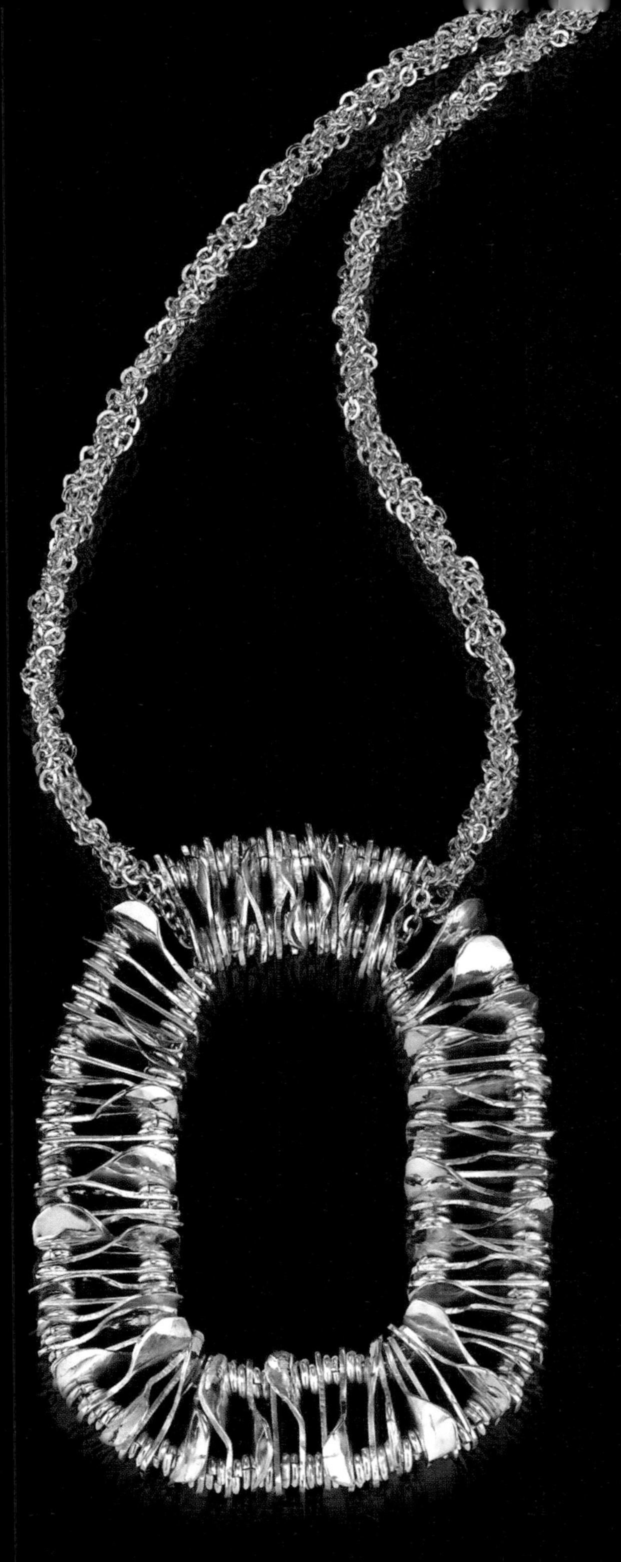

우리는 먼 길을 함께 왔지, 2011, 정은, 5.7x3.7x4cm chain:40cm ⓒMia Hebib
We've come a long way together, 2011, Sterling silver, 5.7x3.7x4cm chain:40cm ⓒMia Hebib

Austria | 오스트리아

Petra Zimmermann 페트라 짐머만

Petra Zimmermann moves with equally consummate confidence in the epoch of the Vienna Secession, the glamour of Hollywood divas and the image-engulfed world of Now. Her jewellery work always draws on life – with all of its haptic immediacy, visual power and offensive sensuality. Vital and dialogue-engaged, her pieces always refer to an Other as the foundation of all communication. The result of this open view of the world is confident and individual.

For purists, Petra Zimmermann operates at the very limit of the tolerable – and it is precisely this limit that is one of the key elements of the artist's aesthetic concept. Ultimately, however, all her pieces really do work as jewellery. For example, the sculptural character of her rings and bracelets is very body-oriented and quite simply makes you want to put them on.

Petra Zimmermann has found an appropriate dramaturgy for a world in a state of permanent overkill, in which images are concentrated very fast only to fade just as quickly. Despite all the irony, however, every one of her jewellery pieces is also an homage to the human condition.

(Author: Anna Schetelich, Head of OONA, Gallery for Contemporary Jewellery, Berlin
Abridgment of the Text „This Jewellery knows Gucci. And Quentin Tarantino.", in Petra Zimmermann: Schmuck/Jewelry, Arnoldsche Art Publishers Sturrgart 2011)

페트라 짐머만은 빈 분리파 시대와 동일한 확고한 신념으로 헐리우드 디바의 화려함과 이미지로 둘러싸인 지금의 세계를 운용한다. 그녀의 보석 작업은 항상 삶을 그려내는데, 그 삶의 촉각적 신속성, 시각적 힘, 그리고 공격적 감수성에 집중하고 있다. 활력이 넘치고 대화적인 그녀의 작품들은 언제나 모든 소통의 기초로서의 타자를 주목케 한다. 세상에 대하여 이렇게 열린 시각의 결과는 확고하며 개성적이다.

순수주의자들에게 있어서는 페트라 짐머만이 인내의 한계 바로 그 지점에서 작업하는 것으로 보이는데, 그 한계는 정확하게 이 작가가 지닌 미학적 개념의 핵심요소들 중 하나이다. 그러나 궁극적으로 그녀의 모든 작품들은 실제 보석으로서의 기능을 갖추고 있다. 예를 들자면, 그녀의 반지나 팔찌의 조각적 형상은 신체에 매우 잘 어울리도록 만들어져서 보는 사람들이 자신의 몸에 부착하고 싶어하는 것이다.

페트라 짐머만은 이미지들이 매우 빠르게 집약되었다가 다시 금방 사라져버리는 이미지 과잉의 지속적 상태에서 세상을 위한 자신의 적절한 작법을 발견했다. 그러나 모든 아이러니에도 불구하고 그녀가 만든 모든 보석 작품들은 인간 조건에 대한 하나의 경외이기도 하다.

팔찌, 2011, 아크릴은 유리, 금박,
부분적으로 검게 만든 은, 18x16x6.5cm
ⓒPetra Zimmermann
Bracelet, 2011, Acrylic glass, gold leaf,
partly blackened silver, 18x16x6.5cm
ⓒPetra Zimmermann

팔찌, 2009, 아크릴 유리, 금박, 연수정,
검게 만든 은, 14.5x13.6.x6.5cm
ⓒPetra Zimmermann
Bracelet, 2009, Acrylic glass, smoky quartz,
gold leaf, blackened silver,
14.5x13.6.x6.5cm ⓒPetra Zimmermann

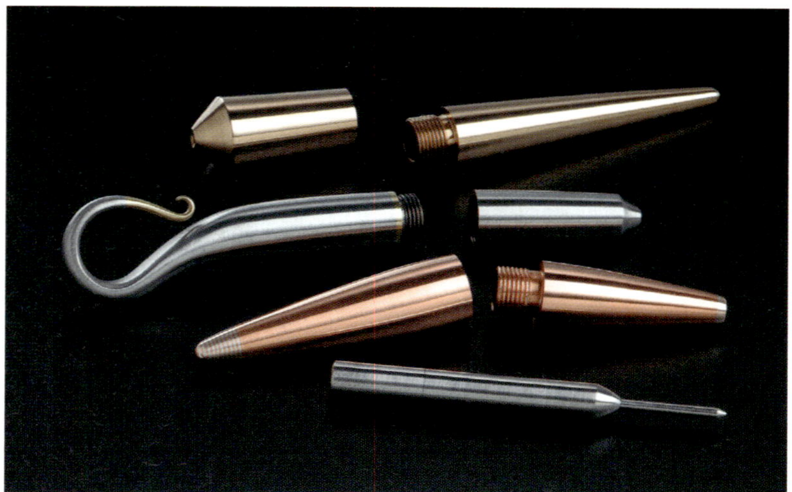

뛰어난 도구들, 2011, 황동, 나무, 철, 은, 델린, 각 3x10x30cm, Sue Aygarn-Kowalski, Courtesy of Mobilia gallery ⓒSusan Aygarn-Kowalski
Striking tools, 2011, Brass, exotic wood, steel, silver, Delrin, each 3x10x30cm, Sue Aygarn-Kowalski, Courtesy of Mobilia gallery ⓒSusan Aygarn-Kowalski

센터 펀치와 케이스, 2003, 철, 동, 황동, 은, 12x30x20cm, Sue Aygarn-Kowalski, Courtesy of Mobilia gallery ⓒSusan Aygarn-Kowalski
Center Punch with cases, 2003, Steel, copper, brass, silver, mahogany and velvet box, 12x30x20cm, Sue Aygarn-Kowalski, Courtesy of Mobilia gallery ⓒSusan Aygarn-Kowalski

Susan Aygarn-Kowalski
수잔 에이간 코왈스키

My work takes the form of functional tools for the hand in metal, wood, and plastic. They are an argument for aesthetic experience over speed and efficiency, for skill over blind use, for self-reliance over dependencies, and for an absolute love of process. Like bookends, ideas concerning the hand and the informing sense of touch act as a nurturing cradle for my work. The objects I make result from my need to live actively, physically, and tactilely in an increasingly computerized world, and I offer my work as a counterpoint to digital culture.

I believe that through the combination of hand and mind the most powerful resource in the evolution of humans emerged - the ability to fabricate and to use tools. The result was and continues to be, the ability to affect, guide, and in large degrees to control (for better or worse) the conditions that make up both our physical and social environments. This belief drives my artistic desire to celebrate the direct, self informing, and tactile relationship between hand, tool, and user.

레벨, 2003, 티크, 황동 철, 은, 20x30x15cm,
Sue Aygarn-Kowalski, Courtesy of Mobilia gallery
ⓒSusan Aygarn-Kowalski
Level, 2003, Teak, brass steel, silver, comes in velvet and wood box,
20x30x15cm, Sue Aygarn-Kowalski,
Courtesy of Mobilia gallery ⓒSusan Aygarn-Kowalski

내 작업은 손으로 금속, 나무, 플라스틱으로 기능적 도구들의 형태를 만들어 낸다. 이것들은 스피드와 효율성을 넘어서는 미학적 경험, 맹목적 사용을 넘어서는 기술, 의존성을 넘어서는 자립성, 그리고 진행과정에 대한 절대적 사랑을 위한 하나의 주장이다. 책들을 함께 세워둘 때 사용하는 양 끝의 스탠드처럼 손이나 터치의 정보 감각에 관한 아이디어들은 내 작업을 위한 요람처럼 작용한다. 내가 만드는 제품들은 활동적으로 살아가기 위한 나의 필요로부터 나온 것이며, 따라서 나는 내 작업을 디지털 문화에 대응하는 하나의 대조로서 제시한다.

도구를 만들고 사용하는 인간들의 진화 속에서 가장 강력한 자산은 손과 정신의 연합을 통해 출현했다고 믿는다. 그 결과는 영향을 미치거나 이끌어내는 능력, 그리고 큰 의미에서 우리의 육체적, 사회적 환경들을 형성하는 조건들을 (더 낫게 혹은 더 나쁘게) 조종하는 능력들로 나타났다. 이 믿음은 나의 예술적 욕구를 직접적이고 자명하며 촉각적인 손, 도구, 그리고 사용자 사이의 관계를 찬미하도록 이끈다.

로드 러너 시리즈 "OTW", 2009, 도자, 데칼, 고무 바퀴, 금속, 210x50x100cm ⓒUmibaizurah Mahir
Road runner series "OTW", 2009, Porcelain, decal, rubber wheel, metal, 210x50x100cm ⓒUmibaizurah Mahir

Umibaizurah Mahir 아미베이져 마히어

'I regard clay as a vehicle for communication between religion, people and across cultures. For me, it provides a means for evaluating our place in our time'.

...To further understand the layers and complexities in the work of Umibaizurah Mahir, we need to consider its presentation. For her shoes and boots she has turned to the semiotics of the museum case as a vehicle for displaying ethnographic or precious objects. Part human, part synthetic, each shoe is individual and rarified and, yet, they work against the convention of the perfect specimen as flawed hybrids. Presented in odd pairs, Umi's footwear sits on velvet platforms with ornate gilded frames. Their status is immediately elevated – valued. It is a curious parallel to the elevation of the store display and its fabrication of desire in Western constructs of consumer society. In Umibaizurah's second series we witness the same desire to charge the object with meaning through its physical elevation. The repetition of the object is in sync with the premise of mass production, and its towering glory is an affirmation of consumer desire. To echo Foucault's quote, our understanding of the modern experience is a reflection on its very transformation, its very mode of being. In this context I find Umi's totem particularly interesting as a form. The totem pole is synonymous with indigenous cultures. It has a racial-ethnic expression that monumentalizes the existence of a people's culture within a particular place. By titling her column after the subdivision where the two artists live, Puncak Alam Totem Pole (2010), it is an adroit reading of that re-engineered landscape; the quintessential 'mixing pot' of past foresters, new settlers, different cultures and religions abutted side-by-side.

Furthermore Umi has returned to toys to build her totem: the toy a symbol for the child, and the child a symbol for the future. It goes full circle. Tiang Seri, as we have discussed, is the support column of a traditional kampong home. Umi usurps that role with her strange hybrids as a symbol of hope for the future. For her these pieces are about renewal – stepping forward – reaching higher. And to underscore the sentiment, her Totem is displayed upon a concrete platform. It is emphatic in its statement.

(Extract from interview by GINA FAIRLEY - Freelance writer Regional Contributing Editor, Asian Art News + World Sculpture News SEA Contributor, Art Monthly Australia Ernst & Young Asean Art Outreach : Tiang Seri. Ernst & Young Solutions LLP, Singapore. 2010.)

가족 #1, 2010, 도자, 데칼, 벨벳, 금속 휠, 와이어 케이블, 41x115x40cm ⓒUmibaizurah Mahir
Family #1, 2010, Porcelain, decal, velvet, metal wheel, wire cable on wooden base, 41x115x40cm ⓒUmibaizurah Mahir

나에게 진흙을 종교와 사람 그리고 문화들을 가로지르는 소통의 매개체이다. 그것은 또한 이 시대의 공간을 평가하는 수단을 제공한다.

아미베이져 마히어의 작품 속에 존재하는 층위들과 복합성들을 잘 이해하기 위해서는 우리가 그 작품의 표현을 고려하는 것이 필요하다. 그녀는 민족적 대상물이나 귀중한 물건들을 전시하기 위한 매체로서의 미술관 문제에 대한 기호학에 관심을 기울여왔다. 부분적으로는 인간적이고 부분적으로는 인위적인 각각의 신발들은 개별적이고 희소적이지만, 그것들은 결점투성이의 혼합물로서의 완벽한 견본에 대한 전통에 반발하는 작용을 수행한다. 짝이 맞지 않은 채로 제시된 디자이너의 신발은 화려하게 금박으로 장식된 프레임으로 짜여진 벨벳 플랫폼 위에 얹혀 있다. 그 신발들의 지위는 금세 높아졌고 가치있어 진다. 이것은 매장에 진열되어 있는 신발의 자리에서나 소비사회인 서양의 구조들 내에 존재하는 욕망의 제조와 평형을 이룬다.

우리는 아미베이져의 두 번째 시리즈에서 물리적 지위 상승을 통해 대상물에 의미를 부여하려는 동일한 욕망을 목격한다. 대상의 반복은 대량 생산의 전제와 동시에 이루어지며, 그것의 우뚝 솟은 영광은 소비자 욕구의 확인이다. 푸코의 인용구를 빌리자면, 현대적 경험에 대한 우리의 이해는 바로 그 경험의 변형과 존재 방식에 대한 반영이다. 이러한 맥락에서 나는 디자이너의 토템이 하나의 형태로서 흥미 있게 느껴진다. 토템 기둥은 원주민 문화의 동의어이며, 특정 지역 내 사람들의 문화적 존재를 기념하는 인종적 표현이다. 그녀의 기둥을 두 작가들이 살고 있는 세부지역을 따라 <푼칵 아람 토템 기둥>(2010)이라는 제목을 붙이면, 이것은 서로 나란하게 인접한 과거의 산림인들, 새로운 이주민들, 상이한 문화들과 종교들이 한데 섞이는 전형적인 '혼합 용기 (mixing pot)'로서 재편된 풍경을 노련하게 읽어내는 것이다.

뿐만 아니라 디자이너는 그녀의 토템 작품을 만들기 위해 장난감으로 되돌아갔다. 장난감은 어린이를 상징하며, 어린이는 미래를 상징한다. 이것은 주기를 반복한다. 우리가 이미 논의했듯이, 티앙 세리는 캄풍의 전통가옥을 지탱하는 버팀 기둥이다. 디자이너 우미는 그것의 역할을 미래에 대한 희망을 상징하는 그녀의 낯선 혼성물을 통해 제거해버린다. 이 작품들은 그녀에게 있어서 더 높이 다다르는 진보적 개선이다. 이러한 정서를 강조하기 위해 그녀의 토템은 콘크리트로 만든 단 위에 세워져 있으며, 이것은 단호한 표현이다.

Wen Ping 문평

While making the Moon Vase, I realize that small differences result in significant distinctions. Details often create a completely different look for the vase, as it is made through a painstaking manual process. Such unpredictability motivates me to continue to make the Moon Vases, all of which are unique.

달항아리 작업을 하면서 예전에는 크게 실감하지 못했던 '작은 차이'가 공예 작업에 있어서 얼마나 중요한 요소인지를 알아가고 있다. 개념적으로 같은 형태를 계속 반복하여 만드는 작업을 통하여 작은 차이가 전체적인 느낌에 얼마나 커다란 변화를 가져오는지를 눈으로 몸으로 매번 경험할 수 있었고, 그것이 이 작업을 끊임없이 하게 되는 촉진제이자 달항아리 작업의 매력이라고 생각한다.

달항아리, 2011, 백자 소지, 60x60cm.
Moon jar, 2011, White porcelain, 60x60cm.

Wenzhi Zhang 웬지 장

"Duality" is a supposed magic behavior of matter and energy achieved under different conditions. "That Era", "This Time" and "Women's World", are assembly of works created using both bronze and clay -- two radically different media with different interpretations of the same parenthood.

This group of works induce to infer 17th century German philosopher Gottfried Wilhelm Leibniz's theories on identity and indiscernible. As an admirer of his work, Duchess Sophie of Hohenberg often discussed with Leibniz the ontological practices of analyzing and identifying individual and shared characteristics of matter. "Duality" demonstrates the importance of differentiating the behavior that results directly from the "now" generalization. These pieces all share identical parent figure, but are produced with fundamentally different essence of bronze and clay. The production process, size, texture, visual impact, color, weight, and feel of both materials produce the individuality of each piece. Bronze is ornate, clay breathes simplicity; bronze is cold, clay is passionate; bronze is casted, clay is fired; bronze shrinks 1% in the casting process, while clay shrinks 10% during firing; bronze is polished, clay is matte; bronze is colored motion-less and solid, but clay's color flows.

By interpreting the unyielding persona of bronze and the fluid persona of clay, I strive to reveal the earlier social implications of my childhood. The series "That Era," spanned through my teenage years, when I was ripe to learn and explore. Are an epitomize of China's Cultural Revolution (1966-1976), which the mental function or act, can be maintained properly trough years of service.

During "That Era", the Red Guards were instructed to burn all books and scholarly publications. The only thing we could read was the book of quotations from Chairman Mao, "Lao San Bian" ("The Three Must-Reads"). All over China as long as the Red Guards were carrying backpacks with the letters "wei ren min fu wu" ("to serve the people") and wearing the caps with red stars, peasants and soldiers were required to receive them in their homes at no charge.

"This Time" series, reflects today's widespread problem of over-emphasis on academic diplomas instead of actual skills. University professors are more geared towards theories instead of real practice. Students have less hands-on working experience, which is why they face mass unemployment upon graduation. "This Time" reveals the existing social problems of this era and hopes to hinder a solution towards China's education reform system.

"Women's World" demonstrates the woman's cycle of life—from an innocent young girl to an independent woman. The representation of these four women's, in the distinctive roles and different stages of life, convey the complete cycle of existence; a cycle of happiness and bitterness. Women are the world. Being able to understand women is being able to understand the world.

"이중성"은 이른바 서로 다른 조건들 아래에서 성취되는 사건의 마술적 습성과 에너지이다. <그 시대>, <이 시간>, <여성들의 세계>는 동일한 '부모'에 대해 상이한 해석들을 지니고 극단적으로 서로 다른 매체인 청동과 점토를 이용해 만든 작업들의 종합체이다.

이 작품들은 정체성과 식별불가능성에 대한 이론들을 내세운 17세기의 독일 철학자 고트프리드 빌헬름 라이프니츠를 추론하도록 유도한다. 이 철학자를 존경했던 공작부인 호헨베르크의 소피는 개인을 분석하고 확인하기 위한 존재론적 실천들에 대해 라이프니츠와 자주 토론을 갖고 사건의 특성들에 대한 의견을 나누었다. "이중성"은 "지금"의 일반화로부터 직접 기인하는 행동을 차별화하는 데 있어서의 중요성을 실증한다. 이 작품들은 모두가 동일한 부모의 형상을 갖고 있지만, 청동과 점토의 근본적으로 다른 본질을 가지고 제작되었다. 제작과정, 사이즈, 질감, 시각적 충격, 색상, 무게, 그리고 두 재료들의 느낌은 각 작품의 개별성을 생산한다. 청동은 화려한 반면 진흙은 단순성이 가득하다. 청동이 차가운 반면 점토는 열정적이다. 청동은 주조하지만 점토는 불에 구워낸다. 청동은 주형에서 떠낼 때 부피가 1% 감소하지만, 점토는 불에 굽는 동안 10%가 줄어든다. 청동은 윤이 나지만, 점토는 무광이다. 청동의 색은 움직임이 없고 견고한 반면, 점토의 색은 유동적이다.

나는 청동의 고집센 모습과 점토의 유연한 모습을 해석함으로써, 내 자신의 유년기에 대한 사회적 암시들을 드러내려고 애썼다. <그 시대> 시리즈는 내가 배우고 탐구하기에 적합했던 십대의 시기들을 가로지른다. 이 작품들은 중국의 문화혁명(1966-76)을 전형적으로 보여주는데, 그 암울한 시대를 통해 정신적 기능이나 행동이 올바르게 유지될 수 있었다.

"그 시대"에는 홍위병들이 모든 책과 학문적 출판물들을 태워버리라는 지시를 받았다. 우리가 읽을 수 있었던 유일한 책은 마오 쩌둥 주석의 말들을 인용한 "반드시 읽어야 할 세 가지"뿐이었다. 홍위병들이 "인민들에게 봉사하기 위하여"라는 편지가 들어있는 배낭을 메고 붉은 별이 달린 모자를 쓴 채 중국 전역을 돌아다닐 때면 농민들과 군인들은 그들을 자신들의 집에서 무료로 머물게 하도록 강요받았다.

<이 시간> 시리즈는 실무적인 기술보다 학위를 지나치게 강조하는 오늘날의 만연한 문제점을 반영한다. 대학 교수들은 실제적인 실천 대신에 이론들을 더욱 탐구하도록 구성되어 있고, 학생들은 자신들이 직접 해보는 실무 경험이 적어짐으로 인해 졸업 후 대량 실업에 직면하게 된다. <이 시간>은 현재 시대에 존재하는 사회적 문제점들과 중국의 교육개혁 시스템을 위한 해법을 저해하려는 시도들을 드러낸다.

<여성들의 세계>는 여성의 삶의 순환을 순결한 어린 소녀의 모습부터 독립적인 개체로서의 모습까지 보여준다. 서로 다른 인생의 단계에서 구별되는 역할들 속에서 나타나는 네 명의 여인들은 존재의 완결된, 행복과 고통의 순환을 전달한다. 여성은 세계이다. 그러므로 여성을 이해할 수 있다는 것은 세상을 이해할 수 있다는 것이다.

홍위병 (그 때에는 우리가 검은 병사도 이동시키리라), 2009, 사기그릇,
108x47x31cm ⓒWenzhi Zhang
Red Guard(We will transport a black one at That time), 2009, Stoneware,
108x47x31cm ⓒWenzhi Zhang

작은 여인, 2009, 사기그릇, 106x53x36cm ⓒWenzhi Zhang
Little woman, 2009, Stoneware, 106x53x36cm ⓒWenzhi Zhang

교수, 2009, 사기그릇, 동,
사기그릇: 106x48x40/
동: 117x54x40cm
ⓒWenzhi Zhang
Professor, 2009, Stoneware, bronze,
stoneware: 160x48x40cm/
bronze: 117x54x40cm ⓒWenzhi Zhang

357

Zhu Le Geng 주락경

Zhu Le Geng examines practical ceramics and environmental ceramic works, focusing on the ways in which ceramics relate to human life. Ceramic ware, originally produced for basic practical purposes, began to change under the influence of industrialization and mass-production.

By exploring the original aesthetic and practical quality of ceramic ware, he attempts to revive traditional craftsmanship, the Oriental approach to nature, and the mutual relationship between human labor and its creative potential.

Zhu is also inventing new techniques – by unifying flat and curved surfaces, and visual and textural elements, into one, he creates an eccentric yet classy beauty.

Zhu's solo exhibition held in October 1997 at the National Museum of China in Beijing garnered wide positive coverage, asserting that her work integrated the concepts of "ware (器)" and "way (道)."

최근 몇 년 동안 주락경은 생활도예와 환경도예 두 가지 문제를 중점적으로 연구하였다. 이 두 가지 문제의 의의는 도예와 인간생활 사이에 어떤 관계가 있는가를 탐구하는 것이다. 도예의 생산은 본래 생존과 관련된 가장 단순한 목적을 가지고 있었다. 그러나 사회가 오늘날과 같이 변화하면서 과학기술과 공업이 고도로 발달하고, 각종 도예 재료의 광범위한 사용, 그릇의 대량생산과 같은 상황 아래서는 도기와 도예도 반드시 새로운 형세에 적응해야만 한다. 즉 새로운 변화를 창출하며, 새로운 의의를 부여해야 하는 것이다. 실용적이면서도 미관의 가치가 있어야 할 뿐만 아니라, "유일무이(猶一無二)"의 깊은 품격이 있어서 음미하고 소장하게 해야 한다. 현대인들이 이와 같은 새로운 생활 도예품과 접촉하게 될 때, 사람들에게 작품의 사상과 관념이 은연중에 스며들어 영향을 준다. 또한 인간에게 자연을 소중하게 여기도록 하며 인간의 노동과 창조를 소중하게 여기게 하고 아름다움을 소중하게 여기게 한다. 주러껑이 창작한 많은 생활 도예품들과 그가 조성한 것 즉, 다기세트와 화병 등의 조형은 자연 중에서 특이하면서도 상이한 정취들을 찾아 이용한 것이다. 그의 생활도예는 그릇들의 무궁한 변화 가운데 독특한 기품과 정신을 구했으며 재질을 처리하는 중에는 독창성이 더욱 돋보였다. 평면과 굴곡의 처리효과가 합쳐져 일체가 되었으며, 시각적인 부분과 촉감이 하나로 합쳐졌고 작품에는 평범하지 않는 깊은 품격이 배어 나오고 있다. 1997년 10월, 그의 많은 생활 도예품이 중국미술관에 전시가 되어 큰 성공을 거두었는데, 사람들은 생활도예의 기(器)와 도(道)의 정신이 혼연일체가 되었다고 평했다.

(출처: 샤오따전 邵大箴, (미술평론가, 북경중앙미술학원). 『주락경도예』, 창조문예사, 서울, 2002)

원야(原野), 1997, 도자, 19x22x14cm, 이랜드문화재단 ⓒ이랜드문화재단
The vast plains, 1997, Ceramic, 19x22x14cm, E•LAND Foundation for the arts&culture ⓒE•LAND Foundation for the arts&culture

바람(風), 2004, 도자, Dia 133x11cm, 이랜드문화재단 ⓒ이랜드문화재단
The wind, 2004, Ceramic, Dia 133x11cm, E•LAND Foundation for the arts&culture ⓒE•LAND Foundation for the arts&culture

바람(風), 1997, 도자, 16x23x10cm, 이랜드문화재단 ⓒ이랜드문화재단
The wind, 1997, Ceramic, 16x23x10cm, E•LAND Foundation for the arts&culture ⓒE•LAND Foundation for the arts&culture

Artistic

Artistic

Craft as Art

Craft takes its position as a useful object in daily life, but historically looking at it as an object of appreciation also holds true. Artistic works with the material property of craft or technical uniqueness acquired their position through the formation of exhibitions as their theatrical stage. On one side, this generates a contemplation on each sphere's autonomy by crossing over the disparate boundaries of craft and art. If so, is the value of craft in its usefulness contrary to its value as an object for appreciation? As a matter of fact, the two aspects coexist. Craft's aesthetic value is not ignored by its useful assets, as its usefulness is not dismissed by artistic expressions. As a significant part of today's phenomenon, artistic craft works are positioned in this section, as is made up of 113 pieces by 47 artists.

예술로서의 공예

공예는 일상에서 쓸모를 지닌 대상으로 자리 하지만, 한편으로 향유의 대상으로서의 역사도
상당히 길다. 공예적 질료나 기법의 독자성을 지니면서도 예술적 대상으로 자리하는 작품들은
전시라는 무대가 만들어지면서 더욱 강화되었다. 이는 한편으로 공예와 예술이 차이와
경계를 넘나들면서 각 영역들의 독자성을 도 묻는 사유를 낳기도 한다.
그렇다면 감상 대상으로서 공예의 가치는 쓸모의 공예적 가치와 상반되는 것인가.
실제로 양자는 공존하되 쓸모가 있다고 아름다움의 가치를 간과하지 않는 것과 같이 예술적
표현력이 과장되었다고 쓸모없는 것이라 치부하지 않는다. 이는 분명히 오늘날의 공예가
지닌 현상의 중요한 한 섹션으로 아티스틱(Artistic), 예술적인 공예가 자리하는 이유이다.
이 섹션에는 총 113점의 작품이 선보인다.

천연 옻칠 사발, 2011, 나무, 천연 옻칠, 도자기, 각 8x12x12cm ⓒ김경신
Natural Ottchil Bowl, 2011, Natural wood, ottchil, porcelain, each 8x12x12cm ⓒKim, Kyung-shin

Korea | 한국

Kim, Kyung-shin 김경신

김경신의 작품은 동양과 서양의 만남을 통해 시간과 세계, 공간에 대한 느낌이 경이롭게 결합되어 있어 놀라움을 자아낸다. 평범한 종이였던 한지는 작가의 섬세한 손길을 통해 부드러우면서도 질기고, 빛을 투과하면서도 색채를 보이고, 고요함과 역동, 쾌적함과 자극의 느낌을 동시에 전달해준다. 김경신은 정교한 세공과 발명가적 창의성으로 한지에 귀금속적인 특성을 불어넣었고, 스스로 개발한 전해주조방식을 사용하여 한지에 광택과 견고함을 부여하여 종이의 한계를 뛰어넘었다. 작품의 형태와 구성은 한국의 종교적, 세속적 건축의 외형에서, 원형은 불교의 영원과 윤회의 상징으로부터 유래하였으나, 여기에 그치지 않고 이를 바우하우스의 유럽적 형식언어를 통해 형상화하고 있다. 코스모폴리탄적인 형상과 구성은 한국의 고유한 문화 및 미학과 절묘하게 결합되어 동서양을 아우르는 독립적 작품을 구현하는 데 성공하였다. 이러한 작품들은 다양한 문화권의 세계 여러 나라에서 문화 오브제로 이해되어 성공적으로 수용되고 있으며 한국적인 영역을 잘 구축하는 것으로 평가받는다.

(글쓴이: J.R. Lorenzen(독일 Pforzheim 조형예술대학 교수), Helene Blum-Spicker(독일 Kreismuseum Zons박물관장))

Kyungshin Kim links different times and spaces, bringing East and West together in her work. She treats Hanji (traditional Korean paper), emphasizing its natural characteristics. It is translucent; soft yet tough; calm yet dynamic smooth yet textured. Kim also introduces a metallic quality to Hanji by applying her own method of electrolyte molding. This allows her to add gloss and solid imagery.

Kim's forms are based on Buddhist symbols in traditional Korean architecture, particularly those for samsara (the endless cycle of birth and death). Her patterns, however, are based on Bauhaus formal languages. Those geometric forms paired with traditional Korean aesthetics create a cosmopolitan, yet distinctly Korean, character.

시간과 공간(한지 오브제), 2011, 한지, 각 0.3x92x65cm ©김경신
Korean Paper Object, 2011, Korean paper, each 0.3x92x65cm ©Kim, Kyung-shin

Kim, Myung-rye 김명례

자연 속의 연약한 꽃잎이 자기점토의 옷을 입고 새로이 피어났다. 너무나 연약하여 바닥에 떨어진다면 수천 조각으로 부서질 수 밖에 없는 연약함이지만 이는 너무나 강하다. 결코 시들지 않으며 결코 썩지 않고 벌레들도 감히 이를 탐할 수 없는 생명력을 갖춘 것이다. 수세기가 흘러도 그 조각들은 부서짐에 의해 새로워지지도, 다시 자라지도 않는 그대로의 모습으로 건재하다. 시간이 새로움을 만들어 내듯, 우리도 그 시간과 함께 새로워진다.

김명례의 작품은 실로 놀라운 생명력을 갖기에 위대하다 할 수 밖에 없다. 그녀 내면의 정원 속의 작은 입자는 하나의 연약한 꽃잎의 크기이다. 이 작은 입자들 즉 꽃잎들이 스스로 그녀의 정원 안에서 자라는 듯 하며, 아름답게 정돈되어 정원의 벽을 장식하고 눈부신 빛을 발산하여 빛나게 한다. 그녀의 정원 속을 떠다니는 입자들이 마치 깃털처럼 가벼우나 결코 가볍지 않고 깊이가 있다. 유리로부터 반사되어 나오는 빛의 색을 입은 그 재료들은 공기조차 빛나게 한다.

김명례는 꽃잎과 함께 세상을 만들고 도달하고 사로잡으려 한다. 그녀는 " Gesamptkuntzwerk "(모든것을 포함하는 예술 형식)에 도달하려 애쓴다. 그녀가 세상을 만들고 있는가? 아니면 세상이 그녀를 만들고 있는가? 그녀의 작품이 세상에 담겨지고 있는가? 아니면 그녀의 작품이 세상을 담고 있는가?

어느 쪽이든 우리는 그녀의 작품 속에서 기쁨과 즐거움을 발견한다.

(글쓴이: 래리 부쉬 (로드아일랜드 디자인 대학교 도예학부장/부교수))

Porcelain petals are brittle. If they fall they shatter - to thousands of pieces. But they are also strong. They don't fade. They will not rot. Worms cannot eat them. Centuries later they can be found. They don't become something new by breaking down and regrowing. They become new as time becomes new and we become new.

Myung rye' s work is huge. The molecule in her garden is the size of a petal. Her petal/molecules seem to grow and arrange themselves, glistening into a wall - enveloping, dazzling and radiating. Her floating molecules are not weightless like feathers. They are dense. The metals coloring glass radiate, making the air glow.

Myung rye makes, and reaches out, with petals, capturing worlds. She reaches for a "Gesamptkuntzwerk" (an all embracing art form). Is she making a world or is the world making her? Is her work contained by the world, or does her work contain the world?

Either way, pleasure and delight are what we find.

만개_ 수국 2011, 2011, 담금기법, 자기점토슬립, 수국, LED조명, 160x200x200cm ©김명례
The Blossom_ Hydrangea 2011, 2011, Dipped with porcelain slip, hydrangea, LED Light, 160x200x200cm © Kim, Myung-rye

Kim, Sung-hee 김성희

작가는 모두 일상생활에서 누구나 겪을 수 있는 관계와 소통의 문제를 다뤘다.

평면작품에서는 주로 문이 등장하는데 열려 있기보다 굳게 닫힌 문들이다. 심지어 어떤 것은 자물쇠가 걸려 있거나 두 겹, 세 겹으로 빗장이 질려 있기도 하다. 작가는 이런 문을 통해 사람들 간의 소통의 단절을 보여주려 했다. 그러나 닫힌 문이라고 할지라도 해결의 실마리는 있다. 문 안과 밖을 연결하는 전깃줄과 전화 코드가 그 열쇠다. 작가는 "아무리 열기 힘든 문이라고 할지라도 그 틈을 비집고 들어간 전깃줄과 전화선으로 안과 밖은 소통할 수 있다"며, 두 선을 통해 관계와 소통문제의 해결점을 찾아봤다"고 말했다.

작가는 설치 작품 안에서도 소통의 실마리를 찾는다. 그 희망이 표현된 것이 거대한 관계 계단과 대형 천 여러 장으로 완성한 작품이다. 이 작품들은 인간관계의 회복을 나타내는 것으로 작가가 가장 바라고 원하는 것이다.

박남희 미술평론가는 김 작가의 작품에 대해 "마치 빛을 찾기 위해 긴 어둠 속 통로를 빠져 나와야 하는 것처럼 작가는 오랜 마음의 빗장들을 걸었던 시간을 지나왔다"며 "작품을 통해 '당신의 맘을 열어줘'라고 외치는 것 같지만 실은 그렇게 자신의 마음의 빗장을 풀고 있다"고 말했다.

작가도 "그 동안 살아오며 겪었던 관계의 문제를 작품으로 풀어봤다"며 "그러나 문제를 문제로만 남기기보다 해결의 실마리를 찾으려 했다"고 말했다.

(출처: 최미경, 인천신문, 인천, 2010. 2.3)

Sung-hee Kim speaks about relationships and communication through her art. The doors in her painting, locked sometimes with multiple locks, express broken-down communication. Power cables and telephone cords remain, in hopes for some future connection. In her installation works, gigantic staircases and layered cloth imply a yearning to mend broken relationships.

"The artist has gone through a long tunnel, completely locked in her mind," art critic Nam-hee Park says. "The work seems to show the artist in that locked-in state, but, in fact, she is now opening her doors."

"I wanted to resolve the problems of relationships that I have had through the years, rather than leave those problems behind," Kim says.

x+x, 2011, 폴리에스터, 350x140cm
©김성희
x+x, 2011 Polyester, 350x140cm
©Kim, sung-hee

Kim, Young-sup 김영섭

김영섭은 일상에서 채집한 소리의 고유한 성격을 구체적인 이미지와 함께 제시하고 이를 동일시하고자 하는 칼리그램 (calligram)적 요소를 외면하고, 이 둘 간의 불일치를 유도하여 청각적 사물인식의 새로운 지평을 펼쳐내었다. 그는 구체적 시각 오브제를 제시하고, 이와는 일차적으로 무관한 소리를 함께 엮어 냄으로써 현대인의 보편적 관념과 습관적 인식에 이의를 제기하고 있다.

이번 청주국제공예비엔날레에서 선보이는 도자기는 이전 시대에는 일상적인 생활용품 이었지만 지금은 미술관에서 관조의 대상으로나 볼 수 있는 것으로 전환된 것이다. 일반 서민의 놀이이던 풍물(농악, 사물놀이) 또한 일상의 영역에서 고급예술의 영역으로 전환 되었다. '케이블도자기 그리고 소리' 작업은 사물에 대한 가치관의 변환과 사물을 달리 바라보는 관점을 제시한다.

스피커 선으로 꼬아 만든 다양한 형태의 도자기에서는 일상에서 흔히 들을 수 있는 소리들을 모아 5채널 서라운드로 재구성한 음향이 울린다. 때로는 채널별로 시간을 두고 각자 울리며, 때로는 모든 채널에서 동시에 중첩되어 울린다. 이 다양한 음원들은 밥통, 커피포트, 냉장고, 세탁기, 컴퓨터, 청소기, 주방용품……. 등등, 도자기의 기능을 대신하여 현시대에 사용하고 있는 일상 생활용품들로부터 녹음한 것이다. 사운드는 오채질굿(굿거리의 한 종류)의 박자를 기본으로 하여 이 음원들로 재구성한 것이다.

(글쓴이: 최안나, 영은미술관)

Young-sup Kim visualizes sounds in daily life. He liberates images from their conventional meanings, provoking dissonance between the two. By suggesting discord between visual objects and sounds, he aims to enhance audio experiences.

Starting with the fact that Korean traditional daily tableware is now in museum collections, and that Korean farmers' Pungmul folk music is now regarded as "high art," he created Cable Porcelain and Sound to suggest a way to see things differently by changing context.

Kim made various ceramic forms from twisted audio cables, and then deployed those forms as 5-channel surround sound speakers. The blended sounds coming out of different speakers at different intervals often overlap one another. He sampled original sounds from various contemporary daily items such as rice-cookers, coffee makers, refrigerators, washing machines, computers, vacuum cleaners, and kitchen appliances, all of which have replaced traditional ceramic vessels. The musical sound is based on ochaejil-gut (a kind of shaman song) rhythm, rearranged with a mixture of original sounds.

케이블도자기 그리고 소리, 1996, 스피커케이블, 스피커, 엠프, DVD-Player, 사운드, 가변크기
Cable Porcelain and Sound, 1996, Speaker cable, speaker, recever, DVD-player, sound, Variable dimensions

한지로부터, **2010,** 한지, 바느질, 각 270x65cm ©김영은
From Korean Traditional Paper, 2010, Korean traditional paper, sewing, each 270x65cm ©Kim, Young-eun

Kim, Young-eun 김영은

김영은은 우리의 전통매체인 한지의 미감을 현대화하고 실용화하기 위해 많은 연구와 조형적 실천을 수행해온 작가이다. 그는 한지를 이용한 다양한 조형기법을 개발하여 왔고, 나아가 한지섬유의 개발을 통한 한지소재의 조형적 활용에도 심혈을 기울이고 있다.

자연재질로 만들어진 한지는 동양인들의 자연친화적인 감성을 배태하고 있는 소재로서 현대미술작업에서도 다양하게 활용되고 있다. 자연의 원형질을 품고 있다고도 볼 수 있는 한지는 동양적정서와 삶의 질감을 표현하는데 있어 주요한 매체이다.

오늘날의 문화적 교류와 미술흐름에서 전통매체의 현대적 활용은 하나의 이슈로 부상하고 있는 만큼 섬유미술가로서 이 작가의 탐구심과 노력은 큰 의미가 있다.

<한지로부터>라는 제목으로 선보이는 그의 작품들은 한지의 질긴 특성을 이용, 박음질과 자연염색 및 워싱을 병행하여 조형성과 실용성을 겸비한 새로운 소재를 개발, 제시한다.

(출처: 장미진(대구가톨릭대학교 예술학 전공 강의교수), 2009 김영은 개인전 서문 중에서)

Hanji, made of natural resources without chemical additives, is used by many contemporary artists attracted to genuine natural sensibilities of the Orient. Kim is one of those artists who are discovering new uses for Hanji. Through multiple processes of backstitching, dyeing, and washing, she recreates Hanji into a practical material for new forms.

한지로부터 **11-7**, 2011, 한지, 바느질, 각 265x48cm ©김영은
From Korean Traditional Paper 11-7, 2011, Korean traditional paper, sewing, each 265x48cm ©Kim, Young-eun

Kim, Jung-suk 김정석

회화적 추상성의 장식공간

무릇, 서구 모더니즘 미술의 발전과 변화를 줄곧 회화가 주도해 왔음은 주지의 사실이다. 특히, 재현(representation)을 벗어나 추상(abstract)으로 확대, 발전한 회화의 움직임은 곧바로 미술의 여타 영역으로 퍼져 나갔다. 예를 들어, 회화적 추상성의 파급효과가 기타 미술의 장르에 끼친 영향은, 심지어 건축도 포함하여 바우하우스(Bauhaus)의 모토(motto)와 그 교육적 결과물들을 들여다보면 쉽게 알아차릴 수 있다. 재현의 정치, 사회적 패러다임을 벗어난 추상은 상대적으로 '미술의 유토피아적 순수성'을 지향하는 최상의 형식(style)으로 자리를 잡았었다.

한편, 추상은 각 매체 간의 소통의 물꼬를 터줬다. 이러한 성향은 '회화적 조각'--피카소(Picasso)의 <기타>-- 혹은, '조각적 회화'--타틀린(V. Tatlin)의 <모서리 공간 부조>--또는, '건축적 조각'--슈비터즈(K. Schwitters)의 <Merzbau>--그리고, '회화적 공예'라 할 수 있는 리트펠트(G. Rietveld)의 <의자>에 이르기까지 다양하게 나타났다. 물론, 이러한 소통의 물꼬가 공간에 관한 기존 개념을 뒤흔들어 놓았다는 것은 말할 필요도 없다. 김정석의 유리공예는 모더니즘의 측면에서 위의 두 가지 태도에 그 뿌리가 있다. 즉, 첫째로, 유리를 통한 추상의 순수한 장식성을 추구한다면 그것은 다분히 미학적이자 정신적인 측면에서의 모더니즘과 그 맥을 같이 한다. 둘째로, 공예의 태생적인 기능성과 실용성을 제외한, 순수한 장식성의 측면에서 김정석은 분명하게 평면적인, 아울러 회화적인 추상성에 힘입은 두 매체간의 결합을 시도했다. 하지만 이 결합들이 공간에 대한 보다 적극적인 태도로서의 장식성에 관여함으로써, 빛과 함께 그 투명함을 뽐내는 아름다운 새로움으로 보는 이를 매료시킨다.

(출처: 정영목 (서울대 교수) , *2010년 김정석 개인전 도록 비평 중 일부 내용 발췌)

An ornamental Site of pictorial Abstraction

It is now widely known that painting has lead the Western modernist art's developments and changes. Especially, the painting's immigration out of representation into abstraction soon spread out toward diverse areas of art. The influences of pictorial abstraction's ripple effect on other arts can be easily found in the motto and educational fruits of Bauhaus including architecture, for example. Abstraction positioned itself as the highest style by pursuing 'utopian purity of art' by breaking away from political and social paradigm of representation.

In the meantime, abstraction opened the gates for communications among different genres in art. These cross-over communications are observed in the variety of disparate works: Picasso's Guitar as a pictorial sculpture, Tatlin's Counter-relief as a sculptural painting, Schwitters' Merzbau as an architectural sculpture, Rietveld's Chair as a pictorial craft work, to name a few. It is also obvious that this sort of communication convulsed the existing concepts of space at that period.

Kim Jung-suk's glass crafts are rooted in two attitudes in terms of modernism as stated above. First, if one pursues a purely decorative property of abstraction with glass, it shares its context with modernism in aesthetical and spiritual aspects. Secondly, the designer attempted, excluding the crafts' inborn role of function and practicality, a union of two disparate medium on the basis of two-dimensional pictorial abstraction with a perspective of pure decoration. Still, the beautiful novelty of his pieces in the transparency with lights attracts viewers. Such an effect from the union of the two was possible by being involved in the ornamental property of glasses with more active attitudes toward space.

- Jung Young-mok (Professor, Seoul National University)

An excerpt from the exhibition catalogue of Kim Jung-Suk's solo exhibition in 2010

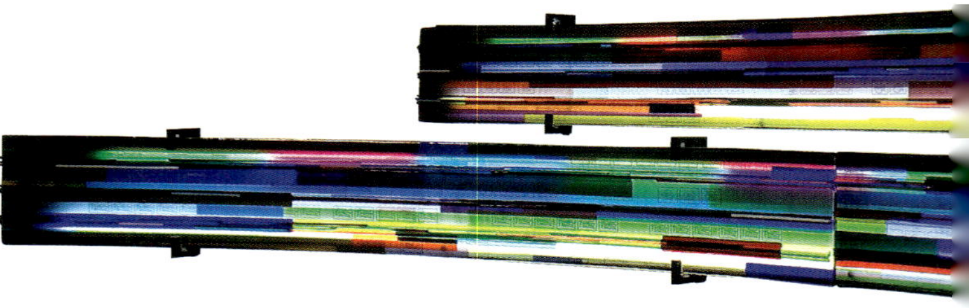

Glass wall-Ambivalence-6, 2011, 유리, 7x16x230cm, 2x16x180cm ©김정석
Glass wall-Ambivalence-6, 2011, Glass, 7x16x230cm, 2x16x180cm ©Kim, Jung-suk

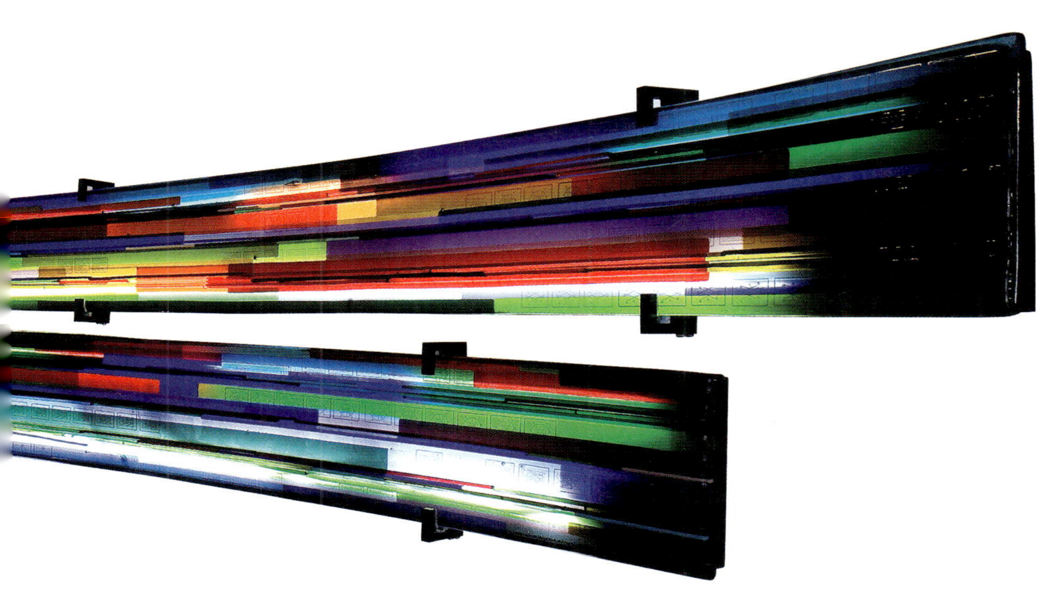

Forest of colors-201109, 2011, 유리, 30x60x60cm, 15x60x60cm ⓒ김정석
Forest of colors-201109, 2011, Glass, 30x60x60cm, 15x60x60cm ⓒKim, Jung-suk

숨쉬는 빛, 2011, 슬립캐스팅, 가변크기 ©김지혜
Breahting Light, 2011, Slip casting, Variable dimensions ©Kim Ji-hye

Korea | 한국

Kim, Ji-hye 김지혜

숨쉬는 빛

지금은 잊혀지고 버려진 공간인 연초제조장은 한 때는 이 지역 사람들의 생계를 책임지던 공간이었을 것이고 그들을 꿈꿀 수 있게 해주었던 공간이었을 것이다. 이와 유사하게 담배역시 어떤 이들에게는 동경의 대상일 수도 있고, 삶의 위안일수도 있다. 또한 어떤 이에게는 남모르게 한숨을 내쉴 수 있는유일한 도구일 수도 있다.

우리가 잊고 있을지 몰라도 빛은 공기의 투명한 가벼움 덕에생긴다. 빛은 공기를 필요로 한다. 공기 없이는 그 광선들을 운반할 수 없다. 공기의 확장, 시간의 지평, 존재하고 부재하는모든 것은 공기 안에서이며 이는 모든 보이는 것으로부터 자유롭다. 공기는 나와 너의 사이를 채우고 있으면서 그 사이를분리시킴과 동시에 연결해 줌으로써 우리 사이의 관계를 가능하게 하기도 한다.

숨쉬는 빛은 잊혀지고 우리 눈에 보이지 않는 호흡을, 공기의통로를 비추고 있다.

Breathing light: the fluid passage of air

A disused tobacco plant was once a site for people to make their living and dream for the future. Similarly, tobacco was and still is for many people a consolation or "vent" to relieve stress.

Air is indispensable to light; light is created by the transparency of the air, and light rays move through the air. Being and non-being are all in the air – everything in the air exists free from visuality. Air, in between the two existences, divides and bridges at the same time. The breathing light illuminates a tunnel of air and the invisible breath.

숨쉬는 빛, 2011, 슬립캐스팅, 가변크기 ⓒ김지혜
Breahting Light, 2011, Slip casting, Variable dimensions ⓒKim Ji-hye

Park, Gye-hoon 박계훈

불안한 양심을 지표삼아, 위태로운 신념을 등불삼아

박계훈 작가가 말하는 "불안한 양심", 혹은 "물질적 양심"은 예술가로 태어나 현대사회를 살아가며 세속과 자아가 타협하는 지점해 대해 날카로운 거부반응을 나타낸다. 그는 한정된 시야, 확장으로의 노력을 게을리 하는 좁은 시야로 세상을 바라보며 잘못된 것을 묵인하고, 세속적 성공에 현혹되어 거짓 혁명가, 예술의 모방범을 양산해내는 현실을 개탄한다. 재능에 대해 관세를 매기며 살아가는 작가라면, 예술가의 본질적 역할에 대한 치열한 고민이 선행되어야 한다는 것이 그가 요즘 몰두한 주제이자, 조금 거창히 말하면 '예술가가 이 세상을 살아가는 법'이다.

즉, 천리와 양심이 침묵하는 혼탁한 세상에서 해묵은 난제일지언정, 불편한 대화일지언정 정당한 사유와 판정을 거치도록 끄집어 제시하는 역할이 예술가의 몫이라는 것이다.

최근에는 장지에 콩나물 머리를 오려 부분이 전체의 이미지를 형성하는 작품으로 외적인 변화를 겪었다. 그의 작품은 이미지에 투영된 상징성으로 관객에게 심판의 기회를 제공한다. 예를 들어 콩나물로 한 뜸 한 뜸 한지를 파내 형상화한 도자기는 속칭 '잘 팔리는' 이미지, 작가들이 한 번씩은 건드려 보는 '작품의 정거장'이다. 그러나 그의 작품에서 도자기는 상품이지만 상품이 될 수 없는, 약하고 찢어질 것 같은 이미지를 부각시켜 잘 팔리는 이미지, 허구와 유행에 목숨을 거는 예술가의 왜곡된 형태를 비난하고 있다. 같은 맥락에서 영광과 성공, 사회로부터의 인정을 상징하는 아이콘인 트로피 또한 물질의 업그레이드로는 채울 수 없는 욕망의 덧없음을 이야기하고 있다. 그것이 비록 해묵고 원론적일지언정, 끊임없이 수면 위로 끄집어내 불안한 양심을 전시하는 것이 예술가의 의무라고, 그는 고집스레 주장하고 있는 것이다. 예술가의 숙명, 사회적 기능에 대해 고민하는 박계훈의 작품들은 묵직묵직한 개념덩어리들을 짊어지고 있다. 러시아의 영화감독 타르코프스키가 희생, 사랑, 종교 등 지극히 원론적인 이야기를 소재로 예술의 아름다움을 기막히게 풀어낸 것은 그에게 많은 귀감과 창작의 원천이 되었다.

(글쓴이: 조숙현)

Taking the Vulnerable Consciousness and Endangered Faith as a Guiding Light

Vulnerable consciousness and endangered faith are the metaphors of the artist's uncomfortable feelings about the identity of himself who has to negotiate with reality. He deplores about false revolutionaries who have narrow and sided world views, simply condoning injustice. What he feels most uncomfortable about is this reality that fosters pseudo artist, or an imitator. Park believes that serous philosophical struggle with the thoughts about art and the artist's role must be prior to anything else. Exploring the unsaid and unheard issues through heated debate is what he thinks the work of artist and of art-making.

물질화된 양심, 2011, 장지, 오일스틱, 139x110x4cm ⓒ박계훈
Materializing of Conscience, 2011, Korean paper, oilbar, 139x110x4cm ⓒPark, Gye-hoon

물질화된 양심, 2011, 장지, 오일스틱, 126x108x4cm ⓒ박계훈
Materializing of Conscience, 2011, Korean paper, oilbar, 126x108x4cm ⓒPark, Gye-hoon

물질화된 양심, 2010, 장지, 오일스틱, 160x129x4cm ⓒ박계훈
Materializing of Conscience, 2010, Korean paper, oilbar, 160x129x4cm ⓒPark, Gye-hoon

Shin, Mee-kyung 신미경

최근에 작가가 새롭게 시도하고 있는 트랜스레이션 시리즈 (Translation Series) 와 고스트 시리즈 (Ghost Series)는, 기존의 '트랜스레이션' 보다 덜 복잡해 진 듯 보인다. 뛰어난 테크닉을 자랑하는 이 작품들은 서양의 소비 시장을 겨냥해 제작되었고, 교역 시스템이었던, 옛 중국 도자기들을 비누로 재현한 작품들이다.

때때로 작가는 열린 운송용 나무상자 위에 거울 판을 놓고 그 위에 작품을 전시하기도 하고, 조각대 위에 작품을 배치하기도 함으로써 운송과 보관 및 저장의 개념들을 이야기한다. 대부분의 조각이나 예술작품들은 전시되지 않으면 상자 안에 보관되고 전시될 때에는 거리를 두기 위해서나 작품을 보호하기 위해 좌대나 포디엄 혹은 진열용 유리 케이스와 같은 기계적(보호) 장치를 필요로 한다.

도자기나 유리 (고온에서 규산염으로 가열하여 만듦)를 비누 (유기적이고 비유기적인 재료들과의 독특한 혼합)로 제작하는 것은 한 언어로부터 다른 언어로의 직역을 뜻한다. 우리가 한 언어에서 다른 언어로의 번역을 하듯, 다른 재료를 통해 이 작품들에 접근이 가능하다는 사실을 믿게 만드는 이러한 사실적인 번역은 과히 경이롭기까지 하다. 그러나 재료에서 오는 이러한 장점은 동시에 작가가 극복해야 하는 단점이기도 하다. 도자기나 유리는 깨지기 쉽지만, 사실상 반영구적인 재료로, 선사시대 문화에 관련되어 우리가 습득한 대부분의 지식은 이러한 도자기류의 유물을 통해 전해진 것이다. 정적한 환경에서 는 종이 또한 오래 보존 될 수 있듯이, 비누라는 물질은 견고한 재료일 수 있는 동시에 쉽게 변모될 수 있고, 말 그대로 씻겨 없어질 수 있는 재료이다.

(출처 : Edward Allington, *Artist, Writer, Professior: Slade School of Fine Art*, 국제갤러리, 2011)

Shin makes ceramics and glass works (made by melting silica at a high temperature) using soap (a mixture of organic and inorganic materials). This is an alchemic process of transformation from one language to another. At the same time, this is a challenge for her to find solutions to express a permanent quality of ceramics through existential temporariness of soap – ceramics and glasses are semi-permanent material that has been inherited throughout history, whereas soap easily transforms, washing away its own physical form.

트랜스레이션-달항아리, 2010, 비누, 향, 바니쉬, 43x42x42cm ©신미경
Translation-Moon Jar, 2010, Soap, fragrance, vanish, 43x42x42cm ©Shin, Mee-kyung

트랜스레이션 시리즈, 2011, 비누, 향, 바니쉬, 안료, 각 96X43x43cm ©신미경
Translation Seires, 2011, Soap, fragrance, vanish, pigment, each 96X43x43cm ©Shin, Mee-kyung

이미지 박제술, 2011, 백자점토, 각 4x35x35cm ⓒ신이철
Taxidermy of imagination, 2011, Porcelain, each 4x35x35cm ⓒSheen Yi-chul

Korea | 한국

Sheen, Yi-chul 신이철

신이철은 유머와 기괴함, 밝음과 어둠, 동화童話와 끈적거리는 탐욕貪慾이라는 이중적 요소가 교묘하게 혼재하는 이른바 이종교합적 상상력imagination으로 관람객을 농락한다. 작가의 이와 같은 이중교합적 상상력은 현재적 삶의 물질적, 정신적 환경에 대한 철저히 비판적인 인식에 근거하고 있는 것이다. 여기서 우리는 장 보드리야르가 서구적 상상력의 현시적現時的 결정체라 할 수 있는 '디즈니 랜드'를 서구적 현실의 허구성에 대한 은폐물로 규정고자 한 바를 확장시켜 볼 수 있겠다. 물론 신이철의 적당히 앙증맞은 상상의 이미지들은 '디즈니 랜드'처럼 은폐에 그 목적이 있는 것이 아니라 특정한 문제점을 노출시키는 데 있다. 그렇다면 이쯤에서 이번 작품의 상상된 이미지들은 무엇을 노출하고자 하는 것인가에 대한 언급이 뒤따라야 할 것 같다. 상상력이 어떤 대상-사물 혹은 관념 등-을 전제로 한다면, 역으로 이는 그 대상에 대한 지각 및 인식과 연관되어 있음을 의미한다.

비근한 예로서 '스타워즈'의 상상력이 현실에 대한 그들의 인식을 전제하고 있듯이 말이다. 이와 같은 가정이 가능하다면, 작가의 상상된 이미지들은 그와 같은 지각과 인식을 돌연변이라는 표상을 통해 노출시키고 있다고 할 수 있을 듯하다. 더 나아가 작가는 이를 결코 관념적이거나 추상적인 차원의 것에 머물게 하지 않고, 보다 현실적인 차원으로 끌고 내려온다. 하지만, 작가는 여기서도 멈추지 않고, 다시 한 번 우리를 또 다른 심급으로 인도한다. 젠더 혹은 동물적 성, 소수자 등의 현실적 문제에 대한 언급 내지 노출이라는 세부적 차원에서 그치지 않고, 이 문제에 대한 지각과 인식 태도의 차원에서 우리의 본질적 불합리성을 노출시킨다.

(출처: 윤두현, 「월간도예」, 가나아트 스페이스, 서울, 2007)

이미지 박제술(빛 시리즈), 2011, 백자점토, LED조명, 각 15x35x35cm ©신 이철
Taxidermy of Imagination(LED Light Version), 2011, Porcelain, LED lighting,
each 15x35x35cm ©Sheen Yi-chul

Yi-chul Sheen confuses the audience by discordant conflicting
ideas of humor and uncanniness, brightness and darkness, fairy
tale and the avarice. The hybrid imagination is from a critique
of material environment, as Jean Baudrillard mentioned Disney
Land as the epitome of simulacrum, a fictional representation of
the industrialized Western society. Shin's work does not hide or
fictionalize the material reality, but reveals and problematizes it.
The imagination is a mere reflection of the author's
understanding about material culture. The cinematic
imagination of "Star Wars," for example, is the representation of
the film maker's understandings about the present. In reverse,
the represented images are the mutated conceptions and
perceptions of the artist. The artist puts forward the mutation
until it is visualized as real, and continues to develop it until it get
to socio-cultural issues. Shin, in his work, not only explores the
issues of gender and sexual minorities, but reveals the essential
nonsense or non sequitur in the way people understand the
issues.

변이(變異)정원, 2011, 석기점토, 백자점토, 동 파이프,
LED조명, 다육식물, 가변크기 ©신이철
Mutant Garden, 2011, Porcelain, stone ware, cooper wire,
LED lighting, succulent, Variable dimensions ©Sheen Yi-chul

인간이라는 것, 2010, 자기, 200x200x350cm ⓒSHIMOSE NOBUO
Human, It is..., 2010, Porcelain, 200x200x350cm ⓒSHIMOSE NOBUO

Woo, Kwan-ho 우관호

우관호는 여러 차례 같은 종류의 형태를 집합체화하여 표현하여 왔으나 특히 최근에는 기존의 사물들을 슬립캐스팅으로 성형하는, 다시 말해 틀에 의한 '물건'으로 제작함으로써 복제의 이미지가 강하였다. 그러나 한편 틀에 의한 '물건'은 슬립에 혼합한 색의 변화와 틀에서 뽑아내었을 때의 부드러운 상태에 힘을 가한 변형에 의해 규격화된 조형이라는 의미에서의 모조품이나 양산품과는 다른 개별성이 각각의 형태에 붙어넣어졌다. 따라서 그의 작품은 복제의 이미지의 가운데 엿보이는 약간의 차이. 이러한 획일화되지 않은 감각에 개성이 겹쳐져 있는 것이다.

결국, 이 인형들의 인스털레이션이 피력하는 것은, 예를 들어 인종과 민족, 부족, 국가, 부부 등에 의한 혈연과 지연, 신앙 그리고 국가, 기업, 단체라고 하는 제도와 계약 등에 의해 성립되는 각각의 집단내에서의 개인생활과 서로 같은 삶을 영위하는 여러 가지 레벨의 사회 속에 있는 보다 거대한 존재와 보다 작은 존재와의 관계성을 묻는 메시지라고 할 수 있다.

부연하자면, 이 작품은 겉으로는 서로 닮은 하나의 집단내부에서의 개인간 (말하자면 보다 작은 집단간의)의 사상과 주장의 대립이나 적응이라고 하는 동적인 상호작용이 특정 개인의 행동과 행위에 끼치는 영향의 지대함과 이와는 별도로 그것과 거슬리는 것이 집단전체의 의지를 방향짓게 하는 것을 동시에 재인식하게 하는 구조에서도 이해할 수 있다.

(글쓴이: 이시자키 야스유키 石崎泰之(일본 야마구치현립 하기미술관 우라카미 기념관 학예과장 日本山口縣萩美術館 •浦上記念館 學藝課長))

Kwan-ho Woo made repetitive accumulations of things in the past, and has now turned to a slip-casting technique that creates reproductions of the work. Although he uses mass-production processes, he maintains his unique quality by mixing various colors and by distorting the standard form during post-production process. In so doing, he introduces subtle differences that overlap and complicate the regimented mass-produced form.

Woo's installation addresses the clash between power and the powerless in the hierarchy of society – the national, corporate, and organizational entities constituted by institutional laws and policies versus individuals. It also points to the ways in which different ideas among individuals in a group who may look analogous affect their behavior and the direction of the group overall.

Yun, Mi-kyung 윤미경

<...을 잇다>는 오랜 시간 작업 해온 자수 기법을 활용해 우리 인생 속에서 겪게 되는 수많은 만남의 의미에 대해 반추해 본 작품이다. 빛 바랜 앨범 속 고등학교 친구들의 얼굴을 다양한 기법의 스티치로 표현하면서,과거와 현재의 나와 친구들이 작품을 통해 서로 만나게 되기를 꿈꾸었다. 이 작품을 접하게 될 관람자들 역시 시간과 장소를 초월한 인생의 만남과 소통을 각자의 추억을 떠올리며 잠시나마 경험하게 되기를 소망한다. 사람들의 얼굴 위로 한 땀 한 땀 이어진 스티치는 마무리되지 않은 채 길게 늘어뜨렸다. 마치 앞으로도 끊임없이 이어져야 할 우리네 인생과 또 다른 만남들처럼...

Connecting is a process of reflecting numerous relationships that I have made throughout life and their meanings through a work of quilt. While illustrating the faces of my old friends by using diverse stitching techniques, I expect my work to be a medium to conjure up their images from the past, and from the present. I want the audiences to experience communications of all times, while thinking of old memories of their own. The stitches are left loose signifying the relations to be continued in the future.

...을 잇다, 2011, 광목, 견사, 인견사, 수자수, 기계자수, 105x350cm
Connecting, 2011, Cotton, silk thread, rayon thread, hand embroidery, machine embroidery, 105x350cm

Yoon, Jeong-won 윤정원

윤정원은 작가로 데뷔한 지 9년 만에 자신의 색깔이 뭔지를 확실히 드러냈는데, 이것이 'smileplanet웃음 행성' (2007년 6월 갤러리 상 157에서 출발)이다. 이곳은 윤정원이 그토록 품었던 꿈을 실현하는 가상공간이며, 안식처이며, 자신을 치유하는 곳이자 타인에게 웃음을 주려는 교감의 장소이며, 상상 속의 우주여행을 하기 위한 우주선이다. 'smileplanet'은 무엇이든지 만들어낼 수 있다. 어떤 것과도 유기적인 관계를 맺을 수 있으며, 공간의 특성에 따라 이동 가능한 유동적인 형태를 띤다. 그러니까 철물점, 패션숍, 조명가게, 가방가게 등등이 합쳐진 백화점이나 대형마트 같은 오브제 아트의 만물상 숍으로 보면 된다. 일반 숍과는 달리 이곳의 거의 모든 작품들은

쓸모없이 버려졌거나 쓰이지 않은 여러 가지 것들(생산품이전의 플라스틱 재료, 레고, 각종 장난감, 액세서리, 가방, 모자 등등)을 주재료로 재활용하여 이것저것을 콜라지한 것이 특징이다. 결과적으로 디자인(일상용품)과 예술품 사이의 생산품을 만들어 낸다. 시작한지 1년밖에 되지 않아 작가가 상상하는 만큼 채워지지 않았지만, 지금까지의 생산품들은 옷, 가방, 신발, 모자, 조명등, 액세서리, 테이블 등의 종류들로서 각각의 다양한 형태로 나눠진다.(...)

(출처 : 이관훈(프로젝트, 스페이스 사루비아다방 큐레이터), '나는 세상, 우주의 꽃이 피다 : 윤정원 개인전(2008, 갤러리 스케이프) 서문 중에서)

우주의 꽃, 2009, 혼합재료, 300x100x100cm, 순천대학교 박물관 ⓒ윤정원
305 barble, 2009, Various materials, 300x100x100cm, Sunchon National University Museum ⓒYoon, Jeong-won

Yoon, Jeong-won showed her true colors nine years after her debut as an artist, when she unveiled 'smileplanet' (took off at Gallery Sang 157 in June 2007). As a virtual space where she finally fulfills her longtime dreams, it is a sanctuary, a place to heal herself and to make another laugh, as well as a spacecraft which is ready to blast off into one's imagination. In 'smileplanet', everything can be made; everything can hold organic relationships with anything as well as being mobile according to its spatial property. Viewers are allowed to consider it as a sort of general store of object art like a department store or a supermarket which display the combination of a hardware store, a boutique, a lighting store, a bag shop and such. Unlike common shops, a peculiarity is observed in the designer's planet that almost pieces are crafted, recycled and collaged from what others had thrown away, such as plastic materials before product, toys, accessories, bags, hats etc. As a result, she has produced works located between design and art. It is not filled up as much as she has imagined, but there has been a myriad of things generated: clothes, bags, shoes, hats, lamps, accessories, tables, and so on.(...)

Lee Bul 이불

사이보그를 조정하는 주체는 남성이다. 이는 하이테크의 산물인 사이보그 혹은 괴물의 신체에서조차 여성성은 전통적인 남성 중심의 이데올로기에 의해 지배당하고 있다는 사실을 드러내고 있다. 즉, 하이 테크놀로지가 여성의 신체를 로봇과 같이 강인하고 완벽하게 변화시킬지라도, 여성성의 표현은 여전히 전통적인 남성 지배 혹은 남성 우위의 가치관과 고정관념으로부터 벗어날 수 없다는 점이 새삼 작품 속에서 강조되고 있는 것이다. 따라서 이불의 '사이보그'가 지닌 기형화된 신체 표현은 남성 중심의 왜곡된 시선을 고발한다고 해석 될 수 있다.

The subject who controls a cyborg is male. This reveals a fact that the femininity is controlled by traditional male-centered ideology, even in a cyborg's or a monster's body as a product by high technology. In other words, the expression of femininity is now being emphasized in art works that it would never be able to escape from a stereotype of a male-dominant value or androcracy although technology alters female body with a robot-like strength to its perfection. Therefore, the Cyborg's malformed expression of a female body by Lee Bul can be interpreted as an accusation of a distorted, male-centered gaze.

무제 (사이보그 토르소), 2000, 도자,
30X40x30cm, 개인소장 ©the artist and
PKM Gallery
Untitled (cyborg torso), 2000, Porcelain,
32x40x30cm, Private Collection ©the artist
and PKM Gallery.

무제 (사이보그 레그), 2000, 도자,
54X25x43cm, 개인소장 ©the artist and
PKM Gallery
Untitled (cyborg leg), 2000, Porcelain,
54X25x43cm, Private Collection ©the artist
and PKM Gallery

Lee, Sun-hee 이선희

우리는 자신의 존재를 인지해주고, 자신의 말을 이해해 주는 사람이 있어야만 비로소 존재할 수 있을 만큼 연약하고 불안한 존재이다. 가족이나 학교와 같은 공동체 속에서 우리는 소속감을 느끼며, 안정을 찾고 세상 속에 혼자가 아니라는 것을 느낄 수 있다. '외로움' 이는 어쩌면 세상을 살아가는데 가장 괴로운 감정일 것이다. '인간은 사회적 동물이다.' 라는 아리스토텔레스의 말처럼 우리는 타인과의 관계 하에 존재하고 있는 것이다.

한 코 한 코 연결되어 뜨개질 편물이 완성 되듯, 'Me', 'You', '우리' 라는 아주 간단한 문자들로 나와 너의 개념들을 이리저리 연결하면서 편집하고 하나로 합쳐 보여주고 있다. 나와 타인의 관계를 여실히 드러낸 뜨개질 작품은 함께 마주함, 따뜻함 같은 의미를 온기 있는 형식으로 결합한 것이다. 작품 속의 의자는 쉴 수 있는 공간을 나타낸 것이고, 뜨개질 편물은 보이지 않는 손길과 온기를 담고 있다. 이는 어쩌면 체온을 유지하는 숄(shawl)이나 블랑켓(blanket)일 수도 있다. 사람들의 손길에서 오는 온정이 타인에게 그대로 전달되기를 바라며, 나와 타인 혹은 타인과 타인을 맺어 외로움을 극복하길 소원한다.

The human being has such a weak and unstable nature that one can identify oneself only relatively, via others' recognition. People want to belong to a community, and tend to feel safer as part of a group. For such a dependant being, loneliness is perhaps the most distressing feeling. Aristotle believed that "humans are by nature social beings"; everyone exists only in relation to others.

I fabricate the words of "I," "You," and "We," to link "I" with others in various ways to make "We" as a whole. Knitting and crocheting represent the warmth, comfort, and protection which we expect from relationships. My works are wishes for a true bond.

Me&You, 2010, 앙고라털실, 의자, 95x44x41cm
Me&You, 2010, Angora yarn, chair, 95x44x41cm

Making you, 2010, 싱글 채널 비디오, 12min 7sec
Making you, 2010, Single channel video, 12min 7sec

우리 의자, 2010, 앙고라털실, 의자, 95x44x41cm
We Chair, 2010, Angora yarn, chair, 95x44x41cm

393

Lee, Seung-hee 이승희

일상생활에서 쓰임의 기능으로 통용되는 도자기를 평면화면으로 옮겨, 기능성이 강조된 입체적인 도자기의 일반적인 고정관념을 탈피한 새로운 관점을 보여주고자 한다. 도판 위에 도자기를 평면화 하는 작업을 통해 도자기에서 감지할 수 있는 현대적인 회화성을 끌어내 도자기가 가지는 특유의 색감이나 부드러운 선을 강조하고, 특히 조선백자를 주로 다루며 그 시대적 아름다움을 현대화된 부호로서 재해석하여 조선시대의 오래된 이미지가 아닌 마치 사진처럼, 실존하는 도자기를 찍어낸 것 같은 전환된 생생한 이미지를 보여준다.

By transmitting porcelains used in our daily lives into the two-dimensional flat surfaces, Lee Seung-hee attempts to exhibit a new aspect instead of a widely-spread idea on ceramics of which practicality has been emphasized. The designer shows a vivid image as if viewers were looking at a photographed picture of real porcelain by stressing unique sense of colors and fine lines of Korean porcelain out of contemporary pictorialization and by re-interpreting Chosun white porcelain's beauty as modernized signs.

도(道), 2011, 도자, 56x55cm
ⓒ이승희
Tao, 2011, Porcelain, 56x55cm
ⓒLee, Seung-hee

도(道), 2010, 도자, 각 80x85cm ⓒ이승희
Tao, 2010, Porcelain, each 80x85cm ⓒLee, Seung-hee

도(道), 2011, 도자, 70x53cm ⓒ이승희
Tao, 2011, Porcelain, 70x53cm ⓒLee, Seung-hee

Korea | 한국

Lee, Yeon-ju 이연주

꽃을 주제로 삼는 나의 작업은 꽃처럼 피고지는 인생 이야기를 꽃의 몸짓을 통해 풀어 보고자 합니다. 자연의 유기적인 흐름 속에서 피어나는 꽃의 빛깔, 향기, 모습은 황홀함 그 자체입니다만 그것은 누구를 매혹함이 아닌 자신의 생존을 위한 눈물 겨운 몸짓 일 겁니다.
우리의 삶과 마찬가지로...작품 셀 위 댄스는 들판 가득 피어 있는 양귀비꽃의 하늘거림과 그 위에 반짝이는 햇빛의 재잘거림을 표현하였습니다. 생성과 소멸이 공존하는 들판. 살아 있는 이 순간이 가장 아름답다는 생각의 모토로 오늘도 춤추듯 살아갑니다.

A flower's changing forms depict its life from bloom to desiccation. Colors, scents, and the elegant postures created by the organic process of nature are the signals of life itself. The work titled "Shall We Dance?" depicts a field of poppy flowers swaying in the sun – the field of life and death, of creation and disappearance. The present moment is the peak of life and holds its fullest beauty.

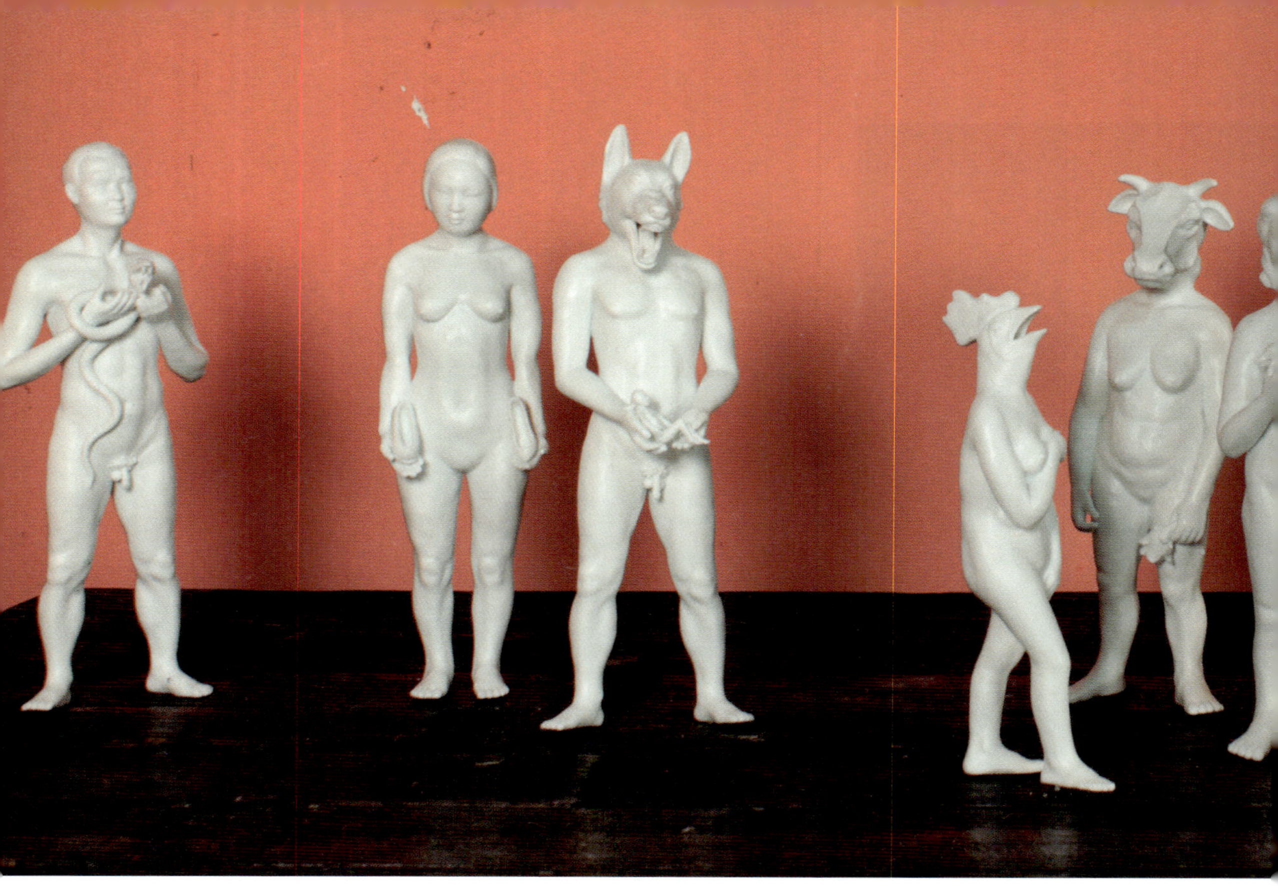

Korea | 한국

Lee, Young-mi 이영미

이영미의 작품은 서양인과 다분히 다른 모습을 하고 있는 '아시아인의 신체'를 소재로, 근대화와 세계화 이후에도 여전히 아시아인들의 삶속에서 중요한 역할을 하고 있는 전통의 다양한 모습을 집중적으로 조명하고, 그 속에서 보이지 않게 생산되고 있는 아시아인의 의미와 정체성에 대해 탐색하고 있다. 특히 그녀의 작품에 자주 등장하는 '여자의 신체'는 한 사람의 삶에서 맞닥뜨리는 사적, 공적 기억을 드러내는 공간으로, 그것은 바로 아시아 여성들이 일상에서 접하는 수많은 전통에 대한 기억들의 집적체로 작동한다. 모더니즘 이후의 대부분 여성주의 조각이 여성의 신체를 '죽음'과 '남성주의'에 대치되는 지점에 놓고 바라보는 것과 달리, 그녀의 작품에 등장하는 여자들의 몸은 작게는 개인의 과거와 현재를, 크게는 한 지역의 전통과 현재를 잊는 '관계의 공간'으로서의 역할을 한

다. 이영미는 중국 경덕진의 도자 재료와 현대미술의 설치미술 기법, 그리고 실제 자신이 수집한 청대 이후의 골동품을 작품에 적극적으로 활용함으로써, 아시아인의 정체와 그 전통과의 연관성을 작품을 만드는 기법을 통해서도 적극적으로 모색하고 있다. 이러한 전통과 현대를 아우르는 기법상의 특징은 그녀가 의도한 대로, 다양한 계층의 관객이 각기 다른 기억과 관점에 따라 주체적 의미를 생산해 낼 수 있으며, 한편으로는 아시아 전통의 맥락 속에서 여성의 의미를 재해석하고, 한편으로는 아시아의 근대화, 세계화 과정 속에서 생산된 '여성'의 의미 속에서 전통을 재해석할 수 있는 장을 마련하고 있다.

(글쓴이: 중국청화대 박사 조민주)

고요한 꿈, 2011, 도자, 가변크기
Silent Dream, 2011, Ceramics, Variable dimensions

고요한 꿈, 2010, 도자, 15x130x90cm
Silent Dream, 2010, Ceramics, 15x130x90cm

고요한 꿈, 2010, 도자, 15x130x90cm
Silent Dream, 2010, Ceramics, 15x130x90cm

Young-mi Lee uses the bodies of Asians, which are certainly discernable from those of Westerners. She explores Asian traditions that have remained throughout modernization and globalization, and the ways in which Asian identity has been redefined by the remnants of these traditions. The female body is often presented as a symbolic space for private and public memories. It is an accumulation of individual memories of Asian women. Unlike many post-modern works that present the female body as an image of death or as something contrary to andocentrism, Lee showcases a woman's body as a "mediating space" linking the past with the present, and tradition with modern life. She employs materials from Jingdezhen (景德, the porcelain capital of China) along with contemporary art installation methods. She also uses genuine traditional porcelain works as a means of shaping audience interpretation. The installation provides a field in which to reinterpret the traditional meaning of women, and, in reverse, to redefine the meaning of tradition based on the changed meaning of women in the context of modernization and globalization.

Cho, Young-chul 조영철

인류는 오랜 시간을 진화하며 다양한 형태의 문명을 축적하였고, 그 문명의 산물인 도시가 만들어졌다. 산업혁명 이후 도시는 더욱 기계적이고 정형화 되었으며 법과 질서들로 도시의 구성원들은 삶의 주어진 체계를 가지고 살게 되었다. 도시의 삶은 안정되었지만 각각의 감성보다 단체로 약속된 이성에 충실한 구조 속에 고정되어 구성원들은 스스로의 삶에 대한 의미와 표현이 자리를 잃게 되었다. 이와는 반대로 동물은 자신의 삶에 자리를 찾아 스스로 끊임없이 이동하며 그 종류마다 각각이 지니고 있는 본능을 통해 살아간다.

인류 최초의 동물벽화인 알타미라(Altamira)동굴에는 많은 짐승들이 묘사되어있다. 초기인류는 동물을 사냥하여 먹을 것을 만들고 동물을 타고 이동하거나 짐을 옮기고 농사를 짓는 등 기본적인 생활에 중요한 역할을 하는 존재로서 인식하였고 때로는 풍부한 물과 먹잇감과 이상적 기후, 지형을 찾는 본능적 능력을 가진 동물들은 숭배의 대상이 되기도 하였다.

초기인류는 동물(말, 낙타, 야크, 소...)을 이용해 넓은 대륙을 끊임없이 이동하였고 멀리 떨어진 공간과 공간이 이동을 통해 만나면서 문명이 발달하게 되고 국가가 건설되었다. 6백만 년 인류사에서 정착민의 역사는 고작 0.1퍼센트에 해당하는 시기였다고 한다. 현재의 노마디즘은 과거 공간적인 이동 개념에 국한된 것이 아니라 같은 공간에서도 특정한 삶의 가치와 삶의 방식에 매달리지 않고 끊임없이 자신을 바꾸어 가는 창조적인 행위까지 포함 하게 된다. 학문(철학, 과학, 수학...), 문화(관람, 독서, 인터넷, 여행, 음식...), 예술(미술, 음악, 무용...)등 분야를 넘나들며 새로운 삶을 탐구하는 확장적인 개념으로 사유의 여행을 의미한다. 결국 이동(노마디즘)은 21세기의 필연적 패러다임이다.

본인의 작업에서 동물형상이 갖는 의미는 생명체 대표해서 상징할 수 있는 원초적인 모습에 주목하여 중심형상으로 사용하게 되었다 동물-자연, 인간-도시, 동물-인간, 자연-도시 라는 관계들이 연구자에게 끼치는 영향을 동물 형태를 중심으로 도시와 자연 이미지의 특징적인 요소와 결합해 조형화하였다. 이동전시라는 전시형태는 실제 환경(자연, 도시, 특정 상황)에 조각을 설치하여 장소가 가지고 있는 특징과 동물형상이 만들어내는 상황의 설정을 통해 내용을 전달하려는 목적과 일반적으로 조각이 갖고 있는 정지된 상황이 아닌 작품에서 말하고자하는 이동정서에 부합 할 수 있도록 장소와 장소를 이동하여 관계를 찾는 행위의 수단으로서도 사용하게 되었다.

Humankind has developed in many different ways of forms in cultural bases through the long period of historical time and it built cities and civilization. City have become more standardized after industrial revolution therefore, the members of city lives in systemized rules and laws. The life of city is now stabilized under the sense of structured system but it concerns more of social obligations and responsibilities not on individual meanings and expressions. On the other hand, animals find their way of settling by prolonged travel to find self-reliance.

The first animal mural, Altamira cave describes many different animals. Early age of mankind considered animal as important existent to perform living needs, such as transportation, farming or carrying carriages. Or instinctively gifted animals that can find water, food and sense the rare weather and topography of coming land were even worshiped.

Early age of mankind moved through great land by using animals (horses, camels, yaks, cows...) and the distant between spaces merged by its movement to build a foundation of cultural development thus became a country. The settling period of humankind takes only 0.1 percent of the history in last 6 million years. Nomadism at this time of period is not only limited on Movement, it contains the performance of changing life in creative ways and not restricted in any type of system. This covers the realm in Academics (philosophy, science, mathematics...), Culture (sight-seeing, reading, internet, traveling, food...), Art (visual art, music, dancing...) and etcetera, to investigate new life of extensive meaning in travel of possession. At last, diversity meaning of movement is inevitable paradigm in 21st century. It can be alternative to overcome the structure that was made by modernized way of nomadic city.

The meaning of animal form in my work is to focus on symbolical primitive forms upon life figure and embody its main visual form. And I unify the relations between these elements, Animal-Nature, Humankind-City, Animal-Humankind, Nature-City, in a way of animal forms that influenced researchers; hence these forms merge with features of city and nature formatively. The method of Moving Exhibition is installing a sculpture in real environment (nature, city, specific situation) to deliver the meaning of relationship between the specific space and animal figure. And this performance is not limited on remaining but by traveling, the sculpture finds connection through locations.

말의 꿈, 2011, 스테인레스 스틸, 200x350x350cm ⓒ조영철
Horse's Imagination, 2011, Stainless steel, 200x350x350cm ⓒCho, Young-chul

Cha, Jong-rye 차종례

무한한 상상력(이미지)이 피어나고 이를 통해 작가의 '드러내는' 표현 욕구와 관람자의 작품에 반응하는 '드러나는' 감상욕구가 만난다. 이렇게 드러내고, 드러나는 과정의 커뮤니케이션은 소통할 수 있고, 충돌할 수도 있다. 분명한 것은 작가와 관람자가 작품을 매개로 '대화'를 한다는 것이다. 이 대화는 작가의 존재성을 방증하고 개인과 개인, 나아가 사회의 유기체적 언어를 형성한다.

그러한 일련의 과정을 전하는 차종례의 작품에서 가장 중요한 요소는 '시간'의 개념이다. 전시장 한편에 작가의 작업 이야기를 담은 영상은 그 시간의 의미를 극명하게 보여준다. 차작가는 하나의 작품을 완성하기 위해 무수히 많은 두드림과 쪼아내는 행위를 반복한다. 그렇게 오랜 시간의 과장을 거쳐 완성된 작품은 초기 때와는 전혀 다른 느낌을 준다. 이는 작업 초기에서 완성할 때까지의 지난한 중간 과정을 참고 견뎌낸 성과물이기도 하다.

(출처: 박종진 기자, 『주간한국』 Magazine, 한국일보, 서울, 2011)

The artist does not always successfully communicate with the audience. Sometimes the audience reacts against the artist's intention. Mutual communication or conflict somehow still results in some sort of communication. The artist identifies him/herself while creating a communicative language for the individual and society.

Jong-rye Cha emphasizes the time dedicated to creation and evolution of form through the endless acts of hammering and chiseling.

드러내기 드러나기 110227, 2011, 나무, 140x242x122cm ⓒ차종례
Expose exposed 110227, 2011, Wood, 140x242x122cm ⓒCha, Jong-rye

드러내기 드러나기 **110123,** 2011, 나무, 230x230x46cm ⓒ차종례
Expose exposed 110123, 2011, Wood, 230x230x46cm ⓒCha, Jong-rye

Korea | 한국

Cheon, Hye-young 천혜영

인식의 가변성을 포착하는 멈춤의 언어

절제와 균형을 가진 침묵의 언어들이 그의 감성과 사유의 세계를 펼쳐놓고 있다. 천혜영의 키워드는 'Pause', 즉 멈춤이다. 그것은 시간의 멈춤이자 인간 행위의 멈춤이다. 벽면에 설치된 입체 구조물들은 보는 이의 위치에 따라 사뭇 다르게 보인다. 타원형의 원반. 육면체의 구조체 등의 형상인식이 관람 위치에 따라 가변적인 것에 비해 고정된 빛에 의해 벽면에 투사된 그림자들의 형상은 고정적이다. 천혜영은 이렇게 말한다.

"나는 나의 작업을 통해 석양을 가둔다". 그는 자신의 말대로 빛과 그림자 사이의 사물을 만듦으로써 멈춤이라는 화두를 시각화한다. 그는 동일한 형상의 사물이 각각 다른 형상인식을 결과할 수 있다는 점을 보여준다. 천혜영은 이처럼 양각과 음각, 빛과 그림자, 직선과 곡선 등 다양한 방식의 실재들에 대한 우리의 인식을 되묻는다. 인식의 가변성을 포착하여 멈춤을 득의(得意)하는 것. 천혜영 작업의 핵심이다.

(글쓴이 : 김준기, 미술평론)

늘어진 시간 I, 2011, 백자토 슬립, 틀 성형 후 소성, 각 16x22x18cm ⓒ천혜영
Pause, 2011, Porcelain slip, slip casting, firing, each 16x22x18cm ⓒCheon, Hye-young

The language of pause that captures the variable cognition

Cheon's thoughts and emotions are grounded on the silent language, implicit of moderation and balance. Simply put it, her work is about 'pause' – the pause of time and action. The volumetric structures on the wall look different from different angles. The disc of oval shape and cubical structures shift their forms as we move our positions, while the shadow on the wall, projected from one focal point, remains the same. "I capture and freeze the sunset in my work," Cheon said. The moment of pause is visualized as she creates a mediate thing in between the light and shadow. It explores the fact that a thing transforms itself and produces different cognitive outcomes. By doing so, she problematizes the relationship between concave and convex, light and shadow, straight lines and curves, and our cognition about the given notions of reality. Cheon's work is all about the moment of pause by capturing variable moments of human cognition.

관토시리즈-1102, 2011, 조합토, 57x57×28cm ⓒ한길홍
Contemplation-1102, 2011, Mixed clay, 57x57×28cm ⓒHan, Gil-hong

윤회시리즈-0803, 2008, 조합토, 44.5x44×16cm ⓒ한길홍
Transmigration-0803, 2008, Mixed clay, 44.5x44×16cm ⓒHan, Gil-hong

관토시리즈-0916, 2009, 조합토, 47.3x68x10cm ⓒ한길홍
Contemplation-0916, 2009, Mixed clay, 47.3x68x10cm ⓒHan, Gil-hong

윤회시리즈-0540, 2005,
조합토, 52x44x27cm, 한향림 세라믹 뮤지엄 ⓒ한길홍
Transmigration-0540, 2005, Mixed clay, 52x44x27cm,
Han Hyang Lim Ceramic Museum ⓒHan, Gil-hong

Korea | 한국

Han, Gil-hong
한길홍

한길홍은 한국의 현대도예 흐름의 선두에 서 있다. 그의 작품은, 철학적 사유를 시각적으로 표현해 내는 활발한 작업에 의해, 교육을 통하여 많은 젊은 작가들에게 비전을 제시하고 있다. 한길홍은 한국뿐만 아니라 미국의 샌디애고와 뉴욕, 중국 등 국제적으로 활발한 전시 활동을 펼치며 각종 서적과 카달로그, 회보에 언급되어왔다.

세계도자기엑스포재단이 이천에서 개최한 제2회 국제도자학술회의에서 원로도예가 권순형은 자신의 비평문에서 한길홍의 작품을, 한 예술가의 인생 경험에서 나온 이야기라 표현하면서 그는 한길홍의 작품을 통해 탄생에서 죽음까지 마치 수레바퀴 위에 놓인 듯한 우리 인생의 숨겨진 의미를 발견할 수 있다고 하였다. 아울러 한길홍이 흙이라는 매체를 통해 자연과 대지의 본질 그리고 순수한 인간성을 표현하고 있다고 했다.

브래드 이반 테일러(Brad Evan Teaylor)는 2006년 『Ceramics Art and Perception』66호에 도예를 통해 물질의 사고로의 전환을 꾀하는 한길홍의 작품에 대해 문화적 정수를 작품으로 창조해 내고 문화의 아주 섬세하고 주관적인 특징을 표현해 내는 한길홍의 능력을 지적했으며, 그의 작품은 세대와 문화 간에 다리를 놓는 관조적인 특성을 갖는다고 표현하였다.

비록 서양 미술이 한국뿐만 아니라 과거 40년간 동양에 영향을 주었음에도 불구하고, 한길홍의 작품 세계는 가능한 최상의 방법으로 한국적 사고와 가치를 반영하는 그 이상의 행보를 걷고 있다.

(출처 : Janet Mansfield[국제도자협회(IAC)회장], 『월간도예』 ㈜월간 세라믹스, 서울, 2009.04)

Gil-hong Han, a leading ceramic artist of Korea, expresses his philosophy in his work. His contemporary Soon-hyung Kwon mentioned that Han's work tells a story of the cycle of life with a lot of hidden episodes, and the earth brings up primordial nature and essential human quality.

Ceramic artist Brad Evan Taylor, in 『Ceramics Art and Perception』 (No. 66, 2006), described Han's ability to express both subjective and objective aspects of culture. He also said that Han's work, grounded in Korean philosophies and values, bridges different generations and cultures.

나는 지켜야 할 약속이 있어요. 그리고 잠들기 전 가야할 길이 있어요., 2007, 크리스탈에 엣칭, 100x120x50cm ⓒ황혜선
But I Have Promises to Keep. And Miles to Go Before I Sleep, 2007, Etching on cristals, 100x120x50cm ⓒHwang, Hae-sun

Korea | 한국

Hwang, Hae-sun 황혜선

"나의 작업은 여전히 회화와 조각, 과거와 현재, 존재와 부재의 간극에 위치하며, 작업의 형식 또한 극히 동양적인 것과 서양적인 것 경계에 있다. 겉으로 드러나는 이미지들은 서구적 이미지와 형식을 가지고 있으나 드로잉의 방식은 먹과 세필로, 마음의 수양을 위해 배우던 불화의 기초처럼 그려지기 때문이다. 나에게 드로잉은 나 스스로와 나누는 대화이기도 하고 마음의 수양을 위한 방법이기도 하며, 내가 세상에 남기는 흔적들이기도 하다."

"My work lies in between painting and sculpture, past and present, existence and non-existence, and the Western and the Eastern ways of art-making. The images appear Western art, while it is drawn by using ink and fine Oriental brush, based on the basic method of Buddhist painting. Drawing is, to me, an internal dialogue, a method of self-discipline, and a way to leave a mark of my own."

두려운 낯설음, 2010, 화병 위에 전사, 42x15x15cm ⓒ황혜선
Uncany, 2010, Ceramic decal, crystal, 42x15x15cm ⓒHwang, Hae-sun

스틸라이프, 2000, 캔버스천 나무틀, 가변크기 ⓒ황혜선
Still-Life, 2000, Canvas fabric, wooden frame, Variable Dimensions
ⓒHwang, Hae-sun

베니스의 햇살, 2010, 화병 위에 전사, 42x15x15cm ⓒ황혜선
The light of Venice, 2010, Ceramic decal, crystal, 42x15x15cm
ⓒHwang, Hae-sun

눈내리는 런던, 2010, 화병 위에 전사, 42x15x15cm ⓒ황혜선
Snowing London, 2010, Ceramic decal, crystal, 42x15x15cm
ⓒHwang, Hae-sun

네덜란드의 총잡이 녀석들, 2007~2009, 혼합 매체, 종이 깔개, 핀, 금속, 패션 클립, 직물, 각 135x71x38cm
Dutch Shotgun Chaps, 2007~2009, Mixed media, paper doilies, pins, steel boning, fashion clips, fabric, each 135x71x38cm

Netherlands | 네덜란드
Annet Couwenberg 아넷 케윈버그

어릴 적 나는 나의 어머니, 할머니, 그리고 숙모가 매주 모여 함께 바느질을 하는 것을 보면서, 우리가 입는 옷이 어떻게 명확하지 않은 우리 자신의 모습을 반영하는 단서가 되는지 알게 되었다. 옷은 우리에게 가장 직접적이고도 친밀한 환경으로, 우리가 활동하는 보다 큰 공간에 우리를 연결시켜주는 것이자 동시에 우리의 내적 자아가 세상과 만나는 곳이다. 다시 말해 의복은 우리 자신의 정체성에 대한 메시지를 전해주는 매개체이다.

<초록드레스를 입은 여자(접점으로서의 의상 : 판소리 가수들)>에는 한국의 전통의복인 한복과 네덜란드의 러플 칼라가 공존한다. 한복은 전통 판소리 꾼이 입고 있는데, 17세기 네덜란드 회화에 기초한 이 이미지들은 내가 가진 독일 유산을, 한국의 환경에 융합시킨 이미지로, 혼성적 버전의 자아를 창출해내고 있다. 지금으로부터 몇 세기전, 한국과 네덜란드는 역사를 공유했던 적이 있다. 그것은 바로 17세기 중엽 헨드리크 하멜의 배가 여수에서 난파되었을 때로, 그는 한국의 사회와 문화에 네덜란드의 자취를 남겼다. 그가 남긴 글을 통해서 네덜란드는 한국에 서양문물을 전한 최초의 나라로 기록되었다.

<네덜란드의 총잡이 녀석들>에서 나는 카우걸의 엽총 가죽바지의 패턴, 즉 미국적 자유의 상징을 네덜란드의 풀 먹인 레이스 칼라(깃)가 주는 부자연스러움(뻣뻣함)과 화려함의 상징으로 결합시켰다. 이는 의복의 하이브리드화(이종교배)에 관한 논의의 장을 만들어보고자 한 시도였다. 네덜란드 칼라(깃) 조각들은 트로피처럼 걸려있는데, 이것은 우리 개개인의 성취, 실패, 또는 상처받기 쉬운 감성을 기리기 위한 힘의 상징으로 작용한다. 과장된 엽총 가죽바지들의 꼭대기에는 섬세하고 여성적인 레이스 도일리 표면을 볼 수 있다.

초록드레스를 입은 여자
(접점으로서의 의상: 판소리 가수들),
2010, 혼합 미디어: 단일 채널의 HD,
한복(한국의 전통의상),
네덜란드식 칼라 : 종이 섬유, 각 110x65cm
Clothing as Interface: Pansori Singers, 2010,
Mixed media support single channel HD videos,
Hanbok(traditional Korean costume),
Dutch collar: paper doilies, fabric.,
each 110x65cm

Observing the weekly sewing sessions of my mother, grandmother and aunts, as a little girl, I have been interested in how clothes can offer clues to aspects of ourselves that are not readily apparent. Clothing is our most immediate and intimate environment, one which links us to the larger spaces in which we move. Attire is where our interior selves meet the world: it gives us messages about our identity.

In the video portraits Clothing as Interface: Portrait #1-4, an intercultural interface materialized when the traditional Korean Hanbok merges with the Dutch ruffled collar worn by traditional Pansori singers. These images based on 17th C. Dutch paintings fuse very deliberately my own Dutch heritage with the Korean environment in which these were produced, creating a hybridized version of self. Korea and The Netherlands share a history that goes back centuries.

In mid 17th Century Hendrik Hamel shipwrecked in Yeosu, his presence left traces on the local culture and through his writings gave the Dutch a firsthand account of Korea.

In Dutch Shotgun Chaps I combined a cowgirl shotgun chap pattern, the American symbol of freedom, with the Dutch symbol of constraint and opulence of the starched lace collars to create a conversation about the hybridization of clothing. Referencing the 17th C. Dutch collar the pieces are hanging like trophies as a symbol of the strength of the individual to celebrate our accomplishments, failures and/or vulnerabilities in combination with the delicate feminine surface of the lace doily on top of exaggerated shotgun chaps.

Bertrand Fèvre 베트홍드 페버

페버의 작품은 대상의 정체성과 관찰에서 시작하여 마침내는 물질과 비물질, 문자와 상징 등의 이원성에서 완결된다. 페퍼의 예술에서 말로 표현할 수 없는 것은 우리를 둘러싸고 있는 모든 것들을 탐구한다는 의미에서 "평범한 것(commonplace)"이다. "<이것은 …가 아니다(Ceci n'est pas)>" 그것과 동일한 방법으로 생각되어 왔다: "독특한 오브제를 창조하는 것을 넘어서 그것의 목적은 주제의 이원성을 강조하는 것이다."

"'리모주 도자기'는 테이블의 예술이라고 할 수 있다. 그러나 무엇보다 먼저 나는 리모주 도자기가 그것의 중심에 사람들을 포함하고 있는 산업이라고 생각한다. 그래서 나는 그것의 일상적 캐릭터로 컵을 선택했다. 그것은 일반적인 참조이자 또한, 리모주의 상징이다." 나는 이 작품의 디자인에 르네 마그리트의 작품과 유사한 접근을 선택했다. : '오브제는 그것의 뒤에 다른 것들이 있음을 제시한다' 그리하여 나는 새로운 스케일과 기능을 그 컵에 부여함으로써 일반적인 경우와 다르게 해석하고자 했다. 이것은 나의 관점을 수정하여 새로운 관점으로 사고하게끔 했다. 그래서 그것의 일반적인 것의 진부함 속에서 특히 그것을 크기를 독특하고 기념비적인 것으로 전환하도록 했다.

이러한 형태의 개념화는 지각, '문자적으로literally' 그리고 '형상적으로figuratively' 둘 다와 직접적으로 연결된다.

'문자적으로'

얇은 선의 그래픽의 배열은 휘어진 책 속에서 일종의 시각적 동요를 일으킨다. 두 개의 시각: 한 측면에는 컵, 다른 측면의 텅 빈 공허

'형상적으로'

오브제는 이중적 외관을 가진다. 마그리트가 그랬던 것처럼 그것은 기능과 구체적인 실재성 사이의 대립을 나타낸다. '비어있음'은 '충만함' 만큼 중요하다. 그것은 실용적인 기술들, 그리고 보이지 않는 세계, 말로 표현할 수 없는 것, 비물질적/정신적인 것으로 대변되는 리모주의 도자기 전통을 환기시킨다.

Bertrand Fèvre's work starts out with the observation and identity of a subject, and ends up in the narration of reality in its duality: the material and the non-material, the literal and the symbolic... In Fèvre's art, the ineffable is «commonplace», in the sense of probing that which surrounds us. The peace "Ceci n'est pas" has been thought in the same way : "Beyond the creation of a unique object, the aim is to highlight the duality of the subject."

"Limoges porcelain represents, of course, an art of the table, but first and foremost I see it as an industry that has people at its heart. I chose the cup for its everyday character. It's a universal referent – and an icon of Limoges. In its design, I adopted an approach similar to that of Magritte: 'An object suggests that there are others behind it.' I thus interpreted the cup differently from what is generally the case, giving it a new scale and function. This allowed me to modify my view of it, in its normality and banality, so as to turn it into something unique and 'monumental' in size.

This conceptualisation of form is directly linked to perception, both literally and figuratively.

Literally

The slices generate a graphic array in volume that in turn gives rise to a sort of visual vibration. Two views: from one side, a cup, from the other, a void.

Figuratively

The object has a double appearance. As with Magritte, it instantiates an opposition between a function and a concrete reality. 'Empty' is as important as 'full'. It evokes applied skills, and the porcelain heritage of Limoges – the invisible, the ineffable, the immaterial.

(Author: Veronique Smée)

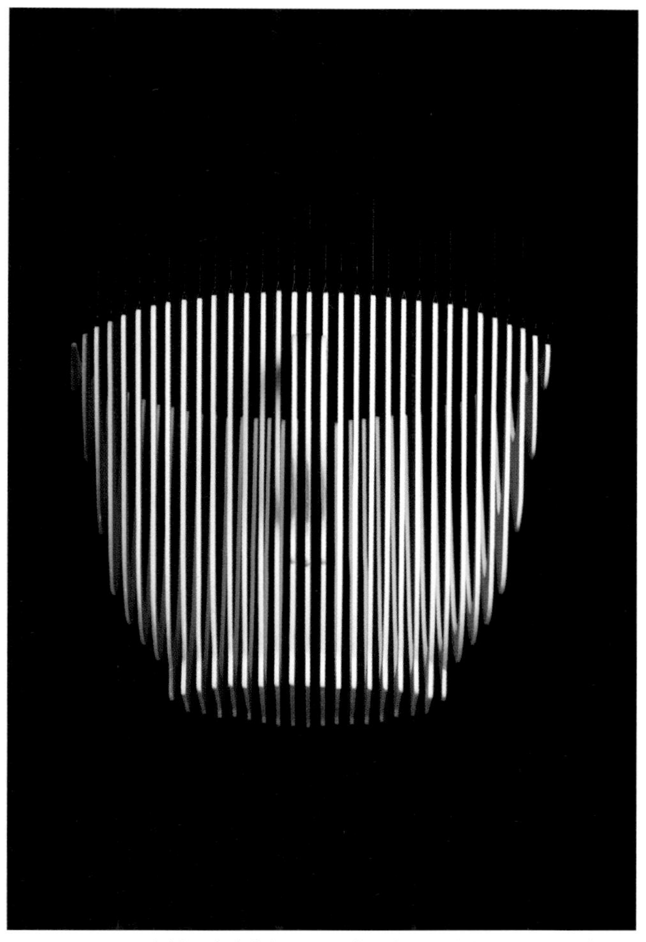

이것은 ..가 아니다, 2010, 도자, 금속, 80x100x80cm ©Bertrand Fèvre
Ceci N'est Pas, 2010, Porcelain, Steel, 80x100x80cm ©Bertrand Fèvre

Beth Lipman 베스 립먼

내 작품은 17~20세기 정물화에 경의를 표하는 의미에서 제작되었다. 진정한 첫정물화(주제로 비활성의 물체들을 묘사하는 구성 작품)는 17세기로 접어들 무렵 네덜란드, 독일, 스페인, 그리고 이탈리아에서 시작되었다. 그러나 사물들을 묘사하는 전통은 1세기로 거슬러 올라간다. 정물들(움직이지 않는 물체들)은 순수하게 무신론적 차원에서 사고될 수 있다. 또한 그것들은 정치, 도덕, 또는 신학적으로 해석될 수도 있고, 종종 경제적 또는 사회문화적 사건들로부터 영향을 받기도 했다. 대상을 정확히 똑같이 재현하는 것으로 미메시스는 정물화에서 가장 두드러진 특징 중 하나이다. 그러나 나는 환영적 완벽함을 추구하는 대신에 조각기법 (sculpting) 및 불기기법 (blowing) 등의 유리 공정을 사용하여 그 순간에 재료를 컨트롤할 수 있는 나의 능력을 기록했다. 물론 그 순간은 사라진다. 유리를 사용함으로써 실재하는 3차원을 창조할 수 있다. 회화의 세련된 특성 또한 놓치지 않으면서 말이다. 그러나 이것은 관람자의 시각을 방해한다. 그리고 관람자의 시각이 요구하는 노력을 좌절시키며 보여진 것을 소유한다. 유리의 투명함과 무색성은 대상의 본질을 잡아내는데, 이는 정물화에서 나타나는 눈속임과 대조를 이룬다. 왜냐하면 유리는 사라지고 말 물체들을 영속하는 것으로 만들기 때문이다.

My work pays homage to still life paintings from the 17th ~ 20th centuries. The first true still life- a composition that depicts inanimate objects as the main subject- were painted at the turn of the 17th century in the Netherlands, Germany, Spain and Italy but the tradition of depicting objects dates back to the first century. Still lifes can be contemplated on a purely atheistic level, or they can be interpreted on a political, moral or theological level and were usually influenced by economic or socio-cultural events.

Mimesis- the ability to capture an object's exact likeness- is one of the most outstanding qualities of the still life. Instead of striving for illusionary perfection, I use the glass process of sculpting and blowing to record of my ability to control the material at that moment. It is a relinquishing of the moment.

The use of glass creates a tangible third dimension, capturing the painting's polished quality; it foils the viewer's eye; it frustrates efforts to claim and own what is seen. Its clarity and absence of color captures the essence of an object and offers a counterpoint to trumpe l'oeil (deception of the eye) found in still life paintings. Glass makes perishable objects everlasting.

치즈가 담긴 접시와 맥주잔이 있는 정물, 2011, 플렉시 글라스에 인쇄, 61x76x0.6cm, Beth Lipman and Heller Gallery
©Beth Lipman
Still Life with Plate of Chéese and Stein, 2011, Print on plexiglas, 61x76x0.6cm, Beth Lipman and Heller Gallery
©Beth Lipman

막대, 주전자와 사슬, 2006, 플렉시 글라스에 인쇄, 51x66x0.6cm, Beth Lipman and Heller Gallery ©Beth Lipman
Sticks, Pitcher and Chain, 2006, Print on plexiglas, 51x66x0.6cm, Beth Lipman and Heller Gallery ©Beth Lipman

견본, 마티스 1-9, 2007, 린넨 천에 디지털 자수, 104.1x88.9cm, Elaine Reichek and Nicole Klagsbrun Gallery, NY
©Elaine Reichek and Nicole Klagsbrun Gallery, New York, NY
Swatches, Matisse 1-9, 2007, Digital embroidery on linen, 104.1x88.9cm, Elaine Reichek and Nicole Klagsbrun Gallery, NY
©Elaine Reichek and Nicole Klagsbrun Gallery, New York, NY

"**견본, 마그리트 1-9**"의 일부, 2007, 린넨 천에 디지털 자수, 104.1x88.9cm,
Elaine Reichek and Nicole Klagsbrun Gallery, NY
©Elaine Reichek and Nicole Klagsbrun Gallery, New York, NY
A part of "**Swatches, Magritte 1-9**", 2007, Digital embroidery on linen,
104.1x88.9cm, Elaine Reichek and Nicole Klagsbrun Gallery, NY
©Elaine Reichek and Nicole Klagsbrun Gallery, New York, NY

"**견본, 몬드리안 1-4**"의 일부, 2007, 린넨 천에 디지털 자수, 67.3x57.2cm
Elaine Reichek and Nicole Klagsbrun Gallery, NY
©Elaine Reichek and Nicole Klagsbrun Gallery, New York, NY
A part of "**Swatches, Mondrian 1-4**", 2007, Digital embroidery on linen,
67.3x57.2cm, Elaine Reichek and Nicole Klagsbrun Gallery, NY
©Elaine Reichek and Nicole Klagsbrun Gallery, New York, NY

USA | 미국
Elaine Reichek 일레인 레이첵

2005년에 나는 컴퓨터 프로그램화 된 자수 재봉기계를 샀다. 그것은 <패턴 인식 Pattern Recognition>이라는 제목의 프로젝트를 위한 것이었다. 비록 나는 대부분의 작품들을 손으로 제작했지만, 이 작품에서는 보다 상업적인 형태의 상품이 작품의 내용을 보다 확실하게 전달해줄 것이라는 느낌이 들었다.

<견본들 Swatches>은 직물 산업에서 오래도록 사용되어온 핑크색의 직물 견본에 따라 제작된 것으로 아서 도브, 엘렌 갤러거, 필립 거스턴, 데미안 허스트, 르네 마그리트, 앙리 마티스, 피에트 몬드리안, 에드 루샤, 낸시 스페로, 카라 워커, 그리고 앤디 워홀을 포함한 20인 이상의 잘 알려진 현대 예술가들의 회화 작품을 재생산한 작품이다. 나는 작품에 다양한 변화를 가하는 동시에, 비슷한 모티브를 뛰어 넘어 개성 있는 작품을 만들어내고자 했다. 동일한 크기 및 형태를 가진 꼼꼼히 바느질 된 엠블렘(상징) 자수들은 그것들을 전통적인 패턴과 디자인에 기반한 오래된 직물을 토대로 하는 예술작품으로 되돌리고자 기계적이고 디지털화된 상품의 하이퍼 모던한 조합을 사용했다. 디지털 재봉 기계가 창조한 부드럽고 균일한 표면은 회화의 표면과 유사하다. 이것은 린넨을 통해 직물과 회화가 전통적인 방식을 넘어서 확장된 결합을 이루게 되었음을 보여준다. 특히 2011년 청주국제공예비엔날레를 위해 큐레이터와 나는 <패턴 인식>으로부터 가장 상징적인 모던 이미지들 중의 일부를 선정했다.

In 2005 I bought my first computer-programmed embroidery sewing machine for a project entitled Pattern Recognition. Although most of my work had been and continues to be made by hand, I felt that using a more commercial mode of production would convey the content of this body of work more emphatically.

The Swatches are modeled after the pinked fabric swatches long used in the textile industry, and reproduces paintings by more than twenty well-known modern and contemporary artists, including Arthur Dove, Ellen Gallagher, Philip Guston, Damien Hirst, René Magritte, Henri Matisse, Piet Mondrian, Ed Ruscha, Nancy Spero, Kara Walker, and Andy Warhol. The embroideries are grouped by artist into combinations of two to nine units. Some of the groupings reproduce a signature work in several variations while others comprise distinct works that play off a similar motif. Densely stitched emblems of uniform size and shape, these embroideries employ a hypermodern combination of mechanical and digital production to return the artworks on which they are based to much earlier fabric-based traditions of pattern and design. The smooth, continuous surface created by the digital sewing machine resembles that of a painting, an association that is extended by pulling the linen across traditional stretcher bars. For the 2011 Cheongju International Craft Biennale the curators and I have selected some of the most iconic modernist images from Pattern Recognition.

현명한 원숭이와 눈깔사탕, 2001, 기계직조와 수제 털실, 면, 고무밴드, 털방울, 단추, 30x170x30cm ©Douglas Atfield
Wise Monkeys and Gobstoppers, 2001, Machine and hand knitted wool, cotton and elastic, pompoms, buttons, 30x170x30cm ©Douglas Atfield

Freddie Robins 프레디 로빈스

나는 스튜디오에서 정상상태라는 규칙에의 순응 및 그러한 관념에 의문을 제기하는 작업을 한다. 그리고 예술, 디자인, 그리고 공예라는 범주들을 가로질러 넘나든다. 나는 뜨개질을 통해 가정, 성, 그리고 인간 조건이라는 현대의 지속적인 쟁점들을 탐구한다. 나는 뜨개질을 둘러싼 문화적인 편견 속에서, 뜨개질이 자기표현 및 소통의 강력한 매체라는 점을 발견했다. <눈깔사탕>은 17세기에 수다스러운 여성을 처벌하기 위해 사용된 "scold's bridle"(머리에 씌우는 굴레)에 영감을 받아 제작되었다. 나는 그들이 만들어낸 독특한 형식의 고문에 대한 개념에 관심을 갖게 되었다. 여기서는 고문을 하는 것과 마찬가지로 수동적이고, 창조적이고, 유용한, 뜨개질이 누군가를 벌하기 위해 사용되었다. 부제인 '현명한 원숭이들(Wise Monkeys)'은 "악을 듣지 않고", "악을 보지 않고", "악을 말하지 않는" 세 마리의 현명한 원숭이들로부터 가지고 온 개념이다.

작품 <당신이 너무 지쳐 결정할 수 없을 때는 어떻게 작업을 하는가?>는 내가 막 엄마가 되어 지쳤을 때 작품활동을 하기 위한 방편으로 고안되었다. 나는 더 이상 생각을 지속적으로 할 수가 없었다. 나는 필요한 결정을 내리기 힘들 정도로 지쳤고, 이전에 했던 작업 방식 중 하나인 수학 방정식을 찾게 되었다. 또한 나는 어떻게 추상작품을 만들 수 있을까를 고민했다. 지금까지 나의 모든 작품은 구상 작품이었다. 나는 모든 결정들이 3개의 주사위를 던짐으로써 결정되는 과정을 고안했다. 하나는 실의 색상을 결정하고 또 다른 하나는 바늘땀과 줄의 개수를, 나머지 하나는 뜨개질 동작을 결정하는데 사용되었다.

당신이 너무 지쳐 결정할 수 없을 때는 어떻게 작업을 하는가?, 2004, 기계직조 털실, 옷핀, DVD, 140x306cm ©Crafts Council
How to make a piece of work when you're too tired to make decisions, 2004, Machine knitted wool, dress pins, DVD, 140x306cm ©Crafts Council

My studio practise questions conformity and notions of normality, and intersects the categorisations of art, design and craft. I use knitting to explore pertinent contemporary issues of the domestic, gender and the human condition. I find knitting to be a powerful medium for self-expression and communication because of the cultural preconceptions surrounding it.

Gobstoppers were inspired by the 17th century "scold's bridle" which was used to punish female gossips. I became interested in the idea of producing your own form of torture. Doing something considered passive, creative and useful, such as knitting, only to have it used to punish you. The sister title, Wise Monkeys, comes from those Three Wise Monkeys who could "Hear no evil", "See no evil" and "Speak no evil".

How to make a piece of work when you're too tired to make decisions was devised as a way of making work when I had just become a mother and was exhausted. I no longer had continuity of time and thought. I was too tired to make the necessary decisions and required mathematical equations that were part of my former working method. I had also been considering how I might go about making abstract pieces, up until this time all my work had been of a figurative nature. The process that I devised let all decisions rest on the throw of 3 dice: one to decide the colour of the yarn, one to give me numbers for stitches and rows and the other to decide the knitting actions.

초록드레스를 입은 여자, 2009, 신문지, 혼합매체, 193x142x5cm,
Gugger Petter/courtesy of Jane Sauer Gallery ©Gugger Petter
Woman in Green Dress, 2009, Newspaper, mixed media, 193x142x5cm,
Gugger Petter/courtesy of Jane Sauer Gallery ©Gugger Petter

Gugger Petter 구거 페터

지난 23년 동안 나는 주로 신문을 사용하여 작업했다. 내가 신문에 매료된 것은 신문이 단지 우리 삶에 대한 기록이라는 목적론적인 이유에서만은 아니다. 나는 신문이 물리적인 한계를 극복하고자 한다는 점에서 매료되었다. <거리 풍경(Street Scene)> 시리즈 중 <출입구 앞의 남자 Man in Doorway>는 지나치게 큰 이미지, 표면, 소재, 색상, 그리고 내용 모두가 상반되는 것들 사이의 긴장을 전달한다. 그 긴장은, 즉 성별(sex)과 색상, 구성의 요소들 사이의 긴장 등이다. 그리고 '묘사된 것, 그리고 묘사되지 않은 것' 사이의 잠재된 긴장은 중요한 개념이다.

작가시절 초기에 나는 이탈리아, 멕시코에서 살면서 그곳에서 동정녀 마리아라는 전통적인 기독교 도상에 관심을 갖게 되었고 그것에 큰 영향을 미친 무언가를 경험했다. <여성 두상/마돈나 Female Head/Madonna>는 비잔틴의 도상과 관련된 작품으로 관람자와 이미지 사이의 직접적인 대면을 의미화 하고자 했다. 나는 이 일련의 작품들을 큰 사이즈로 제작했는데, 이것은 신성한 어떤 것에 대한 함축인 동시에 그 보다 훨씬 더 작은 크기의 전통적 아이콘들과도 강력한 대조를 이루었다.

내 작품들은 비잔틴의 모자이크 예술과 관련되는 것으로도 보여질 수도 있다. 그러나 그렇게 비춰지는 이미지들은 멀리서 바라볼 때 회화처럼 보인다. 또한 가까이에서 관찰하면 신문의 질감과 정보를 완전히 드러낸다.

For the past 23 years, I have worked with newspaper as my main material. My fascination with newspaper consists not only of its purpose as written evidence of our lives, but also its challenging physical limitations. As in "Man in Doorway" from my series Street Scene, my work is based on an oversized image, where surface, subject matter, color and content all convey tension between opposites- tension between the sexes, tension between colors, tension between elements of the composition, etc. Of equal importance is a latent tension between: What is depicted, and What is not depicted.

As a young artist, I lived from 1970 to 1983 in Italy and Mexico, and experience which profoundly affected my involvement with traditional Christian depictions of the Virgin Mary. "Female Head/Madonna" is a title of a group of works related to Byzantine iconography and its direct confrontation between viewer and image. The large scale which I use in this group of works, cropped and liberated from any sacred connotation, stands in strong contrast to the much smaller scale of the traditional icons.

My works may also be seen to have connections to Byzantine mosaic art. where images from a distance appear as painterly depictions. But upon closer inspection, the texture of newspaper and it's rich information become fully revealed.

여성 두상 / 마돈나 #19, 2009, 신문지, 혼합매체, 183x150x5cm, Gugger Petter/courtesy of Jane Sauer Gallery ©Gugger Petter
Female Head / Madonna #19, 2009, Newspaper and mixed media, x150x5cm, Gugger Petter/courtesy of Jane Sauer Gallery ©Gugger Petter

출입구 앞의 남자, 2004, 신문지, 삼베, 172x249x7.5cm, Gugger Petter/courtesy of Andrea Schwarkz Gallery ©Gugger Petter
Man in Doorway, 2004, Newspaper, hemp, 172x249x7.5cm, Gugger Petter/courtesy of Andrea Schwarkz Gallery ©Gugger Petter

Guido Garotti
from Life Given A Shape
귀도 가로티,
Life Given A Shape

나는 사용자와의 직접적인 관계를 맺는 환경을 창조하고자 하는 소망, 그리고 사용자의 일상에서 실존과 균형을 맞추고자 하는 소망 속에 디자인 작업을 한다. 디자인할 때 나는 형태, 재료, 그리고 제품을 연구한다. 그것은 개인과 대상 사이의 심리학적 공생을 고무하기 위한 것이다. 이처럼 나는 정서적으로 지속적인 효과를 주는 원리들을 이용하곤 한다. 내가 디자인한 제품들은 의미론적 속성에 주로 집중했기 때문에 강한 특징과 서사적(narrative)잠재력을 갖는다. 나는 대부분의 새로운 아이디어들을 이론적 탐구나 여행을 하면서 얻는다. 한편으로 나는 인지 과학에 매료되어 있다. 그것은 디자인에 대한 나의 서사적 접근법에 도움을 준다. 다른 한편으로 여행은 내 마음을 넓혀주며, 새로운 것들을 알게 해주고, 문화적 다양성을 강조해준다.

또한 나는 내 프로젝트들을 통해 매우 숙련된 장인들을 다루고자 한다. 그리고 양질의 토산품들 및 지역의 기술들을 이용하고 싶다. 이러한 가치들 및 원리들은 나의 모든 프로젝트들 그리고 나의 현재 및 미래의 작품들에 거처를 제공하는 브랜드 <형태를 갖춘 인생 Life Given A Shape>의 토대를 형성할 것이다.

My design activity is nurtured through the wish of creating environments in a direct relationship with the user and in balance with his/her daily existence. When I design I study shapes, materials and manufactures in order to encourage a psychological symbiosis between person and object; I take advantage of those principles found to be valid arguments for emotional durability. Due to this fundamental attention to their semantic properties, the objects I design have strong character and narrative potential. Most of my new ideas come from theoretical research and travels. On one hand I'm fascinated by cognitive sciences whose findings inform my narrative approach on design; on the other, traveling broadens my mind supplying new inputs and highlighting cultural diversity.

In addition, through my projects I like to feature highly skilled craftspeople and make use of high quality regional materials and local technologies. These values and principles form the foundation for all my projects and the brand 'Life Given A Shape' which houses my current and future work.

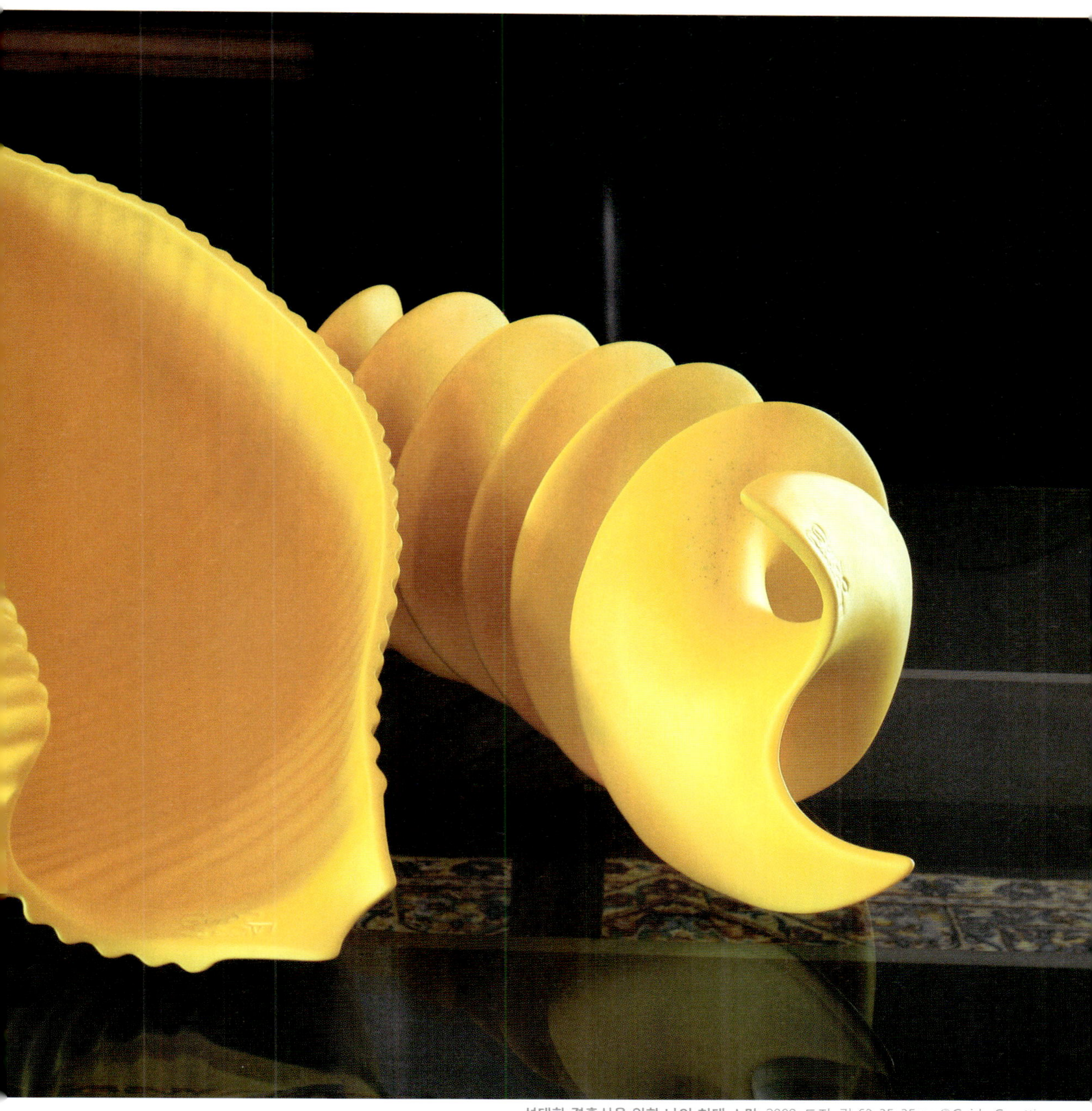

성대한 결혼식을 위한 나의 최대 소망, 2009, 도자, 각 60x35x35cm ©Guido Garotti
My Best Wishes For a Fertile Wedding, 2009, Ceramic, each 60x35x35cm ©Guido Garotti

mD31704: 바다조류의 부분적 복원, 2004, 유리, 금속, 실리콘, 295x51x60cm ©Wilhelm Nassau
mD31704: partial reconstruction of marine avifauna, 2004, Cast glass, steel armature, silicon, 295x51x60cm ©Wilhelm Nassau

Canada ㅣ 캐나다
Ione Thorkelsson 아이원 쏘어켈슨

<mD31704: 바다조류의 부분적 복원>, 혹은 축약한 제목 <돌고래 Dolphin>는 <파편들, 그리고 두 개의 부분적 복원: 우리가 Tropocene에 대해 알고 있는 모든 것>이라는 2004년 작품의 일부이다. 이 전시에서 나는 유사-고생물 및 'Tropocene'이라 불리는 추정상의 지질학적 시대 전체를 암시하는 파편들 시리즈를 제작함으로써, 묘사의 표현적 가능성을 어느 정도까지 열어 보일 수 있는지 확인하고 싶었다.

2009년에 나는 또 다른 주요한 프로젝트를 완수하고 한정된 시리즈의 작은 작품들을 만들었다. 그것은 매우 빠르게 만들어졌다. <별난사람>, <제왕> 그리고 <앙리에따>는 이 시리즈 중 일부이다. 비록 그 시리즈는 엉뚱한 기술상의 방식으로 고안된 것이기는 했지만, 각각 충분히 캐릭터를 갖게 되었다. 각 작품은 독특한 특성을 가지고 있으며, 암시적인 과거도 가지고 있었다. 작품제작 과정에서 나는 지금은 폐기된 것, 즉 흉상이라는 상당히 친숙한 조각적 인습을 조심스럽게 전용하고 또 전복시켰다.

2010년 오타와에서 선보인 <수정>이라는 제목의 작품은 인간이 자연에 개입한 결과들을 다룬 것이다. 그것은 바로 우리의 의도가 아무리 최선의 것이어도 많은 경우, 우리가 그에 미치지 못함을, 또는 우리의 판단에 오류가 있음을 보여주는 기록이 된다. 또 다른 작품 <수정 No.1: 배수관을 가지고>는 고립과 부조화에 대한 기념비이다.

앙리에따, 2009, 유리, 23.5x11x35cm
©Ione Thorkelsson
Henrietta, 2009, Cast glass, 23.5x11x35cm
©Ione Thorkelsson

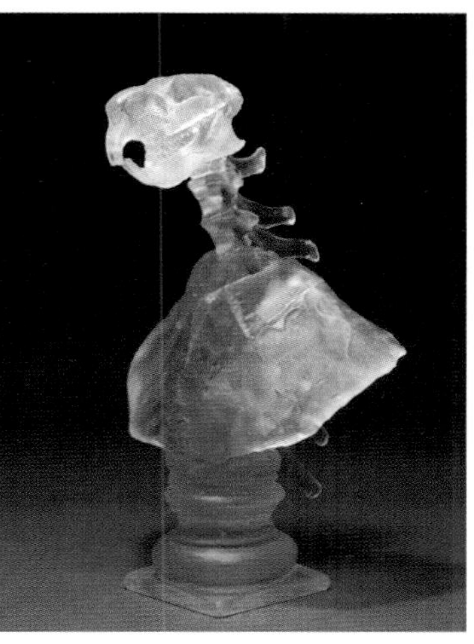

제왕, 2009, 유리, 22x18.5x34.5cm
©Ione Thorkelsson
Rex, 2009, Cast glass, 22x18.5x34.5cm
©Ione Thorkelsson

별난 사람, 2009, 유리, 31x26x36cm
©Ione Thorkelsson
Anorak, 2009, Cast glass, 31x26x36cm
©Ione Thorkelsson

수정 No. 1: 배수관을 가지고, 2010,
유리, 호두 나뭇가지, 고무 페인트,
61x59x155cm ©Ione Thorkelsson
Correction No.1: with watershoots,
2010, Cast glass, walnut branches,
rubberized paint, 61x59x155cm
©Ione Thorkelsson

'mD31704: partial reconstruction of marine avifauna', or the 'Dolphin' for short, was part of a major project from 2004 entitled 'Fragments and 2 partial reconstructions: everything we know about the Tropocene'. In this show I wanted to see how far I could push the expressive possibilities of the casting process by creating a series of pseudo-paleontological creatures and fragments that would suggest a whole speculative geological epoch called the 'Tropocene'.

In 2009, having just completed another major project, I went to the studio and created a limited series of small pieces which were essentially quick five-finger-exercises. 'Anorak', 'Rex' and 'Henrietta' are part of this group. Although they were conceived simply as technical whimsies, they quickly took on life of their own and asserted themselves individually as fully-formed characters, each with a personality and an implied past. In the process I have gently appropriated/subverted an overfamiliar sculptural convention that has largely fallen into disuse, the bust. The body of work entitled 'Corrections', which was shown in Ottawa in 2010, challenged some of the implications and consequences of human intervention in the natural world which, despite the best of intentions, is too often a record of ineptitude and errors in judgement. 'Correction No.1: with watershoots' is a monument to deracination and incongruity.

Janet Cooper 자넷 쿠퍼

예술적 대상으로서의 옷에 대한 개념은 찰흙, 옷감, 주석, 그리고 종이 등의 다양한 소재들로 여러 해에 걸쳐 탐구되어왔다. <퀼트를 입은 여인들 Quilt Ladies>과 <파티 드레스들 Party Dresses>은 나의 이전 시리즈들과 마찬가지로 이 드레스가 선보이는 형식적 외관에 맞추어져 있다. 모양은 그것의 부재를 통해서 의미를 드러낸다. 나는 브리콜라주에 매력을 느끼며, 브리콜라주 양식을 장식, 감성, 수집품이라는 형식들의 외피로서 사용했다.

나의 최근 작품의 초점은 내부 즉, 속옷에 있다. 그것은 신체 부분들을 가리킬 뿐 아니라 내적 감성 및 피상적 외피를 넘어선 깊이 있는 감정들을 가리킨다. 나는 버려진, 그러나 여전히 소중한 옷을 캔버스로 사용한다. 그리고 감성적인 것을 강조하기 위해 자수와 단어들을 삽입한다.

수십년 간 나는 물질의 재활용에 관심을 가져왔다. 처음에 관심 가진 것은 빈티지 병뚜껑과 주석 캔들이었고, 그 다음에는 벼룩시장에서 구한 중고 폐기물들에, 지금은 빈티지 직물들에 관심을 갖고 있다.

이전에 나는 인간 형태를 둘러싼 잡다한 것들을 흙과 같은 가장 근원적인 소재로 다루었다. 이제 버려진 옷으로, 어떤 의미에서는 우리의 피부인 그것을 가지고 나는 경이로운 인간의 형태를 계속해서 축복할 것이다.

Dress as Art Object is an idea explored in various materials ... clay, cloth, tin and paper over the years. With my previous series, Quilt Ladies and Party Dresses, the focus is the outside appearance of form that the dress presents. A figure is implied by its absence. My affinity for Bricolage is used to celebrate embellishment, sentimentality and memorabilia as the skin of the form.

The focus of my present work is the inside and the underwear.. not only in terms of body parts but also inside emotions and deeper feelings beyond the superficial skin. I use my discarded, yet still loved clothing as canvases and I introduce embroidery and words to highlight the emotional.

For several decades I have been intrigued with reuse of materials...at first vintage bottle caps and tin cans, then detritus second hand items from the flea market, and now vintage fabrics.

My earliest work dealt with the perimeters of the human form with the most basic of found materials..clay or earth. Now with cast off clothing, in a sense our skin, I continue to celebrate the wondrous human form.

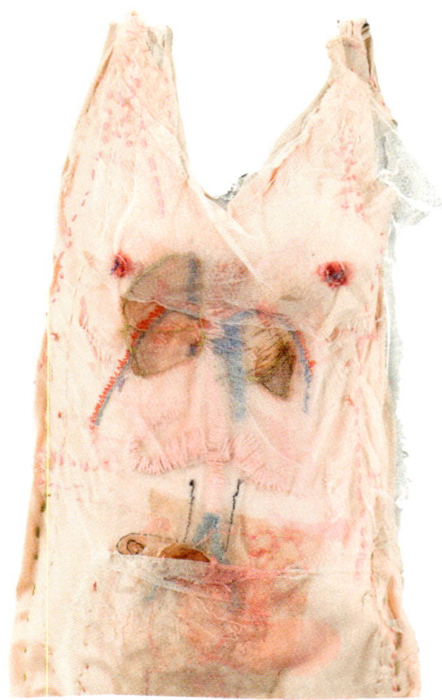

나의 몸-나의 삶, 2011, 직물에 바느질, 5x30x69cm
©Visual Winds Studio, New York
My Body-My Life, 2011, Stitches in fabric, 5x30x69cm
©Visual Winds Studio, New York

날 꼭 안아줘, 2010, 빈티지 속옷에 바느질,
5x30x51cm ©Visual Winds Studio, New York
Hold me tight, 2010, Stitches in vintage underwear,
5x30x51cm ©Visual Winds Studio, New York

로마풍의 파티드레스, 2009, 수집 기념품,
5x56x91cm ©Visual Winds Studio, New York
Roman party dress, 2009, Memorabilia,
5x56x91cm ©Visual Winds Studio, New York

치유하는 슬립, 2010, 5개의 의류, 41x20x104cm
©Visual Winds Studio, New York
Healing slip, 2010, 5th hands clothes, 41x20x104cm
©Visual Winds Studio, New York

Katharine Morling 캐서린 몰링

캐서린 몰링은 세라믹이라는 매체를 위해 특이하고 다이내믹한 형상으로 생기를 불어넣는다.

그것들은 3차원 데생으로 묘사될 수 있다. 하지만 우선 그 소재의 본질은 분명치 않다. 그것은 종이인가, 아니면 직물인가? 하지만 만져보면 그것은 분명히 도자기이다. 이처럼 시각은 소재가 가진 기억 맥락 속에서 재조정된다. 그리고 그와 같은 촉각적 경험으로 관람자는 그 소재가 고체인지, 차가운지, 단단한지 또는 약한지 판단한다.

그 작품들은 극적인 영상장면 속에서 함께 작용하면서 일상에서 접하는 사물들, 즉 테이블, 의자, 도구들, 케이스들 등의 고요한 생을 비춘다. 그리고 관람자들의 머리 속에는 이야기들이 풀어진다. 그것은 입구가 잠긴 박스, 열린 서랍 속의 열쇠들. 케이스 속의 장난감들은 향수, 그리고 판타지와 함께 공명한다. 벽에 기대어 놓인 사다리는 이 장난감들이 생명을 얻어 움직이게 될 수도 있으며, 독립적 존재를 영위하며 살아갈 수도 있음을 암시한다. 누구든 이러한 이상한 실물 크기의 영상 작품 속에서 걸으면, 이처럼 약간은 초현실적인 경험을 하게 된다.

모노크롬 작품들은 주로 도자기이거나, 또는 도자기 조각에 덮인 손잡이 들이다. 굽기 전에 작품의 윤곽을 분명히 하기 위해 검은 칠이 덧칠되거나, 손잡이 또는 자물쇠 같은 디테일들이 더해지기도 한다.

Katharine Morling crates animated scene with an unusually dynamic appearance for the medium of ceramics.

The objects can be describes as 3 dimensional drawings but at first, the true nature of the material is not clear: paper or fabric? However, to the touch, it is clearly ceramic. The eye then re-adjusts within the context of the memories which the material holds. The tactile experience grounds the viewer with the materials solid, cold, hard and fragile reality.

The pieces work together in a tableau staging still lives of everyday objects: table and chairs, tools and cases. Stories start to unravel in the viewer mind: the box that is locked the keys in an open draw. Toys in a case resonate with nostalgia and fantasy. A ladder propped agents a wall suggests that these toys could spring to life and lead an independent existence. A slightly surreal experience is crates when one walks amongst this strange life-sizes tableau.

The monochrome works are mainly porcelain or crank covered in a porcelain slip, before firing a black slip is painted on outlining the works with some details such as a handle or lock painted in.

Author : Felicity Aylieff

부자연스런 삶, 2010, 점토, 도자기, overall 200x400x300cm, Balman Gallery ©Katharine Morling
Stilted Life, 2010, Clay, porcelain slip, porcelain, black stain, overall 200x400x300cm, Balman Gallery ©Katharine Morling

부자연스런 삶, 2010, 점토, 도자기, overall 200x400x300cm, Balman Gallery ©Katharine Morling
Stilted Life, 2010, Clay, porcelain sl p, porcelain, black stain, overall 200x400x300cm, Balman Gallery ©Katharine Morling

Katherine Glover 캐서린 글로버

내 작품은 특정한 형식을 반복하는 자연의 우아함과 질서를 다룬다. 그러한 형식에는 나선, 가지, 파도, 그리고 견고하게 꾸려진 구조적 모듈이 있다. 이러한 패턴들은 나이테, 연체동물 껍데기의 나선, 물과 구름의 패턴, 지맥, 새의 깃털, 그리고 식물들 속에서 나타난다.

나는 작품은 종이와 납화를 사용하는데, 이 둘은 모두 그것의 전통적 용법을 넘어서 탐구된 바가 상대적으로 적기 때문이다. 종이에는 힘, 가벼움, 유연함, 그리고 견고함이 결합되어있는데, 이러한 성질들로 인해 종이는 조각적 실험에 매우 적합하다고 할 수 있다. 나는 카디(khadi: 인도의 목화)로 작업을 하는데, 그것은 인도에서 제작된 수제 종이로서, 주로 재활용된 티셔츠로 만들어진다.

나의 큰 판넬 디자인의 구조적 요소는 이 종이를 자른 조각들로 이루어진다. 표면에 그것들을 붙이기 전에 나는 그 조각들을 내가 혼합한 색상들로 색칠한다. 여기에서는 아크릴 물감을 사용한다. 종이 조각의 구겨지고 찢긴 가장자리는 복잡한 패턴의 표면을 만들어 지며 나는 여기에 더 장식을 가함으로써 그것을 강조한다. 장식에는 듣속박, 금속 도료, 녹청, 그리고 납화법과 같이 불에 달구어 착색한 멋진 세부장식들이 사용된다.

나는 다른 어떤 소재로도 실현될 수 없는 형식과 표현을 창조해내는 것을 좋아한다. 종이의 흔과 유연함은 그것의 독특한 구조적 한계를 가진다. 동시에 이러한 위험한 특질들이 그 자체로 유희, 실험, 그리고 혁신의 가능성을 동반하며, 이를 끝까지 밀어붙인다. 나에게 이는 진정으로 놀이의 왕국이 아닐 수 없다.

My artworks interpret nature's elegance and economy, which repeats certain forms – spirals, branches, waves, and tightly packed structural modules. These patterns appear in tree rings, mollusk shell spirals, water and cloud patterns, and branching veins, bird feathers, and plants.

My work uses paper and encaustic, which both possess relatively little-explored characteristics beyond their traditional uses. Paper combines strength, lightness, flexibility and rigidity – characteristics that suit it supremely for sculptural experimentation. I work with khadi, an archival handmade paper from India that is made primarily from recycled T-shirts. It comes in varying weights, signified by number of elephants – "Four Elephant" being the heaviest. This weight is indeed very nearly like hide, so strong and heavily sized that I cannot tear it without first softening it in water.

Torn strips of this paper become the structural elements of my large panel designs. Prior to adhering the strips to the surface I paint them in colors I mix myself, using fluid acrylics, a formulation heavily pigmented for color intensity and light-fastness. The paper strips' ruffled torn edges create a complex patterned surface which I embellish and emphasize further, using metal leaf, metallic paints and patinas, and brilliant encaustic detailing.

I like the challenge of creating forms and expressions that cannot be realized via any other materials. Paper's strength and pliability have distinct structural limits. At the same time, these chancy qualities themselves invite fooling around, experimentation and innovation close to the edge – for me, truly the realm of play.

호수 속의 불, 2011, 인도산 수제 카디 종이, 자작나무 판넬 위 아크릴 채색, 152.4x101.6x7.6cm ©Katherine Glover
Fire in the Lake, 2011, Handmade Indian khadi paper, colored with fluid acrylic on birch panel, 152.4x101.6x7.6cm ©Katherine Glover

Kusama Yayoi 쿠사마 야오이

"폴카 점은 태양의 형태를 가지고 있고, 그것은 온 세상과 우리 삶의 에너지를 상징한다. 또 고요한 달의 형태이기도 하다. 둥글고, 부드럽고, 다채로우며, 무의미하고, 미지의 것이다. 폴카 점은 운동성을 지니게 된다. 폴카 점은 무한성을 획득하는 하나의 방법이다."

"...a polka-dot has the form of the sun, which is a symbol of the energy of the whole world and our living life, and also the form of the moon, which is calm. Round, soft, colorful, senseless and unknowing. Polka-dots become movement... Polka dots are a way to infinity."

우리가 폴카 점으로 자연과 우리 몸의 흔적을 없앨 때, 우리는 우리를 둘러싼 환경의 통일체의 일부가 된다. 나는 영원함의 일부가 되고, 우리는 사랑 안에서 우리의 흔적을 지워버린다."

When we obliterate nature and our bodies with polka dots, we become part of the unity of our environment, I become part of the eternal, and we obliterate ourselves in love.

한복, 2002, 도자, 7x7x9cm,
유재응
©Kusama Yayoi Studio
Pumpkins,
2002, Porcelain, 7x7x9cm,
Yoo Jea-eung
©Kusama Yayoi Studio

Yayoi Kusama
2002

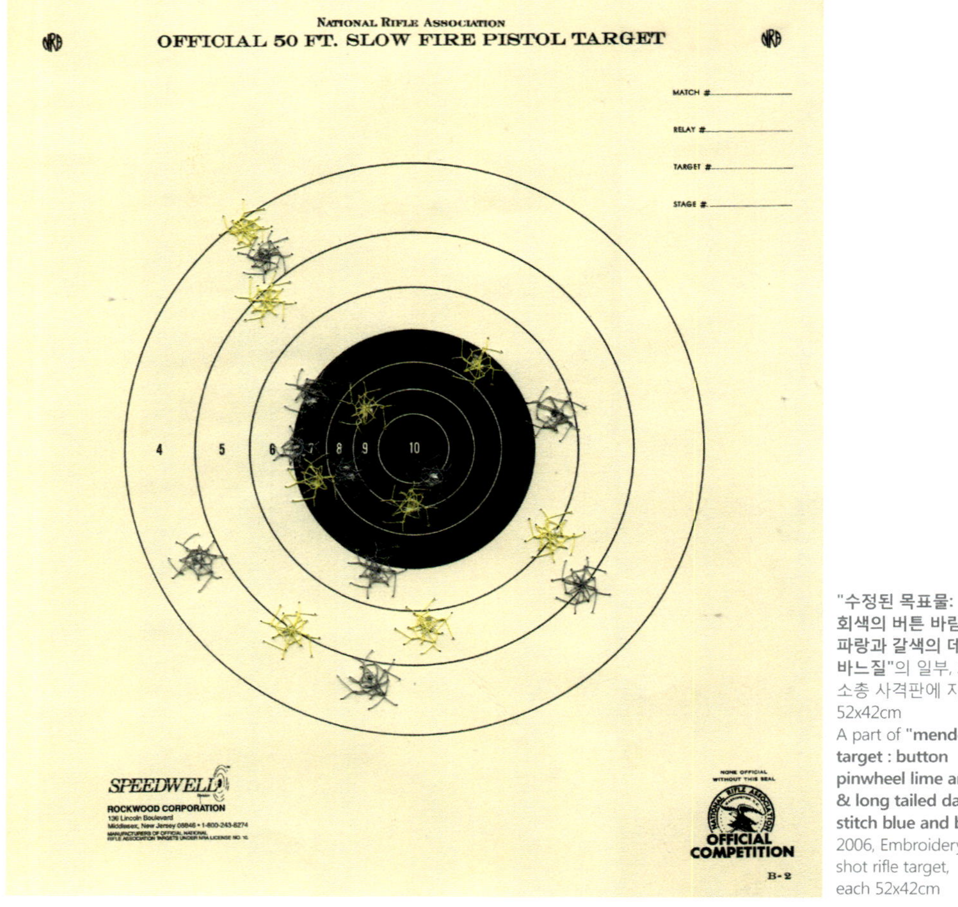

"수정된 목표물: 라임과 회색의 버튼 바람개비 & 파랑과 갈색의 데이지 바느질"의 일부, 2006, 소총 사격판에 자수, 각 52x42cm
A part of **"mended target : button pinwheel lime and gray & long tailed daisy stitch blue and brown"**, 2006, Embroidery on shot rifle target, each 52x42cm

USA | 미국

Lisa solomon 리사 솔로몬

나는 절반은 일본인, 절반은 유태인 백인 여성으로서 나의 작품은 종종 하이브리드(혼종) 개념과 연관된다. 나는 언뜻 보았을 때 관련 없어 보이는 요소들을 융합하여 각 요소들의 본래 의도들은 지우고 재맥락화 되게 한다. 나는 날짜들, 기억들, 그리고 사물들에 대한 개개인의 역사적 관계가 어떻게 하여 우리의 개인적이고도 집합적인 믿음 체계를 변경시킬 수 있는지에 대해 질문한다.

나는 성(性) 정체성에 관심을 가지고 있다. 성정체성은 우리가 사물들을 남성 또는 여성의 영역 내에 위치시키고 이름 지우는 것인데, parameter는 우리의 시각에 혼란을 주기 위해 의도적으로 단서들이 잘못 위치 되어졌을 때 발생하는 것이다. 나는 문화적 사회적 차이점들을 더 잘 이해하고 해결하기 위해 오래된 공예들의 체계 속에서 작업한다. 나는 손으로 만든 것들과 기계로 만들어진 것들 사이의 차이와 대조점들을 고려한다. 그것들에게 요구되는 바람직한 위치는 시간의 흐름에 따라 얼마나 문화적으로 표현해왔는가? 사물들은 어떻게 해서 시간이 많이 소요되는 핸드메이드 방식으로 생산되어 왔으며, 어떻게 노동윤리의 관념과 결합되며, 또 끝이란 결코 없다는 것을 보여주는가? 나는 또한 일반적인 "핸드메이드"라는 관념을 흥미롭게 생각하며 종종 의도적으로 작업 과정에 그 증거를 남긴다. 그리고 매달려있는 실 또는 다시 그려진 요소의 형식으로 표현한다.

내 작품은 궁극적으로는 회화의 관습에 매어있다. 그러나 또한 "상태들 사이"에서 배회한다. 그 상태들이란, 벽 위에 나타나지만 동시에 그 평면 또는 벽에서 벗어나기를 갈망하고 벗어나기 위해 존재하는, 2차원과 3차원 사이에서 존재하는 상태들을 말한다.

As a ½ Japanese ½ Jewish Caucasian woman, my work often feels connected to the idea of hybridization. I tend to fuse elements that at first glance appear unrelated – altering familiar motifs so that their original intents are re-purposed and re-contextualized. I question how an individual's historical relationship to dates, memories and objects can alter our personal and collective belief systems.

I am interested in gender identity – the parameters we use to place and name things within a masculine or a feminine sphere; what occurs when triggers and cues are misplaced purposefully to confuse our vision. I labor within the framework of antiquated crafts to better understand and mend cultural and societal divides. I consider the differences and contrasts between hand made and machine made. How culturally the positions of their desirability have flipped flopped over time. How things generated in a time consuming hand made manner blend with the ideas of work ethic, and work that never gets done. I am also intrigued by the notion of "handmade" in general and often purposefully leaves evidence of myprocess and hand in the form of dangling threads or re-drawn elements.

My work is ultimately tied to the practice of drawing and yet hovers "between states" – existing in a space between 2D and 3D – shown on the wall yet concurrently yearning and existing to be off of that plane.

Mary Tuma 메리 튜마

내 작품은 개인적, 문화적, 그리고 정신적 정체성에 관한 쟁점에 초점 맞추어져 있다. 인간의 몸은 물리적 매개체로 기능하며 이 물리적 매개체로서의 몸을 통해 경험이 각인되는데, 이는 나의 주요 관심사이다. 몸을 대신하여 '발견된 오브제' 를 사용하듯, 몸의 현존과 부재는 계속되는 주제이다.

나는 초기부터 여성의 신체, 치수, 가치, 자기-지각의 문제를 다루었으며 그 후에는 영혼 혹은 정신, 즉 몸 안에 거주하거나 몸을 초월하여 존재하는 영혼 혹은 정신을 탐구했다. 2000년에는 개인의 정체성에 관련된 또 다른 장소로서의 내적 신체를 평가하는 수단으로서 바느질된 신체 기관들(crocheted body organs)을 만들어내기 시작했다. 우리는 신체의 바깥 부분에만 집착하지만 보이지 않는 안쪽 또한 우리가 누구인가를 이루는데 있어 마찬가지로 중요한 부분이다. 우리가 우리 개개인의 정체성을 구축하고 표현하는 방법으로써, 외적인 신체의 모습을 생각하는 것만큼 내부 또한 생각할 수 있게 하는 것이 나의 목표였다.

신체 기관들은 나 자신의 내적 신체가 어떻게 보일 것인가에 대한 해석에서 출발한 "내적 체계들"로서 내가 스스로 디자인하게 되어있다. 그 신체 기관들은 점차 정신의 담지자이자 정체성의 조각들, 즉 배열될 수 있고 또 재배열될 수 있는 것으로 변모한다. <발산>은 그러한 배열의 하나이다.

<발산>은 인간 존재 또는 주어진 공간, 구석 내의 인간 정신의 존재를 묘사한 것이다. 이것은 바느질 된 다양한 신체 내부 기관들로 이루어져 있으며 방 한 구석에 설치되어 있다. 발산은 현존을 감지하고 정신과 함께 공간에 거주하고 우리 자신 속의 보이지 않는 세계들의 겹겹을 알아채는 것에 관한 것이다.

내가 작업하기 위해 고른 재료들과 작업에 사용한 방식들은 나의 가족의 역사와, 온갖 종류의 직물, 섬유, 천, 그리고 옷에 대한 나의 사랑과 연관되어있다. 나의 가족의 양 갈래에 위치한 두 집단의 여자들, 즉 팔레스타인 여성들과 아일랜드 계 미국인 여성들이 레이스를 바느질했다. 나는 이 재료들 및 방법들과의 깊은 연관성을 느낀다. 마치 그것들이 내가 누구인가에 본질적인 부분이기라도 한 듯이 말이다.

My work focuses on issues of personal, cultural and spiritual identity. The human body functions as the physical vehicle through which experience is imprinted and is therefore of central concern within my work. Presence or absence of the body is a recurring theme as is the use of found objects as stand-ins for the body.

My earliest works investigated issues of women's bodies, measurements, values, self-perception and then later explored ideas of the soul or spirit residing within the body or beyond the body. In 2000 I began creating crocheted body organs as a way of assessing the internal body as another site relating to personal identity. We obsess with the outside of the body but the invisible inside is as much a part of who we are. It was my goal to redress the inside organs much as we re-dress the outside, as a way of constructing and expressing a personal identity.

The body organs, as "internal systems" started out as interpretations of how my own internal body might look were I to design it myself. They gradually transformed into containers for spirit, bits and pieces of identity that could be arranged and rearranged.

Emanation is one such arrangement.

Emanation is a depiction of the human presence, or presence of human spirit within a given space/corner. It is constructed from a variety of crocheted internal body organs, installed within a corner of a room. Emanation is about sensing presence, inhabiting space with spirit, acknowledging a layering of invisible worlds within our own.

The materials I choose to work with and the methods I use are connected with my family history and my love of fabrics, fibers, cloth and clothing of all kinds. The women on both sides of my families, Palestinian and Irish-American, made lace, crocheted, sewed. I feel a deep connection with these materials and methods as if they are integral to who I am.

발산, 2004, 리본, 끈, 못, 213x150x25cm ©Mary Tuma
Emanation, 2004, Ribbon, string, nails, 213x150x25cm ©Mary Tuma

꽃, 2011, 녹슨 청동으로 피복한 고품질의 나이론으로 만든 겹겹의 혼합물, 19x19x22cm, Adrian Sassoon ©Adrian Sassoon
Bloom, 2011, Made by additive layer manufacturing from a high quality nylon material with unique mineral soft coating, 19x19x22cm, Adrian Sassoon ©Adrian Sassoon

UK | 영국

Micheal Eden 마이클 이든

"이든의 최근 작품은 '공예'라는 장르가 다양한 장르를 넘나드는 넓은 회색 빛 지역들을 탐험하는 것처럼, 예술 및 디자인과 동등한 것임을 주장하는 '예술과 공예 운동'의 정신을 따른다. 도공으로서 이든은 지금까지 관습적으로 따른 도자공예적 요소에 새로운 도구를 사용하여 그것을 보다 확장시켰다. 이든은 이를 현실화하는 방법으로 다름아니라 그 운동의 주안점들 중의 하나로 과학기술공포증을 거슬렀다. 사실 이든의 작품에는 모순이 있다. 즉 공예를 예술 및 디자인과 훨씬 더 가깝게 하기 위해, 오늘날의 공예의 범위를 확장시키기 위해, 개념적이고 형식적인 탐험의 과정을 촉발시키기 위해 최첨단의 기술을 사용하였다. 이러한 방식은 실험을 도움으로써 기술이 단순히 그 자체로 목적이 되기 보다 목적의 수단이 되게 하였다."

"Eden's recent work pursues the Arts and Crafts Movement's ethos of how craft is an equal to art and design by exploring the large grey areas between the disciplines. Here the ceramic craft element of Eden's previous practice as a potter is extended through the use of new tools. But the precise way in which Eden realizes this necessitates nothing less than a reversal of one of the keynotes of the movement: its techno phobia. Indeed, Eden's work is persuasive evidence of how one of the most convincing ways to extend craft today in order to integrate it more closely with art and design is precisely by using cutting-edge technology to trigger a process of conceptual and formal investigation. By aiding experimentation in this way, technology is utilized as a means to an end rather than simply being an end in itself."

(Source: Alex Coles, 'Michael Eden, The Practitioner: Artist, Designer, Craftsman.' SOFA catalogue, Chicago, 2011)

살릭스 모리사 II, 2010, 녹슨 청동으로 피복한 고품질의 나이론으로
만든 겹겹의 혼합물, 14x25.5x36cm, Adrian Sassoon ©Adrian Sassoon
Salix Morrisia II, 2010, Made by additive layer manufacturing
from a plaster and gypsum material encased in patinated copper,
14x25.5x36cm, Adrian Sassoon ©Adrian Sassoon

웨지우드로 만들지 않은 대접, 2011, 녹슨 청동으로 피복한 고품질
의 나이론으로 만든 겹겹의 혼합물, 16x25x28cm, Adrian Sassoon
©Adrian Sassoon
The Wedgwoodn't Tureen, 2011, Made by additive layer
manufacturing from a high quality nylon material with unique mineral
soft coating, 16x25x28cm, Adrian Sassoon ©Adrian Sassoon

소용돌이, 2010, 녹슨 청동으로 피복한 고품질의 나이론으로 만든 겹
겹의 혼합물, 16x22x24cm, Adrian Sassoon ©Adrian Sassoon
Vortex, 2010, Made by additive layer manufacturing from a high
quality nylon material encased in patinated copper, 16x22x24cm,
Adrian Sassoon ©Adrian Sassoon

Pekka Paikkari 페카 파이카리

나에게 인간의 현존은 예술의 시작점이 된다. 흙은 표현을 하는데 있어 유연한 소재이며 시간의 역사를 담고 있다. 예술가로서 나는 끝나지 않는 이야기를 구축한다. 예술작품이 빌딩 정면에 놓여있던지 아니면 몇몇 조각들로 이루어진 설치품이던지간에 그것은 예술작품의 물리적인 외형과 상관 없이, 작품의 최종 형식으로 관람자와 작품 사이의 대화를 결정한다. 때때로 지적 개념과 작업 과정이 최종 작품보다 내게 더 많은 것을 의미하기도 한다. 불은 태우는 과정에서 작품을 만들거나 부술 수 있으므로 조각가들에게는 높이 칭송 받는다. 하나의 작품이 조각조각 부셔져서 가마를 떠날지라도 그 자체 속에, 그리고 그것 자체로 그것은 표현의 힘을 가지며 중요한 순간을 기록할 수 있다.

For me human presence is the starting point of art. Clay is a flexible material for expression and as such contains the history of time. As an artist I construct a never-ending story. Despite the physical appearance of the art work, whether it is placed on the façade of a building or is an installation consisting of several pieces, the dialogue between the viewer and the work defines its final form.

The intellectual concept and the working process occasionally mean more to me than the final work. Fire is highly respected by sculptors since it can make or break their work during the burning process. Nevertheless a piece of work can leave the kiln broken into shards, but even then it has a power of expression in and of itself and can record an important moment.

역사를 주의하다, 2010, 구운 점토, 나무, 130x75x75cm ©Tuukka Paikkari
Beware the History, 2010, Fired clay, wood, 130x75x75cm ©Tuukka Paikkari

Randall Rosenthal 랜달 로젠탈

나는 어릴 적에 그림을 시작했고 대학을 지나 40대 초반에 이르기까지 계속해서 그림을 그렸다. 1980년대 중반 나는 건축가 노르만 제프(Norman Jaffe)와 함께 건축 디자이너 및 모델 메이커로 일하기 시작했다. 제프는 사우샘프턴(Southampton)의 한 집 벽에 220피트 길이의 프리즈를 조각해달라고 요청했는데, 그것은 워싱턴 시에틀의 한 교회의 설교단을 위한 것이었다. 성경을 내려놓을 곳에 나는 펼쳐진 책을 조각하였다. 나는 이 프로젝트에 너무나 매료되어서 펼쳐진 책들을 조각하기 시작했다. 그리고는 페이지들을 그리기 시작했다.

2004년에 나는 뉴욕의 이스트햄프턴의 길드 홀에서 전시를 제안 받았다. 이 때 나는 건축 조각을 만들면서 그간 내가 사용해오던 마호가니를 대신 소나무를 썼다. 새로운 작품이 더 이상 목재를 깎아 만든 책 같은 분명한 조각이 아니라 조각으로부터 관람객이 서있는 자리가 어디인지에 의존하는, 그럴듯한 현실로부터 튀어나온 사물이기 때문에 소나무는 변혁적이었다. 페인트와 잉크는 종이에 잘 스며들 듯이 소나무에도 잘 스며들었다. 결국 작품의 범위는 '책들'로부터 '종이로 된 모든 사물들', 즉 차트, 카드, 그리고 심지어 돈으로 확장되었다.

사람들은 이 작품을 종종 눈속임이라 말하지만 그렇지 않다. (적어도 나는 그것을 의도하지는 않았다.) 나는 그것이 나무라는 사실을 숨기기 위한 시도는 전혀 하지 않았다. 많은 차원들이 측정되지 않고 많은 형태들과 두께가 섬세하게 과장된다. 나는 이것들을 포토리얼리즘의 시도로 보기 보다는 3차원의 자유로운 손 드로잉으로 본다.

각각의 조각은 버몬트산 흰 소나무 한 블록을 손으로 조각한 것이고 잉크와 아크릴을 가지고 손으로 칠해졌다. 접착제는 사용되지 않았다. 미리 스케치도 하지 않았다. 아이디어는 목재의 원 재료로부터 완성된 조각에 이르기까지 전적으로 환원주의적인 과정 속에서 내 정신의 눈으로부터 흘러나왔다.

I started painting as a child and continued through college and into my early forties. In the mid nineteen eighties I started working as an architectural designer and model maker for the architect Norman Jaffe. Eventually Mr. Jaffe asked me to carve two twenty foot long friezes on the wall of a house in Southampton. This commission led to a decade of large architectural carvings. One project was for an Ambo (lectern) for a church in Seattle, Washington. An open book was carved as the bible rest. I was so intrigued by this object that I began carving open books. Then I started painting the pages.

In 2004 I was offered a show at Guild Hall in East Hampton, New York. Working toward the show I switched from mahogany, which I had used for my architectural sculpture, to pine. The pine was transformational as the new work was no longer obvious sculptures of books carved from wood but objects that jumped from seeming reality to sculpture depending on the viewers distance from them. The paint and ink sat on the pine much as it would on paper. Eventually the scope of the work expanded from books to any paper object, such as charts, cards and even money.

The work is often described as trompe l'oeil. It is not. (at least not intentionally). There is no attempt to hide the fact that they are wooden. Many dimensions are unmeasured and many shapes and thicknesses are subtly exaggerated. I think of them more as three dimensional free hand drawings than attempts at photo -realism.

Each sculpture is hand carved from a single block of Vermont white pine and hand painted with ink and acrylic. No glue is used. There are no preliminary drawings. The idea flows from my minds eye in a totally reductive process from the original block of wood to the finished sculpture.

무마(입막음) 비용, 2011, 나무, 페인트, 잉크, 15x22x2.5cm ©Randall Rosenthal
HUSHMONEY, 2011, Wood, paint, ink, 15x22x2.5cm ©Randall Rosenthal

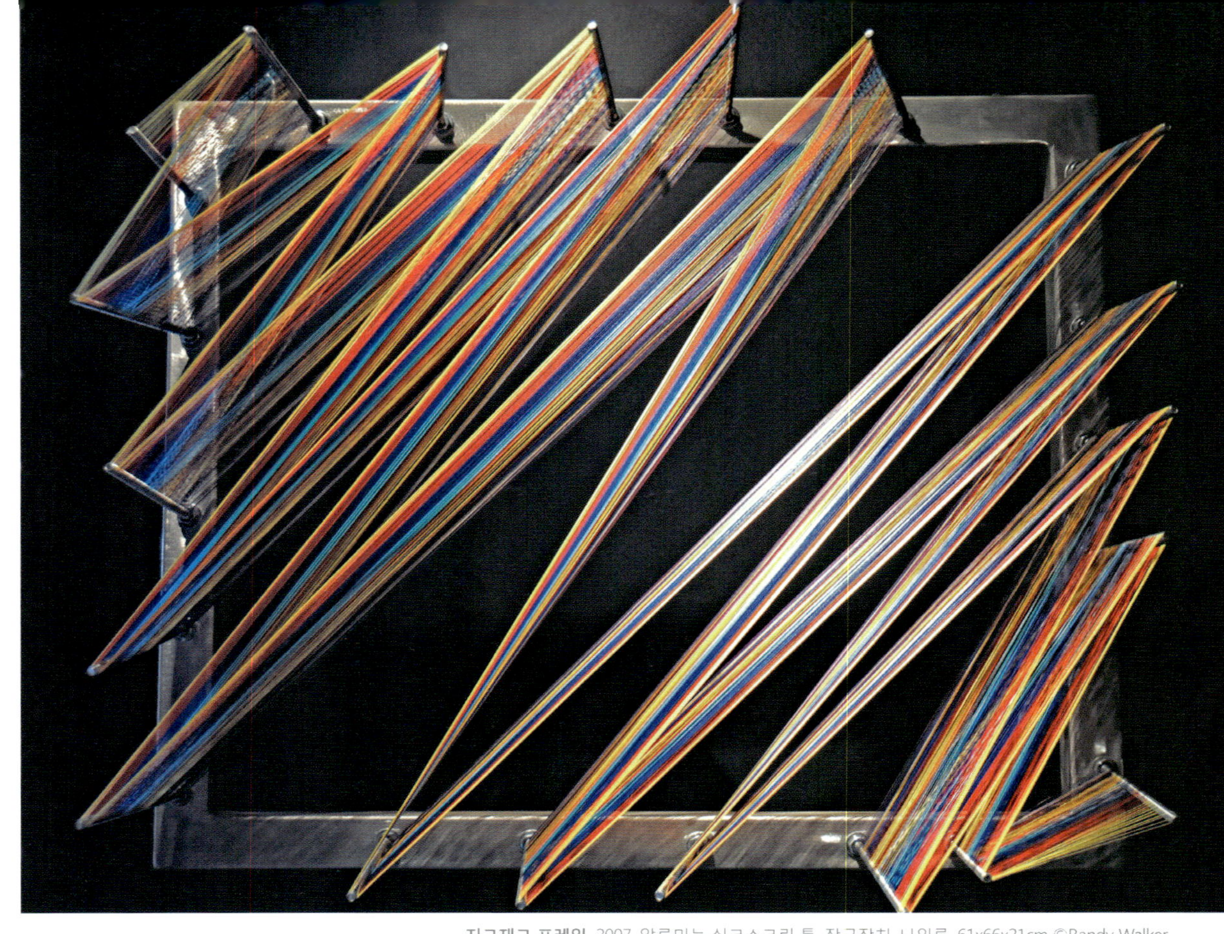

지그재그 프레임, 2007, 알루미늄 실크스크린 틀, 잠금장치, 나일론, 61x66x21cm ©Randy Walker.
Zig Zag Frame, 2007, Aluminum silkscreen frame, fasteners, nylon, 61x66x21cm ©Randy Walker.

USA | 미국

Randy Walker 랜디 워커

나는 내 주변의 세계 속에서 내가 발견하는 사물들과 접속한다. 이 사물들은 내 예술의 틀이 된다. 나는 근원적인 구조 혹은 새로운 차원을 드러내는 방식으로 사물들과 공간에 나를 연계시킨다. 극히 작은 것으로부터 건축에 이르기까지 사물, 공간, 그리고 아이디어의 모든 형태 속에는 숨겨진 가능성이 있다. 때때로 내 작품은 삶의 세속적 도구들, 즉 부엌용품들, 연필꽂이, 톱 날, 창 스크린, 피시 트랩(어망의 일종) 등에서 연유된다. 혹은 옥수수 창고, 곡물 저장소, 혹은 도시 공간에서 형태를 갖추기도 한다. 하지만 각각의 발견된 오브제 혹은 내가 선택한 공간에 공통으로 있는 것은 채워질 공간, 탐험될 또 다른 차원과의 연결을 제시한다는 점이다.

섬유는 연결 작업에 크게 효과적인 것으로 증명되었다. 단순한 섬유 한 가닥은 공간 속의 두 지점을 연결하는 문자 그대로의 길일 뿐만 아니라 반복되고 발전되어 그것을 지지하는 틀을 기리는 복잡한 공간적 배열이 되기도 한다. 하찮은 실들은 그것들의 물리적 덩어리를 넘어서는 시각적 현존을 획득할 수 있다. 짜기, 뜨기, 그리고 붙이기에는 미리 고안된 계획이 필요치 않다. 나는 내가 연결을 어떻게 만들어갈 수 있는지 알 때 가장 행복하다. 하지만 내가 이 연결들을 어디에서 부터 어떤 순서로 할 것인지는 알 수 없다. 손쉽게 다루어진 재료인 섬유는 이 불확실성을 허용한다.

각각의 새로운 작품들과 함께 나는 공간과 구조 사이의 섬세한 균형을 추구한다.

그물국자, 2006, 치즈 제조용 그물, 나일론, 170x38x55cm ©Randy Walker
Skimmer, 2006, Cheese making net, nylon, 170x38x55cm ©Randy Walker

호박(琥珀) **밭,** 2009, 알루미늄 실크스크린 틀, 잠금장치, 나일론,
130x117x15cm ©Randy Walker
Amber Field, 2009, Aluminum silkscreen frame, fasteners, nylon,
130x117x15cm ©Randy Walker

I make connections to things I find in the world around me. These things become frameworks for my art. I engage objects and spaces in a way that reveals some underlying structure or new dimension. There is hidden potential in all manner of objects, spaces, and ideas from the minute to the architectural. Sometimes forms are revealed in abstract ideas or concepts which have no dimension at all. Sometimes my work originates in mundane tools of living- kitchen utensils, pencil holders, saw blades, window screens, fish traps. Or they might take shape in corn cribs, grain silos, or civic spaces. Common to each found object or space I select, however, is a quality that suggests a process of connection making, a space to be filled, another dimension to be explored.

Fiber has proven highly effective for making connections. A simple strand of fiber is not only a literal way of interrelating two points in space, it can be repeated and developed into complex spatial configurations that celebrate the frameworks that support them. Insignificant threads can acquire a visual presence that exceeds their physical mass. Weaving, threading and attaching are processes that do not demand a preconceived plan of action. I am most happy when I know how I can make my connections, but have no idea where I will make these connections or in what order. An easily manipulated material, fiber allows for this uncertainty.

With each new work I seek a delicate balance between space and structure.

USA | 미국
Robyn Love 로빈 러브

내가 어린 소녀였을 때, 나는 ㅇ 세계의 모든 사람들이 함께 어떤 것을 만드는데, 약간의 시간만이라도 투자하기만 한다면, 이 세상은 더 나은 세상이 될 것이라 생각했다. 여러 가지 방법으로 나는 작업을 계속해오면서, 내가 지금까지 꿈꿔왔던 것을 실현하고자 시도해왔다.

나의 작업은 종종 큰 스케일로 기루어졌음에도 그것은 뜨개질, 코바늘로 뜬 편물 또는 바느질 자수와 같이 같은 노동집약적 생산수단을 사용하였다. 또한- 장소특정적 설치로 인해 실제 인간에 대한 작업이 되기도 헛다. 나는 많은 사람들에게 요청하여 함께 그것을 만들 수 있는 상황을 만들고자 했다. 그 결과로 생긴 오브제는 나에게 중요한 의미로 다가오지만, 그것이 내 작품의 가장 중요한 부분은 아니다. 내 작업에서 가장 중요한 것은 모두가 함께 작업하는 것, 이야기를 공유하는 것, 새로운 것들을 배우는 것, 무언가를 만들 때 우리의 손을 사용한다는 것이다.

만약 작품이 사람들과 소통하는 것이라고 한다면, 나의 작품 또한 그것에 귀 기울인다고 할 수 있다. 나의 작업은 어떤 대상이 그 자체로 존재하는 것이 아니라 상황과 경험의 산물과 더불어 주어지는 대상과 뿐만 아니라 받는 대상을 통해 형성된다. 창조되는 물리적 대상이 어떤 것이건 간에 사람들이 그것과 더불어 경험을 만들고 상호작용하는 것으로부터 기인하는 기억이 더 중요하다.

When I was a little girl, I decided that the world would be a better place if only everyone would take a little time each day to make something with his or her hands. In many ways, my art has been an attempt to fulfill that dream ever since.

Although my work often takes the form of large, site-specific installations using labour intensive means of production such as knitting, crochet or other needlework, the work is really about people. I create situations that invite people to get together and make things. The resulting object is important but it isn't the most important part of the work. The most important part is the getting together, sharing stories, learning new things, using our hands to make things.

If art is about communicating, then my art also is about listening. My work becomes a receiving object as much as a giving object, with the object being not really an object but a situation or experience. Whatever physical object is created is no better or more important than the memory that people take away from their experience making and interacting with it.

기억들/ 보병, 1999, 핸드니트 울, 229x254cm ©Robyn Love
Memorials/The Doughboy, 1999, Handknit wool, 229x254cm ©Robyn Love

Rowena Dring 로웨나 드링

로웨나 드링의 직물을 활용한 풍경 모티브는 그녀가 여행하면서 찍은 사진들로부터 나온 것이다. 사진 속의 디테일을 제거함으로써 그 풍경모티프는 본질적인 것이 된다. 사진들은 스캔되고 컴퓨터에서 색채화된 대조들로 변모한다. 그리고 바느질 작업이 시작된다. 그리고 색상과 형태의 패치워크로 만들어진다. 리얼리티 효과는 스티치가 그저 색깔 있는 들판의 윤곽을 그리는데 사용된 것이 아니라는 것으로 고양된다. 보다 풍부한 디테일을 얻기 위해 작가는 그것을 다른 이들이 라인을 사용하듯이 한다. 그 결과 내적 다양성의 부족은 들판의 자연 그대의 특징을 감소시킴과 동시에 추상화 과정을 촉진시킨다. 또한, 이와 같이 모티브들은 풍경 구조처럼 원경에서 작용한다. 하지만 가까이에서 보면 추상으로 용해된다. 따라서 화가들이 전형적으로 보는 것과 같은 인상은 사라지고 실제적 텍스쳐만 남게 된다.

The landscape motifs of Rowena Dring's fabric applications derive from photographs which she takes on her numerous travels. By removing details from the photograph, it is reduced to essentials. The photographs are scanned and, on a computer, transformed into coloured contrasts. Then the sewing process starts, and the patchwork of colour and form is created. The reality effect is enhanced by the fact that the stitch is not just used to outline the colour fields. In order to obtain more wealth of detail, Dring uses it as one would a line in drawing. The lack of internal differentiation that results promotes at the same time a process of abstraction, because the unambiguous nature of the field is lost. Thus the motifs function at a distance as landscape constructions, but, seen from close up, dissolve into abstractions. At the same time, the initially painterly impression is shifted to the actual texture.

(Source: Olever Zybok(editor), *Optical Shift. Illusion and Deception*, Art and Design Center Montabaur, Düsseldorf, 2010, p. 20-22.)

라스베가스의 이면, 2008, 캔버스에 실로 짜여진 천, 225x150cm, 개인소장 ©Stefan Altenburger, Zurich
Other Side from Vegas, 2008, Stitched fabric over canvas, 225x150cm, Private Collection ©Stefan Altenburger, Zurich

Stacey Lee Webber
스테이시 리 웨버

내 마음의 보물창고 속에서
나는 동전 하나를 슬며시 꺼냈다.
그 당시는 생각할 수 없었는데,
그 도둑질은
금으로 화폐를 주조하는 것보다 더 나은 것도 아니고
왕관을 쓴 왕이 사랑스러운 어떤 기억을
안전하게 보관하는 것도 아니었다.
- 사라 티즈데일(미국의 소설가, 시인) -

스테이시 리 웨버는 필라델피아를 근거지로 활동하며, 그 지역 노동자들의 물건들을 재맥락화 하는 독특한 방식을 창안한 예술가이다. 웨버의 조각은 일상의 재료들로부터 재발견된 심미성, 그리고 관습적인 가능성에 대한 도전을 구체화 한다. 그녀의 작품을 통해서 웨버는 미국 문화의 중심부를 형성하는 노동자계급 집단 문화를 널리 알렸다.

Into my heart's treasury
I slipped a coin
That time cannot take
Nor a thief purloin, -
Oh better than the minting
Of a gold-crowned king
Is the safe-kept memory
Of a lovely thing.
-Sarah Teasdale (1884-1933)

Stacey Lee Webber is a Philadelphia based artist who finds unique ways to recontextualize objects from blue collar neighbourhoods. Webber's sculptures embody a refined aesthetic and challenge the conventional possibilities of everyday materials. Through her investigations, Webber' celebrates working class families which make up the heart of American culture.

미국에 신의 축복이 내리길: 사슬에 묶인, 2011,
미국의 1센트 동전들, 365x3x3cm
God Bless America: Chained, 2011,
American pennies, 365x3x3cm

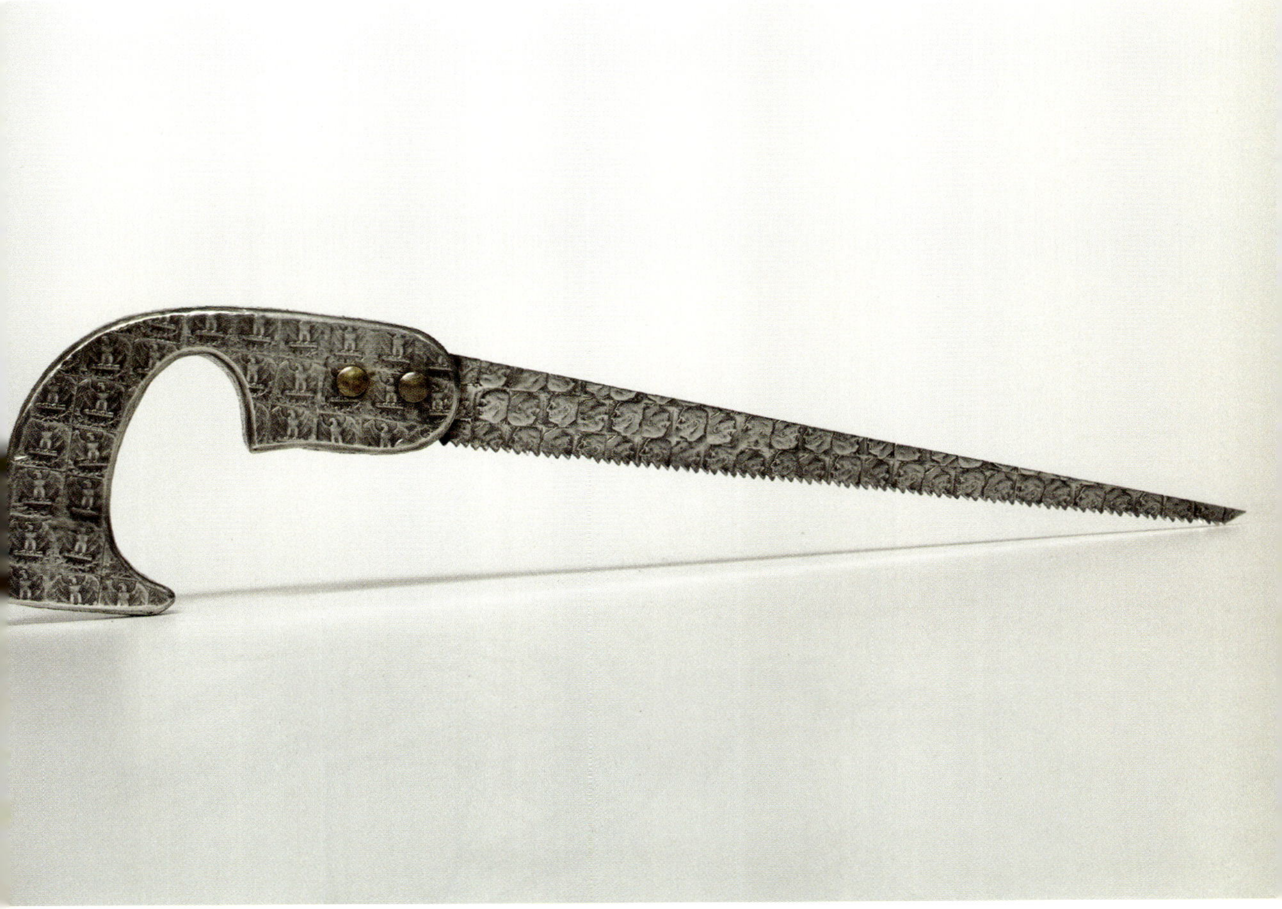

장인 시리즈, 은색 수집품 : 절개 톱, 2011,
낡은 미국 동전들, 12x35x2.5cm
The Craftsmen Series, Silver Collection : Keyhole Saw,
2011, Vintage American Coins, 12x35x2.5cm

Thomas Hill 토머스 힐

나는 종종 사물들을 짝 지워 놓거나 작은 그룹으로 모아놓는다. 나는 조각들 사이에서 나타나는 대화를 즐긴다. 그 대화는 움직임과 긴장의 증가된 감각, 부분의 총합보다 큰 전체를 만들어내는 3차원 회화의 일종이다. 이 한 쌍의 새들은 물질, 크기, 제스쳐, 그리고 디자인의 면에서 분명히 비슷하다. 그렇지만 내가 관람자가 지각하기를 바라는 첫 번째는 그 둘 사이의 두드러진 대조점, 즉 어둠과 밝음, '살아있음'과 '죽어있음'이다. 이와 같이 이 한 쌍의 새는 "죽음을 기억하라(momento mori)"는 메시지, 삶과 죽음에 관한 작은 드라마를 보여준다.

I often makes things in pairs or small groups. I enjoy the dialogue that occurs between the pieces; the increased sense of movement and tension , a kind of three dimensional drawing in which the effect of the whole composition is greater than the sum of its parts. In this pair of birds there are obvious similarities between the two in terms of materials, scale, gesture and design . The first thing which I hope the viewer will perceive, however, are the marked contrasts between the two, dark and light , 'alive' and 'dead'. Thus the pair form a kind of avian "memento mori", a little drama concerning life and death.

흰 새, 2011, 강판, 철사, 나무, 40x60x20cm ⓒThomas Hill
White Bird, 2011, Steel sheet, wire, wood, 40x60x20cm ⓒThomas Hill

검정 새, 2011, 강판, 철사, 나무, 60x70x20cm ©Thomas Hill
Black Bird, 2011, Steel sheet, wire, wood, 60x70x20cm ©Thomas Hill

Tracey Emin 트레이시 에민

Emin frequently works with fabric in the form of appliqués — material (often cut out into lettering) sewn onto other material. She collects fabric from curtains, bed sheets and linen and has done so for most of her life. She keeps such material that holds emotional significance for later use in her work.

에민은 아플리케(천 조각을 덧대거나 꿰맨 장식)의 형태에서 패브릭으로 작업을 한다. 하나의 재료(종종 글자모양으로 잘려진)는 다른 재료에 꿰매어진다. 그녀는 커튼, 침대 시트, 그리고 린넨으로부터 천을 모으고 자신의 대부분의 삶을 거쳐 그렇게 했다. 그녀는 나중에 작업에 사용하기 위해 감정적인 의미들을 지닌 그러한 재료들을 간직한다.

영혼의 오염, 2011, 담요, 250.5x199cm, 개인소장
Contamination of the Soul, 2001, Blanket, 250.5x199cm, private Collection

Natural

Natural

Craft melting within Nature

The origin of craft comes from nature. As human beings are a part of nature, their instrumental objects also evolve within their environment as does the name of industries over time. Although the development of industrial materials has been instrumental in providing variety and convenience, it has also presented harmful circumstances for humans and nature by producing cracks existed with the two. Now diverse acts with nature are attempted as alternatives from the reconsideration on the imposing appearance and the harm of excessive industrial materials transplanted into the field of life. The "Natural" section focuses on the works from such acts, and its primary aim is to rediscover the life of crafts in nature and humans and to share the value of restoration and circulation. In this section, 42 works by 16 designers are exhibited.

자연과 하나되는 공예

공예의 생명은 자연으로부터 기인한다. 인간이 자연의 일부이듯 자연으로부터 시작된 인간의 도구적 대상은 시간을 관통하여 산업이라는 환경과 더불어 진화한다. 산업재의 발달은 도구적 다양성과 편리를 제공했을지라도, 인간과 자연과 함께 했던 공예의 자리에 틈을 만들고 양자에 많은 위해한 상황도 야기했다. 이에 대해 최근 삶의 터전에 이식된 지나친 산업재의 위용과 해악에 대한 반성과 대안으로 자연과 함께 하는 여러 움직임들이 나타나고 있다. 이 Natural 섹션은 그러한 움직임에 있는 작업들에 초점을 맞춘 것이다. 공예의 생명성을 자연과 인간에서 재발견하고 그 안에서 재생과 순환의 가치를 공유하고자 한다. 이 섹션에는 총 42점의 작품이 전시된다.

좋은 아침입니다, 2011, 신문지, 가변크기 ⓒ김경원
Good morning, 2011, Newspaper, Variable dimensions ⓒKim, Kyung-won

Korea | 한국

Kim, Kyung-won 김경원

김경원만의 디자인을 구성하는 핵심적인 가치는 무엇일까? 그것은 바로 '인간'과 '환경'이다. 그는 모든 디자인은 설계하는 순간부터 인간의 활동을 염두에 두어야 한다고 강조한다. 우리 삶의 궁극적인 목표가 행복이라고 할 때 그 행복은 인간과 인간이 선하게 관계 맺는 방식에서 비롯되기 때문이다. 결국 인간 삶의 한 부분인 디자인 또한 그 점을 등한시 할 수는 없는 것이다. 하지만 그는 이렇게 인간을 중심에 놓는 한편 환경에 대한 고려도 잊지 않는다. 인간이 자신의 주변을 보살피지 않고 무분별한 개발을 일삼은 결과 인류 생존의 커다란 위험요소가 생겼기 때문이라는 판단에서다. 그는 이제 디자인이 환경을 고려하는 것은 선택이 아니라 필수라고 말한다. 그는 인간이 자신을 둘러싼 환경에 대해 책임있게 행동할 때 비로소 최고의 디자인이 탄생할 수 있다고 믿는다.

이른 아침에 집으로 배달되어 출근 전의 아버지가 읽어 보시던 신문과 회색 양복을 잘 차려 입으신 아버지가 아침 출근 길에 집을 나서며 까만 구두를 신을 때 사용하시던 구둣주걱. 이 둘의 이미지가 서로 오버랩 되는 과정에서 탄생한 신문지로 만든 구둣주걱이다. 매일같이 전달되는 신문 속의 수 많은 뉴스 중에 기쁨과 희망을 전하는 소식을 모아 구둣주걱을 만들면서 아침 출근길을 기분 좋게 시작했으면 하는 바램을 담았으며, 아울러 하루가 지나면 그 효용을 다하는 신문지에 새로운 생명과 역할을 부여하는 에코디자인의 개념 또한 부여하였다.

Kyung-won Kim's designs concern humanity and the environment. He strives for a design for human activities and relationships that is grounds for ultimate happiness. He believes that to practice design is to take an attitude of responsibility toward the human environment. His craft work reflects this environmental consciousness.

Kim created a shoehorn made of newspapers based on his memory of his father who used to read newspapers while putting his shoes on using a shoehorn every morning. This is Kim's practice of sustainable design, reusing newspapers in the hope that the users start their day happily.

Kim, Do-myoung 김도명

배열체. 이 상징은 수많은 복잡한 구조로서, 존재 가능한 생명체의 구조의 기본 단위를 연상시킨다. 또한 씨앗, 흙이 담긴 유사-대지, 나무, 등은 생명의 순환이나 자연계의 순환 따위를 새삼 떠올리게 해준다. 단순하고 심플한 형태가 특정 공간과 맞물려 자아내는 상상력과 친화적 혹은 생태적, 생명존중과 같은 사유의 일단을 표현하고 있다. 물리적으로 재현된 대상들은 얼핏 예술작품들이 흔히 가진 논리적 과잉이나, 바라보는 자의 예술적 기대에서 벗어나 단지 작가 한 사람의 유년의 기억을 재현 해놓은 것처럼 보인다. 그러나 대상이 화한 구체적 형태나 그 형태를 이르는 범상한 이름들은 단지 사유를 전달하는 도구일 뿐이다.

도구의 유용함을 판단하는 우리의 기준은 무엇을 재현했느냐가 아니라 그것을 통해 어떤 것을 다르게 발언 할 수 있느냐가 되어야 한다.

(출처: 큐레이터 안현숙, 개인전 서문 중에서)

A sequence of symbolic forms represents a unit of organisms or of living things, while the seeds, artificial-earth, and trees imply a cycle of nature. Simple forms are named after what are associated with the space, which is reminiscent of the artist's childhood. These, in turn, become a tool to reveal his present thoughts – the tool is not to find what kind of thoughts he explores, but to figure out how he sees things differently.

와인 한잔 하시겠습니까?, 2011, 골판지, 드로잉, 가변크기
Would you have a glass of wine?, 2011, Drawing on cardboard, Variable dimensions

Kim, Choon-hee 김춘희

섬유조형작업을 하는 김춘희는 섬유재료가 되는 실을 뽑아내는 누에고치를 직접 사용하여 설치한다. 누에의 일생을 보면 알에서 애벌레로 뽕잎을 먹으며 자라서 실을 토하며 자신을 싸는 집을 만들어 그 자신은 번데기가 된다. 그리고 보름 후 나방으로 변해 5일 동안 새로운 생명으로 살다가 알을 낳고 죽음을 맞이한다. 누에나방은 역사적으로 많은 삶의 교훈으로 그 시기마다 예술가, 철학자들의 작품소재가 되었다. 인간에게 가장 부드럽고 아름다운 실크를 제공하는 순백의 빛나는 고치는 죽음을 승화시키는 저장소 역할을 한다.

김춘희는 갤러리공간에 삶과 죽음을 머금고 있는 고치로 조형의 씨실과 날실을 삼아 집을 짓는다. 진주빛과 은색으로 부드러운 발광을 내뿜고 있는 고치들이 군집하여 만들어낸 저장소는 뽑아낸 실과 함께 다른 세계로 연결되고 있다. 안에서 고정적인 부분과 펼치면 날개 짓을 하는 전혀 다른 이질적인 부분들을 동시에 담고 있는 고치는 선과 면, 덩어리의 실체와 그림자를 동시에 만들며 공간을 유기적으로 확장하며 변화시킨다. 자연 스스로가 만들어내는 감각적 순환의 형태는 예술로서 고스란히 전달된다.

(글쓴이: 김미진(전 예술의 전당 전시예술감독, 홍익대 미술대학원 교수))

The silk cocoon is a major part of Choon-hee Kim's installation. The egg grows into a larva, and the larva spins silk to become a pupa. It then transforms into a moth that lives only for five days. Before it expires, the moth hatches an egg. Traditionally, many artists and philosophers regarded the silkworm moth as a metaphor for arts and ideas, as the iridescent cocoon overcomes death by creating beautiful silk.

Choon-hee Kim builds a house using cocoons as warp and weft. In this installation, a group of resplendent, pearly silver cocoons mixes with spun silk. The cocoons, quiet on the inside and flutteringly alive on the outside, create real and shadow images simultaneously, while expanding and transforming the essence of the space.

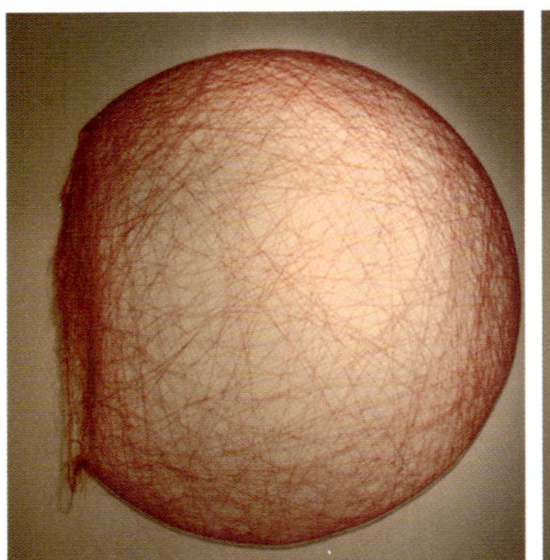
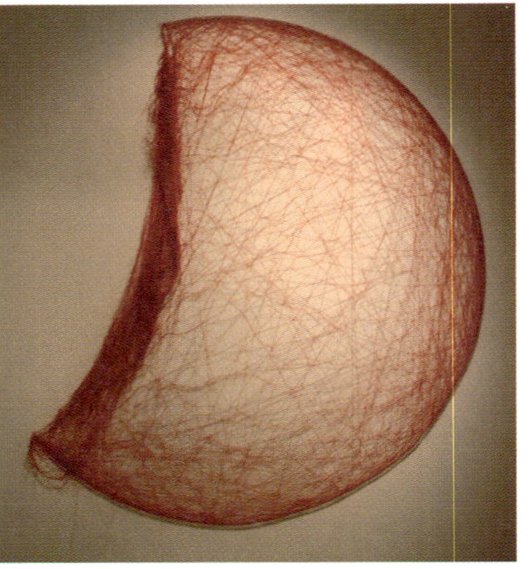
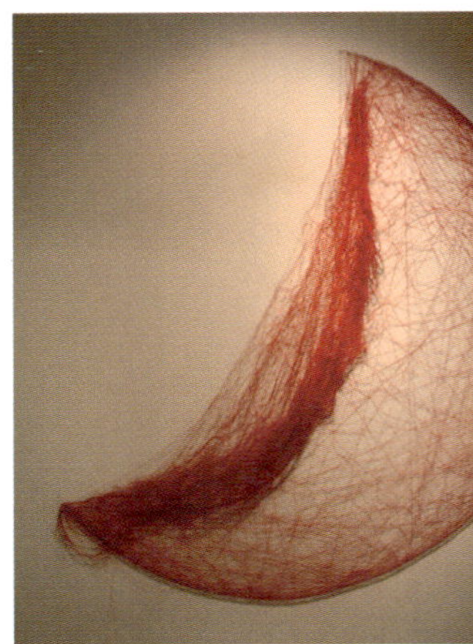
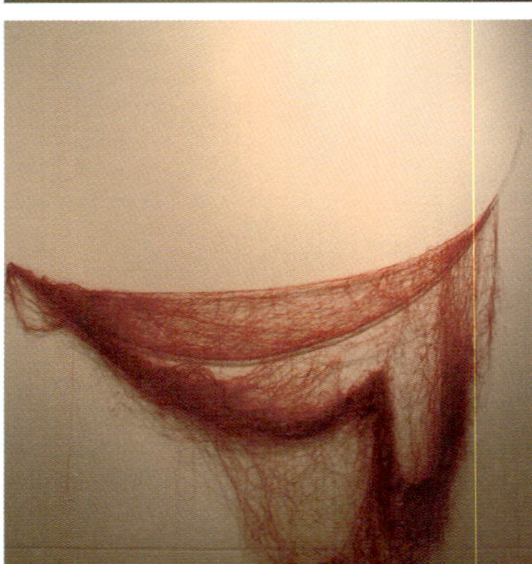

비우기, 2011, 색실, 핀, 가변크기
Evacuation, 2011, Color yarn, pin, Variable dimensions

채우기, 2011, 누에, 은사, 뜨개질, 가변크기
Impletion, 2011, Silkworm, crochet, Variable dimensions

친환경 옥수수드레스, 2007, 생분해 옥수수전분 원단, 120x50x25cm,
㈜대지를 위한 바느질 ©대지를 위한 바느질
Eco friendly evening dress, 2007, Biodegradable corn fabric(PLA: Poly Lactic Acid), 120x50x25cm, Sewing for the Soil ©Sewing for the Soil

천연염색 드레스, 2008, 천연 한지원단, 실크, 천연염색, 160x90x25cm,
㈜대지를 위한 바느질 ©대지를 위한 바느질
Natural dyeing dress, 2008, Natural han-ji fabric, silk, vegetable dyeing, 160x90x25cm, Sewing for the Soil ©Sewing for the Soil

Korea | 한국

Lee, Kyoung-jae 이경재

'대지를 위한 바느질'의 대표 이경재는 21세기 최고의 화두, '친환경'의 중심에 있는 디자이너다. 친환경 디자이너라는 타이틀은 사람들로 하여금 높은 기대치를 갖게 한다. 2005년 결혼식의 비환경적 문제의식으로 탄생 된 두벌의 옥수수전분 웨딩드레스와 그녀의 그린디자인은 현재 결혼식의 모든 과정으로 이어진 '에코 웨딩'이 되었다. '친환경은 고리타분하고 예쁘지 않다'는 선입견을 깨기 위해 꾸준히 전시에 참여하고 있으며 친환경의 범위와 한계를 스스로 규정하지 않는 그녀는 병원복과 군복 등 다른 패션 디자이너들이 신경쓰지 않는 분야에 시선을 돌린다. 진정 디자이너가 힘을 쏟아야 할 곳은 해외의 유명 컬렉션이 아닌 우리 주변의 일상이라 생각하기 때문이다. 그녀는 지금도 대학원 시절 윤호섭 교수님께서 입버릇처럼 했던 말씀을 기억한다. "모든 디자인을 하기 전에 한 번 더 생각해보라. 이것이 정말 필요한가? 내가 환경이라는 미명하에 또 다른 쓰레기를 만들고 있지는 않은가?" 브랜드마다 앞다투어 친환경이라는 이름으로 출시하는 에코백을 사기 전, 우리 또한 반드시 생각해볼 말이다. 환경을 절대로 순간의 유행이 될 수 없다.

(출처: 조하나, 『F.OUND』 03 , 2011, p. 39)

천연한지 웨딩드레스, 2009, 천연 한지원단, 실크, 160x90x25cm,
㈜대지를 위한 바느질 ©대지를 위한 바느질
Natural han-ji oriental wedding ensemble, 2009, Natural han-ji fabric, silk,
160x90x25cm, Sewing for the Soil ©Sewing for the Soil

친환경 쐐기풀 턱시도, 2009, 천연쐐기풀 섬유, 180x70x30cm,
㈜대지를 위한 바느질 ©대지를 위한 바느질
Organic nettle tuxedo, 2009, Organic nettle fabric, 180x70x30cm,
Sewing for the Soil ©Sewing for the Soil

Lee Kyoung-jae, the president of 'Sewing for the Soil,' is a designer standing at the center of 'friendly environment' which is one of the biggest topic in the 21st Century. The title of an eco-friendly designer makes people to have a high expectation on her. The designer's critical mind on environmental problems at wedding ceremonies created two pairs of corn-flour wedding dress and green designs in 2005, which now cover the whole process of a wedding ceremony as 'eco-wedding.' The designer persistently participates in exhibition in order to get rid of a prejudice that eco-friendly designs are old-fashioned and ugly. She does not label the range and boundary of friendly-environment, so pays her attention also to other areas like hospital gowns and military uniforms that other fashion designers would rarely take care of. It attributes to her belief that designers should give their best to their everyday life instead of famous collections abroad. The designer still keeps in her mind what professor Yun Hosup used to say during her graduate school years. "Reconsider once more before you design whatever. Will this be really necessary? Wouldn't I create another waste under the name of environment?" This statement also echoes in our minds before purchasing eco-bags produced numerously by all kinds of brands. Our environment can never be an instant trend.

생성, 2011, 왕골, 20x46x20cm, 풀짚공예박물관
Creation, 2011, Sedge, 20x46x20cm, Museum of Pulzip Art

Joun, Sung-nim 전성임

자연으로부터 이어온 본능적인 인간의 행동이 기능을 발달시켰고 그 기능이 공예적인 가치를 만들어 내고 있듯이 자연소재를 이용하는 전성임의 작품은 주변의 '풀'이나 재배된 식물을 사용하여 과거를 회상하듯 공예적인 개념에 충실하고자 한다.

자연 소재의 특성상 버리고 만들어 지는 생성과정이 반복되면서 쓰임에 충실해왔던 생활 용기였던 것과 같이 작품구상은 언제나 用器化를 우선으로 하고 있으며 시대의 변화에도 자연을 거스르지 않는 작업을 하기 위해 일상생활의 주변에서 작품의 소재를 찾고 있다.

작품이 구상되면 재료를 선택하고 날을 꼬아서 한 올 한 올 엮어나가는 바스켓의 형상들이 거칠거나 섬세하게 드러나면서 세련되고 투박하게 표현되는 삶의 정서를 대변하고 자연과 공존해 나가야 하는 우리의 현실을 인지할 수 있게 한다.

Sung-nim Joun believes that craft must follow natural human behaviors and functions. She presents plants, natural or artificial, as a medium to express the cycle of creation and disappearance. She takes the basket as a motif in her work – the fabrication of the warp and the weft, and the rough and soft textures present human lives as inseparable from nature.

단아함, 2009, 왕골, 28x30x28cm, 풀짚공예박물관
Elegance, 2009, Sedge, 28x30x28cm, Museum of Pulzip Art

불꽃, 2000, 왕골, 34x32x32cm, 풀짚공예박물관
The Flame, 2000, Sedge, 34x32x32cm, Museum of Pulzip Art

신화창조, 2011, 왕골, 16x45x37cm,
풀짚공예박물관
A Creation of Mith, 2011, Sedge,
16x45x37cm, Museum of Pulzip Art

엄마, 2010, 모시, 등나무,
19x48x28cm, 풀짚공예박물관
Mommy, 2010, Ramie, ratten,
19x48x28cm, Museum of Pulzip Art

컵-타이 스케이프 1, 2011, 플라스틱컵,
케이블 타이, 200x70x50cm ©천의영
Cup-tie scape 1, 2011, Plastic cup, cable-tie,
200x70x50cm ©Chun, Eui-young

컵스케이프 2, 2011, 플라스틱컵, 케이블 타이,
90x90x90cm ©천의영
Cupscape 2, 2011, Plastic cup, cable-tie,
90x90x90cm ©Chun, Eui-young

컵스케이프 3, 2011, 플라스틱컵, 케이블 타이,
100x100x100cm ©천의영
Cupscape 3, 2011, Plastic cup, cable-tie,
100x100x100cm ©Chun, Eui-young

컵스케이프 1, 2011, 플라스틱컵, 케이블 타이, 100x100x300cm ©천의영
Cupscape 1, 2011, Plastic cup, cable-tie, 100x100x300cm ©Chun, Eui-young

Korea | 한국
Chun, Eui-young 천의영

더 나은 일상을 위한 탈출

더 나은 삶을 모색하기 위해 일상물들이 정박된 우리의 눈과
귀를 떠나 새로운 세상을 도모할 모반을 꿈꾸고 있다. 우리의
생각들은 늘 새로운 잠재적 욕망을 향해 열려 있어야 한다. 컵
에게 자유를 주고 타이에 날개를 달아 새로운 폭발적 구조와
공간을 창조하는 장치로서 자리매김 할 수 있다.

An escape for a better life

Dreaming a revolutionary escape, I try to make our minds
turn to the unknown world, escaping from habitual routines.
I transform the cup and the tire into new devices that may
explore new structures and create new space.

Korea | 한국

Hong, Hyun-sook 홍현숙

내 작업은 순환의 싸이클에 역행하지 않는다. 거대한 자연의 소리에 자연스럽게 속해 있다. 나는 나의 작품이 문명의 쓰레기가 되어 이 지구를 더럽히게 할 수 없다.

My work does run counter to the circulation cycle. It belongs to the sound of nature unaffectedly. I cannot let my work become trash of civilization to make the earth dirty.

은닉된 에너지, 2011,
헌 옷, 담배 씨앗
150x1000x1000cm
Hidden Energy, 2011,
Used clothes, tobacco seeds,
150x1000x1000cm

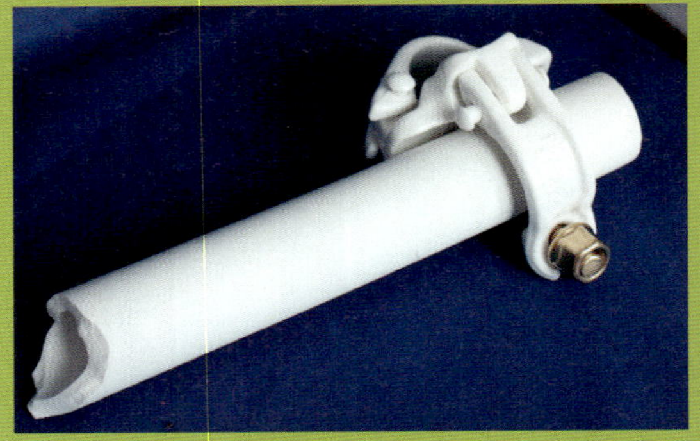

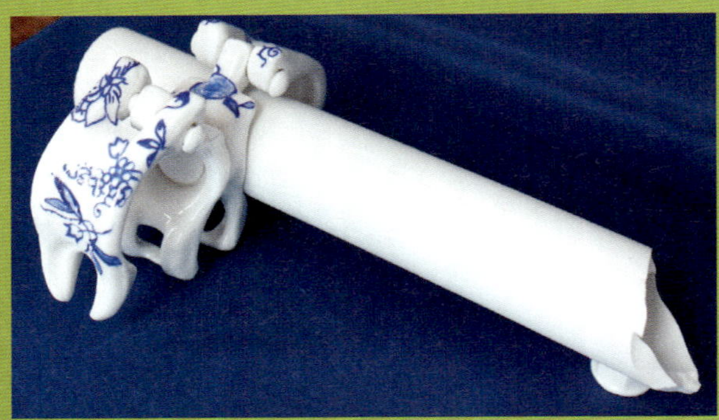

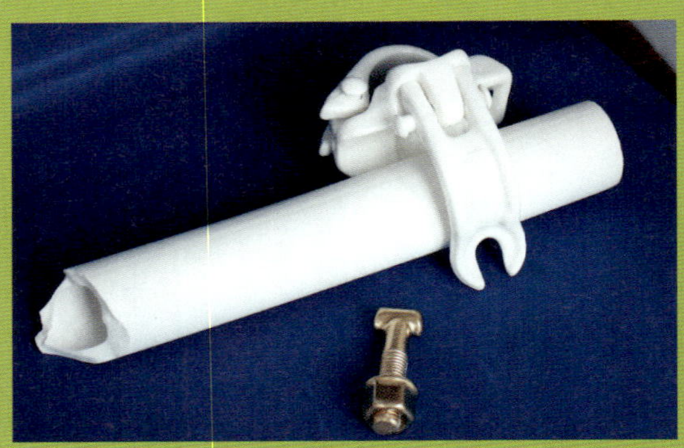

Israel/ Germany | 이스라엘/독일

Beta Tank(Eyal Burstein)
베타 탱크(아이알 벌스타인)

디자인의 세계는 나를 매혹시킨다. 왜냐하면 그것은 젊디 젊으며, 탐구의 대상이 되기 때문이다. 나는 디자이너로서 평범한 일상의 사물들에 개념을 불어넣고 싶다. 오브제를 창작하는 나의 과정은 늘 같은 방식으로 이루어진다. 나는 흥미 있는 개념을 연구 하며, 원래의 아이디어를 더 잘 이해하기 위한 수단으로서 오브제를 제작한다. 이 오브제는 결국, 보다 발전된 연구가 된다.

내가 의자나 테이블 같은 일상의 사물들을 사용하는 데에는 많은 이유들이 있다. 첫째, 그들은 아주 오래 전부터 인류와 함께 해왔기 때문에 그것의 현존은 우리의 마음 속에도 존재한다. 이것은 내가 그것을 사용함에 있어 어떤 설명도 필요치 않다는 것을 의미하며, 내가 사람들을 통해 얻고자 하는 아이디어에 완전히 몰입하게 해준다. 둘째, 의자와 같이 익숙한 오브제는 약간이라도 변형된 경우, 그로 인한 미세한 변화가 즉각적으로 쉽게 인지된다. 나의 아이디어를 부각시키면서 말이다. 마지막으로, 일상의 사물들은 보는 이들을 안심시키고, 그들이 나의 오브제와 결부될 때 불안하지 않게 해준다. 나는 사람들이 나의 오브제에 몰입하고 그 개념에 어떤 반응을 하기를 원한다.

The world of design fascinates me because it is so young and is simply waiting to be explored. As a designer I like to take regular, everyday objects and imbue them with a concept. My process for creating objects is always the same: i have a concept that excites and intrigues me, I research it, and then produce objects as a way to better understand the original idea, which results in further research.

I have many reasons for using normal objects, such as chairs and tables. Firstly they have been with humans since early history and their presence is therefore ingrained in our minds. This means that I don't need to explain their use, which allows me to fully concentrate on the speci_c issue i'm concerned with - the idea that I am trying to get across to people. Secondly, when a well-known object like a chair is tweaked, the slightest alteration is instantly recognisable, making my idea very noticeable. Finally, an everyday object is reassuring to the viewer and ensures that the viewer will not be afraid of engaging with my objects. I want people to engage in my objects and have some kind of reaction to the concept.

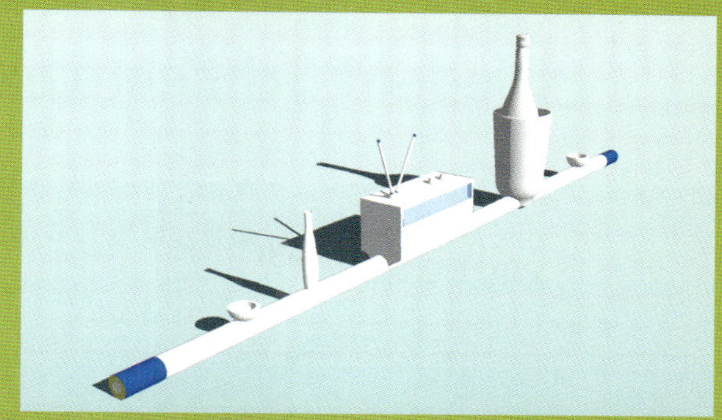

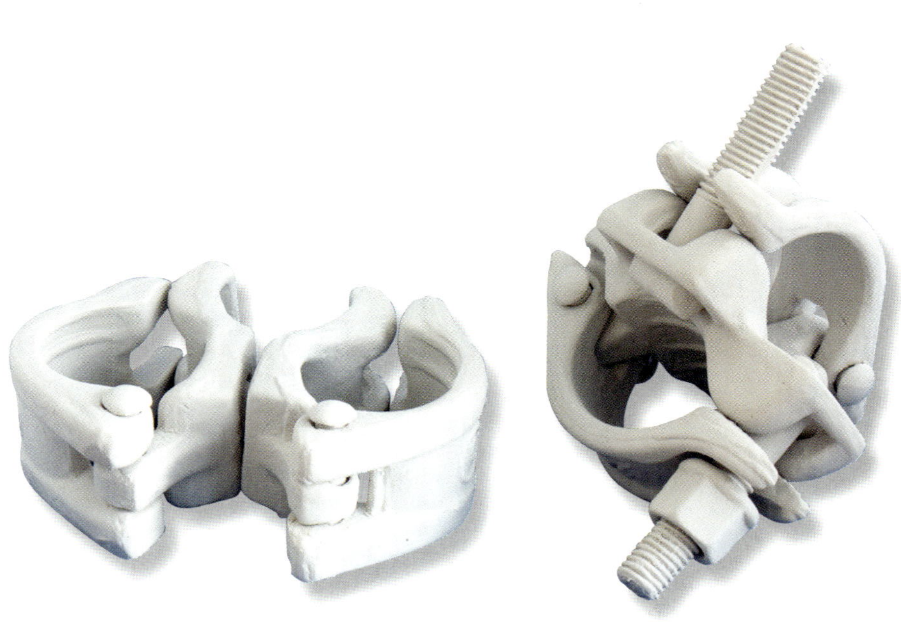

비계 브뤼뜨, 2011, 도자, 30x4x6cm ©Beta Tank
Scaffolding Brut, 2011, Porcelain, 30x4x6cm ©Beta Tank

Diederik Schneemann 디더릭 슈네만

THIS APRIL! VENTURA LAMBRATA MILAN 에서의 놀라운 여행 이야기!

'발을 디디고 함께 여행하며, 낡았지만 여전히 계속되는 '플립 플랍 이야기'…
네덜란드의 디자이너인 디더릭 슈네만은 2011년 Salone di Mobile에서 '플립플랍 이야기'를 선보인다. 낡고 상처 투성이 인 플립플랍의 이야기는 많은 경험을 간직한 채 새로운 라이 프 사이클을 시작할 준비를 마친, 지속 가능한 오브제 컬렉션 으로 재 탄생했다.
잃어버리거나 버려진 플립플랍은 하수구와 바다로 흘러 들어, 결국 동부 아프리카의 해안가에서 발견되는데, 이곳에서 수집 되어 처리된다. 이러한 과정을 거친 플립플랍은 핸드메이드 오브제로서 올 봄, Ventura Lambrata at the Salone di Mobile 에서 선보이게 된다.

이야기 너머의 이야기

경각심을 불러일으키려면 어려운 이야기들로 해야 할까? 즐 거운 놀이를 통해 가능할 수도 있지 않을까? '플립플랍 이야 기'는 재미있고 장난스러운 컬렉션이다. 나는 이 프로젝트를 통해 오래된 재료를 재활용하여 지속 가능한 제품을 제작하 는 작업에 박차를 가하고자 한다.
'플립플랍 이야기'컬렉션은 버려진 플립플랍들을 모아 재활용 하여 제작된다. 유니크에코 재단은 아시아와 아프리카의 동부 해안에서 플립플랍을 모으기 시작했다. 유니크에코는 이중 일 부를 케냐의 해안가에서, 다른 일부는 나이로비에서 워크샵을 통해 제품화 했다. 슈네만 스튜디오는 유니크에코와 협업하여 제품을 만들고 있으며, 이러한 활동을 통해 더 많은 케냐인들 을 돕고 생계를 지원할 수 있다.
'본래의 색채를 되찾기 위해 오래되고 변색된 플립플랍을 연 마할 때, 나는 유년시절로 돌아간다. 크레인, 견인트럭, 비행기 와 탱크들이 밀고, 당기고, 끌고.. 모두 무엇인가를 하며 분주 히 움직이고 있었다. 이러한 기억은 환경오염을 시키고 있는 낡은 플립플랍을 활용해 장난스런 오브제를 만드는 일에 영 감을 주었다'
슈네만 스튜디오의 '플립플랍 스토리'는 플립플랍의 거친 일 생과 긴 여행을 담고 있는 지속 가능한 디자인 제품 컬렉션이 다. 본 컬렉션을 통해 플립플랍은 변형되어, 새로운 라이프 사 이클을 시작하기 위한 준비를 마친 디자인 오브제로 다시 태 어난다.

AN EXTRAORDINARY TRAVELTALE AT THE VENTURA LAMBRATA MILAN THIS APRIL!

'A Flip Flop Story' …been trodden on, traveled with, badgered and scarred but still going…
Dutch Designer Diederik Schneemann presents 'A Flip Flop Story' at the Salone di Mobile 2011. A tale of worn and scarred flip flops, that, after many experiences end up in a collection sustainable objects, ready to start a new life cycle.
Flip-Flops, that were lost or discarded ended up in sewers and oceans to find themselves being washed up onto the shores of Eastern Africa. There they were found, collected and handled. The processed flip-flops, now autonomous, handmade objects, are coming to the Ventura Lambrata at the Salone di Mobile this April.

THE STORY BEHIND THE STORY

Is it possible to create awareness, and if so, should one do it with a pedantic slap on the wrist or can one achieve it through playfulness? 'A Flip Flop Story' is a playful collection, with what I try to encourage recycle and re - use of old materials in sustainable products'.
The 'A Flip Flop Story' collection is being made out of collected and recycled, wasted Flip Flops. The initiative Uniqueco collects Flip Flops that were washed upon the beaches of Eastern Africa from Asia. Uniqueco does this partly to keep Kenyan beaches clean and partly to make products out of these Flip Flops in their workshop in Nairobi. Studio Schneemann makes his products in cooperation with Uniqueco. Thus also helping more Kenyans to provide in their livelihood.
'When sanding these weathered and discolored Flip Flops back to their original glory, I got blasted into the past, back to my childhoods imagery. Cranes, tow trucks, planes and tanks, it all moved, towed, pulled, it was all DOING something… This inspired me to create playful objects out of these polluting an worn-down Flip-Flops'.
'A Flip Flop Story' by Studio Schneemann: a collection of sustainable design products that project the rugged life and the long Flip-Flop travels, captured and translated and transformed into design objects, ready to start a new life cycle.

'A FLIP FLOP STORY' AT THE SALONE DI MOLBILE 2011
'A Flip Flop Story' by Diederik Schneemann 12th -17th of April on Salone di Mobile,Ventura Lambrata, Via Massimiano 23- 27, Milan, Italy.

바퀴달린 플립 플랍 탁상 램프,
2011, 플립 플랍, 40x40x55cm
©Diederik Schneemann & Studio Schneemann.
Flip Flop Table lamp on wheels, 40x40x55cm
©Diederik Schneemann & Studio Schneemann.

바퀴달린 플립 플랍 탁상 램프,
2011, 플립 플랍, 45x45x40cm
©Diederik Schneemann & Studio Schneemann
Flip Flop Table Display Lamp on wheels,
2011, Flip flop, 45x45x40cm,
©Diederik Schneemann & Studio Schneemann.

바퀴달린 플립 플랍 화분 진열대, 2011, 플립 플랍, 160x140x40cm
©Diederik Schneemann & Studio Schneemann.
Flip Flop vase cabinet on wheels,
2011, Flip flop, 160x140x40cm
©Diederik Schneemann & Studio Schneemann

Russia & Germany | 러시아 & 독일

Elena Goray & Christoph Toenges
엘리아나 가라에 & 크리스토프 트위스

나의 작업에는 밀접하게 상호 관련된 여러 개의 테마가 있다. 이 테마들은 예술에 대한 문제의식을 가지고 있는 가까운 지인들을 통해 채택되었다. 또한 이들은 내가 나의 최근의 작품에서 발전시키고자 끊임없이 찾고 있던 테마이기도 하다.

첫번째 테마는 사회적인 참여, 공적인 상호작용에 관한 것이다. 이는 단지 '오브제'라기보다, 우리가 살고 있는 사회를 반영하는 관념을 드러내고자 하는 예술과 디자인에 있어, 매우 중요한 개념이다. 두 번째 테마의 중요한 주제는 "환경에 대한 관심"이다. 이는 오직 수단으로서가 아니라, 그 자체로 목적이 되는 재료에 대한 관심을 나타낸다.

'Pile Isle Reloaded' 프로젝트는 삶에서 겪을 수 있는 순수한 경험을 향한 열망에 대한 이야기이다. 'Pile Isle'은 정신 없이 바쁜 일상 한 가운데에서는 포착하기 힘든 장소를 찾고자 하는 시도를 표현한 대나무 벤치이다. 이 작품은 멀고 먼, 잊혀진 장소에서의 경험을 상상하게 해준다. 콜롬비아, 중국, 그리고 인도네시아에서 가져온, 다양한 색깔과 크기의 10여종의 대나무들은 선명하고 멋진 패턴을 만들어낸다. 다양한 유래를 가진 요소들로 이루어진 이 벤치는, 나사나 접착제 없이 네 개의 금속 밴드를 이용하여 단단히 묶여있다.

There are several closely interrelated themes in my work that I adopted through close acquaintance with the problems and attitudes to art; also, these are the themes which I continuously seek to develop now in my current work.

First is the theme of social participation, public engagement, and interaction. These are important notions in art and design that seek to develop not so much an 'object' but rather a concept that reflects on the society in which we live.

The second theme of major importance is that of the "environmental consciousness" that manifests in attention to the material, not so much as the means only, but as a goal in itself.

"Pile Isle Reloaded" project relates to our basic longing for genuine experience in life that never ceases to grip us. The Pile Isle is a bamboo bench which stands for an attempt to find that elusive place in the midst of our hectic daily environment. It invites the imagination to enact the experience of distant and forgotten places. It is made of ten different types of bamboo poles from Columbia, China, and Indonesia, resulting in a fine and vivid pattern due to the various colors and diameters of the material. The bench is thus made of elements of different origins that are forcefully strapped together into one homogenous entity with four metal bands—without a screw or glue!

푸르시스트 & 오스미아의 구애, 2011, 나무, 철, 천, 오브제,
56x76x56cm, Jane Sauer Gallery ©Geoffrey Gorman
The Courtship of Purcist & Osmia, 2011,
Wood, metal, cloth, found objects,
56x76x56cm, Jane Sauer Gallery ©Geoffrey Gorman

겨냥하는 임파라투스, 2011,
나무, 철, 천, 오브제, 84x36x25cm,
Jane Sauer Gallery ©Geoffrey Gorman
Imparatus Takes Aim, 2011,
Wood, metal, cloth, found objects,
84x36x25cm, Jane Sauer Gallery
©Geoffrey Gorman

USA | 미국

Geoffrey Gorman 제프리 고먼

제프리 고먼은 우리 문명이 낳은 폐기물에 생명을 불어넣는다. 그는 막대기, 녹슨 나사, 세탁기, 자전거 바퀴, 오래된 연장, 베일링 와이어, 버려진 캔버스, 그리고 어질러진 차고 속의 가정용품이나 방치된 옷장 뒤 물건들을 이용하여 작품을 만든다. 고먼은 동물들을 창조하면서, 동시에 과학적인 글쓰기, 관찰, 그리고 역동적인 상상력으로 이야기를 만들어낸다. 생각을 구축하는 동안 이러한 세 개의 갈래들은 이음새 없이 매끄러운 하나의 전체로 통합되는 듯이 보인다. 고먼은 동물 행동의 인간적인 측면과 인간 행동에서 드러나는 동물적인 경향에 매료되어 있다. "이 피조물들은 우리가 사는 곳 보다 더 '자연스러운' 그들 자신만의 세상에 살고 있다. 우리의 세상이 훼손될 수록, 그들의 세상은 점점 더 강해진다 "라고 작가는 말한다. 고먼은 나아가 다음과 같이 말한다. "내가 만든 피조물들이 비롯된 장소와 그들이 의미하는 것은 여전히 알려져 있지 않다.

그들의 기원을 드러내는 지표와 단서는 그 동물들을 연구하는 이들이 덧붙인 정체성의 표시와 함께 각각의 피조물에서 발견 될 수 있다. 자세히 관찰해 보면, 각각의 피조물들은 패턴, 문신과 종족적 정체성의 표식과 같이 비슷한 구조를 갖고 있는 듯이 보인다." 이것이 모든 동물들과 어쩌면 모든 인류의 내재적인 연관성에 대한 미묘한 표현일까? 그의 작업은 아직은 해답을 찾을 수 없는 관계들에 대한 질문을 불러 일으킨다. 고먼의 작업을 추종하는 사람들에게, 그는 따뜻하고 다정한 동물들과 무서운 동물들 사이를 넘나드는 것으로 알려져 있다. 이 양 극단을 해독하는 것이 쉬운 일은 아니다. 바로 그러한 애매모호함이 고먼의 작업의 강력한 구성요소가 될 수 있는 것이다.

힘든 하루 후 긴장을 풀고 있는 움브렐루스, 2011,
나무, 철, 천, 오브제, 18x58x76cm,
Jane Sauer Gallery ©Geoffrey Gorman
Umbrellus unwinds after a long Day, 2011,
Wood, metal, cloth, found objects, 18x58x76cm,
Jane Sauer Gallery ©Geoffrey Gorman

개미를 보고 있는 토르쿠아투스, 2011, 나무, 철, 천, 오브제,
51x23x61cm, Jane Sauer Gallery ©Geoffrey Gorman
Torquatus Eyes An Ant, 2011, Wood, metal, cloth, found objects,
51x23x61cm, Jane Sauer Gallery ©Geoffrey Gorman

친구를 가르키는 페도스, 2011, 나무, 철, 천, 오브제,
102x25x66cm, Jane Sauer Gallery ©Geoffrey Gorman
Fedos Spots a friend, 2011, Wood, metal, cloth, found objects,
102x25x66cm, Jane Sauer Gallery ©Geoffrey Gorman

자야카리의 휴식, 2011, 나무, 철, 천, 오브제,
69x30x66cm, Jane Sauer Gallery ©Geoffrey Gorman
Jayakari Pauses, 2011, Wood, metal, cloth, found objects,
69x30x66cm, Jane Sauer Gallery ©Geoffrey Gorman

Geoffrey Gorman is breathing life into what might be considered to be the detritus of our culture. He constructs artworks using sticks, rusted screws, washers, bicycle tires, old tools, bailing wire, discarded canvas, and other things that are housed in cluttered garages or the backs of closets suffering from neglect. As Gorman develops his animals, he also creates narratives from scientific writings, observation, and his very active imagination. During construction his mind seems to integrate these three prongs into a seamless whole. Gorman is fascinated by the humanness of animal behavior and the animalistic tendencies in human behavior. He states, "These creatures live in their own world, a more 'natural' world than the one we inhabit. As our world deteriorates, their world is getting stronger."

Gorman further states, "Where my creatures came from and what meanings they hold are still unknown. Indicators and clues as to their origins can be found on each creature with the added markings of identification by those studying the animals. Observing closely, each creature seems to have similar construction – patterns, tattoos and indications of tribal identification". Is this a subtle statement about the inner connections of all animals, and maybe all of mankind? His work raises questions about links that cannot yet be answered.

To followers of Gorman's work, he is known to cross the line between warm and affectionate animals to those which are frightening. Deciphering these two extremes is not always an easy task. Ambiguity can be a powerful ingredient in Gorman's work.

(Author : Jane Sauer, Gallerist/Curator of Jane Sauer)

Lizzie Farey 리지 페리

나는 내가 생활하며 작업하고 있는 스코틀랜드의 시골에서 많은 영향을 받는다. 농장 근처에 버드나무를 키우기도 하고, 생 울타리로부터 물푸레 나무, 자작나무, 또 다른 자생 나무 등을 수집하기도 한다. 이처럼 나의 작업은 자연의 순환에 의해 지배 받는다. 나는 이러한 자연과의 관계 속에서 우주에 대한 깨달음과 그 안에서의 침묵을 느낀다.

나에게 있어, 버드나무는 아주 개인적인 자연과의 상호작용을 위한 매개체이다. 나는 가능하면 복잡한 것을 단순하게 표현하려 노력한다. 자연의 재료는 관람자에게 조용한 감동을 선사한다.

I take my influences from the Scottish countryside where I live and work. I grow my willow in nearby farmer's fields and collect ash, birch, larch and other locally grown woods from the hedgerows. My working life is governed by natural cycles; this involvement brings an awareness of the universe and a silence within.

For me, willow has become a medium for an interaction with nature that is deeply personal. I try to express the complex in as simple a way as possible, the natural materials having a quiet and still effect on the viewer.

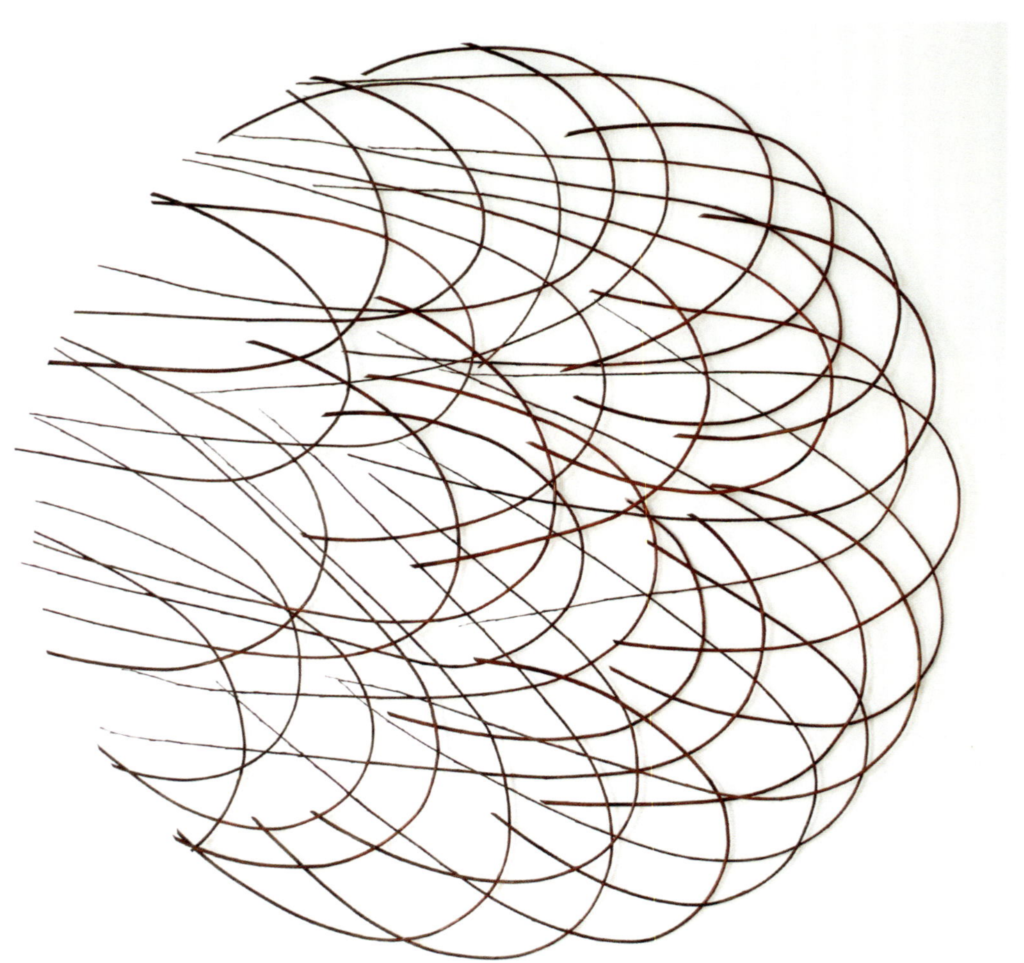

부스러기, 2011, 버드나무, Dia 127x3cm ©Lizzie Farey
Flock, 2011, Willow, Dia 127x3cm), Lizzie Farey, ©Lizzie Farey

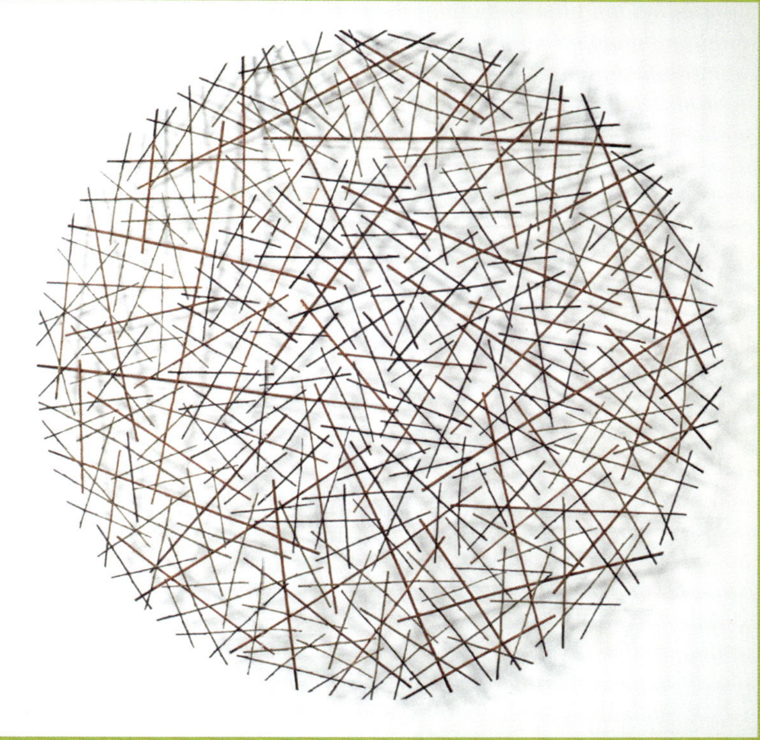

둥지 I, 2011, 버드나무,
Dia 110x3cm,
Browngrotta Arts ©2011 Tom
Grotta, courtesy of browngrotta
Arts
Aerie I, 2011, Willow, Dia
110x3cm, Browngrotta Arts,
©2011 Tom Grotta, courtesy of
browngrotta Arts

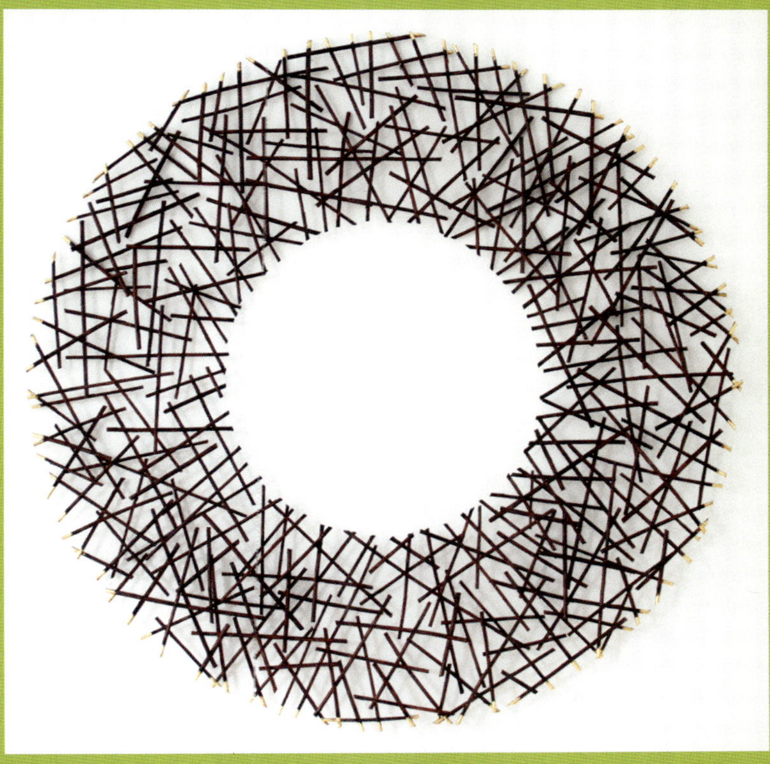

둥지, 2011, 버드나무,
23K 금박, Dia 92x3cm
©Lizzie Farey
Nest, 2011, Willow with
23 carat gold leaf, Dia 92x3cm
©Lizzie Farey

Finland | 핀란드

Tapio Anttila 타피오 안틸라

디자이너인 Merita Soini와 나는 우리의 작업실에 남아있는 목재 부스러기들을 가지고 무엇인가를 하고 싶었다. 그 결과, 매우 기본에 충실한, 구조를 배제한 스툴인 Palikka라는 결과물을 얻을 수 있었는데, 우리는 이것을 섬유벨트로 나무 블록들을 묶어 만들었다. 버려진 재료를 사용했고, 제조과정에서 어떤 에너지도 필요로 하지 않기 때문에 이 작품은 매우 친환경적이다. 이 작업에는 서로 다른 종류와 다양한 크기의 나무들이 사용될 수 있다. Palikka는 의자나 스툴, 또는 사이드 테이블로도 이용할 수 있다. 우리는 생태학적 가치를 소중히 여기는 모든 이들을 위해 Palikka을 디자인 했다. Palikka는 '전과정적 사고방식'의 좋은 사례이다. 첫째, 나무는 원자재로서 사용된다. 그리고 나서, 폐목재는 스툴로 재탄생된다. 마지막으로 이 스툴은 에너지를 만들어내기 위해 태워진다. 우리는 지역의 폐목재를 사용하는 이러한 생각이 전세계에서 활용되기를 바란다. Palikka 의자는 정원이나 공원에서 떨어진 나무들로 가구나 유용한 물건들을 만드는 아이디어에서 비롯된 Woodism 컬렉션 작품 중의 하나이다. Woodism 그룹에는 핀란드의 디자이너, 인테리어 디자이너와 가구를 만드는 장인이 소속되어 있다.

Lastu 안락의자는 폐자재를 이용한다는 점에서 위와 같은 생태학적 발상에 기초하고 있다. 나는 가구 산업이 엄청난 양의 나무 부스러기를 부산물로 만들어내고 있다는 사실을 깨달았다. 나는 투명하고, 재활용이 가능한 플라스틱으로 만든 커버에 나무부스러기들로 채워진 비구조적인 안락의자를 디자인하고자 했다. 만약 필요하면 나중에 더 채워 넣을 수도 있다.

Designer Merita Soini and I wanted to do something about the leftover pieces of wood at our workshop. The result was a very basic, non-structural stool, Palikka, which is made of wooden blocks that are tied together using a textile belt. It is ecological as it uses waste material and no energy is needed in the production process. The form and the looks of Palikka come directly from the used pieces. Different wood species and pieces in various sizes can be applied. The Palikka Stool functions as seat, stool or side table. We have designed Palikka for all those who appreciate ecological values. Palikka is a good example of life cycle thinking: First, wood has served as raw material. Then, the waste wood is used to make a stool. Finally, the stool can be burned to produce energy. We would like to see this concept being adopted around the world using local waste wood. The Palikka Stool is part of the Woodism collection that springs from the idea of making furniture and utility articles from trees felled in gardens or parks. The Woodism group includes Finnish designers, interior designers and cabinetmakers.

The Lastu Armchair is based on the same ecological idea of making use of waste. I realized that the cabinetmaking industry produced tons of wooden chips as a by-product. My vision was to design a non-structural armchair with a cover made of transparent, recyclable plastic, and filled with wooden chips. More filling can be added later on if needed.

(Author: Raija Heikinheimo / Huippu Design Management (representing designer Tapio Anttila in PR and communications))

라스투 팔걸이 의자, 2009, 플라스틱, 나무 조각, 84x60x56cm ⓒTuomas Heikkilä
LASTU armchair, 2009, Plastic, wood chips, 84x60x56cm ⓒTuomas Heikkilä

Finland | 핀란드

Tatio Anttila and Merita Soini
타피오 안틸라, 메리타 소이니

Palikka 의자는 스툴은 매우 간단한 생각에 기반하고 있다. 디자이너인 Merita Soini와 나는 우리의 작업실에 남아있는 목재 부스러기들을 가지고 무엇인가를 하고 싶었다. 그 결과, 약간의 유머가 곁들여진 매우 기본적이며 비구조적인 스툴을 얻을 수 있었다. Palikka는 나무 블록들을 섬유벨트로 묶어서 만들었다. 버려진 재료를 사용했고, 쓰레기를 고려해 제작했기 때문에 이 작품은 매우 친환경적이다. 게다가 제조과정에서 어떤 에너지도 필요로 하지 않는다. 사용된 나무조각은 Palikka의 형태에 직접적으로 반영된다. 서로 다른 크기의 나무 조각들을 가지고 컴포지션을 이루어내는 것이 가능하며, 사용된 모든 조각들이 유일무이하다는 점에서 Palikka는 독특하다. Palikka는 단순한 의자나 스툴, 또는 사이드 테이블로도 이용할 수 있다. 우리는 생태학적 가치를 소중히 여기는 모든 이들을 위해 Palikka을 디자인 했다. Palikka는 '전과정적 사고방식'의 좋은 사례이다. 첫째, 나무는 원자재로서 사용된다. 그리고 나서, 폐목재는 스툴로 재탄생된다. 마지막으로 이 스툴은 에너지를 만들어내기 위해 태워진다. 우리의 바램은 지역의 폐목재를 사용하는 이러한 생각이 전세계에서 활용되는 것이다. Palikka 의자는 정원이나 공원에서 떨어진 나무들로 가구나 유용한 물건들을 만드는 아이디어에서 비롯된 Woodism 컬렉션 작품 중의 하나이다. Woodism그룹에는 핀란드의 디자이너, 인테리어 디자이너와 가구를 만드는 장인이 소속되어 있다.

The Palikka Stool is based on a very simple idea. Designer Merita Soini and I wanted to do something about the leftover pieces of wood at our workshop. We ended up designing a very basic, non-structural stool with a pinch of humour. Palikka is made of wooden blocks that are tied together using a textile belt. It is a very ecological product as it uses material, which would otherwise be considered waste. Furthermore, there is no energy needed in the production process. The form and the looks of Palikka come directly from the pieces of wood that have been used. It is possible to make the composition using different wood and pieces in various sizes. Palikka is unique in the sense that every piece there is unique. The Palikka Stool functions as a side table besides being a simple seat or stool. We have designed Palikka for all those who respect ecological values. Palikka is a good example of life cycle thinking: First, wood has served as a raw material in furniture industry, for example. Then, the waste wood is used to make a stool. Finally, the stool can be burned to produce energy. We would like to see this concept being adopted around the world using local waste wood. The Palikka Stool is part of the Woodism collection. The collection springs from the idea of making furniture and utility articles from trees felled in gardens or parks. The Woodism group includes Finnish designers, interior designers and cabinet-makers.

(Author: Raija Heikinheimo / Huippu Design Management (representing designer Tapio Anttila in PR and communications))

팔리카 의자, 2010, 나무, 각 60x60x45cm, Woodism ⓒTuomas Heikkilä
PALIKKA stool, 2010, Wood, each 60x60x45cm, Woodism ⓒTuomas Heikkilä

Japan | 일본

Yuken Teruya 유켄 테루야

뉴욕 타임즈에 실린 "기후변화에 어떻게 대처할 것인가"라는 제목의 글에 대한 작가의 응답이다.

"만약 이산화탄소와 온실가스 배출에 대해서 꾸준한 조치를 취하지 않을 것이라면, 당신은 기후 과학자들의 이야기에 귀를 기울여야 한다. 우리가 늘 하던대로 영리활동을 계속한다면 결국 지구에 재앙을 가져올 지구온난화 문제에 직면하게 될 것이다. 그리고 그러한 재앙을 피하기 위해서는, 무엇보다도 화석연료의 사용을 중지해야만 한다.

그러나 경제를 파괴하지 않으면서 온실가스 배출을 극단적으로 멈추는 것이 가능하기나 할까?"

초록빛 경제, 2010, 미국 지폐, 철사 U.S., 21x31x12cm, 개인소장 ⓒMr. Yoshikazu Nema
Green Economy, 2010, U.S. paper notes, wire, 21x31x12cm, Private Collection ⓒMr. Yoshikazu Nema

Artist's response to the article on New York Times Magazine about "how we can afford to tackle climate change" -
"If you listen to climate scientists — and despite the relentless campaign to discredit their work, you should — it is long past time to do something about emissions of carbon dioxide and other greenhouse gases. If we continue with business as usual, they say, we are facing a rise in global temperatures that will be little short of apocalyptic. And to avoid that apocalypse, we have to wean our economy from the use of fossil fuels, coal above all. But is it possible to make drastic cuts in greenhouse-gas emissions without destroying our economy?"-
(Green Economics by Paul Krugman)

Biograpies
작가약력

Ahn, Duk-choon
안덕춘
Born in 1952, Korea

학력
1981 중앙대학교 대학원 공예학과 졸업
1975 중앙대학교 예술대학
　　　공예학과 졸업

개인전
2011 '안덕춘 젓가락전', 공예갤러리
　　　나눔, 서울, 한국
2006 '칠예전', 쌈지 갤러리, 서울, 한국

단체전
2010 '한 · 일 칠예 2인전 (안덕춘,
　　　야마무라 신야)', 통인화랑,
　　　서울, 한국
2008 '아트&디자인페스티발100인전',
　　　조선대학교미술관, 광주, 한국
2007 '한국공예100인전',
　　　익산솜리미술관, 익산, 한국

소장
동아일보사 일민미술관, 서울, 한국
통영옻칠미술관, 통영, 한국

Education
1981 M.F.A Chungang University
1975 B.F.A Chungang University

Selected Solo Exhibitions
2011 Dukchoon Ahn chopsticks
　　　Works Craft, Galley nanoom,
　　　Seoul, Korea
2006 Lacquer Craft Works, Ssamzie a
　　　gallery, Seoul, Korea

Selected Group Exhibitions
2010 JAPAN & KOREA Lacquer
　　　Craft Works two-person team
　　　(Dukchoon Ahn, Yamamura
　　　Shin`sya), Tong in Galley, Seoul,
　　　Korea
2008 'Art & Design Festivel 100 Arts
　　　Exhibition', Gwangju, Korea
2007 'Exhibiton of Korea Craft of 100
　　　invited Artisits, Iksan, Korea

Collections
The Dong-A Ilbo, Ilmin Museum of
Art, Seoul, Korea
Tongyeong varnishing with lacquer
art gallery, Tongyeong, Korea

Ahn, Myung-sun
안명선
Born in 1960, Korea

학력
2006 홍익대학교 대학원,
　　　금속조형디자인과 박사 졸업
1990 홍익대학교 대학원
　　　금속공예과 석사 졸업

1987 홍익대학교 금속공예과 학사 졸업

개인전
2010 '안명선전', 갤러리 콘린, 도쿄,
　　　일본
2008 '안명선전', 평화화랑, 서울, 한국

단체전
2009 '장신구와 소품전', 쿄 갤러리,
　　　도쿄, 일본
　　　'한국+일본', 갤러리 I, 서울, 한국
2008 '강화별곡:살어리 살어리랏다',
　　　전등사서고, 인천, 한국

소장
익산 보석박물관, 익산, 한국

Education
2006 Ph.D Craft-Metal, Hong -ik
　　　University, Korea
1990 M.F.A Craft-Metal, Hong -ik
　　　University, Korea
1987 B.F.A Craft-Metal, Hong -ik
　　　University, Korea

Selected Solo Exhibitions
2010 'The Exhibiton by Ahn Myung
　　　Sun', Gallery Konrin, Tokyo,
　　　Japan
2008 'The Exhibiton by Ahn Myung
　　　Sun', Pyunghwha Gallery, Seoul,
　　　Korea
2005 'The Exhibiton by Ahn Myung
　　　Sun', Gallery Konrin, Tokyo ,
　　　Japan

Selected Group Exhibitions
2009 'Jewerly & Arts', Gallery Kyo ,
　　　Tokyo, Japan
　　　'Korea + Japan', Gallery I, Seoul,
　　　Korea
2008 'Ganghwabyeolgok-Sareori
　　　Sareoriratda', Jeondeungsa
　　　Library, Incheon, Korea

Collections
Iksan Jewerly Museum, Iksan, Korea

Alison Mercer
엘리슨 머서
Born in 1965, UK

Education
MA textiles Manchester
Metropolitan University
PG Dip Textiles Manchester
Metropolitan University

Selected Solo Exhibitions
2012 `Mercerised Mending` The
　　　Ucheldre Art Centre Holyhead
　　　Wales UK
2010 `Fecund Thoughts` Galeri,
　　　Caernarfon Wales, UK

2009 Arts In Health and Wellbeing
　　　AIR Project; The Senedd, Welsh
　　　Assembly Cardiff, Wales, UK
2008 `Penetration`; Alsager Gallery,
　　　Manchester Metropolitan
　　　University, Manchester, UK
2006 `The Nightingale Sings for
　　　No-One but Herself`; Bangor
　　　museum and art gallery,
　　　Bangor, North Wales, UK

Selected Group Exhibitions
2011 Fiberart International; The
　　　Pittsburg Center for Art,
　　　Rochester Memorial Gallery
　　　and the San Francisco Museum
　　　of Craft and design, USA
　　　Fibre Voices; Fibre Art Wales,
　　　travelling exhibition Wales UK
　　　Figuratively Fibre; The National
　　　Textile Centre For Fibre Art,
　　　Minneappolis, USA
　　　`Drawing with Thread` Stafford
　　　Art Gallery, Stafford UK
2010 `Curators`; Buzzer 30, Gallery
　　　Long Island, City New York

Collections
Dolgellau Birth Unit, BCUHB,
Wales, Uk
Ceredigion Museum and Gallery
Public collection, Wales, UK

Armand Pierre Fernandez
아르망 삐에르 페르난데즈
Born in 1928, France

Education
1951 Studied Archaeology and
　　　Oriental art at the Ecole du
　　　Louvre, Paris, France
1949 Studied, Ecole Nationale des
　　　Art Décoratifs, Nice, France

Selected Solo Exhibitions
2011 Museum Tinguely, Basel
2008 Arman: The Day After, Helly
　　　Nahmad Gallery, New York, NY
　　　Connaught Brown Gallery,
　　　London, UK
2007 Arman. Photographs Friends,
　　　French Institute alliance
　　　française, New York, NY
　　　Arman. Polychromes, Imago
　　　Gallery, Palm Desert, CA
2006 Arman. Armand Fernandez,
　　　Gallery Yeh, Seoul, South Korea
　　　Hommage à Arman 1928-2005,
　　　Galleri GKM, Malmö, Sweden
2004 Pinturas, Marlborough Gallery,
　　　Madrid, Spain

Collections

The Detroit Institute of Arts,
Detroit, MI
Fine Arts Museums of San Francisco,
San Francisco, CA
Hirshhorn Museum and Sculpture
Garden, Washington, DC
Museum of Modern Art,
New York, NY
National Galleries of Scotland,
Edinburgh, Scotland

Bertrand Févre
베트홍드 페버

Born in 1982, France

Education

2007 Graduated at ESAG Penninghen
(art school), Paris, France
(master degree)
2001/2004 Ecole Emile Cohl (art
school), Lyon, France
2001 French scientific Bachelor

Selected Solo Exhibitions

2011 Contemplation, Hotel de ville,
Limoges
Ceci n'est pas, Galery S.
Bensimon, Paris
2009 Broken, Paris
2008 Les perdants magnifiques,
ESAG, Paris

Beta Tank(Eyal Burstein)
베타 탱크(아이알 벌스타인)

Born in 1977, Israel

Education

2006 Royal College Of Art, MA ,
London, UK
2004 London College Of Printing, BA
Hons London, UK

Selected Solo Exhibitions

2011 Thoughts In Objects DMY
Gallery Space, Berlin
Beta Tank June Gestalten Space
Berlin

Selected Group Exhibitions

2011 Cheongju International Craft
Biennale, KOREA
Victoria and Albert museum
London, UK
See Yourself Sensing, Work
gallery, London, UK
Dilmos, Basel, SWITZERLAND
Unison exhibition, Dilmos,
Milano, ITALY
2010 W Hotel, Istanbul Design Week,
Turkey
Seeing Myself See, Wellcome
Trust, London, UK

Ars Electronica, Linz, AUSTRIA
International Design Biennial,
Saint-Etienne, FRANCE
Design Miami Basel (Designer
Of The Future Award) Basel,
SWITZERLAND
Design Vertigo, Milan ITALY
13,798 grams of design, Milan,
ITALY
2008 Design And The Elastic Mind,
MoMA, NY, USA
2005 Nordic Exceptional Design,
Copenhagen, Denmark

Collections

MoMA permanent collection,
NY, USA

Beth Lipman
배스 립먼

Born in 1971, USA

Education

1994 B.F.A Tyler School of
Art, Temple University,
Philadelphia, PA
1990 Massachusetts College of Art,
Boston, MA

Selected Solo Exhibitions

2005 Museum of Glass, Tacoma, WA
2004 Fuller Craft Museum, Brockton,
MA, Heller Gallery, NY, NY
Museum of American Glass,
Wheaton Village, NJ
2003 John Michael Kohler Arts
Center, Sheboygan, WI
2002 Mangel Gallery, Philadelpia, PA

Collections

Brooklyn Museum of Art, NY
Corning Museum of Glass, NY
Museum of American Glass, NJ
John Michael Kohler Arts Center, WI
Kohler Company, WI
Private Collections throughout the
USA

César Baldaccini
세자르 발다치니

Born in 1921, France

Education

1943 Studies at the Ecole Nationale
Supérieure des Beaux-Arts in
Paris
1935 Studies at the Ecole des Beaux-
Arts in Marseille

Selected Exhibitions

1997 'César', Galerie nationale du
Jeu de Paume, Paris

1996 'César. Hommage à Monaco.
Compressions de brocs sur
panneau de bois', Gan Gallery,
Tokyo
'César. Bronzes soudés', Le
théâtre, Narbonne
'Expansions, César, Cluny',
Centre d'Art contemporain,
Cluny
'César. Une rétrospective 1948-
1996'National Museum of
Contemporary Art, Seoul
1995 'César', 46th Biennale de
Venise, Venice
'César. Sculptures', Centre d'art
Sébastien, Saint-Cyr-sur-Mer
1994 'César à Monte-Carlo', Galerie
Marisa del Re, Monaco
César. Les Compressions de
Monaco', Galerie Beaubourg,
Paris
1992 'César Ave Lénine' Galerie
Beaubourg, Paris

Cha, Jong-rye
차종례

Born in 1968, Korea

학력

1996 이화여자대학교 조소과
대학원 졸업
1992 이화여자대학교 조소과 졸업

개인전

2011 제6회 개인전(Ever Harvest Gallery-
Taiwan)
2011 제5회 개인전(성곡 미술관)
2008 제4회 개인전(Vermont Studio
Center-RedMill Gallery)미국
2007 제3회 개인전(관훈 갤러리)
2004 제2회 개인전(갤러리 아트 사이드)
1999 제1회 개인전(덕원 갤러리)

소장

플라자 호텔, 서울, 한국
성곡 미술관, 서울, 한국

Education

1996 M,F,A in Sculpture Graduate
School of Ewha Women's
University
1992 B,F,A in Sculpture Ewha
Women's University

Selected Solo Exhibitions

2011 The 6th Solo Exhibition, Ever
Harvest Gallery, Taiwan
The 5th Solo Exhibition,
Sunggok Art of Museum, Seoul
2008 The 4th Solo Exhibition,
Vermont Studio Center(Redmill
Gallery), U.S.A
2007 The 3rd Solo Exhibition, Gallery
Kwanhoon, Seoul

2004 The 2nd Solo Exhibition, Gallery
    Artside, Seoul
1999 The 1st Solo Exhibition, Gallery
    Dukwon, Seoul

Collections

The Plaza Hotel, Seoul, Korea,
Sungkok Art Museum, Seoul, Korea,

Chang, Hyun-sook
장현숙
Born in 1964, Korea

학력
2011 동경예술대학 대학원 미술연구과
    박사과정 금속공예전공 졸업
2006 동경예술대학 대학원 미술연구과
    석사과정 금속공예전공 졸업
1987 홍익대학교 미술대학 조소과 졸업

개인전
2011 제6회 개인전
    (갤러리 KONRIN 기획, 동경)
2010 제5회 개인전
    (갤러리 KONRIN 기획, 동경)
2008 제4회 개인전
    (두루 갤러리 기획, 서울)
2007 제3회 개인전
    (갤러리 KONRIN 기획, 동경)
2006 제2회 개인전. 마니프12!06 서울국
    제아트페어(예술의 전당, 서울)
2002 제1회 개인전 (덕원 갤러리, 서울)

Education
2011 Ph.D. in Metal Carving, Tokyo
    University of the Arts.
2006 M.F.A. in Metal Carving, Tokyo
    University of the Arts.
1987 Graduated Department of
    Sculpture, Hong-ik University
    College of Fine Art.

Selected Solo Exhibitions
2011. Solo Exhibition (Gallery
    KONRIN, Tokyo) Collections
    National Ornamental metal
2010 Solo Exhibition – Jewellery and
    Metalwork Exhibition
    (Gallery KONRIN, Tokyo)
2008 Solo Exhibition
    (DURU Gallery, Seoul)
2007 Solo Exhibition
    (Gallery KONRIN, Tokyo)
2006 Solo Exhibition- Manif12!06
    Seoul International Art Fair
    (Seoul Arts Center, Seoul)
2002 Solo Exhibition
    (Duckwon Gallery, Seoul)

Chang, Jae-hee
장제희
Born in 1965, Korea

학력
1989 GIA 보석감정사 자격증 취득
1988 California College of Arts & Craft
    학사

Education
1989 G.I.A Gemological Graduate.
    G.G
1988 California College of Arts &
    Craft Graduate

Chang, Yeon-soon
장연순
Born in 1950, Korea

학력
1980 이화여자대학교 대학원
    생활미술과 졸업
1973 이화여자대학교 미술대학
    생활미술과 졸업

개인전
2010 늘어난 시간 II, 갤러리이마주,
    서울, 한국
    유니크 아트 앤 크래프트,
    칼수루헤, 독일
2009 필라델피아 크래프트 쇼, 필라델피
    아컨벤션센터, 필라델피아, 미국
2008 올해의 작가 2008,
    국립현대미술관, 서울, 한국
2007 늘어난 시간, 토포하우스,
    크라프트아원, 서울, 한국
2003 보허, 인사아트센타, 서울, 한국
1997 장연순 섬유예술초대전,
    도와루갤러리, 후꾸오까, 일본

소장
국립현대미술관, 과천, 한국
Honolulu Academy of Arts, 하와이, 미국
The Art Institute of Chicago, 시카고, 미국
쉐라톤호텔, 송도, 한국

Education
1980 M.F.A. Ewha Womans
    University, Seoul, Korea
1973 B,F,A, Ewha Womans
    University, Seoul, Korea

Selected Solo Exhibitions
2010 Matrix II, Gallery Iamzu, Seoul,
    Korea
    EUNIQUE:arts & crafts 2010,
    Messe Karlsruhe. Karlsruhe,
    Germany
2009 The Philadelphia Museum of
    Art Craft Show, Pennsylvania
    Convention Center,
    Philadelphia , USA
2008 Artists of the year 2008,
    National museum of

Contemporary Art, Gwachon,
    Korea
2007 Matrix, Topohaus, Crafts
    Ahwon, Seoul, Korea
2003 Moving on in Emptiness, Insa
    Art Center, Seoul, Korea
1997 Chang YeonSoon's Fiber Art,
    Dowaru Gallery, Fukuoka,
    Japan

Collections

National museum of Contemporary
Art, Gwachon, Korea
Honolulu Academy of Arts, Honolulu,
USA
The Art Institute of Chicago, Chicago,
USA
The Korea Economic Daily, Seoul,
Korea

Cheon, Hye-young
천혜영
Born in 1974, Korea

학력
2004 Rochester Institute of Technology
    도자조형학과 대학원 졸업
1998 국민대학교 조형대학
    공예미술학과 졸업

개인전
2011 Pause_, 갤러리마노, 서울, 대한민국
2010 Hazy sunshine, Gallery Kyo, 동경,
    일본
2009 Blue print, 2009 공예트랜드페어,
    COEX HALL A 1,2, 서울, 대한민국
    Architecture absorbs the color of
    dusk, 토론토총영사관 갤러리,
    토론토, 온타리오, 캐나다
2008 ONE EVENING, 덕원갤러리, 서울,
    대한민국
2004 At dusk, 베비에갤러리, 로체스터,
    뉴욕, 미국
2003 Happy elements, 제네시도자갤러리,
    로체스터, 뉴욕, 미국.

단체전
2011 경계와 유혹, 써니갤러리, 경기도,
    대한민국
    Soul / flowing, 포네티브스페이스,
    경기도 대한민국
    Interaction FLOW, Anna Leonowens
    Gallery, 노바스코샤, 캐나다
2010 Christmas fantasy, 두산아트스퀘어,
    서울, 대한민국
    만듦에 대한 소고, 한국공예가회
    정기전, 한전아트센터, 서울,
    대한민국

소장
에버슨미술관 도자연구센터, 시라큐스,
뉴욕, 미국
이천세계도자센터, 이천, 대한민국
토론토총영사관, 토론토, 온타리오,

캐나다
볼티모어클레이워크스, 볼티모어,
메릴랜드, 미국

Education
2004 M.F.A. Ceramics & Ceramics
    Sculpture at Rochester institute
    of Technology, Rochester,
    NY, USA
1998 B.F.A. Crafts at Kookmin
    University, Seoul, Korea

Selected Solo Exhibitions
2011 Pause_, MANO Gallery ,Seoul,
    Korea
2010 Hazy sunshine, Gallery Kyo,
    Tokyo, Japan
2009 Blue print, 2009 COEXHALL A
    1,2, Seoul, Korea
    Architecture absorbs the
    color of dusk, The gallery at
    Consulate General of the
    Republic of Korea, Toronto, ON,
    Canada
2008 ONE EVENING, Dukwon
    Gallery, Seoul, Korea
2004 At dusk, Bevier Gallery,
    Rochester, NY, USA
2003 Happy elements, The gallery
    of Genesee pottery, Rochester,
    NY, USA

Collections
Baltimore Clay Works, Baltimore,
MD, USA
Everson Museum of Art, Syracuse,
NY. USA
Icheon World Ceramic Center,
Icheon, Gyeonggido, Korea
Consulate General of the Republic of
Korea, Toronto, ON, Canada

Cho, Sin-hyun
조신현
Born in 1970, Korea

학력
1999 단국대학교대학원 도예학과
    대학원 졸업

개인전
2007 제1회 개인전 한향림갤러리,
    경기파주, 한국

소장
청주국제공예비엔날레조직위, 청주,
한국
인천녹청자사료관, 인천, 한국
서울신문사, 서울, 한국
한향림갤러리, 파주, 한국

Education
1999 MFA Dankook University

Selected Solo Exhibitions
2007 The 1st Solo Exhibition,
    Hanhyanglim Gallery, Paju,
    Korea

Collections
Cheongju International Craft
Biennale Organizing Committee,
Cheongju, Korea
Incheon nokcheongja Museum,
Incheon, Korea
Seoul Newspaper, Seoul, Korea
Hanhyanglim Gallery, Paju, Korea

Cho, Sung-hae
조성혜
Born in 1953, Korea

학력
1983 동경예술대학교 미술대학(원)
    금속공예과조금전공(M.F.A)

개인전
2008 공예가의 집, 자택(공방),
    서울, 한국
1989 조성혜 금속공예전, 롯데 gallery,
    서울, 한국

소장
1998 조형물(가족), 코오롱 건설,
    서울, 한국

Education
1983 Dept. of Metal Craft Arts.Tokyo
    National University of Fine
    Arts&Music(M.F.A)

Selected Solo Exhibitions
2008 공예가의 집, Metal Art
    Exhibition by Cho,Sung-Hae,
    house, Seoul,Korea
1989 Metal Craft Solo Exhibition
    by Cho, Sung-Hae. Lotte
    Gallery,Seoul,Korea

Collections
1998 Sculpture, Kolon construction
    co. Seoul, Korea

Cho, Young-chul
조영철
Born in 1980, Korea

학력
2010 성신여자대학원 조소과 졸업
2005 남서울대학교 환경조형학과 졸업

개인전
2011 제4회 조영철 조각설치展 - 관계 맺
    기 프로젝트 '외출' (세종문화회관)
2010 제3회 조영철 조각설치展 -도시를
    위한 네발짐승 (갤러리 이안재)
2009 제2회 조영철 조각展

– 도시를 위한 네발짐승 (관훈갤러리)
2008 제1회 조영철 조각展 - 길 위에서
    (갤러리 한)

소장
포항시립미술관, 포항, 한국
강원랜드, 강원도, 한국

Education
2010 Graduated Sungshin Women's
    University Graduate School of
    Arts, Department of Sculpture
2005 Graduated Namseoul
    University Fine Art Deparment
    of Environmental

Selected Solo Exhibitions
2011 The 4th Cho,Young-chul
    Sculpture Exhibition
    (Sejong center, Seoul)
2010 The 3rd Cho,Young-chul
    Sculpture Exhibition
    (Galleryyianjae)
2009The 2nd Cho,Young-chul
    Sculp ture Exhibition
    (KWANHOON gallery)
2008 The 1st Cho, Young-chul
    Sculpture Exhibition
    (Gallery Han)

Collections
Pohang Museum of Steel Art,
Pohang, Korea
Kangwonland, kangwon-do, Korea

Cho, Young-sun
조영선
Born in 1965, Korea

학력
1988 국민대학교 조형대학 공예미술학과

Educations
1988 Kookmin University College of
    Design

Christoph Toenges
크리스 토프트위스
Born in 1975, Germany

Education
2004 Architect, RWTH Aachen
    University

Selected Solo Exhibitions
2006 DESIGNMAI Berlin Germany

Selected Group Exhibitions
2011 DMY Berlin Germany
2007 Goethe Institut Hanoi Vietnam
    Institut Teknologi Bandung
    Indonesia
    Bambù, Botanica Design e

Architettura Milano Italy
2006 Goethe-Institut Jakarta
Indonesia
Goethe-Institut Bangkok
Thailand
Duta Wacana Christian
University Jogjakarta Indonesia

Collections
RedDot Design Museum, Essen,
Germany

Chun, Eui-young
천의영
Born in 1963, Korea

학력
1999 서울대학교 대학원 건축학 박사
1993 하버드 디자인대학원 설계학 및
건축도시설계 석사
1985 서울대학교 공과대학
건축학과 학사

개인전
2011 Better by Design, 동대문 역사문화
공원 디자인 갤러리
CON_SKIN_SCAPE Ⅱ,
푸르지오 갤러리
CON_SKIN_SCAPE I: 표면의 재발
견, AndrewShire Gallery
2009 서울디자인올림픽2009, 세계건축
가 초대전, CUPSCAPE,
잠실종합운동장
2007 대한민국 건축대전 초대작가전,
서울역문화관

소장
Emergent
KD Power

Education
1999 Seoul National University, Ph. D
in Architecture
1993 Harvard Graduate School
of Design, Master of Design
Studies and Master of
Architecture in Urban Design
1985 Seoul National University,
Bachelor in Architecture

Selected Solo Exhibitions
2011 Better by Design, Design
Gallery, Dongdaemun History
& Culture Park
CON_SKIN_SCAPE II,
Prugio Gallery
CON_SKIN_SCAPE I:
Rediscovery of Skin,
AndrewShire Gallery
2009 Seoul Design Olympiad 2009,
CUPSCAPE,
Jamsil Sports Complex
2007 KIA Convention & Exhibition,
Seoul Station GALLERY

Collections
Emergent
KD Power

Chun, Eun-jung
천은정
Born in 1974, Korea

학력
2002 동의대학교 산업디자인과 졸업
1997 신라대학교 공예학과 졸업

개인전
2002 천은정 금속 장신구전, 부산, 한국

소장
한국의 창살-펜시리즈, 한국관광공사 ,
서울, 한국

Education
2002 M.F.A., Graduate School of
Dongeui University, Busan
1997 B.F.A, Graduate School of Silla
University, Busan

Selected Solo Exhibitions
2002 Metalwork & Jewelry
Exhibition by Chun Eun Jung,
Youngkwang Gallery, busan

Collections
Korea's lattice-Pen series, Korea
Tourism Organization , Seoul, Korea

Chung, Hae-cho
정해조
Born in 1945, Korea

학력
1989 일본 가나자와 미술공예대학
칠예전공 수학
1981 계명대학교 교육대학원
(미술교육) 졸업
1972 홍익대학교 미술대학 공예과
(목칠공예) 졸업

개인전
2009 한국공예100인초대 개인전
코엑스, 서울, 한국
정해조 개인전 펜실베니아컨벤션
센터, 필라델피아, 미국
정해조옻칠아트개인전
코엑스A홀, 서울, 한국
2008 정해조옻칠아트전 인사아트센터
서울, 한국
정해조옻칠조형특별초대전
통영옻칠미술관 통영 한국
2003 청주국제공예비엔날레 국제초대
작가전 청주예술의전당 청주 한국
1982 정해조 문양화작품초대전
대전공간사랑 대전 한국

소장
필라델피아미술관, 필라델피아, 미국
대전시립미술관, 대전, 한국
통영옻칠미술관, 통영, 한국
청주한국공예관, 청주, 한국

Education
1990 Researched Ottchil Art at
Kanasawa University of Fine
Arts and Crafts, Japan
1981 MA in Art Education, Graduate
school of Education, Keimung
University
1972 BA in Department of crafts,
college of Art, Hongik
University

Selected Solo Exhibitions
2009 Korean Craft Invited 100 Artists
Solo Exhibition, COEX, Seoul,
Korea
Chung, Hae-cho Solo
Exhibition, Pennsylvania
Convention Center,
Philadelphia, USA
Chung, Hae-cho Ottchil Art Solo
Exhibition, COEX A Hall, Seoul,
Korea
2008 Chung, Hae-cho Ottchil Art
Exhibition(INSA art center,
Seoul, Korea)
Chung, Hae-cho Ottchil Art
Special Invitation Exhibtion,
Tongyeong Ottchil Art
Museum, Tongyeong, Korea
2003 Cheongju International Craft
Biennale, Exhibition of Invited
International Artists(Cheongju
Arts Center, Korea)
1982 Chung, Hae-cho Pattern Works
Invitation Exhibition, Daejeon
Lovespace, Daejeon, Korea

Collections
Philadelphia Art Museum,
Philadelphia, USA
Daejeon Museum of Art, Daejeon,
Korea
Tongyeong Ottchil Art Museum,
Tongyeong, Korea
Cheongju Korean Craft Museum,
Cheongju, Korea

Chung, Yong-jin
정용진
Born in 1965, Korea

학력
1993 위스콘신 주립대학 미술대학원
졸업, M.F.A. (위스콘신, 미국)
1988 국민대학교 조형대학 공예미술과
졸업, B.F.A. (서울)

개인전
2010 "믿음과 신념", 갤러리 담, 초대전

서울, 한국
2009 "디지털기법을 활용한 입체형상
     전", 프리베 에닉스 미술관 초대전,
     위스콘신주립대학 오시코시, 미국
2008 "정용진 금속공예전" 플로리 캔토
     갤러리, 샌디에고 주립대학,
     샌디에고, 캘리포니아, 미국
2003 "정용진 조각적 장신구전"
     (재)한국공예문화진흥원 초대전,
     서울, 한국
1996 "정용진 금속 개인전-금속 선을
     위한 환타지" 갤러리 사비나, 서울,
     한국
1995 "조각적 장신구 개인전", 커먼웰스
     갤러리, 위스콘신, 미국

소장
Pribe Annex Gallery,
위스콘신 주립대학, 위스콘신, 미국
치우금속공예관, 서울, 한국
Fred Fenster's Collection, Madison,
위스콘신, 미국

Education
1991 Graduate School of University
     of Wisconsin-Madison, M.F.A.
     (Art-Metal), Wisconsin, U.S.A.
1984 Kookmin University, B.F.A.
     (Craft), Seoul, Korea

Selected Solo Exhibitions
2010 "Faith and Will-Art Jewelry
     Exhibition", Gallery Dam, Seoul,
     Korea
2009 "Three Dimensional Forms
     Using Digital Process", Pribe
     Annex Gallery, University of
     Wisconsin-Oshkosh, WI, U.S.A.
2008 "An Exhibition of Jewelry &
     Metalwork by Yong Jin Chung",
     Flory Canto Gallery, San Diego
     State University, San Diego, CA,
     U.S.A.
2003 "Sculptural Jewelry Works by
     Yong Jin Chung", Korean Craft
     Promotion Foundation (KCPF),
     Seoul, Korea
1996 "Metal Work Exhibition by
     Yong Jin Chung", Gallery Savina,
     Seoul, Korea
1995 "Sculptural Jewelry by Yong
     Jin Chung", Common Wealth
     Gallery, Madison, Wisconsin,
     U.S.A

Collections
Pribe Annex Gallery, University of
Wisconsin-Oshkosh, WI, U.S.A.
The Chiwoo Craft Museum, Seoul,
Korea
Fred Fenster's Collection, Madison,
Wisconsin, U.S.A

Cindy Sherman
신디 셔먼
Born in 1954, USA

Education
1976 B.A. in Photography from State
     University College at Buffalo,
     Buffalo, NY

Selected Solo Exhibitions
2010 Untitled Film Stills, National
     Gallery of Iceland, Reykjavík,
     Iceland
2009 Cindy Sherman, Sprüth Magers,
     London, England
2007 Bus Riders, Barbara Krakow
     Gallery, Boston, MA

Selected Group Exhibitions
2010 Crash, Gagosian Gallery,
     London, England
2008 Second Thoughts, The Center
     for Curatorial Studies at
     Bard College, Annandale-on-
     Hudson, NY
2007 What does the Jellyfish want?,
     Museum Ludwig, Cologne,
     Germany
     Foto.Kunst, Essl Museum,
     Klosterneuburg, Austria
     All the more real: Portrayals of
     Intimacy and Empathy, Parrish
     Art Museum, Southampton,
     NY

Collections
Museum of Contemporary Art,
Los Angeles, CA
Museum of Modern Art,
New York, NY
Philadelphia Museum of Art,
Philadelphia, PA

Damien Hirst
데미안 허스트
Born in 1965, UK

Education
1989 B.A. in Fine Art, Goldsmith
     College, London, UK

Selected Solo Exhibitions
2009 Life, Death and Love, Galerie
     Rudolfinum; Prague,
     Czech Republic
2008 You Dig The Tunnel, I'll Hide
     The Soil, White Cube,
     London, UK
2007 Beyond Belief, White Cube,
     London, UK
     Damien Hirst, Portland Art
     Museum, Portland, OR

Selected Group Exhibitions
2006 Aftershock: Contemporary
     British Art 1990-2006,
     Guangdong Museum of Art,
     Guangzhou, China
2005 Major Prints, John Berggruen
     Gallery, San Francisco, CA
2004 Summer Exhibition, Royal
     Academy, London, UK
     What's Modern?, Gagosian
     Gallery, New York, NY
     Turning Points: 20th Century
     British Sculpture, Tehran
     Museum of Contemporary Art,
     Tehran, Iran

Collections
GoMA - Gallery of Modern Art,
Glasgow, Scotland
Leeds City Art Gallery, Leeds, UK
Hiscox Art Projects, London, UK

Diederik Schneemann
디더릭 슈네만
Born in 1979, Netherlands

Education
AKI Academy for Art and Design
Enschede Netherlands

Selected Solo Exhibitions
"A Flip Flop Story"

Donald Judd
도널드 저드
Born in 1928, USA
Died in 1994, USA

Education
1963 Columbia University, New York,
     M.F.A. in Art History
1953 Columbia University, New York,
     B.S. in Philosophy
     Art Students League, New York
1949 College of William and Mary,
     Williamsburg, Virginia

Selected Group Exhibitions
2009 La Pintura y sus Alrededores,
     Galerie naechst St. Stephan,
     Vienna, Austria
2008 Between the Lines, Stephane
     Simoens, Knokke, Belgium
2006 JGM.Galerie, Paris, France,
     Minimalisme: sculptures et
     meubles

Ed Ruscha
에드 러샤
Born in 1937, USA

2008 Ed Ruscha: Paintings, Gagosian
        Gallery, London, UK
2005 Ed Ruscha and Photography,
        Whitney Museum of American
        Art, New York, NY
2004 Ed Ruscha: The Drawings
        and Photographs, Whitney
        Museum of American Art,
        New York, NY
        Ed Ruscha: Cotton Puffs, Q
        Tips, Smoke and Mirrors, L.A
        Museum of Contemporary Art,
        Los Angeles, CA

Selected Group Exhibitions
2010 Selections from Hamiltion
        Press at Sylvia White Gallery
2009 Words Are Diamonds, Laleh
        June Galerie, Basel, Switzerland
2008 Time & Place: Los Angeles,
        1958-1968, Moderna Museet,
        Stockholm, Sweden

Collections
Art Institute of Chicago, Chicago, IL
Hirshhorn Museum and Sculpture
Garden, Washington D.C.
Metropolitan Museum of Art,
New York, NY

Elaine Reichek
일레인 레인첵
Born in 1943, USA

Education
1964 Bachelor of Fine Arts, Yale
        University, New Haven, CT
1963 Bachelor of Arts,
        Brooklyn College, NY

Selected Solo Exhibitions
2011 Ariadne's Thread, Shoshana
        Wayne Gallery, Santa Monica,
        CA
2007 Pattern Recognition, Nicole
        Klagsbrun Gallery,
        New York, NY
2006 Glossed in Translation,
        Shoshana Wayne Gallery
2004 After Babel, Nicole Klagsbrun
        Gallery

Collections
Irish Museum of Modern Art, Dublin
The Jewish Museum, New York
Museum of Arts and Design,
New York
Museum of Modern Art, New York

Norton Museum of Art, Palm Beach,
FL
List Visual Arts Center,
Massachusetts Institute of
Technology, Cambridge

Elena Goray
엘리아나 가라에
Born in 1973, Russia

Education
Gerrit Rietveld Academie,
Amsterdam, The Netherlands
Sandberg Institute, Amsterdam,
The Netherlands

Selected Group Exhibitions
2011 "Duty free", CBK Amsterdam,
        July-August
        DMY International Design
        Festival 2011, June
        "My garden" one minutes
        video art selection, May 2011
2010 Nominated. Competition,
        facade design for gate holder,
        Cultuurpark Westergasfabriek
        Amsterdam, The Netherlands
        "THE POWER OF COPY"'
        Xuzhou Museum of Art, Jiangsu
        Province, China
        KunstVlaai / ArtPie,
        Amsterdam, The Netherlands
        "Object Rotterdam",
        international fair for
        autonomous design, Las
        Palmas II, Rotterdam, The
        Netherlands
2009 Dutch Design Week,
        Eindhoven, The Netherlands
        'Awards & Jury Selection'',
        DMY Special Exhibition,
        Bauhaus Archiv / Museum für
        Gestaltung, Berlin, Germany
        "Same same, but different'',
        DMY International Design
        Festival, Arena Berlin, Germany
        Rietveld Arsenale, collective
        video installations "The One
        Minute Train " Venice, Italy

Erin Dickson
에린 딕슨
Born in 1987, UK

Education
2011 Present, University of
        Sunderland, Phd
2009-2010 University of Sunderland,
        Glass Masters (Distinction)
2006-2009 Architectural Association
        school of Architecture, RIBA
        Part I

Selected Group Exhibitions
2011 'Edifice', The National Glass
        Centre, Sunderland
2010 'Art Of Giving', Saatchi Gallery,
        London
        'Creative Cohesion' ,
        Sunderland
        'A Journey in Glass and
        Ceramics', Bede's World
        Museum, Jarrow

Freddie Robins
프레디 로빈슨
Born in 1965, UK

Education
1989 MA(RCA) Textiles, Royal College
        of Art, London
1987 BA(Hons) with 1st class
        Honours, Constructed Textiles,
        Middlesex Polytechnic, London

Selected Solo Exhibitions
2007 Body, Nobody,
        Somebody, Vestlandske
        Kunstindustrimuseum, Bergen,
        Norway
        The Perfect, Contemporary
        Applied Arts, London
2003 Cosy, The Pier Arts Centre,
        Orkney, Scotland
2002 Cosy, firstsite at the Minories
        Art Gallery, Colchester

Collections
Victoria & Albert Museum, London
Crafts Council Collection, London
Castle Museum, Nottingham
Aberdeen Art Gallery and Museum,
Scotland
Vestlandske Kunstindustrimuseum,
Bergen, Norway

Geoffrey Gorman
제프리 고먼
Born in 1954, France

Education
Maryland Institute of Art,
Baltimore, MD
Boston Museum School, Boston, MA
Franklin College, Lugano, Switzerland

Selected Solo Exhibitions
2011 Second Nature, Jane Sauer
        Gallery, Santa Fe, NM
2010 Creatures of Curiosity, Jane
        Sauer Gallery, Santa Fe, NM
2009 Animal Instincts, Jane Sauer
        Gallery, Santa Fe, NM

Selected Group Exhibitions
2011 Animal Craft, Chautauqua Art
        Center, NY

SOFA New York Art Fair, (Jane
Sauer Gallery, Santa Fe, NM)
2010 SOFA Chicago Art Fair, (Jane
Sauer Gallery, Santa Fe, NM)
Recycled Art, Community
Gallery, Santa Fe, NM
2009 Introductions, Art Access
Gallery, Columbus, OH
SOFA Chicago Art Fair, (Jane
Sauer Gallery, Santa Fe, NM)

Collections
Racine Art Museum, Racine, WI
University Of Colorado, Boulder, CO
Center for Contemporary Art, Santa
Fe, NM

Giorgio de Chirico
조르조 데 키리코
Born in 1979, Italy
Died in 1988, Greece

Education
1909 Studied at the Academy of Fine
Arts, Munich, Germany
1900 Athens Polytechnic Institute,
Athens, Greece

Selected Solo Exhibitions
2010 Nature According to De Chirico,
Palazzo delle Esposizioni,
Rome, Italy
Palazzo Strozzi, Florence, Italy
2009 Giorgio de Chirico. La fabrique
des rêves, Musée d'Art
moderne de la Ville de Paris,
Paris, France
2007 De Chirico, Palazzo Zabarella,
Padua, Italy

Selected Group Exhibitions
1984 Robert Miller Gallery, New
York, NY
1982 Works, Gallery Medusa, Rome,
Italy
1975 Musée Marmottan, Paris,
France

Collections
Fine Arts Museums of San Francisco,
San Francisco, CA
Guggenheim Museum, New York, NY
Museum of Modern Art, New York,
NY

Gu, Sena
구세나
Born in 1981, Korea

학력
2007 Royal College of Arts, London, UK
2004 홍익대학교 도예,유리과

단체전
2010 '100%디자인 런던', Earl's Court
Exhibition Centre, 런던, 영국
2009 'Genesis09 단체전', SDC Gallery,
런던, 영국
'100%디자인 런던', Earl's Court
Exhibition Centre, 런던, 영국
2008 'Genesis08 단체전', SDC Gallery,
런던, 영국
'Falalalala 디자인 전시', Heard
Design Gallery, 런던, 영국

Education
2007 Royal College of Arts, London,
UK
2004 Hong-ik University, Ceramics&
Glass, Seoul, Korea

Selected Group Exhibitions
2010 '100%Design London', Earl's
Court Exhibition Centre,
London, UK
2009 'Genesis09', SDC Gallery,
London, UK
'100%Design London', Earl's
Court Exhibition Centre,
London, UK
2008 'Genesis08', SDC Gallery,
London, UK
'Falalalala', Heard Design
Gallery, London, UK

Gugger Petter
구거 패터
Born in 1949, Denmark

Education
Den Frie og Merkantile Kunstskole,
Copenhagen, Denmark
Academy of Fine Art, Rome, Italy

Selected Solo Exhibitions
2010 Jane Sauer Gallery, Santa Fe,
New Mexico
2009 Andrea Schwartz Gallery, San
Francisco, California
2008 Jane Sauer Gallery, Santa Fe,
New Mexico
2007 Andrea Schwartz Gallery, San
Francisco, Caliifornia
2006 Jane Sauer Thirteen Moons
Gallery, Santa Fe, New Mexico
2004 Andrea Schwartz Gallery, San
Francisco, California

Collections
Museum of Fine Arts, Boston,
Massachusetts
The White House, Washington DF
Denver Art Museum
Danielle Steel, San Francisco,
California
Murray & Ruth Gribin Foundation,
Los Angeles, California
Anita & Ron Wornick Foundation,
San Francisco, California
Charles & Edwina Milner, Santa Fe,
New Mexico/Austin, Texas
Elizabeth Colton, New York,
New York
James Torrey, New York, New York

Guido Garotti
귀도 가로티
Born in 1984, Italy

Education
2010 MA Furniture Design Sheffield
UK
2007 BA Industrial Design Florence
Italy

Ham,Youn-joo
함연주
Born in 1971, Korea

학력
1999 Pratt Institute 대학원 조소과 졸업
1996 이화여자대학교 대학원
조소과 졸업
1994 이화여자대학교 미술대학
조소과 졸업

개인전
2009 "A Smooth Tension",
리서치 앤 아트 갤러리, 서울
2007 "Blooming Moment",
갤러리 인, 서울
"Cinderella's Propose Ⅲ",
Gallery H, 서울
2004 "seed", Art Park, 서울

단체전
2010 "Floating Hours_Moon is the Oldest
Clock", national gallery in Prague,
Prague
"달은 가장 오래된 시계다",
덕수궁미술관, 서울
2009 "신호탄", 국립현대미술관 서울관
건립 예정지, 서울
"드로잉조각 공중누각",
소마미술관, 서울
2008 "the bridge", 가나아트센터, 서울
"UP-AND-COMERS", 토탈미술관,
서울

Education
1999 MFA, Pratt Institute, New York
1996 MFA, Ewha Woman's
University, Seoul
1994 BFA, Ewha Woman's University,
Seoul

Selected Solo Exhibitions
2009 "A Smooth Tension", Research
and Art gallery, Seoul
2007 "Blooming Moment" Gallery
IHN, Seoul
"Cinderella's Propose Ⅲ"

Gallery H, Seoul
2004 "seed" ART PARK, Seoul

2010 "Floating Hours_Moon is the
Oldest Clock", national gallery
in Prague, Prague
2009 "Beginning of New Era"
Construction Site of National
Art Museum in Seoul, Seoul
"Drawing Scupture-Build house
in the air" Soma Museum of
Art, Seoul
2008 "the bridge" Gana Art Center,
Seoul
"UP-AND-COMERS" Total
museum, Seoul

Han, Gil-hong
한길홍
Born in 1944, Korea

학력
1999 미국 Long Island University
객원교수
1983 홍익대학교 대학원 공예학과 졸업
1967 홍익대학교 미술대학
공예학과 졸업

개인전
2009 제9회 한길홍도예작품전
한전갤러리 서울 한국
2005 제8회 한길홍도예작품전
인사아트센터 서울 한국
2003 제7회 한길홍도예작품전
New York 통인갤러리 New York
1998 제6회 한길홍도예작품전
Craft Space목금토 서울 한국
1996 제5회 한길홍도예작품전 사이하
쿠갤러리 아마가사키 일본
1988 제4회 한길홍도예작품전
Ewing Gallery Knoxville 미국
1985 제3회 한길홍도예작품전
맥향화랑 대구 한국
1984 제2회 한길홍도예작품전
신세계미술관 서울 한국
1982 제1회 한길홍도예작품전
신세계미술관 서울 한국

소장
국립현대미술관, 서울, 한국
경덕진도자연구소, 경덕진, 중국
Faenza 국제도예박물관, Faenza, 이태리
Russian Academy of Arts, Moscow, 러시아

Education
1999 Visiting Professor, Long Island
University, New York
1967 MFA Hongik University
BFA Hongik University

Selected Solo Exhibitions
2009 The 9th <Contemplation>
KEPCO Plaza Gallery, Seoul,
Korea
2005 The 8th <Transmigration> Insa
Art Center, Seoul, Korea
2003 The 7th <Transmigration>
Tongin Gallery New York, U.S.A
1998 The 6th <Transmigration> Craft
Space Mokkumto, Seoul, Korea
1996 The 5th <Transmigration>
Saihaku Gallery, Amagasaki,
Japan
1988 The 4th Traveling Exhibition
Ewing Gallery, Knoxville, U.S.A
1985 The 3rd Clay Works Solo
Exhibition Mackhyang Gallery,
Taegu, Korea
1984 The 2nd Clay Works Solo
Exhibition Shinsegae Gallery,
Seoul, Korea
1982 The 1ST Clay Works Solo
Exhibition Shinsegae Gallery,
Seoul, Korea

Collections
National Museum of Contemporary
Art, Seoul, Korea
Jindezhen Ceramic Institutu,
Jindezhen, China
Faenza International Ceramic Art
Museum, Faenza, Italy
Russian Academy of Arts, Mossow,
Russia

Han, Sang-hye
한상혜
Born in 1952, Korea

학력
1983 미국 RIT 미국공예학교 대학원
졸업 (텍스타일 디자인전공)
1975 이화여자대학교 미술대학
생활미술과 졸업

개인전
2009 Rhythm of Blue, 한국공예진흥원,
서울, 한국
2005 경계선상, 현대염직전,
이따미공예센터, 이따미시, 일본
1999 선이 내재된 형태전,
포스코미술관, 서울, 한국,
1993 한상혜 섬유전, 서울갤러리,
서울, 한국
1988 한상혜 섬유전, 서울 미국문화원,
서울, 한국
1986 위빙즈, The Library Gallery,
미시간주, 미국

소장
로체스터기술대학(RIT) 과학관,
로체스터, 미국
커퍼컨트리 정신진료센타, 호톤, 미시간,
미국
매사츄세스치료센타, 브리지워터,
매사츄세스, 미국
에스칼리에 쇼룸, 유경빌딩, 서울, 한국

Education
1983 MFA, Rochester Institute of
Technology, Rochester,NY, USA
1975 BFA, Ewha Womans' University,
Seoul, Korea

Selected Solo Exhibitions
2009 Rhythm of Blue, Weave
Patterns, Gallery of Korea
Craft& Design Foudation,
Seoul, Korea
2005 On the Boundary,
Contemporary Textiles, The
Museum of Arts& Crafts·Itami,
Itami, Japan
1999 On Form with the lines, POSCO
Art Museum, Seoul, Korea
1993 Han Sanghye Fiber Works,
Seoul Gallery, Seoul, Korea
1988 Han Sanghye Fiber Works,
Seoul American Culture Center,
Seoul, Korea
1986 Weavings,The Library Gallery,
MTU, Houghton MI USA

Collections
Rochester Institute of Technology
Science Building, Rochester, NY, USA
Copper Country Health Treatment
Center, Houghton, Michigan, USA
Massachusetts Treatmentl Center,
Bridgewater, Massachusetts, USA
Escalier Show room, Ryu Kyung
Building, Seoul, Korea

Han, Sang-soo
한상수
Born in 1935, Korea

단체전
2003 '한상수 자수한평생전'
2002 미국 뉴욕문화원 갤러리,
쿄토 전통공예 전시
1991, 1994 한중고금자수교류전
1984 한상수 자수초대전-
대만 국립역사박물관

Hannie Goldgewicht
헤니 골드게윗트
Born in 1976, Costarica

Education
Bachelors degree in Fine Arts,
University of Costa Rica

Selected Solo Exhibitions
2010 Collective Exhibition, One And
Only at the Kohler Arts Center,
Sheboygan, WI.
American Craft Council Show,
San Francisco, CA
Group Exhibition of
Contemporary Artists, Silvana

Gallery Glendale, CA
2009 Life is 360 Degrees group
exhibition Liz Loft Gallery
Museum of Latin American Art,
Long Beach
2008 Fine good Art Gallery, West
Hills Ca
2003 Arte Al Aire Libre, Ulises Gallery,
Costa Rica.

Heather Bayless
헤더 베이리스
Born in 1960, USA

Education
2007 MFA, Metalwork and Jewelry,
Kookmin University
2003 BFA, Metalwork, Graphic
Design, Miami University,
Oxford, Ohio, USA

Selected Solo Exhibitions
2008 'Offspring', Gallery Dam, Seoul

Selected Group Exhibitions
2011 'Jewelry + Objects' Midland
Center for the Arts, Michigan
'Alchemy', 13th Biennial Juried
Enamel Exhibition; traveling in
Tennessee
2010 '31st Annual Contemporary
Crafts', Mesa Contemporary
Arts, Arizona
'Cross-Cultural Visions',
traveled to New York,
Washington DC, Seoul
'silver+17+jewelry holds',
Gallery Dam, Seoul

Hong, Hyun-sook
홍현숙
Born in 1958, Korea

학력
1985 홍익대학교 대학원 조각과 졸업
1980 홍익대학교 조소과 졸업

개인전
2010 제 10회 개인전 '네개의 기둥, 열두
개의 창문 전', 314갤러리
베르겐, 노르웨이
2006 제9회 개인전 '비니루 방'
관훈갤러리, 서울
2005 제 8회 개인전, '풀과 털전'
대안공간 풀 초대전, 서울
2002 통일전망대 설치프로젝트 오두산
통일전문대 옥탑, 문산
2000 인사동 육교 설치프로젝트, 인사동

단체전
2011 발굴의 금지, 대안공간 풀, 서울,
한국
액체 달2, 금천 예술공장, 서울,

한국
2010 '기념비적 여행', 스페이스 시, 서울,
한국
2009 액체 달, Plan D 갤러리,
뒤셀도르프, 독일
서울무지개전, 문화일보갤러리,
서울, 한국

소장
국립현대미술관

Hong Jung-sil
홍정실
Born in 1947, Korea

학력
1971 서울대학교 대학원 미술교육
전공 졸업
1969 서울여자대학교 미술대학
공예미술 전공 졸업

개인전
2011 Endless of Threads,
한인문화예술센터, 상해, 중국
2008 Hong, Jung-Sil, Victoria & Albert
Museum, 런던, 영국
2006 Hong, Jung-Sil, Navy Pier,
시카고, 미국
2005 은실의 미학, Seventh Regiment
Armory, 뉴욕, 미국
2003 한국의 美-아름다운 치레거리,
한국문화홍보원 갤러리, 워싱턴,
미국
2002 Links to the Past, Thammasat
대학교, 방콕, 태국
2001 The Inspiration of Joseon,
뉴욕 갤러리, 뉴저지, 미국

소장
대영박물관, 런던, 영국
국립역사박물관, 대만, 자유중국
비엔나 민속박물관, 빈, 오스트리아
호암미술관, 서울, 한국
해외 한국문화원, LA, 뉴욕, 워싱턴,
파리, 북경, 미국, 프랑스, 중국

Education
1971 M.F.A, Seoul Nat'l Univ.
1969 B.F.A, Seoul Women's Univ.

Selected Solo Exhibitions
2011 Endless of Threads, Shanghai
Art Center, Shanghai, China
2008 Hong, Jung-sil, Collect 2008,
Victoria & Albert Museum,
London, UK
2005 Hong, Jung-sil, SOFA CHICAGO
2006, Navy Pier, Chicago, IL,
U.S.A.2005 Aesthetics of Silver
Thread-SOFA NEW YORK 2005,
Seventh Regiment Armory, NY,
U.S.A.
2003 Timeless Love of Nature,
Embassy of the Republic of

Korea, Washington, D.C., U.S.A.
2002 Links to the Past-The Glory
of Korean Inlaid Metal Arts,
Thammasat Univ., Bangkok,
Thailand
2001 The Inspiration of Joseon, New
York Gallery, NJ, U.S.A.

Collections
British Museum, London, United
Kingdom
National Museum of History, Taipei,
Taiwan, R.O.C.
Museum für Völkerkunde, Wien,
Austria
Ho Am Gallery, Seoul, Korea

Hwang, Hae-sun
황혜선
Born in 1944, Korea

학력
1995 뉴욕대학교 미술대학 석사학위
1992 서울대학교 미술대학 조소과
학사학위

개인전
2010 아주잠깐, 조금씩만, 갤러리 시몬,
서울
Still life, L MD Gallery, 파리, 프랑스
2007 기억의창, 이화익갤러리, 서울
2006 황혜선 개인전, 포스코미술관,
서울 들력에 부는 바람.
출판사 들력, 파주
2004 나는 아무것도 믿지않는다,그러나
모든 것을 기대한다.
인사미술공간,서울

소장
부산시립미술관
아트뱅크
외무부
서울시립미술관
경기도 미술관

Hwang, Jin-young
황진영
Born in 1978, Korea

학력
2000 경원대학교 무역과

개인전
2009. vip간담회, sonofactory, 서울,한국

Education
2000 Kyungwon University

Selected Solo Exhibitions
2009 SONOFACTORY, ZIG VIP
discussion, seoul, korea

Hyun, Ji-yeon
현지연
Born in 1973, Korea

학력
2006 영국 University of Central England
    (Jewellery, silversmithing & related
    products) 석사 졸업
2000 서울대학교 대학원(금속공예전공)
    석사 졸업
1997 서울대학교 미술대학
    공예과 학사 졸업

개인전
2010 Reflected Form, 가회동60,
    서울, 대한민국
2008 From single sheets of metal,
    목인 박물관, 서울, 대한민국
2007 Shifting Form, Edinburgh College
    of Art, 에딘버러, 영국
2004 현지연 은기전, 가나아트스페이스,
    서울, 대한민국

소장
일민 미술관, 서울, 한국

Education
2006 MA , Major in Jewellery,
    silversmithing & related
    products, University of Central
    England, UK
2000 MFA , Major in metal craft,
    College of Fine Art, Seoul
    National University, Seoul,
    Korea
1997 BFA, Major in metal craft,
    College of Fine Art, Seoul
    National University, Seoul,
    Korea

Selected Solo Exhibitions
2010 Reflected Form, Gahoedong60,
    Seoul, Korea
2008 From Single Sheets of Metal,
    Mokin Museum, Seoul, Korea
2007 Shifting Form, Edinburgh
    College of Art, Edinburgh, UK
2004 Silver Hollowware, Gana Art
    Space, Seoul, Korea

Collections
1997 Ilmin Art Collection,
    (Ilmin Museum, Seoul)

Ione Thorkelsson
아이원 쏘워켈슨
Born in 1947, Canada

Education
1973 and 1976 summers Studied
    glass at Sheridan College School
    of Design, Mississauga, Ontario
1965-69 Studied architecture at the
    University of Manitoba.

Selected Solo Exhibitions
2007 Narratives, Thunder Bay Art
    Gallery, Thunder Bay, Ontario,
    November, Ossuary
    Karsh-Masson Gallery, Ottawa,
    Ontario
2006 Ossuary 501, Toronto Free
    Gallery and Material Matters
    (jointly), Toronto, Ontario,
    November
    Arboreal Fragments, Winnipeg
    Art Gallery, Winnipeg,
    Manitoba
2004 Tropocene, Material Matters,
    Toronto, Ontario

Collections
Manitoba presentation to Her
Majesty the Queen and Her
Excellency the Governor General of
Canada
Canadian Museum of Civilization
permanent collection;
Canadian Clay and Glass Museum
permanent collection;
Winnipeg Art Gallery permanent
collection,
Crown Collection, Rideau Hall,;
Canada Council Art Bank

Jan Huling
잔 훌링
Born in 1953, USA

Education
Drake University, Des Moines, IO
BFA Kansas City Art Institute,
Kansas City, MO

Selected Solo Exhibitions
2011 Walking Under Ladders, Lyons
    Wier Gallery, NYC
    SOFA NY, NYC
2010 SOFA West, Santa Fe, NM
    SOFA NY, NYC

Selected Group Exhibitions
2011 24/7, Lyons Wier Gallery, NYC
    Teapots! Morgan
    Contemporary Glass Gallery,
    Pittsburgh, PA
2010 Teapot, Mobilia Gallery,
    Cambridge, MA
    Pulse Miami, Miami FL
2009 New Jersey Arts Annual: Craft,
    Noyes Museum, Oceanville, NJ
    Vessel, Rupert Ravens Gallery,
    Newark, NJ
    Endless Summer, Lyons Wier
    Gallery, NYC
    At Bazaar, Lyons Wier Gallery,
    NYC
    American Craft Council Show,
    Baltimore, MD

2008 Beads, The Journey of..., Bead
    Museum, Washington, DC
    New Jersey Arts Annual: Tribal
    Roots, Montclair Museum,
2005 New Jersey Arts Annual: Craft,
    Jersey City Museum, NJ

Janet Cooper
자넷 쿠퍼
Born in 1943, USA

Education
Antioch College, New School of
Social Research, Haystack School of
Crafts

Selected Solo Exhibitions
Greenwich House Pottery Gallery,
New York City

Jasper Johns
제스퍼 존스
Born in 1930, USA

Education
1949 Attended an Art School in
    New York, NY
1948 University of South Carolina,
    Columbia, SC

Selected Solo Exhibitions
2009 Jasper Johns Prints: A Selection
    1960-2007, Greenberg Van
    Doren Gallery, NY
    Focus: Jasper Johns, The
    Museum of Modern Art,
    New York
2008 Jasper Johns: Gray,
    Metropolitan Museum of Art,
    New York

Selected Group Exhibitions
2010 Strictly Death: Selected
    Works from the Richard
    Harris Collection - Slought
    Foundation, Philadelphia, PA
2009 2009 Cézanne and Beyond,
    Philadelphia Museum of Art
2008 Modern and Contemporary
    Masterworks From the MFAH,
    Museum of Fine Arts Houston,
    Texas
    Pop Art Portraits, Staatsgalerie
    Stuttgart, Stuttgart

Collections
The Metropolitan Museum of Art,
New York City, NY
MOCA Grand Avenue, Los Angeles,
CA
Los Angeles County Museum of Art -
LACMA, Los Angeles, CA

Jean Cocteau
장 콕토

Born in 1889, France
Died in 1963

Selected Solo Exhibitions

Selected Solo Exhibitions

2010 Jean Cocteau: sur les pas d'un
     magicien, Palais Lumière, Evian,
     France
2009 The Lovers by Jean Cocteau,
     Cocteau Museum, Menton,
     France
     Jean Cocteau et la
     Méditerranée, Palais des Arts,
     Marseille, France
2008 Jean Cocteau: The Orphic
     Trilogy, San Francisco Museum
     of Modern Art,
     San Francisco, CA

Selected Group Exhibitions

2011 Chaos and Classicism: Art in
     France, Italy, and Germany,
     1918–1936, Solomon R.
     Guggenheim Museum,
     New York, NY
2010 The Surreal Film House and
     Surreal Competition,
     Barbican Art Gallery, London,
2008 Picasso 1917-1937, l'Arlecchino
     del Arte, Complesso del
     Vittoriano, Rome, Italy
     Cocteau dessine l'Europe,
     Cosmopolis, Nantes, France

Collections

Severin Wunderman Museum,
Irvine, CA
Fondation Pierre Bergé - Yves Saint
Laurent, Paris, France
San Francisco Museum of Art, San
Francisco, CA

Jeff Koons
제프 쿤스

Born in 1955, USA

Education

1976 School of the Art Institute of
     Chicago
     B.F.A., Maryland Institute
     College of Art, Baltimore
1975 Maryland Institute College of
     Art, Baltimore

Selected Solo Exhibitions

2008 Kult des Kunstlers: Jeff Koons,
     Neue Nationalgalerie, Berlin
2007 Jeff Koons - Hulk Elvis, Gagosian
     Gellery - Britannia Street,
     London (England)
2006 Jeff Koons, Gagosian Gallery
     - Davies Street, London
     (England)

Selected Group Exhibitions

2004 Monument to Now Deste
     Foundation, Athens
     The Game Show James Cohan
     Gallery, New York
2003 Happiness - A Survival Guide for
     Art and LifeMori Art Museum,
     Tokyo
     Hverdagsestetikk - verk fra
     Astrup Fearnley Samlingen
     Astrup Fearnley Museet for
     Moderne Kunst, Oslo
2002 Flowers: Warhol/Koons
     Gagosian Gallery, New York
     Jasper Johns to Jeff Koons:
     Four Decades of Art from the
     Broad Collection The Corcoran
     Gallery of Art, Washington D.C.;
     Museum of Fine Arts, Boston;
     Guggenheim Museum, Bilbao

Jeong, Jin-kyu
정진규

Born in 1972, Korea

학력

2004 영국 왕립 예술대학교
     주얼리디자인학과 석사 졸

개인전

2011 Operate a Mine, 하토르 갤러리,
     부산, 한국
2009 夫 + 婦 = 拊, 갤러리 각, 서울, 한국
2008 정진규 초대전, 성복 갤러리, 경기,
     한국
2007 possibility from the outside,
     보나 갤러리, 서울, 한국
2005 possibility from the inside,
     시선 갤러리, 서울, 한국

소장

Royal College of Art, 런던, 영국

Education

2004 Royal College of Art MA
     Jewellery Design Course

Selected Solo Exhibitions

2011 Operate a Mine, Hathor
     Gallery, Busan, Korea
2009 夫 + 婦 = 拊, Gallery Gac,
     Seoul, Korea
2008 Jin-Kyu Jeong's Invitation
     Exhibition, Sungbok Gallery,
     Kyungki, Korea
2007 possibility from the outside,
     Bona Gallery, Seoul, Korea
2005 possibility from the inside,
     Sisun Gallery, Seoul, Korea

Collections

Royal College of Art, London, The U.K

Joun, Sung-nim
전성임

Born in 1948, Korea

학력

2011 국민대학교 행정대학원 미술관
     박물관학

개인전

2008 풀짚 공예전시, 한국문화원, 베이징
2005 풀짚 공예전시, 국회의원회관
2004 풀짚 공예전시, 현대 백화점

단체전

2011 초고공예 연구회전,
     나카무라미술관, 일본
2010 시카고 아트페어, 컨벤션센터,
     시카고
2009 필라델피아 그라프트쇼,
     컨벤션센터, 필라델피아
2008 바스켓트리 조형회,
     나라국제세미나하우스, 오사카

Education

2011 Kookmin University graduate
     school of public administration
     Major in art gallerist and
     museum

Selected Solo Exhibitions

2008 Grass and Straw Art, Korea
     culture center, Beijing
2005 Grass and Straw Art,
     Congressman hall, Seoul
2004 Grass and Straw Art, Hyundal
     Department store, Seoul

Selected Group Exhibitions

2011 "Grass and Straw Art group
     association Exhibition"
     Nakamura Art Museum,
     Kanazawa
2010 "SOFA", Convention center,
     America
2009 "Philadelphia museum of Art
     craft show", Convention center
     Philadelphia, America
2008 "Basketry Art Exhibition", Nara
     International Seminar House ,
     Osaka, Japan

Joung Ui-sun
정의선

Born in 1977, Korea

학력

2009 서울과학기술대학교 산업대학원
     도예학과 졸업
2006 서울과학기술대학교
     도자문화디자인학과 졸업

개인전

2010 서울 기프트 쇼 코엑스 서울 한국
     공예트랜드페어 코엑스 서울 한국

2009 서울 기프트 쇼 코엑스 서울 한국
    공예트랜드페어 코엑스 서울 한국
    정의선 개인전 인사아트프라자 서
    울 한국

소장
뉴칼레도니아 한국문화원
뉴메아- 뉴칼레도니아
말레이시아 국립현대미술관
쿠알라룸프르 말레이시아

Education
2009 M.F.A In Ceramic, Seoul
    National University of Science
    and Technology, Seoul. KOREA
2006 B.F.A In Ceramic Arts and
    Design, Seoul National
    University of Science and
    Technology, Seoul. KOREA

Selected Solo Exhibitions
2010 Seoul Gift Show Coex Seoul
    Korea
    Craft Trend Fair Coex Seoul
    Korea
2009 Seoul Gift Show Coex Seoul
    Korea
    The 1st Ceramics Solo
    Exhibition Insa Art Plaza
    Gallery Seoul Korea
    Craft Trend Fair Coex Seoul
    Korea

Collections
Centre Culturel Coreen en Nouvelle-
Caledonie Noumea New Caledonia
National Art Gallery Malaysia Kuala
Lumpur Malaysia

Julian Schnabel
줄리앙 슈나벨
Born in 1951, USA

Education
1974 Attends the Whitney Museum's
    Independent Study program
    for young artists
1972 B.F.A., University of Houston,
    Texas

Selected Solo Exhibitions
2008 Julian Schnabel, Zendai
    Museum of Modern Art,
    Shanghai
2007 Julian Schnabel - Paintings
    1978-2006, Palazia Venezia,
    Rome
2006 Julian Schnabel, Galeria Enrique
    Guerrero, Mexico City

Selected Group Exhibitions
2010 Beauty is Diamond, Laleh June
    Galerie, Basel
2008 Navigation Drawings,

Sperone Westwater Gallery,
    New York City, NY
2000 Galerie Forsblom, Helsinky
    Galeria Ramis Barquet,
    Mexico City

Jung, Chun-mo
정춘모
Born in 1940, Korea

Selected Group Exhibitions
1982 한미 수교100주년 기념사업
    해외 특별전시회, 미국, 일본

Jung, Ee-eun
정이은
Born in 1984, Korea

학력
2007 홍익대학교 금속조형
    디자인과 졸업

Education
2007 Hong-Ik University, Metal&Art
    Design(BA)

Jung, Young-kuwan
정영관
Born in 1958, Korea

학력
1986 홍익대학교 대학원 졸업

개인전
2011 제11회 개인전 SETEC, 서울, 한국
2008 제9회 개인전 가나아트스페이스,
    서울, 한국
2003 제6회 개인전 Gallery Space, 교토,
    일본
2001 제4회 개인전 현대아트갤러리,
    서울, 한국
1995 제2회 개인전 스투디오갤러리,
    워싱턴, 미국
1991 제1회 개인전 갤러리빙, 서울, 한국

소장
National Ornamental Metal Museum,
Memphis, U.S.A.
Museum of Arts & Design, New York,
U.S.A.
Honolulu Academy of Arts Museum,
Hawaii, U.S.A.
갤러리 우덕, 서울, 한국

Education
1986 M.F.A. Hong-Ik University,
    Seoul, Korea (major:
    Metalsmithing)

Selected Solo Exhibitions
2011 The 11th solo exhibition,
    SETEC, Seoul, Korea

2008 The 9th solo exhibition, Gana
    Art Space, Seoul, Korea
2003 The 6th solo exhibition, Gallery
    Space, Kyoto, Japan
2001 The 4th solo exhibition,
    Hyundai Art Gallery, Seoul,
    Korea
1995 The 2nd solo exhibition, Studio
    Gallery, Washington D.C., U.S.A.
1991 The 1st solo exhibition, Gallery
    Bing, Seoul, Korea
Collections
National Ornamental metal
Museum, Memphis, TN, U.S.A.
Museum of Arts & Design, New York,
U.S.A.
Honolulu Academy of Arts Museum,
Hawaii, U.S.A.
Gallery Wooduk, Seoul, Korea

Karl Fritsch
칼 프리취
Born in 1963, Germany

Education
1994 Studied at the Academy of
    Fine Arts in Munich under Prof.
    Hermann Jünger and Prof.
    Otto Künzli
1985 Goldsmiths school in Pforzheim

Selected Solo Exhibitions
2008 BKV Galerie, München,
    Germany
2007 Schmuckmuseum, Pforzheim,
    Germany
    Stedelijk Museum´s
    Hertogenbosch
2006 Fingers Gallery Auckland,
    Netherlands
2005 Galerie Sophie Lachaert,
    Tielrode, Belgium

Selected Group Exhibitions
2006 Art Cologne 2006, with Thomas
    Palme, Galerie van der Grinten.
    Köln, Germany
    Frieze Art Fair London 2006,
    with Francis Upritchard, Kate
    MacGarry Gallery, London, UK
    Kunstmesse München, BKV
    Galerie, Germany
2005 Fools Gold, The Embassy
    Gallery, Edinburgh, UK
    Collect, Victoria and Albert
    Museum, London, UK

Collections
Stedelijk Museum, Amsterdam,
Netherlands
Danner-rotunde, Pinakothek der
Moderne, München, Germany
Alice und Louis Koch Kollektion,
Schweiz, Switzerland

The Helen Drutt Collection,
Philadelphia, USA

Katharine Morling
캐서린 몰링
Born in 1972, UK

Education
2009 MA- Royal College Of Art,
     Glass and Ceramics
2004 DPPP- Cockpit Arts Professional
     Development Program.
2003 Falmouth College of Art:
     1st Class BA Hons in Ceramics

Selected Solo Exhibition
2011 "Animated Life" at Long and
     Ryle Gallery
2007 "These are a few of my
     favourite things" Badcocks
     gallery,

Collections
Balman Gallery
Charlotte Frasier Collection

Katherine Glover
캐서린 글로버
Born in 1947, USA

Education
2008 Haystack Mountain School of
     Craft,
     Massachusetts College of Art,
2001 School of the Boston Museum
     of Fine Arts,
1973 Harvard Business School, MBA
1969 Brown University, AB,

Collections
Museum of Arts and Design,
New York, NY
National Museum of Women
in the Arts, Washington, DC
Gloria and Sonny Kamm Foundation
Sara and David Lieberman Collection
of Contemporary Baskets
Royal Caribbean Cruise Lines,
"Silhouette"
Numerous private Collections in AZ,
CT, FLA, MA, MD, MO, NJ, NM, NY, TX

Kiki Smith
키키 스미스
Born in 1954, Germany

Education
1972 Studied industrial banking,
     Manpower Training Act,
     Newark, NJ

Selected Solo Exhibitions
2009 Her Memory, Fundacion Joan
     Miro, Barcelona, Spain
2006 Kiki Smith: New Works,
     Timothy Taylor Gallery, London,
     UK
2005 On and About Sculpture and
     Drawing, Galleria Lorcan
     O'Niell, Rome, Italy

Selected Group Exhibitions
2007 Fairy Tale, The New Art Gallery,
     Walsall, UK
2006 The Compulsive Line: Etching
     1900 to Now, The Museum of
     Modern Art, New York, NY
     Modern and Contemporary
     Master Drawings, Connaught
     Brown, London, UK
2005 Print and Things a la Librairie,
     Galerie Lelong, Paris, France
     Drawing 1945 to Now, Russell
     Bowman Art Advisory, Chicago,
     IL
     Two by Two for AIDS and Art,
     Dallas Museum of Art, Dallas,
     TX

Collections
Allen Memorial Art Museum, Oberlin
College, Oberlin, OH
Art Institute of Chicago, Chicago, IL
Brook yn Museum of Art, Brooklyn,
NY

Kim, Choon-hee
김춘희
Born in 1964, Korea

학력
1996 홍익대학교 산업미술대학원 직물
     디자인 전공 졸업
1988 홍익대학교 미술대학 공예과 졸업

개인전
2000 염색작품전 가나아트스페이스
     서울 한국

Education
1996 M.F.A Graduated Graduate
     School of Industrial Art Hong-Ik
     Univ.

Selected Solo Exhibitions
2000 Kim Choon Hee Solo Exhibition

Kim, Do-myoung
김도명
Born in 1969, Korea

학력
2005 동대학원 미술학과 회화전공
     졸업(MFA)

2002 국민대학교 미술학부 회화전공
     졸업(BFA)

개인전
2007 '초록 이야기'展 젊은 작가지원 展,
     국민 아트갤러리
     '자연으로 말걸다 no.1'
     기획초대展, 대안공간 소나무
2006 '초록빛 숨을 쉬다'
     기획초대展, 갤러리 환,
2005 '봄날, 초록의 꿈을 꾸다'
     기획초대展, 인사아트센타

단체전
2011 이미지의 안과 밖 展, 아트믹싱스
     페이스
     아트리샤 ,에코씨의 그린빌리지,
     일현미술관
     회화정신展, 성균갤러리, 서울
2010 금강자연비엔날레 , 연미산
     생태미술공원,
     경기도의 힘 기획전, 경기도 미술관
     가만히 살아있는 展, 포스코 미술관

소장
연미산 자연미술공원
대안공간 소나무

Education
2005 MFA, kookmin university
2002 BFA, kookmin university

Selected Solo Exhibitions
2007 'Green story' young artist
     support Exhibition, Kookmin
     art Gallery, seoul
     'speak by nature no.1'
     invitation project Exhibition,
     alternitive spece sonahmoo,
     ansung
2006 'Green colors draw a breath'
     Exhibition, Gallery whan, seoul
2005 'A spring day, dream of green'
     Exhibition, insa art center,
     seoul

Selected Group Exhibitions
2011 the inside and outside of image
     Exhibition , ART MIXING SPACE
     Artelysia , green village of Mr.
     eco, ilhyun museum ,
     picture mind Exhibition,
     SungKyunGallery,
     keum gang nature art biennale
2010 kongju youn ml mountain ,
     Gyeonggi Province's Power
     Exhibition,
     Gyeonggi Museum of Art
     Still alive Exhibition, POSCO
     Museum

Collections
Kongju youn ml mountain
Alternitive spece sonahmoo

Kim, Hoon-chul
김훈철

Born in 1973, Korea

학력
2000 단국대학교 대학원 도예과 졸업
1996 상지대학교 공예학과 졸업

개인전
2010 변화(Changes)전, 한국공예문화
　　　진흥원, 서울, 대한민국
2009 나선(螺旋)전, 통인화랑, 서울,
　　　대한민국

단체전
2011 아트마켓전, 성남아트센터, 성남,
　　　대한민국
2010 한.중 국제미술 교류전,
　　　연태미술관, 옌타이, 중국
2009 한국미술협회전, 예술의전당,
　　　서울, 대한민국

Education
2000 Graduated from Dankook Univ.,
　　　Graduated School, Dept. of
　　　ceramic arts, Seoul. South of
　　　Korea
1996 Graduated from Sangji
　　　Univ., Dept. of crafts and art,
　　　Kwangwondo, South of Korea

Selected Solo Exhibitions
2010 The 2nd Solo (Changes)
　　　Exhibition Korean Craft and
　　　Design Foundation, Seoul
　　　South of Korea
2009 The 1st Solo (Spiral) Exhibition
　　　Tongin Gallrery, Seoul,
　　　South of Korea

Selected Group Exhibitions
2011 Art market Exhibition,
　　　Seongnam Arts Center ,
　　　Seongnam, South of Korea
2010 Kor.Chn international Art
　　　Exchange Exhibition, Yentai art
　　　center, Yentai, China
2009 Korea Arts Assoction Exhibition,
　　　Seoul Arts Center, Seoul,
　　　South of Korea

Kim, Hun-chul
김헌철

Born in 1978, Korea

학력
2007 남서울대학교 유리조형대학원
　　　졸업
2004 남서울대학교 환경조형학과 졸업

개인전
2010 "뾺"의 적응과 자체발광전,
　　　관훈갤러리, 서울, 대한민국
2007 김헌철 유리조형전, 갤러리 각,

서울, 대한민국

단체전
2011 MASION & OBJET, Paris Nord
　　　Villepinte, 파리, 프랑스
2010 국제공예트렌드페어 기획부스전,
　　　코엑스, 서울
2010 5色 유리공예, 썬갤러리, 서울,
　　　대한민국

Education
2004 B.F.A in Namseoul Unversity,
　　　Chungju City, Korea,
　　　Envioronmentalart & Design

Selected Solo Exhibitions
2010 Adaptation and Self-
　　　emission of the 'Vase',
　　　KWANHOONgallery, Seoul,
　　　Korea
2007 'Hun-Chul, Kim Glass Sculpture',
　　　Gallery Gac, Seoul, Korea

Selected Group Exhibitions
2011 MASION & OBJET, Paris Nord
　　　Villepinte, Paris, France
2010 'International Craft Trend Fair',
　　　COEX, Seoul, Korea
　　　Five Color Glass Art, Galler Sun,
　　　Seoul, Korea

Kim, Hye-jeong
김혜정

Born in 1946, Korea

개인전
2009 탐라문화제 시연
　　　부천무형문화유산엑스포 보유자
　　　작품전 출품

Kim, Ji-hye
김지혜

Born in 1968, Korea

학력
2008 이화여자대학교 대학원
　　　조형예술학 박사
　　　(PH.D in Visual Art Studies)
1999 The School of the Art Institute of
　　　Chicago
　　　대학원 미술비평이론과 졸업
1996 Kent State University 대학원
　　　도예과 졸업(미술석사/MFA)
1993 이화여자대학교 대학원 도예과
　　　졸업(미술석사/MFA)
1991 이화여자대학교 미술대학 도예과
　　　졸업(미술학사/BFA)

개인전
2009 toilet: the place of transition and
　　　passage (갤러리 토포하우스, 서울)
2008 at the crossroads: an other-the
　　　encounter(Shaker Art & Gallery,

서울)
2004 만져지는 빛: 쌈지스페이스 연례기
　　　획 Emerging V(쌈지스페이스, 서울)
2002 김지혜 전 (사간갤러리, 서울)
2000 between the space (Artemisia
　　　Gallery, 시카고, 미국)
1998 Constructing Self–Shifting Self–
　　　Horizontal Self (벤프센터, 벤프,
　　　캐나다)
1996 These Forms Are Myself (Sculpture
　　　Gallery, 켄트, 오하이오, 미국)
1995 For The New Apple (Sculpture
　　　Gallery, 켄트, 오하이오, 미국)
1994 신화읽기–신화깨기.
　　　갤러리 빙 기획옴니버스
　　　젊은작가전(갤러리 빙, 서울)

소장
Bond University Art Gallery Ceramic
Collection. Bond 대학교 미술관. 호주
McKinsey & Company 서울 사무소.
파이낸스 센터. 서울
국립현대미술관 미술은행. 과천
서울시립미술관. 서울
소피텔 앰베서더 호텔. 서울
신동아건설. 서울
쌈지콜렉션. 쌈지미술창고. 헤이리
한길안과병원. 인천.

Education
2008 Ph.D. in Visual Art Studies
　　　(Ewha Womans University,
　　　Seoul, Korea)
1999 Graduate Certificate in
　　　Art History, Theory, and
　　　Criticism(The School of the Art
　　　Institute of Chicago, Chicago,
　　　Illinois, US)
1996 M.F.A. in Ceramics(Kent State
　　　University, Kent, Ohio, US)
1993 M.F.A. in Ceramics
　　　(Ewha Womans University,
　　　Seoul, Korea)
1991 B.F.A. in Ceramics
　　　(Ewha Womans University,
　　　Seoul, Korea)

Selected Solo Exhibitions
2009 toilet: the place of transition
　　　and passage (Gallery Topohaus,
　　　Seoul, Korea)
2008 at the crossroads: an other-
　　　the encounter(Shaker & Art
　　　Gallery, Seoul, Korea)
2004 The Light Susceptible to Touch:
　　　Emerging V(Ssamziespace,
　　　Seoul, Korea)
2002 Jihye Kim Solo Show(Sagan
　　　Gallery, Seoul, Korea)
2000 between the space(Artemisia
　　　Gallery, Chicago, Illinois, US)
1998 Constructing Self • Shifting Self
　　　• Horizontal Self
　　　(The Other Gallery, Banff
　　　Centre for the Arts, Banff,

Alberta, Canada)
1996 These Forms Are
Myself(Sculpture Gallery, Kent,
Ohio, US)
1995 For The New Apple(Sculpture
Gallery, Kent, Ohio, US)
1994 Myth Read and Deconstructed
(Gallery Bing, Seoul, Korea)

Collections
Art Bank, National Museum of
Contemporary Art, Seoul, Korea
Bond University Art Gallery Ceramic
Collection. Bond University. Australia
Hangil medical Foundation. In-
cheon, Korea
McKinsey & Company. Finance
Center, Seoul, Korea
Seoul Museum of Art, Seoul, Korea
Sofitel Ambassador Hotel,
Seoul, Korea
Shindongah E&C. Seoul, Korea
SSamzie Collection. Heyri, Korea

Kim, Ji-min
김지민
Born in 1983, Korea

학력
2010 국민대학교 금속공예학과
일반대학원 졸업
2007 국민대학교 금속공예학과 졸업

개인전
2010 '기록 : Recorded', SONO Factory,
서울, 한국

단체전
2011 Art Palm Beach, repr. by Charon
Kransen Arts, Florida, 미국
2010 FORUMS=Four+Forms, Iny Gallery,
서울, 한국
2007 ITAMI 2007, Museum of Arts &
Crafts, Itami, 일본

Education
2010 Kookmin University, M.F.A.,
Metal Craft & Jewellery, Seoul,
South Korea
2007 Kookmin University, B.F.A.,
Metal Craft & Jewellery, Seoul,
South Korea

Selected Solo Exhibitions
2010 'Recorded', SONO Factory,
Seoul, South Korea

Selected Group Exhibitions
2011 Art Palm Beach, repr. by Charon
Kransen Arts, Florida, USA
2010 FORUMS=Four+Forms _ Iny
Gallery, Seoul, Korea
2007 ITAMI 2007_ Museum of Arts &
Crafts, Itami, Japan

Kim, Jung-suk
김정석
Born in 1967, Korea

학력
2011 서울대학교 대학원 디자인학부
미술박사
1996 오하이오 주립대학 대학원
유리전공 석사
1993 서울대학교 미술대학 공예과 학사

개인전
2010 123 Gallery(서울)
2008 Gallery MOA (헤이리)
2007 The Museum of Arts&Crafts ITAMI
(이타미, 일본)
2005 김진혜 갤러리(서울)
2003 금산 갤러리(서울)
1999 갤러리 우덕(서울)
ARC Gallery(시카고, 미국)

소장
해태, 크라운제과, 서울, 한국
포도플라자, 1층 로비 및 7층 접견실,
서울, 한국
Bonnie Schwartz&Company,
버지니아, 미국
벽산 엔지니어링, 회장 사무실, 서울,
한국
렉서스 자동차 매장 로비, 서울, 한국
한국 야쿠르트 사옥, 서울, 한국,
미술문화, 한국공예문화진흥원, 2010

Education
2011 Seoul National University,
Seoul, Korea, D.F.A
1996 Ohio State University,
Columbus, OH, U.S.A. M.F.A
1993 Seoul National University,
Seoul, Korea, B.F.A

Selected Solo Exhibitions
2010 Glass + Light, 123 Gallery,
Seoul, Korea
2008 Glass+光 - interior space,
MOA Gallery, Seoul, Korea
2007 Glass+光, The Museum of Arts
& Crafts ITAMI, Itami, Japan
2005 Jung-Suk Kim's Solo Exhibition,
Kim.jinhye Gallery, Seoul, Korea
2003 Jung-Suk Kim's Solo Exhibition,
Keumsan Gallery, Seoul, Korea
1999 Jung-Suk Kim's Solo Exhibition,
Gallery Wooduk, Seoul, Korea
Jung-Suk Kim's Solo Exhibition,
ARC Gallery, Chicago, IL, USA

Collections
Hyethe&Crown Co. Lobby, Seoul,
Korea
Podo Plaza Lobby, Seoul, Korea
Bonnie Schwartz&Company, Virginia,
USA
Lexus Dealer shop, Seoul, Korea

Kim, Kyung-shin
김경신
Born in 1955, Korea

학력
1996 포르츠하임 조형예술대학
귀금속 공예, 조각 전공, 장신구 및
금속공예 디자이너 석사학위
1992 독일 슈투트가르트대학 철학과
예술사 공부
1989 서울산업대학교 산업디자인과 졸업

개인전
2007 한국공예문화진흥원 초청전시
2004 독일 Museum Zons, Dormagen
개인초대전
2000 독일 Ettlingen Schloss Museum
개인초대전
오스트리아 Zauner Gallery
개인전시회

Education
1992-1996 M.A. – studies of jewelry
with Professor Lorenzen,
studies of sculpture with
Professor Christian, graduated
1996 as Diplom-Designer in
Pforzheim (FH) in Germany
1991-1992 Attended University of
Stuttgart courses in philosophy
and history of art
1985-1989 B.A - Seoul National
Polytechnical University,
graduated 1989 as Diplom-
Designer

Selected Solo Exhibitions
2007 Korea Craft and Design
Foundation exhibition in Seoul
2004 Museum Zons, Dormagen in
Germany
2000 Schloss-Museum, Ettlingen in
Germany
Zauner Gallery, Linz in Austria

Kim, Mi-jung
김미정
Born in 1981, Korea

학력
2008 동의대학교 예술대학원
산업디자인학과 금속공예전공졸업
2004 동의대학교 예술대학
산업디자인학과 공예 전공졸업

개인전
2008 김미정 석사학위청구전,
효민갤러리, 부산, 한국

단체전
2011 부산 공예예술제, 해양사박물관,
부산, 한국
2009-10 공예트렌드페어, coex, 서울
2009 국제 환경예술제, 부산/동경

2008 M.F.A Graduate School of
      Dongeui University, Busan

Selected Solo Exhibitions
2008 1st solo Exhibitions,
      Hyomin Gallery, Busan

Selected Group Exhibitions
2001-2011 Over 30 Exhibitions

Kim, Myung-rye
김명례
Born in 1969, Korea

학력
2007 M. F. A 로드아일랜드 디자인대학
      (RISD)- 세라믹전공- 프로비던스,
      미국
1997 M. F. A 국민대학교 조형대학
      공예미술학과- 도자전공- 서울, 한국
1991 B. F. A 국민대학교 조형대학 공예
      미술학과- 도자전공- 서울, 한국

개인전
2009 The Still Life -Fu-Guei-Tuan Art &
      Culture Limited Company
      초대개인전, 타이페이, 대만
      The Blossom 김명례 도자 작품전,
      가나아트스페이스, 서울, 한국
2008 목련의 여행 - Total Work of Art
      (Gesamthkunstwerk)- 펠로우쉽
      초대개인전- 볼티모어 클레이웍스,
      메릴랜드, 미국
2007 Flower of the Edge –First Unitarian
      Church of Providence
      초대개인전, 로드아일랜드, 미국
1999 [Hue] 김 명 례 도자 작품전,
      가나아트 스페이스, 서울, 한국

Education
2007 M. F. A: Rhode Island School of
      Design, Ceramics- Providence,
      RI, U.S.A
1997 M. F. A: Kookmin University,
      Ceramics - Seoul, Korea
1991 B. F. A: Kookmin University,
      Ceramics - Seoul, Korea

selected Solo Exhibition
2009 The Still Life – Myung Rye Kim
      Ceramic Exhibition
      Invited by Fu-Guei-Tuan Art
      & Culture Limited Company,
      Taipei, Taiwan
      The Blossom – Myung Rye Kim
      Ceramics Exhibition, Gana Art
      Space, Seoul, Korea
2008 The Journey of the
      Magnolia – Total work of art
      (Gesamthkunstwerk)
      Myung Rye Kim (Lorima
      Salter Fellowship Exhibition)
      Baltimore Clayworks, MD

U.S.A
2007 Flower on the Edge -Installation
      Work- Myung Rye Kim Invited
      by First Unitarian Church of
      Providence, RI U.S.A Curated
      by Larry A.Bush
1999 [Hue] Kim, Myung-Rye Ceramic
      Works Exhibition,
      Gana Art Space, Seoul, Korea

Kim, Sang-ku
김상구
Born in 1945, Korea

학력
1967 홍익대학교 서양화과 졸업,
      동 교육대학원 졸업

개인전
1976-2009 약 22회

단체전
1995-2007 서울판화미술제
1985-2002 서울미술대전 서울시립미술관
1986-1999 현대판화가협회전
1997 SAGA 판화아트페어
1987-1996 현대목판화전
1993 한국현대판화 40년전
      국립현대미술관
1981 제16회 상파울로비엔날레

소장
국립현대미술관
서울시립미술관
대전시립미술관
호암미술관

Education
1967 College of Fine Arts, Hong-Ik
      Univ.B.F.A/M.F.A

Solo Exhibitions
1976-2009 about 22 exhibitions

Selected Group Exhibitions
1997 SAGA, France, Paris, 97 Seoul
      Print Exhibition,
      Seoul Press Center
1993 The Forty Years of Korean
      Contemporary Printmaking,
      National Museum of
      Contemporary Art
1989 International Print Biennale,
      ROC
1988 2nd Asia Biennale, Turkey
1987 Print Adventure
1983 International Exchanging
      Exhibition of Print, Seoul
1981 16th San Paulo Biennale, Brazil

Collections
National Museum of Contemporary
Art Korea
Birmingham Museum of Art,

Philadelphia Museum,
Jordan Schnitzer Museum of Art
British Museum, Korean Embassy in
Canada, Rebanon, Chile, Russia

Kim, Sung-hee
김성희
Born in 1956, Korea

학력
2006 홍익대학교 대학원 미술학 박사
1980 홍익대학교 대학원
      공예도안과 석사
1978 홍익대학교 미술대학
      응용미술학과 학사

개인전
2011 X+X, 갤러리 정, 서울, 한국
2010 Open Your Mind 가온갤러리
      인천 한국
2009 Dualism of Body 브라파대학
      갤러리 촌부리 태국
2003 Bodyscape 관훈갤러리 서울 한국
2002 Passage & Passenger
      타우슨 대학 갤러리 볼티모어 미국
2000 Signified of Signified
      한전 플라자 갤러리 서울 한국

Education
1996 - 2006 Ph. D in Art from Hong Ik
      Univ.
1978 - 80 Master's Degree in Craft
      and Design from Hong Ik Univ.
1974 - 78 : bachelor's degree in
      Applied Art from Hong Ik Univ.

Selected Solo Exhibitions
2011 X + X : Jung Gallery, Seoul,
      Korea
2010 Open your mind : Ga-On
      Gallery, Incheon, Korea
2009 Dualism of Body : University of
      Brapha, Chonburi, Thailand
2003 Body Scape : Kwan-Hoon
      Gallery, Seoul, Korea
2002 Passage & Passenger :
      Gallery of Towson University,
      Baltimore, U.S.A
2000 Signified of Signified : Korea
      Electric Power Coporation
      Gallery, Seoul, Korea

Kim, Tae-ywan
김태완
Born in 1971, Korea

학력
2004 미국 템플대학교, 타일러미술대학,
      금속공예, 장신구,
      캐드-캠 전공 석사 졸업
2000 서울대학교 미술대학 대학원
      공예학과 금속공예전공 수료
1998 국민대학교, 조형대학,

공예미술학과 졸업

개인전
2004 'M.F.A. Thesis Exhibition',
    템플대학교 웹 서버, 필라델피아,
    미국

단체전
2011 '고금공감', 2011
    서울금속비엔날레, 인사아트센터,
    서울, 대한민국
2009 '오늘의 한국현대공예' 제36회
    한국공예가협회전, 한전갤러리,
    서울, 대한민국
2008 'New Vision 2008 Metals',
    갤러리 각, 서울, 대한민국

소장
치우금속공예박물관, 서울, 대한민국

Education
2004 Master of Fine Arts, Temple
    University, Tyler School of Art,
    Metals Jewelry, CAD-CAM
2000 Course Completion, Seoul
    National University, Graduate
    School, Craft Arts
1998 Bacherlor of Fine Arts, Kookmin
    University, College of Design,
    Dept. of Crafts

Selected Solo Exhibitions
2004 M.F.A. Thesis Exhibition,
    Temple University Web Server,
    Philadelphia, U.S.A

Selected Group Exhibitions
2011 'KO-KUM-KONG-GAM', 2011
    Seoul Metal Biennale,
    Insa Art Center, Seoul, Republic
    of Korea
2009 'Korean Contemporary Crafts
    Now', The 36th Korean Crafts
    Council Exhibition, KEPCO
    Gallery, Seoul, Republic of
    Korea
2008 'New Vision 2008 Metals',
    Gallery Gac, Seoul, Republic of
    Korea

Collections
Chiwoo Craft Museum

Kim, Young-eun
김영은
Born in 1955, Korea

학력
2005 대구가톨릭대학교 대학원 졸업
    (미술학박사)

개인전
2009 김영은 섬유미술전, 수성아트피아
    멀티아트홀, 대구, 대한민국
2000 김영은 섬유미술전,
    대백프라자갤러리, 대구, 대한민국
1994 김영은 섬유전, 대구문화예술회관,
    대구, 대한민국

소장
대구문화예술회관, 대구, 대한민국

Education
2005 Ph. D. Graduate School of
    Daegu Catholic University

Selected Solo Exhibitions
2009 Kim Young Eun Fiber Art
    Exhibition, Suseong Artpia,
    Daegu, Korea
2000 Kim Young Eun Fiber Art
    Exhibition, Debec Plaza Gallery,
    Daegu, Korea
1994 Kim Young Eun Fiber Art
    Exhibition, Daegu Culture & Art
    Center, Daegu, Korea

Collections
Daegu Culture & Art Center, Daegu,
Korea

Kim, Young-joo
김영주
Born in 1965, Korea

학력
1996 홍익대학교 대학원
    목공예전공 졸업
1993 홍익대학교 미술대학
    목공예과 졸업

개인전
2006 김영주 유리가구디자인전,
    갤러리 가이야, 서울, 대한민국
2004 김영주 木水展, 갤러리 쿄,
    도쿄, 일본
2002 김영주 목조형가구디자인전,
    한국공예문화진흥원, 서울, 대한민국

단체전
2006- 한국가구학회전
2005- 한국가구디자인협회전
2003- 한국미술협회전

Education
1996 M.F.A Hong-ik University, Seoul,
    KOREA
1993 B.F.A Hong-ik University, Seoul,
    KOREA

Selected Solo Exhibitions
2006 Woodworking & Glass
    Furniture Design, Gallery GAIA,
    Seoul, Korea
2004 Wood & Water Exhibition,
    Gallery Kyo, Tokyo, Japan
2002 Woodworking & Furniture
    Desig, Korean Crafts Promotion
    Foundation, Seoul, Korea

Selected Group Exhibitions
2006- Present Korean Furniture
    Society Exhibition
2005- Present Korean Furniture
    Design Association Exhibition
2003- Present Korean Fine Arts
    Association Exhibition

Kim, Young-sup
김영섭
Born in 1972, Korea

학력
2007 독일 자아브뤽켄
    국립조형예술대학교
    Meisterschueler-Christina Kubisch
2006 독일 자아브뤽켄
    국립조형예술대학교 소리-
    시각예술학과 졸업 Diplom
2000 세종대학교 대학원 미술학과 졸업
1996 세종대학교 회화과 졸업

개인전
2009 inter-view 꿈을 묶다,
    갤러리 정미소, 서울
    awash_ 소리를 키우자,
    영은미술관, 광주
2008 정원에 대한 새로운 기억
    (서울시립미술관 SeMA 지원전),
    토포하우스, 서울
2007 맛있는 식사, 쿤스트독 갤러리, 서울
2006 케이블도자기 그리고 소리 (공존),
    HBK Saar, 자아브뤽켄, 독일
2003-4 정지된 소리, Akademie fuer
    Tonkunst Darmstadt,
    다름슈타트, 독일
1999 -화-장-수-술-, 관훈 갤러리, 서울

소장
영은미술관, 광주, 대한민국

Education
2007 Meisterschueler-Prof. Christina
    Kubisch, Saar-University of the
    Arts, Germany
2006 Diplom(Audio-visual),
    Saar-University of the Arts,
    Saarbrueken, Germany
2000 MFA. PaintingSe
    JongUniversity, Seoul Korea
1996 BFA. PaintingSe JongUniversity,
    Seoul Korea

Selected Solo Exhibitions
2009 inter-view Binding Dreams,
    Gallery Jungmiso, Seoul, Korea
    awash_ Let's grow Sound,
    Youngeun Museum, Gwaungju,
    Korea
2008 The New Memory of a Garden,
    Topo House, Seoul, Korea
2007 Delicious meal,

KunstDoc Gallery, Seoul, Korea
2006 Cable,pottery and
    Sound(Koexistenz), HBK Saar,
    Saarbruecken, Germany
2003-2004 Stopped sound,
    Akademie fuer Tonkunst
    Darmstadt, ,Darmstadt
    Germany
1999 -Hwa-Jang-Su-Chol-,
    Kwanhoon Gallery, Germany

Collections
Youngeun Museum, Gwaungju,
Korea

Kim, Youn-hwa
김연화
Born in 1958, Korea

학력
2009 홍익대학교대학원
    디자인공예학과 미술학 박사

개인전
2011 'BALANCE & HARMONY',
    사쿠라홀, 일본
2010 'Reduction +Sensibility',
    향리암갤러리, 하나마키시, 일본

단체전
2011 '국제디자인초대전',
    한국디자인센터, 서울, 대한민국
2010 '신사임당 미술대전 초대전',
    강릉미술관, 강릉, 대한민국
    'Mix Up', 한국도자재단, 이천, 경기도

소장
말레이지아국립박물관, 쿠알라룸푸르,
말레이지아
한전프라자갤러리, 서울, 대한민국

Education
2009 Ph.D. Dept. of Art Hongik
    University, Seoul, Korea

Selected Solo Exhibitions
2011 'BALANCE & HARMONY',
    Sakura Hall, Japan
2010 'Reduction +Sensibility',
    香泥庵gallery, Japan

Selected Group Exhibions
2011 International Design Fair, Korea
    Design Center
2010 Invited ShinSaimdang Fine Arts
    Exhibition,
    Gangneung Art center, Korea
    Invited Art and Craft
    Collaboration Mix-up, Korea
    Ceramic Foundation

Collections
National Art Gallery of Malaysia,
Kuala Lumpur, Malaysia

KEPCO Plaza, Seoul, Korea

Koh, Hee-seung
고희승
Born in 1967, Korea

학력
1994 국민대학교 대학원
    공예미술학과 졸업
1990 국민대학교 조형대학
    공예미술학과 졸업, 금속공예 전공

개인전
2005 고희승 장신구전 '추(錐) 이야기',
    가나아트 스페이스, 서울
2000 고희승 장신구전 '36개의 추',
    오브라비다 갤러리, 동경, 일본

단체전
2011 100개의 반지, 히든 스페이스,
    서울, 한국
2010 '나무, 흙, 금속 3인 전 : 닉웹,
    김혜정, 고희승', 크라프트 아원,
    서울, 한국
2009 한국 장신구 전, 갤러리 C. A. J.,
    쿄토, 일본

소장
국립현대미술관, 과천, 한국

Education
1994 Master of Fine Art, Kookmin
    University, Seoul, Korea
1990 Bachelor of Fine Art, Kookmin
    University, Seoul, Korea

Selected Solo Exhibitions
2005 Heeseung Koh Art Jewellery
    Exhibition 'Weight' /
    Gana Art Space, Seoul, Korea
2000 Heeseung Koh Exhibition '36
    pieces of Weight' /
    Obra VIDA Gallery, Tokyo, Japan

Selected Group Exhibions
2011 '100 Ring' Exhibition /
    Hidden Space, Seoul, Korea
2010 Heeseung Koh& Hyejeong
    Kim& Nic Webb Exhibition/
    Craft Ahwon, Seoul, Korea
2009 Korean Jeweler's Exhibition /
    Gallery C.A.J., Kyoto, Japan

Collections
National Museum of Contemporary
Art, Kwacheon, Korea

Kusama Yayoi
쿠사마 야요이
Born in 1929, Japan

Education
1958 Studied at the Art Students'

League, New York, NY
1951 Studied at the Arts and Crafts
    School, Kyoto, Japan
1948 Entered senior class at the
    Kyoto Municipal School of Arts
    & Crafts, Kyoto, Japan

Selected Solo Exhibitions
2010 Yayoi Kusama, The Place for My
    Soul, Matsumoto City Museum
    of Art, Nagano, Japan
2009 Flowers That Bloom at
    Midnight, Gagosian Gallery,
    Beverly Hills, CA
    Yayoi Kusama, , Gagosian
    Gallery, New York, NY
2008 Yayoi Kusama, Marlborough
    London, London, UK

Selected Group Exhibitions
2001 Death of an Illusion, Piece
    Unique, Paris, France
1988 Hakone Open Air Museum,
    Kanagawa, Japan
1986 Yayoi Kusama, Galerie Christian
    Chenau, Paris, France

Collections
Museum of Modern Art, New York,
NY
Los Angeles County Museum of Art,
Los Angeles, CA
Tate Modern, London, UK

Kweon, Ewha
권이화
Born in 1962, Korea

학력
1998 독일 빌레펠트 국립 디자인대학교
    텍스타일디자인과 졸업
1988 이화여대 대학원 섬유예술과 졸업
1986 이화여대 미술대학
    섬유예술과 졸업

개인전
2010 즐거운 소통, 보우뷰, 서울, 한국
2009 공예 트렌드 페어, 코엑스, 서울,
    한국
2004 필리핀 국제 아트 페어, 마닐라
    국립현대미술관, 마닐라, 필리핀

단체전
2009 디자인 메세, 여성박물관, 본, 독일
2008 세계공예가협회전. 항주, 중국
2007 SOFA 뉴욕, 파크 애비뉴 아모리,
    뉴욕, 미국
2006 섬유미술가50인초대전,
    대산미술관, 창원, 한국
2004 한국공예초대전, 이타미공예박물관,
    효고, 일본

Education
1998 Dipls. DES. Faculty of Art

and Design, Fachhochschule
Bielefeld University of Applied
Science, Bielefeld, Germany
1988 M.F.A. Graduate School, Ewha
Womans University, Seoul,
Korea
1986 B.F.A. Dept. of Fiber Arts, Ewha
Womans University, Seoul,
Korea

Selected Solo Exhibitions
2010 Jovial Communication,
Vowview, Seoul, Korea
2009 Craft Trend Fair, Coex, Seoul,
Korea
2004 Philippine International Art
Fair, GSIS Museum, Manila,
Philippine
Korea Professional Art Fair, Insa
Art Plaza Gallery, Seoul, Korea
1998 Fiberarts Exhibition,
Internationales
Begegnungszentrum IBZ,
Bielefeld, Germany

Selected Group Exhibitions
2009 Design Messe, Frauen
Museum, Bonn, Germany
2008 Wcc in China, Hangzhou, China
2007 SOFA New York, Park Avenue
Armory, New York, U.S.A
2006 The Invited Exhibition of 50
Fiber Artists, Daesan Museum,
Changwon, Korea
2004 Invited Exhibition of Korean
Craft Artists, The Museum of
Arts Craft ITAMI, Hyogo, Japan

Lee Bul
이불
Born in 1964, Korea

Education
1987 BFA in Sculpture, Hongik
University, Seoul.

Selected Solo Exhibitions
2011 Mori Art Museum, Tokyo
(forthcoming in November)
2010 Lehmann Maupin, New York
2009 Galerie Thaddaeus Ropac, Paris
2008 PKM Trinity Gallery, Seoul
Lehmann Maupin, New York
2007 Fondation Cartier pour l'art
contemporain, Paris
Galerie Thadaeus Ropac,
Salzburg
PKM Gallery, Seoul
Domus Artium 02, Salamanca

Selected Group Exhibitions
2010 "Tranformation," Museum
of Contemporary Art, Tokyo
(forthcoming in October)

"Fantasmagoria, le monde
mythique," Les Abbatoirs,
Toulouse
"New Décor," Hayward Gallery,
London
"Morality, Act VI: Remember
Humanity" Witte de With
Center for Contemporary Art,
Rotterdam
"The Flower of May," Gwangju
Museum of Art, Gwangju,
Korea
"New Art for a New Century:
Contemporary Acquisitions,
2000 – 2010," Orange County
Museum of Art, Newport
Beach, California
"Itinéraires de l'élégance,
entre l'Orient et l'Occident,"
Villa Empain, Boghossian
Foundation, Brussels
"A Fragmentary Anatomy of
Every Settting Sun," permanent
installation, Hara Museum
ARC, Gunma, Japan
2009 "Void of Memory," curated by
Mami Kataoka and Sunjung
Kim, Platform Seoul 2009,
Kimusa (Former Defense
Security Command Site), Seoul
2008 Prospect.1, curated by Dan
Cameron, Contemporary Arts
Center, New Orleans
"Life? Biomorphic Forms in
Sculpture," Kunsthaus Graz,
Graz, Austria
"Fluid Street – Alone,
Together," Kiasma Museum of
Contemporary Art, Helsinki
"Fragile Beauty," Museum
Kunst Palast, Düsseldorf

Lee, Byung-suk
이병숙
Born in 1951, Korea

학력
1999 연세대학교 교육대학원
윤리교육과 석사 졸업
1993 한국방송통신대학교 졸업

단체전
2008 '사라져가는 전통 문화' 지원사업
작품전, 서울특별시
2006 '장인의 솜씨를 찾아서 –
전통 속의 향과 향기',
한국문화보호재단
2003 '장인의 명품 특별 초대전 -
매화자수약장', 한국문화보호재단

소장
청와대
선재미술관
한국자수박물관

Lee, In-chin
이인진
Born in 1957, Korea

학력
1986 홍익대학교 대학원 도예과 졸업
1984 홍익대학교 미술대학
(도예전공) 졸업

개인전
2011 이인진 도예전 갤러리 모아, 파주,
한국
2010 이인진 도예전 식기장 갤러리,
서울, 한국
이인진 도예전 자작나무 갤러리,
서울, 한국
2009 이인진 도예전 gallery Koo, 뉴욕,
미국
이인진 도예전 하와이 대학,
호놀룰루, 미국
2007 이인진 차도구전 가나아트센터,
서울, 한국
이인진 도예전 갤러리 찰나, 제주,
한국

소장
대영박물관 런던 영국
빅토리아 알버트 박물관, 런던, 영국
벨기에 왕립 미술관, 브뤼셀, 벨기에
국립호주박물관, 캔버라, 호주

Education
1986 MFA, Graduate School of Fine
Arts Hong-ik Univ., Seoul
1984 BAF, College of Fine Arts, Hong-
ik Univ., Seoul

Selected Solo Exhibitions
2011 Lee Inchin Ceramic Exhibition
Gallery MoA, Paju, Korea
Lee Inchin Ceramic Exhibition
Sikgijang Gallery, Seoul, Korea
2010 Lee Inchin Ceramic Exhibition
Jajaknamu Gallery Seoul,
Korea
2009 Lee Inchin Ceramic Exhibition
gallery Koo, New York, U.S.A
Lee Inchin Ceramic Exhibition
University Of Hawaii Honolulu,
U.S.A
2007 Lee Inchin Ceramic Exhibition
Gana art center, Seoul, Korea
Lee Inchin Ceramic Exhibition
Chala Gallery, Jeju, Korea

Collections
National British Museum, London,
Britain
Victoria And Albert Museum,
London, Britain
Royal Marimont Museum, Belgium
Australia National Art Gallery,
Canberra, Australia

Lee, Ka-jin
이가진
Born in 1985, Korea

학력
2010 서울대학교 미술대학 디자인학부
　　　도예전공 석사과정 수료
2008 서울대학교 미술대학 디자인학부
　　　도예전공 학사

소장
삼성미술관 리움, 서울, 대한민국
파엔차 세계도자 박물관, 파엔차,
이탈리아
이천 세계도자센터, 이천, 대한민국

Education
2010 Complete a master's degree
　　　in Ceramics, Faculty of Crafts
　　　& Design, College of Fine Arts,
　　　Seoul National University,
　　　Korea
2008 B.F.A in Ceramics, Faculty of
　　　Crafts & Design, College of Fine
　　　Arts, Seoul National University,
　　　Korea

Collections
'LEEUM' – The Museum of Art,
Seoul, Korea
Museo Internazionale delle
Ceramiche in Faenza
World Ceramic Exposition
Foundation, Icheon, Korea

Lee, Kwang-sun
이광선
Born in 1962, Korea

학력
1990 Diplom. 독일포르츠하임조형대학
　　　Schmuck- & Geraet Design 전공,
　　　독일
1985 B.F.A, 서울대학교 미술대학 응미과
　　　(금속공예전공), 서울

개인전
2011 innen/aussen 이광선장신구전,
　　　갤러리 담, 서울, 대한민국
1997 작은도시-이광선의 금속조형전,
　　　크래프트스페이스 목금토, 서울,
　　　대한민국
1995 반지속의 건축전, 장신구와
　　　오브제 갤러리, 퀼른, 독일

소장
앨리스와 루이스 코흐가, 쮜리히, 스위스
포르츠하임 장신구미술관, 포르츠하임,
독일
국립 현대미술관, 과천, 대한민국

Education
1990 Diplom, Fachhochschule
　　　fuer Gestaltung Pforzheim,
　　　Germany
1985 M.F.A, Seoul National
　　　University, College of Art, Seoul,
　　　Korea

Selected Solo Exhibitions
2011 innen/aussen, Lee Kwang-sun
　　　Art Jewelry Exhibition,
　　　gallery Dam
1997 Small City Lee, Kwang-
　　　sun Exhibition, Craft Space
　　　MOKUMTO, Seoul, Korea
1995 Architecture in Ring, Gallery
　　　for Jewelry and Object, Koeln,
　　　Germany

Collections
The Alice and Louis Koch Collections,
Zuerich, Swiss
Schmuckmuseum Pforzheim,
Pforzheim, Germany
National Museum of Contemporary
Art, Korea

Lee, Kwang-woong
이광웅
Born in 1971, Korea

학력
2002 배재대학교 국제통상대학원
　　　칠예과 석사
2000 배재대학교 미술학부
　　　칠예전공 학사

개인전
2009 이광웅 나전작품전, 코엑스, 서울,
　　　대한민국
2007 이광웅 나전함전,
　　　한국공예문화진흥원, 서울, 대한민국
　　　이광웅 나전칠예초대전,
　　　원주시립박물관, 원주, 대한민국

소장
대구대학교 중앙박물관, 대구, 대한민국
경남도립미술관, 창원, 대한민국

Education
2002 B.F.A., College of Arts,
　　　Pai Chai University
2000 A Bachelor in Department
　　　of Ottchil-Art at Pai Chai
　　　University

Selected Solo Exhibitions
2009 Crafts Invitational 2009: 100
　　　Korean Artist, coex, Seoul,
　　　Korea
2007 1st Solo Exhibition, Korea Craft
　　　Foundaion, Seoul, Korea
　　　Invited Exhibition of Lee,
　　　kwang-woong Ottchil art,
　　　Wonju Museum, Wonju, Korea

Collections
Daegu University Central Museum,
Daegu, Korea
Gyeongnam Art Museum,
Changwon, Korea

Lee, Kyoung-jae
이경재
Born in 1980, Korea

학력
2008 국민 대학교 디자인 대학원
　　　그린디자인 전공 디자인석사
2004 국민 대학교 조형대학
　　　의상디자인 전공 디자인학사

개인전
2011 성북아트겔러리 에코웨딩 초청
　　　전시, 성북구청
2008-2010 제 3-5회 저탄소 녹색성장
　　　박람회 에코웨딩 초청 전시,
　　　코엑스 태평양홀
2009 제 6회 서울 과학축전 초청전시,
　　　상암동 월드컵 공원
　　　서울 패션위크 Eco Friendly Fashion
　　　Design 초청전시, 크링
　　　소공동 롯데백화점 에코웨딩 초청
　　　전시, 롯데백화점본점
2006 개인전 "대지를 위한 바느질",
　　　T-space

단체전
2009 경기도미술관 "패션의 윤리학,
　　　착하게 입자" 초청전시,
　　　경기도미술관
2008 Seoul Design Olympic 'Design is
　　　Air' 친환경 군복, 올림픽주경기장
2007 Art into Bag 그룹 전시 Natural ,
　　　T-space

소장
환경부 국립생물자원관
벡스코

Education
2008 Graduate School of Design,
　　　Kookmin University ,· M.A. in
　　　Greed Design
2004 Kookmin University, B.A. in
　　　Fashion Design

Selected Solo Exhibitions
2011 Eco dress , Sung-buk art gallery
2008-2010 Eco-Product Korea, coex
2009 Sixth Seoul Science Festival,
　　　Seoul Fashion Week, Kring
　　　Eco-friendly wedding,
　　　LOTTE Department
2006 Private Exhibition "Sewing for
　　　the Soil", T-space

Selected Group Exhibitions
2009 eco-friendly wedding dress and
　　　wedding invitation, Gyeooggi

Museum of Modern Art
2008 Seoul Design Olympic and
Conference, Olympic Stadium
2007 "Art Into Bag" Exhibition by
Tomboy, Inc., T-space

Lee, Seung-hee
이승희
Born in 1958, Korea

학력
1986 청주대학교 공예학과 학사

개인전
2010 CLAYZEN (이배갤러리, 부산)
2009 CLAYZEN (한국공예관, 청주)
CLAYZEN (UM갤러리, 서울)
CLAYZEN (아트사이드, 베이징)
2006 CLAYZEN (무심갤러리, 청주)
2005 소리를 담는 그릇전
(무심갤러리, 청주)
2004 CLAYZEN (김진혜갤러리, 서울)

소장
국립현대미술관 미술은행, 과천, 한국

Education
1986 Graduated from Handicraft
Department, Cheungju
University

Selected Solo Exhibitions
2010 CLAYZEN, Gallery LeeBae, Bu-
San Korea
2009 CLAYZEN, Koreacraft Museum,
Cheong Ju, Korea
CLAYZEN, UM Galley, Seoul
Korea
CLAYZEN, ARTSIDE Gallery,
Beijing China
2006 CLAYZEN, Musim Gallery,
Cheong Ju Korea
2005 Sound put in bowl, Musim
Gallery, Cheong Ju Korea
2004 CLAYZEN, Kim JinHye Gallery,
Seoul Korea

Collections
National Museum of comtemporary
art, Art Bank, Gwa-Cheon Korea

Lee, Sung-won
이승원
Born in 1946, Korea

학력
1979 독일 뉘른베르크미술대학
금속공예 전공, 디프롬 졸업
1967 덕성여자대학교 생활미술과 졸업

개인전
2005 이승원 공예의 세계, 유기성에
대한 사유, 인사아트센터, 서울, 한국

1997 주전자 전, Craft ACT Gallery,
Canberra, 호주
1995 Living tree, 현대백화점 내
현대화랑, 서울
1985 이승원 전, 이마빌딩 미술관, 서울
1982 이승원 전, Gallerie der Grieb,
Regensburg, 독일
1981 성물 전, 천주교 서울대교구
명동성당-지하성당, 서울
1980 이승원 전, Lotte백화점 화랑, 서울

소장
갈멜 봉쇄 수녀원, 동두천, 서울, 한국
글라라 관상 수녀원, 제주도, 한국
쌩 빈센트 재단, 뤼데스 하임, 독일
브뢰한 재단 콜렉션, 베르린, 독일

Education
1979 Diploma in Gold & Silversmith,
Akademie der bildenden
Kuenste in Nuernberg,
Germany
1967 BFA in Applied Arts, Ducksung
Women's University

Selected Solo Exhibitions
2005 Lee, Sung-won, The World of
Craft : thoughts on Organic
Relationships, Insa Art Center,
서울
1997 Tea Pots, Craft ACT Gallery,
Canberra, Australia
1995 Living Tree, Gallery Hyundai
Dep. Store, Seoul
1985 Lee, Sung-won, LEE Ma Gallery,
Seoul
1982 Lee, Sung-won, Gallerie der
Grieb, Regensburg, Germany
1981 Liturgical Utensil, Seoul
Cathedral - Cryptchurch, Seoul
1980 Lee, Sung-won, Gallery Lotte
Dep. Store, Seoul

Collections
Carmel Monastery, Dongducheon,
Seoul, Korea
St. Vincenzstift, Ruedesheim,
Germany
Broehan Collection, Berlin, Germany
St. clare's Monastery, Cheju, Korea

Lee, Sun-hee
이선희
Born in 1984, Korea

학력
2011 국민대학교 일반대학원
입체미술 전공 졸업

개인전
2011 Can you hear me?,
청주미술창작스튜디오, 청주,
대한민국
2010 위로의 방-weaving the real heart,

갤러리 AG, 서울, 대한민국
Education
2011 Master of Sculpture, Graduate
School of Arts, Kookmin
university

Selected Solo Exhibitions
2011 Can you hear me?, Cheongju
art studio, Cheongju, Korea
2010 Comfort of the room – weaving
the real heart, Gallery AG,
seoul, Korea

Lee, Yeon-ju
이연주
Born in 1959, Korea

학력
명지대 산업대학원 도자기 기술학과 졸업

개인전
2010 꽃 그 이상의 것, 경인미술관, 서울,
대한민국
100인의 개인전, 코엑스, 서울,
대한민국

Education
Myungji Industrial Graduate School
(Master's Degree)

Selected Solo Exhibitions
2010 More than Flower, Kyung In Art
Gallery, Seoul, Korea
Private Exhibition of 100
Artists, COEX, Seoul, Korea

Lee, Young-mi
이영미
Born in 1972, Korea

학력
2007 중국 청화대학교 미술대학
미술사학과 박사과정 졸업
2003 중국 북경 중앙미술대학교 조소과
대학원 졸업
1998 홍익대학교 미술대학
산업미술대학원 졸업
1995 홍익대학교 미술대학 도예과 졸업

개인전
2010 제2회 개인전《복아당 我堂》
아트사이드(중국, 북경)
1998 제1 회 개인전 '手'展 단성갤러리
(한국, 서울)

소장
중국 닝보(宁波) 미술관
중국 광동성 석만(石) 현대도예 미술관

Education
2007 P.H.D , Art history Department
of Tsinghua University of Fine
Art(Beijing,China)

2003 M.F.A, Sculpture Department
of Central Institute of Fine Arts
(Beijing,China)
1998 M.F.A, Ceramics Department
of Hong-ik University of Fine
Art (Seoul,Korea)
1995 B.F.A, Ceramics Department of
Hong-ik University of Fine Art
(Seoul,Korea)

Selected Solo Exhibitions
2010 "FU WO TANG" ARTSIDE
Gallery (Beijing,China)
1998 "HAND" Danseng
Gallery(Seoul,Korea)

Collections
Ningbo Musuem, Ningbo, China
Guangdong shiwan Contemporary
Ceramics museum, Shiwan, China

Lim, Hun-ja
임헌자
Born in 1964, Korea

학력
2011 서울과학기술대학교 NID기술융합
대학원 조형문화디자인 박사수료
1987 단국대학교 일반대학원
응용미술학과 도예전공 미술석사
1985 단국대학교 응용미술학과
도예전공 미술학사

개인전
2011 제10회 임헌자 도예전, 코엑스,
서울, 한국
제9회 임헌자 도예전,
노리다케갤러리 나고야, 일본
2010 제8회 임헌자 도예전, 코엑스,
서울, 한국
2009 제7회 임헌자 도예전,
노리다케갤러리 나고야, 일본
제6회 임헌자 도예전,
가나아트갤러리 서울, 한국
2008 제5회 임헌자 도예전, 통인화랑
서울, 한국
2007 제4회 임헌자 도예전,
한국공예문화진흥원 서울, 한국
2002 제3회 임헌자 도예전,
인사아트갤러리 서울, 한국
2000 제2회 임헌자 도예전, 통인화랑
서울, 한국
1998 제1회 임헌자 도예전, 토도랑
서울, 한국

Education
2011 SNUT Univ. Graduate School
of NID Fusion Technology, the
Ph.D´s Completion
1987 Dankook Univ. M.F.A. in
Ceramics
1985 Dankook Univ. B.F.A. in
Ceramics

Selected Solo Exhibitions
2011 10th Ceramic Exhibition by Lim,
Hun Ja 'Koex' seoul, korea
9th Ceramic Exhibition by
Lim, Hun Ja, 'Noridake gallay'
Nagoya, Japan
2010 8th Ceramic Exhibition by Lim,
Hun Ja 'Koex' seoul, korea
2009 7th Ceramic Exhibition by
Lim, Hun Ja 'Noridake gallay'
Nagoya, Japan
6th Ceramic Exhibition by Lim,
Hun Ja 'Gana art gallay' seoul,
korea
2008 5th Ceramic Exhibition by Lim,
Hun Ja Tongin gallay' seoul,
korea
2007 4th Ceramic Exhibition by Lim,
Hun Ja 'KCDF' gallay, seoul,
korea
2002 3rd Ceramic Exhibition by Lim,
Hun Ja 'Insa art gallay' seoul,
korea
2000 2nd Ceramic Exhibition by Lim,
Hun Ja Tongin gallay' seoul,
korea
1998 1st Ceramic Exhibition by Lim,
Hun Ja 'To dorang gallay' seoul,
korea

Lindsey Adelman
린지 아델만
Born in 1968, USA

Education
1996 BFA Rhode Island School of
Design, Industrial Design
1990 BA Kenyon College, English
Literature

Selected Solo Exhibitions
2011 Matter, New York
2010 Matter, New York
'Ceres' presented by Matter,
Design Miami
2007 'Hairwork' Denise Bibro,
New York

Selected Group Exhibitions
2011 'MatterMade' Matter,
New York
Audi & New York Magazine
Designer Showcase, New York
2010 'TechnoCraft' curated by Yves
Behar, San Francisco
'Perfect Summer' two-person
show with Paul Loebach, Peel
Gallery, Houston, TX
'Secret Garden' two-person
show with Nancy Callan, The
Future Perfect, New York

Lisa Solomon
리사 솔로몬
Born in 1973, USA

Education
2003 Mills College, Oakland, CA MFA
1995 University of California,
Berkeley – BA Practice of Art

selected Solo Exhibition
2011 "Fleeting Beauty", Nicoletta
Rusconi Galleria, Milan, Italy
"pressed at the seams",
Clayman Institute, Stanford
University, Palo Alto, CA
2010 "Where Have All the Trees
Gone", Angles Gate, San Pedro,
CA
2008 "couplets" [with Aurora
Robson], SQFoot Gallery,
Nashville, TN
2007 "Over the River and Through
the Woods", Little Bird Gallery,
Los Angeles, CA
Richard Levy Gallery,
Albuquerque, NM
2006 "the Point of Loose Ends", [with
Wendy Kawabata], Mira Costa
Colelge, San Diego, CA
2001 "hand made by", Lizabeth
Oliveria Gallery, Oakland, CA

Collections
Four Seasons, Palo Alto, CA
Denver Hyatt, Denver, CO
Dallas Hilton, Dalas, TX
Ballinger Gold, New York, NY

Lizzie Farey
리지 페리
Born in 1962, Singapore

Education
Canterbury College of Art, Cardiff
College of Art

Selected Solo Exhbitions
2009 'Spirit of Air' SOLO show
Gracefield Art Centre Dumfries
and City Art Centre
Edinburgh.Touring
2006 'Bonds' solo show Designs
Gallery Castle Douglas

Selected Group Exhibitions
2011 SOFA New York browngrotta
arts
'Contained Excitement' Cavin-
Morris Gallery New York
2009 The 10th Wave III browngrotta
arts U.S.A.
2008 'European baskets' National
Craft Centre Kilkenny Ireland.
2007 'East weaves west' Collins

Gallery Glasgow. Touring.
Origin Somerset House London
'Urban field' Contemporary
Applied Arts London
'The Cutting Edge' National
Museum of Scotland Edinburgh
2006 SOFA Chicago browngrotta arts
Origin Somerset House London

Collections
National Museums of Scotland,
The City Art Centre Edinburgh
The Shipley Art Gallery Gateshead
Saatchi Gallery London
V & A Museum London

Marcel Wanders
마르셀 반더스
Born in 1963, Netherlands

Education
1988 Hogeschool voor de Kunsten,
Arnhem, the Netherlands
1985 Academie voor Schone
kunsten, Hasselt ,Belgium
1982 Academie voor Industriële
Vormgeving, Eindhoven,
Netherlands

Selected Solo Exhibitions
2010 'Daydreams', Philadelphia
Museum of Art USA,
Pennsylvania, USA
2007 'Personal Editions', Salone del
Mobile, Milan, Italy
1999 'Wanders Wonders: Design for
a New Age', Stedelijk Museum
sHertogenbosch, NL

Selected Group Exhibitions
2009 Telling Tales: Fantasy and Fear
in Contemporary Design,
V&A Museum, London, UK
European Design Since 1985:
Shaping the New Century,
Indianapolis Museum of Art,
Indianapolis, USA
2008 Figuration in Contemporary
Design, The Art Institute of
Chicago, Chicago, USA

Collections
MOMA, New York, USA
SFMOMA, California, USA
V&A, London, UK
The Art Institute of Chicago, Illinois,
USA
Stedelijk Museum, Amsterdam, NL

Marina Abramovic
마리아 아브로빅
Born in 1946, Serbia

Education
1970 Academy of Fine Arts, Belgrade,
Serbia

Selected Solo Exhibitions
2005 The Biography Remix
[Performances], Avignon
Theatre Festival, Avignon,
France
Photographies et Objets/Count
On Us, Galerie Guy Bärtschi,
Geneva, Switzerland
Self Portrait with Skeleton
[Performance], Art Basel, Art
Unlimited, Basel, Switzerland
Seven Easy Pieces
[Performances], Solomon R.
Guggenheim Museum,
New York
2004 Biography Remix, Fondazione
Roma Europa, Rome, Italy
Performing Body: Video Works
By Marina Abramovic, The
Speed Art Museum, Louisville,
KY
Loop Performance, (IPG) P.S.1
Contemporary Art Center,
New York, NY
The Netherlands Media Art
Institute, Montevideo/Time
Based Arts, Amsterdam,
Netherlands
Student Body, Centro Galego
de Arte Contemporánea,
Santiago de Compostela, Spain

Selected Group Exhibitions
2008 Martian Museum of Terrestrial
Art, Barbican, London
(England)
WACK: Art and the
Fiminist Revolution, P.S.1
Contemporary Art Center,
Long Island
2007 Gehen bleiben, Kunstmuseum
Bonn, Bonn
Not Closed, beaumontpublic,
Luxembourg
2006 Renegades 25 Years of
Performance at Exit Art, Exit
Art, New York City, NY
Primitivism Revisited: After
the End of an Idea, Sean Kelly
Gallery, New York City, NY

Mary Tuma
메리 튜마
Born in 1961, USA

Education
1994 Master of Fine Arts, University
of Arizona,USA
1985 Bachelor of Science, University
of California, Davis, USA

Selected Solo Exhibitions
2011 Mary Tuma at Campground,
Campground, Birmingham,
Alabama, USA
2008 Internal Systems III, Alcott
Gallery, UNC Chapel Hill, NC,
USA
Wall Stories, Jerusalem Fund
Gallery, Washington DC, USA
2007 Homes for the Disembodied
II, Crocker Art Museum,
Sacramento, CA USA
2005 Minuet, Gertrude Herbert
Institute of Art, Augusta, GA,
USA

Collections
Crocker Art Museum, Sacramento,
CA, USA
Farhat Museum Collection, Santa
Cruz, CA, USA and Beirut, Lebanon
Made in Palestine Collection
Collection of Massimo Micucci,
Rome, Italy
Pamela Callahan, Wisconsin
Raul Ramos, Milford, DE, USA
Malena Bergmann, Charlotte, NC,
USA

Merita Soini
메리타 소이니
Born in 1961, Finland

Education
Master of Arts 1990, University of
Art and Design Helsinki
Aalto University School of Art and
Design

Selected Group Exhibitions
2010 Hirameki Design x Finland,
Design Event and Exhibition
at Tokyo Designers Week,
Woodism
2009 EcoDesign, invited exhibition
presenting ecological chairs,
Woodism
2008 Thoughts after Spring Day
Sawing, Propuu Gallery,
Wooden Benches
2007 PicNic at Kaivopuisto Helsinki,
Woodism Bench Exhibition
1990 From Forest to Furniture,
Design Forum Helsinki,

Jyväskylä, Lahti, Oslo,
Göteborg, Finnish Design
Project SIO
Young designers exhibition
at Diana Gallery, Chair for a
Musician

Woodism

Mia Hebib
미아 헤비브
Born in 1978, Bosnia

2001 BFA in Metals and Jewelry,
Savannah College of Art and
Design
1997 School for Applied arts and
Design, Zagreb Croatia

2010 'Salon-Inventive Art Jewelry in
an Inventible Space', Brooklyn
NY
'30 Years'-group show, Adin
Hebib, Edina Seleskovic and
Mia Hebib, Tuzla Bosnia and
Herzegovina
2009 'Design Thinking', Red Gallery
Savannah GA
'Earrings' Heidi Lowe Gallery,
Rehoboth, DE
'Inima' Fashion show/gallery,
collaboration, New York, NY
'State of Art', Taboo Studio, San
Diego, CA

Savannah College of Art and Design

Michael Eden
마이클 이든
Born in 1955, UK

2006-08 Royal College of Art, London
MPhil
1974-75 Leeds Polytechnic, BA 3D
Design (unfinished)
1972-74 Blackburn College of
Technology and Design,
Foundation Studies
1966-72 Queen Elizabeth's Grammar
School, Blackburn

2002 Leeds City Art Gallery

Crafts Council, UK
Stoke-on-Trent City Art Gallery and
Museum, UK

Fitzwilliam Museum, Cambridge, UK
Bowes Museum, Barnard Castle, UK
York City Art Gallery,UK
Shipley Art Gallery, UK
Aberystwyth Arts Centre, UK
Carnegie Museum of the Arts,
Pittsburgh, USA
Museum of Fine Arts, Boston, USA
Museum of Fine Arts, Montreal,
Canada
Kresz Maria Foundation, Budapest,
Hungary

Moon, Choon-sun
문춘선
Born in 1980, Korea

2009 국민대학교 금속공예 일반
대학원 졸업, 서울, 한국
2003 국민대학교 금속공예학과 졸업

2009 '필라델피아 크래프트 쇼',
필라델피아 뮤지엄, 필라델피아,
미국

2011 'SOFA NEW YORK', Park Avenue
Armory, 뉴욕, 미국
2010 'BKV prize', Bayerischer
Kunstgewerbe-Verein, 뮌헨, 독일
'CONTEMPORARY
ORNAMENT+10', 공예문화진흥원,
서울, 한국

2009 Master of Fine Art, Metalwork
and Jewelry, Kookmin
University, Seoul, Korea
2003 Bachelor of Fine Art, Metalwork
and Jewelry, Kookmin
University, Seoul, Korea

2009 'Philadelphia Craft Show',
Philadelphia Museum of Art,
Philadelphia, USA

2011 SOFA NEWYORK, Park Avenue
Armory, NEW YORK, USA
2010 'BKV-prize 2010 for young
applied arts', Munich, Germany
'Contemporary Ornament+10',
Korean Craft Promotion
Foundation, Seoul, Korea

Nara Yoshitomo
나라 요시토모
Born in 1959, Japan

1993 Studied at Kunstakademie
Dusseldorf, Germany
1987 Studied Fine Arts, Aichi
Prefectural University of Fine
Arts and Music, Nagakute Aichi,
Japan
1985 Studied at Aichi Prefectural
University of Fine Arts and
Music, B.F.A, Nagakute Aichi,
Japan

2010 Yoshitomo Nara: Nobody's
Fool", Asia Society, New York
Tomio Koyama Gallery, Tokyo
2009 Marianne Boesky Gallery,
New York
2008 Blum & Poe, Los Angeles
"Yoshitomo Nara +
Graf," BALTIC Centre for
Contemporary Art, Gateshead,
England

2010 Figuratively Speaking: A Survey
of the Human Form, Bellagio
Gallery of Fine Art, Las Vegas
2009 "Walking in My Mind," The
Hayward Gallery, London
2008 "Encounters," Pace Beijing,
Beijing
Selections from the Hara
Museum's Permanent
Collection, Hara Museum of
Contempoarary Art, Tokyo,
Japan

Nicholas Bodde
니콜라스 보데
Born in 1962, USA

1989 University for Fine Art, Bremen,
Germany

2004 Architecture Gallery, Berlin
2003 Gallery YEH, Seoul, Korea
Bremen Embassy,
Bruxelles(BEL)
Marz Gallery, Mannheim
Gallery Lahumiere, Paris
2002 Gallery Paul, Bremerhafen
Marz Gallery, Mannheim
Gallery Luzan, Bremen

2001 Kestner Foundation, Hannover
2000 un parcours, Lahumiere

Collection, City Gallery, Bremen
Nortwest Art, Art Hall
Wilhelmshaven
Forderpreis f. Constructive Art
Bremen 2000
1999 CHRONOLOGIC, The Planet Art
Gallery, Kapstadt, SA
Jubilarte 25 Jahre BBK(Artist
Union) Bremen, City Gallery,
Bremen
Group Concrete, Museum
Abtei Liesborn
Group Concrete, Gallery in
historical City Hall, Andernach

Oh, Byung-wuk
오병욱
Born in 1964, Korea

학력
1996 인디아나대학교 미술대학원 졸업
1993 서울산업대학교 금속공예학과 졸업

개인전
2011 개인전, 유스퀘어갤러리, 광주, 한국
개인전, 갤러리K, 서울, 한국
2000 개인전, 현대아트갤러리, 서울, 한국
1996 개인전, 인디아나아트뮤지엄,
인디아나, 미국

소장
익산보석박물관, 익산, 한국
광주대학교, 광주, 한국

Education
1996 M.F.A Indiana University
Bloomington IN
1993 B.F.A Seoul National University
of Technology, Seoul,
Metal Arts and Design

Selected Solo Exhibitions
2011 Solo show, Gallery K, Seoul,
Korea
Solo show, U-square Gallery,
Gwang-ju., Korea
2000 Solo show, Hyandai Art Gallery,
Seoul, Korea
1996 Thesis Show, Indiana Art
Museum, Bloomington, U.S.A

Collections
Ik-san Jewelry Museum, Ik-san,
Korea
Gwang-ju University, Gwang-ju,
Korea

Park, Gye-hoon
박계훈
Born in 1965, Korea

학력
2002 충북대학교 대학원졸

개인전
2011 물질화된 양심, 유엠갤러리, 서울,
한국
2010 불안한 양심, 스페이스몸미술관,
청주, 한국
2008 불안한 양심, 다이애나로웬스타인,
마이애미, 미국
2007 수상한 네 개의 진술,
스페이스몸미술관, 청주, 한국
2005 연약한 직립, 다이애나로웬스타인,
마이애미, 미국

Education
2002 M.F.A in sculpture, Choongbuk
National University

Selectec Solo Exhibitions
2011 White-Materializing of
conscience
(umgallery, seoul, Korea)
2010 Consciousness of
conscience(Space Mom
Museuem, Chungju, Korea)
2008 Consciousness of
conscience(Diana Lowenstein
Fine Arts, Miaimi, USA)
2007 Convenint statement(Space
Mom Museuem, Chungju,
Korea)
2005 Weak Standing(Diana
Lowenstein Fine Arts, Miaimi,
USA)

Park, Ji-min
박지민
Born in 1981, Korea

학력
2007 금속공예학과 석사,
로드아일랜드 스쿨 오브 디자인,
미국
2005 금속공예학과 학사, 국민대학교,
한국

개인전
2010 'Happy Hour', 갤러리 HL, 서울, 한국

단체전
2011 'Costume Costume', Sienna Gallery,
레녹스, 미국
'Brooch', Sterling Gallery,
부다페스트, 헝가리
2010 'Break Eggs, Make Omelets',
미디진, 콜롬비아

소장
Jewelers' Werk Gallerie, 워싱턴 D.C., 미국

Education
2007 MFA, Jewelry and Metals,
Rhode Island School of Design,
USA
2005 BFA, Jewelry and Metals,
Kookmin University, Korea

Selected Solo Exhibitions
2010 'Happy Hour', Gallery HL, Seoul,
Korea

Selected Group Exhibitions
2011 'Costume Costume', Sienna
Gallery, Lenox, MA, USA
'Brooch', Sterling Gallery,
Budapest, Hungary
2010 'Break Eggs, Make Omelets',
Medellin, Colombia

Collections
Jewelers' Werk Gallerie, Washington
D.C., USA

Park, Jong-hoon
박종훈
Born in 1949, Korea

학력
1983 미술석사, 홍익대학교
산업미술대학원
1976 미술학사, 단국대학교
요업공예학과

개인전
2010 청자, 재해석으로의 초대,
공예갤러리 나눔, 서울, 대한민국
요동대학 초청 한국도예대사
박종훈 교수 작품전, 요녕성
단동시 요동대학교, 단동시, 중국

단체전
2011 동양도자전, 이천세라믹스
창조관 C홀, 이천시, 대한민국
2010 다섯번째 단디불이 접시전,
성남아트홀, 성남시, 대한민국
동양도자전-도자와 화예조형의
유쾌한 만남전, 이천세계도자센터
제4전시실, 이천시, 대한민국

소장
단국대학교, 죽전, 대한민국
문예진흥원, 서울, 대한민국

Education
1983 MFA, Graduate school, Hongik
university(Ceramic Design)
1976 BFA, DEPT, of ceramics,
Dankook University

Selected Solo Exhibitions
2010 Celadon, Reinterpretation &
Inbitation, nanum, Seoul, Korea
Park, Jong-Hoon Exhibition,
Yodong University, Dandong,
China

Selected Group Exhibitions
2011 Orlental Ceramic Exhibition,
CeraMix Creativity Center,
Icheon, Korea
2010 the 5th Plate Exhibition of

Dandibullee, Seongnam Art
Hall, Seongnam, Korea
Orlental Ceramic Exhibition,
CeraMix Creativity Center,
Icheon, Korea

Collections

Dankook University, Yongin, Korea
Korea Art and Culture Service, Seoul,
Korea

Park, Jun-bum
박준범

Born in 1982, Korea

학력

2010 국민대학교 금속공예학과 졸업

개인전

2010 'Junbum Park (Art Furniture)',
코엑스, 서울, 한국

단체전

2011 'AHAF Seoul 2011', 하얏트 호텔,
서울, 한국
'Rhythmic Chairs', 이도 갤러리,
서울, 한국
'서울 리빙 디자인 페어', 코엑스,
서울, 한국

소장

Patrajdas Contemporary Art and
Consulting, 시카고, 미국

Education

2010 BFA, Department of Metal
work and Jewelry, Kookmin
University, Seoul, Korea

Selected Solo Exhibitions

2010 'Junbum Park (Art Furniture)',
COEX, Seoul, Korea

Selected Group Exhibitions

2011 'AHAF Seoul 2011', Grand Hyatt,
Seoul, Korea
'Rhythmic Chairs', Yido Gallery,
Seoul, Korea
'Seoul Living Design Fair 2011',
Seoul, Korea

Collections

Patrajdas Contemporary Art and
Consulting, Chicago, USA

Park, Jung-won
박정원

Born in 1974, Korea

학력

2009 동덕여자대학교 일반대학원
큐레이터학과 박사 수료
2001 숙명여자대학교 일반대학원
공예학과 석사 졸업

개인전

2010 제8회 박정원 도예전,
원주시민문화센터갤러리, 원주,
대한민국
2009 제7회 박정원 도예전,
원주시청백운갤러리, 원주,
대한민국

단체전

2011 제63회 산업미술가협회전,
한전프라자아트센터 2층, 서울,
대한민국
제7회 강원도-돗토리현 교류미술전,
미자시미술관, 돗토리현, 일본
2010 제44회 한국미술협회전,
킨텍스전시장4홀, 일산, 대한민국

소장

국립현대미술관, 과천, 대한민국

Education

2009 M.F.A., Graduate School of
Dongduk Women's University,
Seoul
2001 M.F.A., Graduate School
of Sookmyung Women's
University, Seoul

Selected Solo Exhibitions

2010 The Solo Exhibition, Wonju
Citizen Cultural Center Gallery,
Wonju, Korea
2009 The Solo Exhibition, Baiyun
Gallery, Wonju, Korea

Selected Group Exhibitions

2011 Korea Industrial Art'ists
Association Membership
Exhibition, KEPCO Art Center,
Seoul, Korea
Gangwon-Tottori Arts
Exhibition, Mija Museum,
Tottori, Japan
2010 SEOUL DESIGN FAIR , Seoul
Design Olympiad Special
Exhibition Hall, Seoul, Korea

Collections

National Museum of Contemporary
Art, Korea, Gwacheon-si, Korea

Park, Kyung-sook
박경숙

Born in 1955, Korea

학력

2010 석사 졸업, 부산대학교 국제대학원
글로벌비지니스전공
2004 박사과정 수료, 오사카예술대학교
대학원 문화예술과
1983 석사 졸업, 홍익대학교
산업미술대학원 요업디자인전공
1980 학사 졸업, 홍익대학교
미술대학 공예과

개인전

2008 제12회 개인전, Art Forum JARFO,
교토, 일본
제13회 개인전, 부산디자인센터,
한국

단체전

2010 'A.I.R', 클레이아크, 김해미술관
'방방곡곡(坊坊曲曲)99_
삶과 기억의 소통', 영은미술관,
경기도

Education

2010 Graduate from Graduate
School of International Studies
Busan National University
2004 Studied PH.D Course from the
Osaka University of Arts
1983 Graduate from Graduate
School of Industrial Arts Hong-
ik University
1980 Graduate from College of Fine
Arts Hong-ik University

Selected Solo Exhibitions

2011 Park Kyung Sook Clay Work
Exhibition, Design Center
Busan, Korea
2008 Park Kyung Sook Clay Work
Exhibition, Art Forum JARFO,
Kyoto, Japan

Selected Group Exhibitions

2010 'A.I.R', CLAYARCH GIMHAE
MUSEUM, Korea
'Every Nook and Cranny of
the Land 99_Communication
between Life and Memor.2010',
Young-Eun Museum of
Contemporary art, Korea

Park, So-hyoung
박소형

Born in 1973, Korea

학력

2005 중앙대학교 대학원 디자인학과
박사과정 수료
1997, 1999 중앙대학교 예술대학
공예학과 졸업 및 동대학원 졸업

개인전

2011 Geometric Balance + Shoes Salon,
용산아이파크몰, 서울, 한국
2009 제9회 개인전 - 예술가와
친구하기 : 디자이너와
함께하는 미술관 속 동화여행
'Cookie, Chocolate, Candy for Party',
가나아트센터 – 장흥아트파크, 한국

Education
2005 Pass through Doctor´s Cource
of Dept. of Design, Chung-Ang
University, Seoul, Korea
1999 M.F.A Art & Craft Department
of Art Graduate School, Chung-
Ang University, Seoul, Korea
1997 B.F.A Art & Craft Department
of Art College, Chung-Ang
University, Seoul, Korea

Selected Solo Exhibitions
2011 Geometric Balance + Shoes
Salon, Yongsan I'Park Mall,
Seoul, Korea
2007 'Cookie, Chocolate, Candy
for Party', Gana Art Center -
JangHeung Art Park, Korea

Park, Soung-chuel
박성철
Born in 1970, Korea

학력
2004 일본 동경예술대학 대학원 미술연
구과 미술전공 공예(단금)영역
박사과정졸업
1998 중앙대학교 대학원 공예학과
금속공예 (미술학석사) 전공 졸업
1996 중앙대학교 예술대학 공예학과
졸업

개인전
2010 '박성철 금속공예전 집합체-사용하
다', Choeunsook Art&lifestyle, 한국
2008 '손에 의한 복제 2008 박성철금속
공예전', 관훈갤러리, 한국

단체전
2010 'Origin', The Contemporary Craft
Fair, 런던, 영국
2009 '제33회 필라델피아 Museum of
Art Craft Show', 필라델피아, 미국

Education
2004 MPhil, Tokyo National
University of Fine Arts & Music,
Tokyo, Japan
1999 MFA, Chung-Ang University,
Seoul, Korea
1996 BFA, Chung-Ang University,
Seoul, Korea

Selected Solo Exhibitions
2010 'Soungchuel Park 'Assembly-
be used' Choeunsook
Art&lifestyle', Koera
2008 'Park, soung-chuel Metal Craft
Exhibition (Reproduction by
Hand)', KWANHOON gallery,
Korea

Selected Group Exhibitions
2010 'Origin', The Contemporary

Craft Fair, London, UK
2009 'The 33rd Philadelphia
Museum of Art Craft Show',
Ph ladelphia, USA

Park, Young-bin
박영빈
Born in 1982, Korea

학력
2010 서을대학교 미술대학 디자인학부
대학원 졸업, 서울, 한국
2009 Specialization Course with Prof.
Manfred Bischoff, Alchimia
Contemporary jewellery school,
피렌체, 이탈리아
2005 동덕여자대학교 미술대학 공예과
졸업, 서울, 한국

개인전
2010 박영빈 장신구전 <me路>,
갤러리 '담', 서울, 한국

단체전
2011 <삶의 여정, 그리고 어울림>
현대장신구 기획공모전, 갤러리
바움, 헤이리, 한국
2010 석사학위 청구전, 서울대학교,
서울, 한국
2009 'SOFA Chicago', New York repr. by
Charon Kranson Art, 시카고, 뉴욕,
미국

Education
2010 M.F.A, Seoul National
University, Seoul, Korea
2009 Specialization Course with Prof.
Manfred Bischoff at Alchimia,
School of Contemporary
Jewellery, Florence, Italy
Exchange Student Program at
Cranbrook Academy of Art,
Bloomfieldhills, USA

Selected Solo Exhibitions
2010 Youngbin Park Art Jewelry,
Gallery Dam, Seoul, Korea

Selected Group Exhibitions
2011 'Journey of life and Harmony
within', Exhibition of
Contemporary Jewelry
competition, Gallery Baum,
Heyri, Korea
2010 M.F.A degree show, Seoul
National University, Seoul,
Korea
2009 'SOFA Chicago', New York,
repr. by Charon Kranson Art,
Chicago, New York, U.S.A

Pekka Paikkari
페카 파이카리
Born in 1960, Finland

Education
2000-03 Cultural Production
and Management Degree,
Humanities Polytechnic, Turku,
Finland
1978-83 Design Academy, Kuopio,
Finland

Selected Solo Exhibitions
2007 Attempting to go over the
Mountains, Gallery Katariina,
Helsinki, Finland
2006 The Neverending,
ArsNova&AboaVetus, Museum
of Contemporary Art, Turku,
Finland
2001 Brick Makers House, Hå Gamle
Prestegård, Stavanger, Norway
1992 Karborundum, Arabia
Museum, Helsinki, Finland

Collections
Victoria&Albert Museum, London,
England,
Faenza Museum of Ceramics, Italy,
Museum of Modern Ceramic Art,
Gifu, Japan,
Ceramic Museum, Barcelona, Spain,
Höganäs Ceramic Museum, Sweden,
Shigaraki Ceramic Cultural Park,
Ceramic Museum, Japan,
Design Museum, Helsinki, Finland,
Arabia Ceramic Museum, Helsinki,
Finland,
Joensuu Art Museum, Finland,
Tammisaari Art Museum,
Tammisaari, Finland,
Pohjola Insurance Comp. Art-
collection, Helsinki, Finland,

Pepe Heykoop
페페 헤이콥
Born in 1984, Netherlands

Education
2008 design academy Eindhoven,
Netherlands

Selected Solo Exhibitions
Rad gallery, London

Selected Group Exhibitions
2011 Imm, Cologne
Dmy, Berlin
2010 Cologne d3 contest
Salone del mobile, Cappelini
Dmy, Berlin
Design week, Eindhoevn
2009 Cologne d3 contest
Designweek eindhoven

2008 Rosanna, Orlandi

Collections
Furnism Brickseries

Peter Doig
피터 도이그
Born in 1959, UK

Education
1990 M.A., Chelsea School of Art at
     University of the Arts London,
     London, UK
1980 Wimbledon School of Art,
     London, UK

Selected Solo Exhibitions
2008 - 2009 Schirn Kunsthalle in
     Frankfurt, Germany
2008 Tate Britain, London, UK
     ARC/ Musée d'Art moderne de
     la Ville de Paris
2006 Go West Young Man, Museum
     der Bildenden Künste, Leipzig,
     Germany
     Peter Doig: Studiofilmclub
2003 – 2006, Ballroom Marfa, Marfa,
     TX

Selected Group Exhibitions
2008 Series Drawing: An exhibition
     of works on paper, Michael
     Werner Gallery, New York, NY
     A Guest of Honour:
     From Francis Bacon to Peter
     Doig, Museum der Moderne,
     Salzburg, Austria
2007 The Painting of Modern Life,
     The Hayward Gallery, London,
     UK
     Der Symbolismus und die Kunst
     der Gegenwart, Van der Heydt
     Museum, Wuppertal, Germany
2006 Eye on Europe, Museum of
     Modern Art, New York, NY
     Essential Painting, The National
     Museum of Art, Osaka, Japan
     Surprise, Surprise, ICA London,
     London, UK
     Whitney Biennial 'Day for
     Night', Whitney Museum of
     American Art, New York, NY
     Tate Triennial 'Days like these',
     Tate Britain, London, UK

Collections
Saatchi Collection, London, UK
Sammlung Olbricht, Duisburg,
Germany
Tate Gallery, London, UK

Petra Zimmermann
페트라 짐머만
Born in 1975, Austria

Education
2002 University of Applied Arts
     Vienna, Master class for
     Sculpture, Brigitte Kowanz
1998 Academy of Fine Arts and
     Design Bratislava, department
     of jewellery and metal,
     Karol Weisslechner

Selected Solo Exhibitions
2012 MAK – Austrian Museum of
     Applied Arts/Contemporary
     Art, Vienna
2011 'Dodekade', Galerie OONA,
     Berlin
2010 'History Repeating II', Galerie
     Ornamentum, Hudson, NY
2009 'New Works', Caroline van Hoek
     Contemporary Art Jewelry,
     Brussels
2008 'Off The Wall II', Galerie V&V,
     Vienna

Selected Group Exhibitions
2010 'WUNDERWERK. Selected
     Works from Austria/Germany:
     1970–2010', curated by Helen
     Drutt, Philadelphia Art Alliance,
     Philadelphia, PA
     'Gegen-wärtig – Schmuck in
     Österreich', 3. Eligius-Schmuck-
     Preis des Landes Salzburg
     'Lingam. Fertility Now', World
     Crafts Council BF, Mons
2002 'wearables', Design Festival at
     the Central Academy of Fine
     Arts, Beijing

Collections
MAK , Austrian Museum of Applied
Arts/Contemporary Art, Vienna
Espace Solidor, Cagnes-sur-Mer,
France
Schmuckmuseum Pforzheim,
Germany
Museum Českého ráje, Turnov, Czech
Republic

Piero Dorazio
피에르 도라지오
Born in 1927, Italy
Died in 2005, Italy

Education
1951 Studied architecture at the
     Università degli Studi, Rome,
     Italy

Selected Solo Exhibitions
2004 "Piero Dorazio: Retrospective",

Semir Zeki, London, UK; Casa
Rusca, Locarno, Switzerland
2003 "Piero Dorazio", Institut
     Valencià d'Art Modern (IVAM),
     Valencia, Spain
2002 "Piero Dorazio : Watercolors
     and Drawings 1957 - 1962",
     Achim Moeller Fine Art,
     New York, NY
2000 "Piero Dorazio : Paintings of
     the Fifties", Achim Moeller Fine
     Art, New York, NY
1999 "Piero Dorazio, Arbeiten auf
     Papier den jähre 1959 bis
     1998", Stolz, Berlin, Germany

Randall Rosenthal
렌달 로젠탈
Born in 1947, USA

Education
BFA Carnegie Mellon university

Selected Solo Exhibitions
Pamela Williams gallery
Amagansett, NY
Gallery JASA munich
Selected artists NY
Guild hall museum
See attatched resume'

Collections
Fleur Bresler, Steve Wynn, Merck
Pharmacuticles,

Randy Walker
랜디 워커
Born in 1970, USA

Education
University of Oregon, USA Bachelor
of Architecture

Selected Solo Exhibitions
2009 Woven Portals: Installation by
     Randy Walker. College of Visual
     Arts. St. Paul, Minnesota
     Woven Corncrib. Western
     Michigan University Sculpture
     Tour. Kalamazoo, Michigan
2008 Randy Walker: Filling Space
     Delicately. Normandale
     Community College. Edina,
     Minnesota
2007 Recent Work by Randy Walker.
     Viterbo University Art Gallery.
     La Crosse, WI
2006 By a Thread: Recent Sculpture
     by Randy Walker. Gage Family
     Art Gallery
     Augsburg College. Minneapolis,
     Minnesota

Robert Combas
로버트 콩바스
Born in 1957, France

Education
1977 Entered the School of Fine arts,
Montpellier, France

Selected Solo Exhibitions
2010 Robert Combas, Fondation
Mudima, Milan, Italy
Robert Combas, Galerie Hélène
Trintignan, Montpellier, France
Sans filet, les Goulamas sont
de retour, Galerie Guy Pieters,
Paris, France
2009 Qu'es aco?, Fondation Vincent
Van Gogh, Arles, France
Blow your mind, Opera Gallery,
London, UK
Robert Combas,
Le frimeur flamboyant,
Maison Européenne de la
Photographie, Paris, France
2006 Rétrospective, Seoul Museum
of Art, Seoul, South Corea
Œuvres croisées Combas Kijno,
Galerie Hélène Trintignan,
Montpellier, France
Robert Combas, les années 80
l'invention d'un style, Musée
de Louviers, France

Selected Group Exhibitions
1999 Boisrond, Combas, Di Rosa,
Galerie Forsblom, Helsinki,
Finland

Robert Inciana
로버트 인디아나
Born in 1928, USA

Education
1954 B.F.A. at the School of Art
Institute of Chicago, Chicago, IL
Attended the Edinburgh
College of Art, Scotland on
the George Brown Travelling
Fellowship

Solo Selected Exhibitions
2009 Robert Indiana and the Star
of Hope - Farnsworth Art
Museum, Rockland, ME
1976 Galerie Denise Rene, New York,
NY

Selected Group Exhibitions
2010 MOCA - Museum of
Contemporary Art Jacksonville,
Jacksonville, FL
2009 Sculpture: Post-War to Present
- Maxwell Davidson Gallery,
New York City, NY

Von Picasso bis Warhol,
Künstlerschmuck der
Avantgarde - Museum für
Angewandte Kunst, Cologne
2008 Pressing Issues, Des Moines Art
center, Des Moines, IA
Pop and Op, Nassau County
Museum of Art, Roslyn Harbor,
NY

Collections
Museum of Modern Art, New York,
NY
Whitney Museum of American Art,
New York, NY
Stedelijk Museum, Schiedam,
Netherlands

Robyn Love
로빈 러브
Born in 1965, USA

Education
1988 BFA, The Cooper Union,
School of Art
1986, 1990, 1993 Independent Study
in India

selected Solo Exhibition
2010 Unconditional Yes, Trustman
Gallery, Simmons College,
Boston, MA
House Study/Homemade,
Wave Hill, Bronx, NY
Knitting Sprawl, Art Gallery of
Peterborough, Peterborough,
ON
2001-2010 The House Museum,
Gillams, Newfoundland
2009 Spindle 7, performance/film on
NYC subway, New York, NY
2008 Not Stained, Not Pure, Hope
and Glory Gallery,
Berlin (Germany)
2003 Everyday Courage, permanent
installation at the High School
for Law Enforcement and
Public Safety, (Percent for Art),
New York, NY

Collections
New York City Department of
Cultural Affairs
Bellevue Hospital Center
Sunnyside Family Health Clinic
Lion Brand Yarns
D&AD (Make it a Pencil commission)

Rowena Dring
로에나 드링
Born in 1970, UK

Education
1996–1998 Goldsmiths College,
University of London (GB)
1990–1993 Chelsea College of Art
and Design, London (GB)
1989–1990 College of Higher
Education, Bedford (GB)

Selected Solo Exhibitions
2011 There She Goes, My Beautiful
World, rahncontemporary,
Zurich (CH)
2009 Joshua Tree and Other Stories,
Rubicon Gallery, Dublin (IR)
Falls the Shadow, Galerie der
Stadt Remscheid (D)
2008 Skyline – Landscape and
Memory, rahncontemporary,
Zurich (CH)
Western Lands, Torch Gallery,
Amsterdam (NL)
2006 A Place Apart, Q.E.D., Los
Angeles (USA)
2005 Rowena Dring, Künstlerverein
Malkasten, Duesseldorf (D)

Collections
CAP Collection, Dublin (IR)
Philara Collection, Duesseldorf (D)
Olbricht Collection, Essen (D)
Collection of Haydn Cutler, Fort
Worth, Texas (USA)
Deutsche Bank Collection, Frankfurt
on the Main (D)
The Chaney Family Collection,
Houston (USA)
Barts and the London NHS Trust,
London (GB)
Collection of Melvin S. Heller, New
York (USA)

Roy Lichtenstein
로이 리히텐슈타인
Born in 1923, USA
Died in 1997, USA

Education
1949 MFA, Ohio State University,
Columbus, OH
1946 BFA, Ohio State University,
Columbus, OH

Selected Solo Exhibitions
2010 Roy Lichtenstein: Still Lifes,
Gagosian Gallery, New York, NY
2004 Madrid, Reina Sofía, Roy
Lichtenstein
London, Hayward Gallery, Roy
Lichtenstein
2003 BA-CA Kunstforum, Roy

Lichtenstein, Vienna, Austria
Metropolitan Museum of Art,
New York, NY

Selected Group Exhibitions
2009 Lichtenstein: in Process, Dixon
Gallery and Gardens, Memphis,
TN
2008 Liebe. Love. Paare, Gustav-
Lubcke-Museum, Hamm,
Germany
2007 Art Market Now, The Columns,
Seoul, South Korea
Pop Art Portraits, National
Portrait Gallery, London, UK

Ruimy (Kim, Hye-rim)
김혜림
Born in 1984, Korea

학력
2009 중앙대학교 대학원 공예학과
석사과정 졸업
2007 중앙대학교 예술대학 공예학과,
서양화학과 졸업

단체전
2011 한.스위스 수교 48주년기념「서울-
아트 바젤」展, M54, 바젤, 스위스
오감체험미술전, 예술의전당
V갤러리, 서울, 대한민국
한국 미술의 새물결展, 갤러리
타블로, 서울, 대한민국

소장
여주세계생활도자박물관, 경기도,
대한민국
갤러리 이레, 경기도, 대한민국

Education
2009 M.F.A. Ceramic crafts, Chung-
Ang University Graduate
school, Korea
2007 B.F.A. Arts&Crafts, Chung-Ang
University, Korea

Selected Group Exhibitions
2011 Seoul Art-Basel Exhibition,
M54, Basel, Switzerland
Five senses Art Seoul, Korea,
Seoul Art Center gallery V,
Seoul, Korea
The Light of Korean Art,
Tablo gallery, Seoul, Korea

Collections
World Ceramic Exposition
Foundation, Gyeonggido(Icheon),
Korea
Gallery JIREH, Gyeonggido, Korea

Ryu, Yeun-hee
류연희
Born in 1962, Korea

학력
2009 한양대학교 디자인대학원
금속디자인 박사 수료
1992 일본동경예술대학대학원,
미술연구과 공예과 졸업
1987 숙명여자대학교 대학원,
공예과 졸업
1985 숙명여자대학교미술대학,
공예과졸업

개인전
2010 object to wear, craft 아원, 서울, 한국
2009 small object, par-art갤러리, 쿄토,
일본

단체전
2010 시가공간(詩歌空間)-Lyric Space 전,
치우금속공예관, 서울, 한국
2009 Metal Art Exhibition in Tsinghwa
UNIV, Tsinghwa UNIV gallery, 북경,
중국

Education
2009 Ph.D Graduate School of Metal
Design Hanyang University,
Seoul, Korea
1992 M.F.A Graduate School of Tokyo
National Art University, Tokyo,
Japan
1987 M.F.A. College of Fine Arts,
SookMyung Woman's Univ.
Seoul Korea
1985 B.F.A. College of Fine Arts,
SookMyung Woman's Univ.
Seoul Korea

Selected Solo Exhibitions
2010 Object to Wear, craft awon,
Seoul, Korea
2009 small object, par-art gallery,
Kyoto, Japan

Selected Group Exhibitions
2010 Lyric Space 2010, The Chiwoo
Craft Museum, Seoul, Korea
2009 Metal Art Exhibition in
Tsinghwa UNIV, Tsinghwa UNIV
gallery, Beijing, Chaina

Salvador Dalí
살바도르 달리
Born in 1904, Spain
Died in 1989, Spain

Education
1922 Studies in Madrid, at the Real
Academia de Bellas Arte de San
Fernando

Selected Group Exhibitions
2008 Monet to Dali, First center for
the Visual Arts, Nashville, TN
2007 25 Years Brusberg Berlin,
Galerie Brusberg Berlin, Berlin
2006 Spanish Painting, Solomon R.
Guggenheim Museum,
New York City, NY

Seo, Kyung-seok
서경석
Born in 1955, Korea

학력
1986 조선대학교 대학원
응용미술학과 졸업
1983 조선대학교 문리과대학
응용미술학과 졸업

개인전
2004 서경석 초대개인전, MIR Gallery,
광주, 대한민국
서경석 개인전, PICI Gallery, 서울,
대한민국

단체전
2010 강진청자 국제초대전,
강진청자박물관, 전남 강진,
대한민국
2008 노다요시야키 개인전 찬조출품,
구마모토 전통 공예관, 구마모토,
일본

소장
America Florida Stetson University,
플로리다, 미국
경기도세계도자 Expo 전시관, 경기도
광주, 대한민국

Education
1986 M.F.A. Graduate School,
Chosun University
1983 B.F.A. College of Fine Art,
Chosun University

Selected Solo Exhibitions
2004 Seo,Kyung-Seok Solo
Exhibition, MIR Gallery, Gwang
Ju, Korea
Seo,Kyung-Seok Solo
Exhibition, PICI Gallery, Seoul,
Korea

Selected Group Exhibitions
2010 Invited Artist of International
GangJin Celadon, GangJin
Celadon Museum, Korea
2008 Noda's Kiln, 20th Anniversary
Exhibition, Gumamoto
Traditional-CraftGallery, Japan

Collections
America Florida Stetson University,
Florida, America

Gyeonggi-do International Ceramic
Expo Gallery, Korea

Seok, Chang-won
석창원
Born in 1966, Korea

학력
2004 홍익대학교 미술대학원 도예과
   석사
1999 홍익대학교 미술대학 도예과 학사

개인전
2006 'self-portrait', 한국공예관,
   청주, 대한민국
2003 'self-portrait', 경인미술관,
   서울, 대한민국

단체전
2011 '도화도화', 영암도기박물관, 영암
   대한민국
2010 'Mix-up', 이천세계도자센터, 이천,
   대한민국
   'Play with Clay', 이도갤러리, 서울,
   대한민국

소장
스페이스 몸 미술관, 청주, 대한민국
한향림 갤러리, 헤이리, 경기도, 대한민국
얼굴박물관, 광주, 경기도, 대한민국
충주세무서, 충주, 대한민국

Sheen, Yi-chul
신이철
Born in 1964, Korea

학력
2007 홍익대학교 미술대학원 박사
   (미술학 박사)
1997 워싱톤 주립대학교 도예과 졸업
   (미술석사)
1992 홍익대학교 미술대학 대학원
   공예디자인학과 도예전공 졸업
   (미술석사)
1989 홍익대학교 미술대학 공예과
   도예전공 졸업(미술학사)

개인전
2008 Mutation Jar-웅 갤러리(서울)
2006 Mutation Collecting Ⅱ-덕원갤러리
   (서울)
2005 Taxidermy of Imagination-
   가나 아트 스페이스(서울)
2000 Seoul Decadence-Framed
   Voyeurism-하워드하우스갤러리
   (시애틀 미국)
1998 Drawing, Ceramics, Sculpture-
   갤러리 서화(서울)
   Taboo Studies in Clay-
   하워드 하우스갤러리(시애틀 미국)
1997 Generative Image-C.M.A 갤러리
   (시애틀 미국)

소장
김해 클레이아크 미술관
여주 도자기 엑스포
제주도 해비치호텔
청주 예술의 전당
가산디지털단지 W몰

Education
2007 Ph. D Fine Arts, Hongik
   University, Seoul, Korea
1997 Master of Fine Arts, University
   of Washington School of Art,
   Seattle, WA
1992 Master of Fine Arts, Hongik
   University, Seoul, Korea
1988 Bachelor of Fine Arts, Hongik
   University, Seoul, Korea

Selected Solo Exhibitions
2008 Collecting Jar (Woong Gallery,
   Seoul Korea)
2006 Collecting Mutation Ⅱ
   (Dukwon Gallery, Seoul Korea)
2005 Taxidermy of Imagination
   (Gana Art Space, Seoul, Korea)
2000 Seoul Decadence-Framed
   Voyeurism (Howard House,
   Seattle, WA USA)
1998 Drawing, Ceramics, Sculpture-
   Process of Work
   (Seohwa Gallery, Seoul Korea)
   Taboo Studies in Clay (Howard
   House, Seattle, WA USA)
1997 Generative Image
   (CMA Gallery, University of
   Washington, Seattle, WA USA)

Collection
Clayarch Museum, Gimhae Korea)
Yeoju Ceramic Art Center
Jejoo Habichi Hotel
Chongjoo Art Center
W Mall(Gasan Digital District)

Shin, Hee-kyung
신희경
Born in 1973, Korea

학력
2007 서울대학교 미술대학원
   박사과정 수료
1998 서울대학교 미술대학원 석사
1995 서울대학교 미술대학 학사

개인전
2009 ..are stones, 브리지 갤러리, 서울,
   대한민국
2008 There is, 오뜨클라세 갤러리. 서울,
   대한민국
2007 Breathe" 관훈갤러리. 서울,
   대한민국
2006 Body Ornament,
   대구문화예술회관, 대구, 대한민국
1997 제1회 개인전, 갤러리 이브, 서울,

대한민국

Education
2007 Complete the course of D.A at
   Seoul National University
1998 M.F.A Seoul National University
1995 B.F.A Seoul National University

Selected Solo Exhibitions
2009 ..are stones, The 5th solo
   exhibition, The Bridge, Seoul,
   KOREA
2008 There is, The 4th solo
   exhibition. Haute classe, Seoul,
   KOREA
2007 Breath, The 3rd solo exhibition,
   KwanHoon gallery, Seoul ,
   KOREA
2006 Body Ornament, 2nd solo
   exhibition, Daegu Culture and
   Art Center, Daegu, KOREA)
1997 The 1st solo exhibition,
   (Gallery EVE, Seoul, KOREA)

Sim, Hyun-seok
심현석
Born in 1972, Korea

학력
2000 Nova Scotia College of Art and
   Design, Canada 석사 졸업
1995 건국대학교 생활문화대학
   공예학과 학사 졸업

개인전
2009 '2 1/2 Dimensions-장신구' 전시회,
   Gallery Como, 도쿄, 일본
2008 '효っていること(서있기)-장신구'
   전시회, 소무시 갤러리, 교토, 일본

단체전
2010 '의예동률-우리의학과 공예의
   조우', 춘원당 한방박물관, 서울
   '은+17+장신구에 담다', 갤러리 담,
   서울
2009 '필라델피아 크래프트 쇼',
   필라델피아 컨벤션 센터,
   필라델피아, 미국

소장
국립현대미술관, 과천, 한국
춘원당 한방 박물관, 서울, 한국

Education
2000 M.F.A. NOVA SCOTIA COLLEGE
   OF ART AND DESIGN, Halifax,
   Canada
1995 B.F.A. KON-KUK UNIVERSITY,
   Seoul, Korea

Selected Solo Exhibitions
2009 '2 1/2 Dimensions', GALLERY
   COMO, Tokyo, Japan
2008 'Standing', Somushi, Kyoto,

Japan
2006 'The Small Jewellery', GALLERY
COMO, Tokyo, Japan

Selected Group Exhibitions
2010 An Encounter between
Korean Medicine and Crafts,
Choonwondang Museum of
Korean Medicine, Seoul, Korea
Silver+17+Jewelry holds,
Gallery DAM, Seoul, Korea
2009 Philadelphia craft show
Philadelphia convention center,
Philadelphia, USA

Collections
The National Museum of
Contemporary, Gwacheon Korea
Choonwondang Museum of Korean
Medicine, Seoul, Korea

Son, Dae-hyun
손대현
Born in 1950, Korea

학력
2000 명지대학교 산업대학원
전통공예과 수료
1968 민종태 선생 사사

개인전
1994 신라호텔 개인전, 서울, 대한민국

소장
국립민속박물관, 서울, 대한민국
청와대, 서울, 대한민국
남북정상회담, 평양, 북한
유럽국가원수 선물작품제작, 유럽

Education
2000 Finished a course of Traditional
Crafts at Myungji University's
Graduate School of Industry
1968 Studied under Master Artist
Min Jong-Tae

Selected Solo Exhibition
1994 Held a private exhibition at
Shilla Hotel, Seoul, Korea

Collections
The National Folk Museum of Korea,
Seoul, Korea
Blue House, the Presidential Office,
Seoul, Korea
South-North Korean Summit,
Pyongyang, North Korea
Gifts for 7 European state heads,
Europe

Stacey Lee Webber
스테이시 리 웨버
Born in 1982, USA

Education
BACHELOR OF FINE ARTS: BALL STATE
UNIVERSITY
MASTER OF FINE ARTS: UNIVERSITY
OF WISCONSIN-MADISON

Selected Solo Exhibitions
2011 Tributaries: Stacey Lee Webber-
Metal Museum- US, Memphis,
Tennessee
2010 Dollars and Sense- University
of Wisconsin-Oshkosh,
Annex Gallery- US, Oshkosh,
Wisconsin
2009 Stacey Lee Webber- Lillstreet
Art Center- US, Chicago, Illinois
2008 CHANGE- Velvet da Vinci
Gallery- US, San Francisco,
California

Collections
John Michael Kohler Art Center,
Sheboygan, Wisconsin
Davis Remier, Personal Collection,
San Francisco, California
Donald Friedlich, Personal Collection,
Madison, Wisconsin
Brent Starck, Personal Collection,
Madison, Wisconsin
Robert Pfannebecker, Personal
Collection, Lancaster, Pennsylvania

Suh, Do-ho
서도호
Born in 1962, Korea

학력
1997 예일대학교 조각과 석사
1994 로드 아일랜드 디자인 스쿨
회화 학사
1987 서울대학교 동양화과 학사, 석사

개인전
2004 Soledad Lorenzo 갤러리, 마드리드
Sackler 갤러리, 워싱턴 D.C
Lehmann Maupin 갤러리, 뉴욕
2003 아트선재센타, 서울

소장
MoCA, 로스엔젤레스
스미스 컬리지 미술관
벤쿠버 갤러리

Education
1997 Yale University School of Art,
MFA Sculpture, New Haven, CT
1994 Rhode Island School of Design,
BFA Painting, Providence, RI
1987 Seoul National University, MFA
and BFA Oriental Painting,

Seoul, Korea

Selected Sole Exhibitions
2004 Galeria Soledad Lorenzo,
Madrid
Sackler Gallery of Art,
Washington, D.C.
Lehmann Maupin Gallery,
New York
2003 ArtSonje Center, Seoul, Korea

Collections
MoCA Los Angeles
Undomesticated,
Smith College Museum of Art
Home and Away,
Vancouver Art Gallery

Suh, Seung- hyun
서승현
Born in 1976, Korea

학력
2007 MA Royal College of Art, 영국
2003 서울대학교 미술대학 공예과 졸업
및 동 대학원(금속공예전공) 졸업,
한국

개인전
2008 'between', 목인 갤러리, 서울,
대한민국

단체전
2011 '고금공감', 인사아트센터, 서울,
한국
2009 '말하는 손', 현대 금속공예의 세계,
MOA, 서울, 한국
'한국 현대금속공예의 쥬얼리의
어제와 오늘', 주한미국대사관,
워싱턴, 미국

Education
2007 MA Royal College of Art,
Goldsmithing, Silversmithing,
Metalwork and Jewellery, UK
2003 M.F.A Seoul National University
(Major in Crafts), Korea

Selected Solo Exhibitions
2008 'Between', Mokin gallery, Seoul,
Korea

Selected Group Exhibitions
2011 'sympathy of chosun and
modern times', Insa art center,
Seoul, Korea
2009 'Talking hands' spectrum of
contemporary metal works,
MOA, Seoul, Korea
'Korean Metal Art & Design
Today', Korean embassy,
Washington DC, USA

Susan Aygarn-Kowalski
수잔 에이간 코왈스키
Born in 1970, USA

Education
BFA, University of Wisconsin –
Milwaukee USA

Selected Solo Exhibitions
2010 'Striking a Balance' Mobilia
Gallery, Cambridge, MA USA

Selected Group Exhibitions
2011 'Staff Favorites from the
Collection', Duxbury Art
Complex Museum, Duxbury,
MA, USA
2010 'Heirlooms of the Future',
Mobilia Gallery at SOFA NY, NY,
USA
2009 'The Teapot Re-Defined',
Mobilia Gallery, Cambridge,
MA, USA
'The Art of Tools', Society of
Arts and Crafts, Boston, MA,
USA
'Metalsmiths 3', Three person
show at Narrows Center for the
Arts, Fall River, MA, USA

Collections
Permanent Collection of Museum of
Arts and Design, New York, NY, USA
Permanent Collection of Duxbury
Art Complex Museum, Duxbury, MA,
USA
Kamm Foundation Teapot Collection
Roland C. and Anita L. Warnick
Collection, CA, USA

Tapio Anttila
타피오 안틸라
Born in 1962, Finland

Education
Master of Arts 1994, University of
Art and Design Helsinki
Aalto University School of Art and
Design

Selected Solo Exhibitions
2008 Exhibition in Viale Pasubio
Gallery, Milan during Salone
del Mobile. "Tuohi" products
for Showroom Finland
2007 "Uudet kuviot", Pro Puu
Gallery, Lahti
2000 "Period", wooden chairs, Lahti
Wood Gallery

Selected Group Exhibitions
2011 "New Finnish Design
Scenarios" exhibition in New
York, Meatpacking District

Design'11, "Whisper" acoustic
wall panel by Woodnotes
2010 "Hirameki Design x Finland"
Design Event and Exhibition
at Tokyo Designers Week,
new Finnish design, three
participations: own stand with
"Tuohi" collection, works at
Woodism stand and "On" sofa
in the Fennia Prize exhibition
"EcoDesign 10", invited
exhibition presents ecological
lighting, Habitare10 Helsinki,
curator Ingo Maurer
"Straightforward New Finnish
Design" New York, "Tuohi"
collection
"World Exhibition 2010
Shanghai", Finnish Pavillion,
"Tuohi" collection
2009 "FinDesign Helsinki Madrid",
new Finnish design, "Palikka"
stool for Woodism
(with Merita Soini), Madrid
"Fennia Prize 2009", winners
exhibition, Design Forum
Finland, Helsinki

Collections
"Tuohi" wall panel, Design Museum,
Helsinki
"Kuvio" tray, MoMA store, New York

Thomas Hill
토머스 힐
Born in 1971, UK
Education
1990-94 BA(Hons)Jewellery
Middlesex University London

Selected Solo Exhibitions
2011 "Alphabet Zoo" Artspace
Gallery Kohler Arts Center
2010 "Still Life with Birds and
Insects" Velvet de Vinci Gallery,
San Francisco, CA, USA
2008 "Perch" The Vault Gallery,
Quiry, Richmond, VA, USA
"Drawing from Muybridge"
Fuller Craft Museum Brockton,
MA, USA
2007 "Menagerie" De Morgan
Centre, London, UK
2003 "Tom Hill-Sculpture and
Jewelry" Velvet da Vinci, San
Francisco, CA, USA

Collections
Leigh Yawkey Woodson Art Museum,
Wausau, WI, USA
Geffrye Museum, London, UK
Wakefield City Art Gallery, UK
Aberdeen City Art Gallery, UK

Tony Oursler
토니 아우어슬러
Born in 1957, USA

Education
1979 BFA, California Institute of the
Arts, CA, USA

Selected Solo Exhibitions
2007 Tony Oursler: Painting + Paper,
Lehmann Maupin, New York,
NY
Anomalous Bodies, Resonant
Dust, Worms, Gallery Paule
Anglim, San Francisco, CA, USA
2005 Blue Invasion, Sydney, Australia
Jeu De Paume, Paris, France
2004 Lehmann Maupin, New York,
NY

Selected Group Exhibitions
2008 Künstler der Galerie –
Zeichnungen, Bilder,
Skulpturen, Fotografien,
Galerie Biedermann, Munich,
Germany
Nuit Blanche, Gare Du Nord,
Paris
2007 Zeichnungen, Collagen,
Fotografien, Galerie
Biedermann, Munich,
Germany
2005 Internationale Zeichnungen,
Galerie Biedermann, Munich,
Germany

Tracey Emin
트레이시 에민
Born in 1963, UK

Education
1989 Royal College of Art (MA)
1986 Maidstone College of Art
(Bachelor of Fine Art)

Selected Solo Exhibitions
2008 Tracey Emin: 20 Years, Scottish
National Gallery of Modern
Art, Edinburgh
2007 Tracey Emin: Borrowed
Light, British Pavillion, Venice
Biennale
2006 More Flow, Galleria Lorcan
O'Neill, Rome

Selected Group Exhibitions
2008 Summer Exhibition 2008, Royal
Academy of Arts, London
Fourth Plinth, National Gallery,
London
2007 True Romance, Kunsthalle
Wien, Vienna
Summer Exhibition 2007, Royal
Academy of Arts, London
The Naked Portrait, Scottish

National Gallery, Edinburgh
Lights, Camera Action: Artists'
Films for the Cinema, Whitney
Museum of American Art,
Whitney
2006 Hot/Cold – Summer Loving,
Zacheta National Gallery of Art,
Warsaw
Motion on Paper, Ben Brown
Fine Arts, London
Youth of Today, Schirn
Kunsthalle, Frankfurt

Umibaizurah Mahir
아미베이져 마히어
Born in 1975, Malaysia

Education
2000 BA Hons of Art and Design
(Ceramics), Faculty of Art
& Design, Mara University
of Technology, Shah Alam,
Selangor. Malaysia
1999 Diploma in Education
(Art Teacher's), Faculty of Art
& Design Mara University
of Technology, Shah Alam,
Selangor. Malaysia

Selected Solo Exhibitions
2010 'Hybrid', Wei Ling Gallery,
Kuala Lumpur, Malaysia

Selected Group Exhibitions
2011 'The Malaysian Rice Plates
Project', Convention Centr,.
Kuala Lumpur, Malaysia
'Manifestasi Merdeka',
National Art Gallery,
Kuala Lumpur, Malaysia
'Here Today Gone Tomorrow',
Art For Nature, Rimbun Dahan,
Selangor, Malaysia

Collections
National Art Gallery, Kuala Lumpur,
Malaysia
Petronas Gallery, KLCC Kuala Lumpur,
Malaysia
IWCAT- The International Workshop
of Ceramic Art in Tokoname, Japan
Asia Art Networks, Seoul, Korea
Yayasan Warisan Johor, Johor,
Malaysia

Vik Muniz
빅 뮤니즈
Born in 1961, Brazil

Selected Solo Exhibitions
2011 Vik Muniz. Jeonbuk Museum
of Art, Gana Art Center, Seoul,
Korea
2010 Vik Muniz. Nichido
Contemporary Art, Tokyo,
Japan
Fundação Edson Queiroz,
Ceará, Brazi
Leonard Drew and Vik Muniz.
Sikkema Jenkins and Co.,
New York, NY
2009 Vik Muniz. Galerie Xippas, Paris,
France.
Vik Muniz: The 8th Photo
Festival, Gana Art Center, Korea
Vik Muniz. Museu Inimá de
Paula. Minas Gerais, Brazil
Identity V, curated by
Hiroshi Minamishima.
NichidoContemporary Art.
Tokyo, Japan

Selected Group Exhibitions
2011 Pure Paper. Rena Bransten
Gallery, curated by Aimée
Reed. San Francisco, California
2010 Fragments latino-américains
: 16 artistes, 9 pays, 40
ans d'images. Maison de
l'Amérique Latine, Paris, France
Bittersweet: The Chocolate
Show. Paul Robeson Galleries,
Rutgers University, Newark,
New Jersey
2009 When Lives Become Form:
Contemporary Brazilian Art,
1960s to the present. Yerba
Buena Center for the Arts,
San Francisco, California
A Invenção de Um Mundo.
From the Collection of
Maison Européenne de la
Photographie, Paris.
Itaú Cultural, São Paulo, Brazil

Collections
Art Institute of Chicago, Chicago, IL
Centre Georges Pompidou, Paris,
France
Centro Medeco, Havana, Cuba

Wen Ping
문평
Born in 1975, China

Education
2009 M.F.A Faculty of Crafts &
Design, Seoul National
University, Korea
2005 B.F.A Department of Crafts
& Design, Seoul National
University, Korea

Selected Group Exhibitions
2011 'The Tablewares for a Single-
Person', LVS CRAFT, Seoul,
Korea
Living Design Fair, COEX, Seoul,
Korea
'The Cups', LVS CRAFT, Seoul,
Korea
'clay + clay', EUIJEONGBU ART
CENTER, Euijeongbu, Korea
2010 Seoul Design Festival, COEX,
Seoul, Korea

Collections
LEEUM, Samsung Museum of Art,
Seoul, Korea
Seoul National University College of
Business, Seoul, Korea
Seoul National University
Engineering College, Seoul, Korea
Seoul National University Head
Office, Seoul, Korea

Wenzhi Zhang
웬지 장
Born in 1957, China

Education
2010 Received Ph.D from Seoul
University of Technology
1993 Graduated with Masters of
Fine Arts and enrolled as a
participating permanent artist
at Guangdong Academy of
Painting

Selected Solo Exhibitions
2011 "Duality- Stoneware and
Bronze", New York
2007 "The New Mankind"
participated in Danish Sculptor
Bjoern Noergaard's exhibition,
"My Chinese Friend"
2005 "The New Mankind—
My Family: Contemporary
Ceramics Work by Wenzhi
Zhang" exhibition in New York,
NY.
2001 "Ceramics by Wenzhi Zhang-
Affinity with Water and Fire"
hosted by St. John's Museum of
Art. Wilmington,
North Carolina.

Selected Group Exhibitions
2010 "Duality: A Modern Drama"
participated in the Ceramics
PhD thesis exhibition in
Seoul National University of
Technology.
2004 "Dongping River" participated
in "The Tenth National Fine
Arts Work exhibition".
2003 "SARS Creature" and "Ceramic
Museum" participated in
"Beyond Tradition- Oslo
International Ceramics
Symposium" in Norway.

1999 "Soul of Forest" and "The
    Body of Life" participated in
    "The New Century- China
    Contemporary Art Works"
    hosted by Galley of Chengdu,
    China.

Collections

International Ceramic Park in
Skaelskor, Denmark
International Sculpture Park of
Madeul, Korea

Wilfredo Lam
윌프레도 램
Born in 1902, Cuba
Died in 1982

Education

1928 Free Academy,
    Madrid; studio of Fernando
    Alvarez di Sotomayor
    (director of the Prado), Madrid
1923 Academia San Atejandra,
    Havana

Selected Solo Exhibitions

1987 Galerie Maeght Lelong, Zurich
1982 Pierre Matisse Gallery,
    New York
1979 Artcurial, Paris

Selected Group Exhibitions

1978 Cuba: Peintres d'A ujourd hui
    Musee d'Art Moderne de la
    Ville, Paris
1968 Painting in France, 1900-!967,
    National Gallery, Washington,
    D.C. (traveling)
    Musee d'Art Moderne de la
    Ville, Paris
    (with Matta and Alicia Penalba)
1966 Musee d'Art Moderne de la
    Ville, Paris
    Kunsthalle, Basel
    (with Vic Gentils)

Collections

Art Institute of Chicago
Centre Georges Pompidou, Paris
Centro Medeco, Havana

Won, Kwang-sik
원광식
Born in 1942, Korea

개인전
2007 조선종-해학과 창조의 美,
    진천종박물관, 진천군, 한국

Won, Kyung-hwan
원경환
Born in 1954, Korea

학력
1986 교오토 시립 예술대학 대학원 졸업
1982 홍익대학교 산업미술대학원 졸업
1980 홍익대학교 미술대학 졸업

개인전
2010 잡기(雜記) 이화익갤러리 서울
2009 흑도(黑陶) 갤러리 포 부산
2007 흑도(黑陶) 이화익갤러리 서울
2004 흑도(黑陶) 통인갤러리 뉴욕
2003 흑도(黑陶) MDS갤러리 도오쿄
2001 흙의 인상 로댕갤러리 서울

소장
국립현대미술관, 과천
시가 현립 도예관 (시가라키 일본)
빅토리아&앨버트 박물관 (런던, 영국)
BENAKI MUSEUM (아테네, 그리이스)

Education

1986 Graduate from Graduate
    School of Kyoto City Univ. of Art
    (Japan) M.F.A
1982 Graduate from Graduate
    School of Hong-Ik Univ. M.F.A
1980 Graduate from Ceramic Dept.
    of Hong-Ik Univ. B.F.A

Selected Solo Exhibitions

2010 Miscellaneous Notes Lee Hwaik
    gallery Seoul. Korea
2009 Burnished Black gallrey Pho
    Busan Korea
2007 Burnished Black Lee Hwaik
    gallery Seoul. Korea
2004 Burnished Black Tong in gallery
    New York. USA
2003 Burnished Black MDS gallery
    Tokyo Japan
2001 Impressions in Clay Rodin
    gallery Seoul Korea

Collections

The National Museum of
Contemporary Art, Kwa Chon, Korea
Shiga Province Museum of
Contemporary Ceramics, Shigaraki,
Japan
Victoria & Albert Museum, London,
England
BENAKI MUSEUM, Athens, Greece

Woo, Kwan-ho
우관호
Born in 1960, Korea

학력
1986 홍익대 대학원 공예디자인과
    졸업, 석사
1983 홍익대 공예과졸업, 학사

개인전
2010 우관호전 야마구치현립하기미술
    관우라가미기념관 하기시 일본
2008 우관호전 덕원갤러리 서울 한국
1997 우관호전 토아트스페이스
    서울 한국
1995 우관호전 토와루갤러리
    후쿠오카 일본
1994 우관호전 소와카갤러리 교토 일본
1993 우관호전 매뉴팩토리갤러리
    후쿠오카 일본
1991 우관호전 금호미술관 서울 한국

단체전
2011 존재와 변화 동하이대학
    갤러리 타이중 타이완
2010 아시아 현대도예전 홍익대학교
    현대미술관서울 한국
    波沙羅-祝宴의 器 야마구치현립
    하기미술관우라가미미술관 하기 일본
2009 세라믹스-클라이막스
    경기도립미술관 안산 한국

소장
경남도립미술관 창원 한국
서울시립미술관 서울 한국
아이치도자자료관 세토 일본
빅토리아 앤 알버트 박물관 런던 영국

Education
1986 MFA. Hong-ik Univ.
1983 BFA. Hong-ik Univ.

Selected Solo Exhibitions

2010 Solo Exhibition, Hagi Uragami
    Museum, Hagi, Japan
2008 Solo Exhibition, Dukwon
    Gallery, Seoul, Korea
1997 Solo Exhibition, To art space,
1995 Solo Exhibition, Towaru Gallery,
    Fukuoka, Japan
1994 Solo Exhibition, Sowaka Gallery,
    Kyoto, Japan
1993 Solo Exhibition, Manufactory
    Gallery, Fukuoka, Japan
1991 Solo Exhibition, Kumho Gallery,
    Seoul, Korea

Selected Group Exhibitions

2011 Existence and Change, Tunghai
    Univ. Art Gallery, Taizhong,
    Taiwan
2010 Asia Contemporary Ceramics,
    Hongik Univ. Museum of Art,
    Seoul, Korea
    Basara: Vessel of feast, Hagi
    Uragami Museum, Hagi, Japan
2009 ceramics-Climax, Gyeonggi
    Museum of Modern Art,
    Ansan, Korea

Collections

Gyeongnam Art Museum,
Changwon, Korea
Seoul Museum of Art, Seoul, Korea

Aichi Prefectural Ceramic Museum,
Seto, Japan
Victoria & Albert Museum, London,
UK

Yeo, Byong-uk
여병욱
Born in 1969, Korea

Education
1996 M.A. Major in Craft Design,
Science of Design Dept.,
Musashino Art University
1994 B.A. Major in Craft Design,
Dept. of Industrial, Interior, &
Craft Design, Musashino Art
University

Selected Solo Exhibitions
2011 Solo Exhibition of Ceramics by
Yeo, Byonguk, Yufuku Gallery,
Tokyo, Japan
2010 Solo Exhibition of Ceramics
by Yeo, Byonguk, Sho Gallery,
Osaka, Japan

Selected Group Exhibitions
2011 Collect 2011, Saatchi Gallery,
London,UK
2010 Collect 2010, Saatchi Gallery,
London,UK

Yi, Chan-u
이찬우
Born in 1963, Korea
학력
1992 한국방송통신대학교 국어학과 졸업

소장
삼성코닝, 수원, 한국

Education
1992 B.A. Korea National Open
University

Collections
Samsung Corning Co, Suwon, Korea

Yi, Dae-won
이대원
Born in 1968, Korea

학력
2003 미국 남 일리노이 주립대 대학원
졸업 (Blacksmith) M.F.A
1999 국민대학교 조형대학원 졸업
(금속공예전공) M.F.A
1995 국민대학교 조형대학
공예미술학과 졸업

개인전
2011 Design &Art Fair 2011

(예술의 전당 한가람 미술관. 서울)
이대원 금속조형전 Ⅲ -
대장공예+1
(한국공예 디자인문화진흥원, 서울)
2004 이대원 금속조형전 Ⅱ - IRON
WORK (인사아트센터, 서울)
1999 이대원 금속조형전 Ⅰ
(갤러리 목금토, 서울)

Education
2003 M.F.A. Southern Illinois Univ. at
Carbondale
(Major in Blacksmithing)
1999 M.F.A. Kookmin Univ. Seoul.
Korea (Major in Metal Craft)
1995 B.F.A. Kookmin Univ. Seoul.
Korea

Selected Solo Exhibitions
2011 Design &Art Fair 2011
(Hangaram Art Musium. Seoul.
Korea)
Dae-won Yi`s Metal works
(KCDF Gallery. Seoul. Korea)
2004 IRON WORK by Dae-won Yi
(Gallery Insa Art Center. Seoul.
Korea)
1999 Dae-won Yi`s Metal works
(Gallery Mokkumto. Seoul.
Korea)

Yinka Shonibare
잉카 쇼니바레
Born in 1962, UK

Education
1989-1991 Goldsmiths College
1984-1989 Byam Shaw School of Art

Selected Solo Exhibitions
2011 Alcalá 31 Centros de Arte,
Madrid, Spain. Solo exhibition
2010 Nelson's Ship in a Bottle, Fourth
Plinth Commission, Trafalgar
Square, London, UK
Yinka Shonibare, MBE – new
commission, Museum of Fine
Arts, Boston, USA
2009 A Flying Machine for every
Man, Woman and Child, Miami
Art Museum, Miami, USA
Yinka Shonibare, MBE,
Museum of Contemporary
Art (MCA), Sydney, Australia;
touring to Brooklyn Museum,
New York, USA and National
Museum of African Art
Smithsonian
Institution, Washington D.C.,
USA

Selected Group Exhibitions
2010 Performance/Art, Dallas Center
for the Performing Arts, Dallas,

USA
2009 British Subjects: Identity and
Self-Fashioning, 1965-2009,
Neuberger Museum of Art,
Purchase, New York
2008 Nos, Museu de republica, Rio
de Janeiro, Brasil
The Poetics of Cloth: African
Textiles, The Grey Art Gallery,
New York University, New York,
NY

Collections
Museum of Modern Art, New York
The Art Institute of Chicago, Chicago
Museum of Contemporary Art,
Chicago

Yoo, Phil-moo
유필무
Born in 1960, Korea

학력
1975 붓작업 입문

개인전
2008 '유필무 천개의 붓'전,
청주시한국공예관, 청주, 대한민국

소장
주영한국대사관,문화원, 런던, 영국
주브라질 한국대사관, 브라질리아, 브라질
청주시한국공예관, 청주, 대한민국

Education
1975 Entered Making Caligraphy
Brush

Selected Solo Exhibition
2008 Yoo, Phil Moo_ Brush of
Thousand, Korean Craft
Museum, Cheongju, Korea

Collections
Korean Cultural Centre, London, UK
Embassy of the Republic of Korea in
Brazil , Brasilia-DF, Brasil

Yoon, Jeong-won
윤정원
Born in 1971, Korea

학력
2011 독일 스투트가르트
국립조형대학 대학원 졸업
2000 독일 뒤셀도르프
쿤스트아카데미 수학
1999 독일 스투트가르트
국립조형대학 졸업

개인전
2011 Smileplanet at Royal and Skape,
갤러리 로얄 & 갤러리 스케이프,

서울, 한국
2009 사루비아 'Smileplanet', 프로젝트
    스페이스 사루비아다방, 서울, 한국
    우주의 꽃, 윈도우 갤러리,
    갤러리현대, 서울, 한국
2008 Chandeliers by smileplanet,
    갤러리 스케이프, 서울, 한국
2007 Smileplanet, 갤러리상157, 서울,
    한국
2005 Design Products Portrait,
    갤러리 조선, 서울, 한국

단체전
2011 청주 국제 공예 비엔날레, 청주,
    한국
    바람, 바람, 바람_ 스페이스 K
    개관전, 스페이스 K, 과천, 한국
2010 Do window Vol.2, 갤러리현대,
    서울, 한국
    이상한 집으로의 초대,
    서울시립미술관, 서울, 한국
2009 8월의 크리스마스 展,
    가나아트센터, 서울, 한국
    패션의 윤리학 "착하게 입자",
    경기도 미술관, 안산, 한국
2007 Con-Terminal-유영호와의 협업,
    국립현대미술관, 과천, 한국

소장
경기도 미술관, 안산, 한국
순천대학 박물관 , 순천, 한국

Education
2001 M.F.A,Staatliche Akademie der
    Bildenden, Kunste Stuttgart
    Graduate School, Gemany
2000 Kunstakademie Duesseldorf,
    Germany
1999 B.F.A, Staatliche Akademie der
    Bildenden Kunste Stuttgart,
    Germany

Solo Exhibition
2011 Smileplanet at Royal and Skape,
    Gallery Skape & Gallery Royal,
    Seoul, Korea
2009 Sarubia Collection by
    SMILEPLANET, Project Space
    Sarubia, Seoul, Korea
    Flower of Universe, Window
    Gallery, GALLERY HYUNDAI,
    Seoul, Korea
2008 Chandeliers by smileplanet,
    Gallery Skape , Seoul, Korea
2007 Smileplanet, Gallery Sang 157,
    Seoul, Korea
2005 Design Products Portrait,
    Gallery Chosun, Seoul, Korea

Collections
Gyeonggi Museum of Modern Art,
Ansan, Korea
Sunchon National University
Museum, Sunchon, Korea

Yuken Teruya
유켄 테루야
Born in 1973, Japan

Education
2001 MFA: School of Visual Arts, NY
    USA
1996 BFA: Tama Art University, Tokyo
    Japan

Selected Solo Exhibitions
2010 Earn a lot of money, no need
    send any letter, send money
    home first:
    Josee Bienvenu Gallery,
    New York, NY
    My Great Grandma Is USA:
    Ueno Royal Museum, Tokyo,
    Japan
2009 Gallery Okinawa, Okinawa,
    Japan
2007 Free Fish: Asia Society,
    New York, NY
    Giving Tree Project: Murata
    & Friends Gallery, Berlin,
    Germany
    Yuken Teruya / 3D News:
    Shoshana Wayne Gallery,
    Santa Monica, CA

Selected Group Exhibitions
2010 Companion: efa project space,
    New York, NY
    Roppongi Crossing: Mori Art
    Museum, Tokyo, Japan
    Ties Over Time: Japanese Artits
    and America: US Ambassador's
    House, Tokyo
    Making Nature: Rubicon
    Gallery, Dublin, Ireland
    Popping Up: Hong Kong Arts
    Center, Hong Kong, China
    Inaugural Show: Maki Fine Arts,
    Tokyo, Japan
2009 The Book Borrowers:
    Contemporary Artists
    Transforming the Book:
    Bellevue Arts Museum,
    Seattle, WA
    Hundred Stories about Love:
    21st Century Museum of
    Contemporary Art, Kanazawa,
    Japan
    Forces of Nature: Danese
    Gallery, New York
    The Tree: James Cohan Gallery,
    Shanghai, China
    WALL ROCKETS: Contemporary
    Artists and Ed Ruscha:
    Albright-Knox Art Gallery,
    Buffalo, NY

Collections
Guggenheim Museum, New York
The Museum of Modern Art,
New York
Daiichi Seimei Museum, Tokyo

Yun, Mi-kyung
윤미경
Born in 1962, Korea

학력
2003 Residence, Textile Studio,
    Harbourfront Center, Canada
1988 이화 여자 대학교 대학원 졸업
1985 이화 여자 대학교 미술 대학
    섬유 예술과 졸업

개인전
2009 제2회 개인전 윤미경 섬유전,
    상원 미술관, 서울, 한국
2004 제1회 개인전 윤미경 섬유전,
    Artspace A1, 나고야, 일본

소장
연세대학교 세브란스 병원, 서울, 한국
Jacques Israelievitch Collection, 토론토,
캐나다

Education
Full-time Residence, Textile Studio,
Harbourfront Center, Toronto,
Canada
B.F.A & M.F.A Ewha Womans
University, Seoul, Korea

Selected Solo Exhibitions
2005 2ed Fiber exhibition by Mi-
    kyung Yun, Sang won gallery,
    Seoul, Korea
2004 1st Fiber exhibition by Mi-
    kyung Yun, Artspace A1,
    Nagoya, Japan

Collections
Yonsei University Severance Hospital,
Seoul, Korea
Fiber Works, Cambridge Gallery,
Cambridge, Canada

Yves Klein
이브 클랭
Born in 1928, France
Died in 1962, France

Education
1942 - 1946 Studied at Ecole
    Nationale de la Marine
    Marchande, and Ecole
    Nationale des Langues
    Orientales, France

Selected Solo Exhibitions
2009 The Foundations of Judo by
    Yves Klein - Cokkie Snoei -
    Rotterdam, Rotterdam
1998 "Yves Klein", Lisbon, Galeria

Antonio Prates, Spain
1995 "Yves Klein," Museo Nacional
      Centro de Arte Reina Sofia in
      Madrid, the Hayward Gallery
      in London and the Museum
      Ludwig in Cologne

2009 The Lens and the Mirror: Self-
      Portraits from the Collection,
      1957–2007 - The Metropolitan
      Museum of Art, New York City,
      NY
2008 Person of The Crowd: The
      Contemporary Art of Flanerie,
      Neuberger Museum of Art,
      Purchase, NY
2007 Declaring Space- The Modern
      Art Museum of Fort Worth,
      Fort Worth, TX

MoMA - Museum of Modern Art,
New York City, NY
The Metropolitan Museum of Art,
New York City, NY
Solomon R. Guggenheim Museum,
New York City, NY

Zhu Le Geng
주락경
Born in 1952, China

1985-1988 Studied MFA program at
      the Fine Arts Department of
      Jingdezhen Ceramic University
      with an MFA degree
1980-1981 Studied at the Central
      Academy of Arts and Crafts in
      Beijing

2010 'Pottery exhibition of Zhu Le
      geng', Chinese Ministry of
      Culture Chinese Culture Center,
      Paris, France
      'Pottery exhibition of Zhu
      Legeng', Chinese Ministry of
      Culture Chinese Culture Center,
      Berlin, Germany
2009 'Zhu Legeng Ceramic Art
      Exhibition', University of
      Kentucky in Lexington and the
      Ann Tower Gallery, USA

2008 'Third East Asia Ceramic Art
      Exhibition', Tokyo University,
      Tokyo, Japan
2006 'Second East Asia Ceramic Art
      exhibition', Palace of Ceramics
      of the Milal Art Center, Korea

National Art Museum of China, China
Ziguang Pavilion of the China State
Council, China
Osaka Museum of Art in Japan, Japan

Organization
조직

2011 청주국제공예비엔날레조직위원회 Cheongju International Craft Biennale 2011 Organizing Committee

조직위원장	한범덕	Chairman		Han, Beumdeuk
부위원장	곽임근	Vice Chairman		Kwak, Imguen
사무총장	김동관	Secretary General		Kim, Donggwan
총감독	정준모	Director		Chung, Joonmo

운영위원회 Operation Committee

위원장	곽태영	Chairman		Kwak, Taeyoung
운영위원	김내수	Members		Kim, Naesoo
	김달진			Kim, Daljin
	김두영			Kim, Dooyoung
	김정희			Kim, Junghee
	김현태			Kim, Hyuntae
	고 남상재		The Late	Nam, Sangjae
	노준의			No, Jooneui
	박경순			Park, Keungsoon
	박제덕			Park, Jaeduek
	백 은			Back, Eun
	서진환			Seo, Jinhwan
	손순옥			Son, Soonock
	신랑호			Shin, Rangho
	이규남			Lee, Gyunam
	차영순			Cha, Youngsoon
	최영근			Choi, YoungKeun
	편종필			Pyeon, Chongpil

전시부 Exhibition Department

전시/학술회의 총괄	박남희	Chief Curator	Park, Namhee
본전시	김윤애	Associate Curator	Kim, Younae
	이성용	Associate Curator	Yi, Sungyong
	정득순	Associate Curator	Chung, Duksoon
특별전	윤효진	Associate Curator	Yoon, Hyojin
초대국가전	도화진	Coordinator	Do, Hwajin
공모전	남지선	Coordinator	Nam, Jisun
	이재선	Assitant Coordinator	Lee, Jaesun
페어	안승현	Coordinator	An, Seunghyun
	김유경	Assitant Coordinator	Kim, Yukyeong

기획홍보부 Planning & PR Department

부장	변광섭	General Manager	Byeun, Gwangsub
기획/시설팀장	박원규	Planning/Facilities Manager	Park, Wonkyu
기획	곽노현	Planning	Kwak, Nohyun
	정민용		Jung, Minyoung
시설	심동섭	Facilities	Sim, Dongseop
디렉터	장백순	Director	Jang, Backsoon
	손순옥		Son, Soonock
	이영송		Lee, Youngsong
홍보팀장	박지은	PR Manager	Park, Jieun
	한기선	PR	Han, Kisun
	김지윤		Kim, Jiyun

관리운영부 Administration Operating Department

부장	유향걸	General Manager	Yoo, Hyangkeol
총무/운영팀장	윤기영	Affairs/Administer Manager	Yoon, Kiyoung
총무	송화옥	Affairs	Song, Hwaok
	심소영		Sim, Soyoung
운영	박건주	Administer	Park, Gunjoo
	조필성		Cho, Pilsung
	김시은		Kim, Sieun
사업팀장	백인석	Business Manager	Baek, Inseok
사업	윤민석	Business	Yun, Minseok
	김규식		Kim, Kyusik
의전팀장	김인환	Protocol Manager	Kim, Inhwan
의전	김수연	Protocol	Kim, Sooyeun
	김현미		Kim, Hyunmee
	김보경		Kim, Bokyung
	강앙미		Kang, Angmi
	강안나		Kang, Angna